高速铁路基础研究与技术创新丛书

编　委　会

国家出版基金项目
NATIONAL PUBLICATION FOUNDATION

国家出版基金项目
“十四五”时期国家重点出版物出版专项规划项目

高速铁路基础研究与技术创新丛书

工程设计系列

高速铁路隧道底部结构动力响应特性及设计方法

本丛书编委会　总主编
彭立敏　施成华　黄　娟　丁祖德　著
谭忠盛　主　审

中国铁道出版社有限公司

2023年·北　京

内容简介

本书为“高速铁路基础研究与技术创新丛书”之分册。本书基于国家重点研发计划等科研项目成果，系统论述作者团队在高速铁路隧道底部结构动力响应特性方面的一系列问题，包括：列车-轨道-隧道一体化数值分析模型，高速列车荷载、围岩压力和地下水叠加条件下隧道底部结构的受力和变形特征，隧道底部结构的渐进累积损伤破坏机理及其累积损伤非线性分析方法，隧道底部结构服役性能的影响因素，以及基于全寿命的隧道底部结构设计方法等，以期为我国高速铁路隧道的设计、施工和营运维护提供科学依据，为高速铁路建设和可持续发展提供重要技术支撑。

本书适合于从事高速铁路隧道工程研究、设计、施工等人员参考，也可供高等院校隧道工程专业师生参考。

图书在版编目(CIP)数据

高速铁路隧道底部结构动力响应特性及设计方法/彭立敏等著．—北京：中国铁道出版社有限公司，2023.5
(高速铁路基础研究与技术创新丛书．工程设计系列)
“十四五”时期国家重点出版物出版专项规划项目
ISBN 978-7-113-30133-0

Ⅰ.①高…　Ⅱ.①彭…　Ⅲ.①高速铁路-铁路隧道-工程结构-结构动力分析②高速铁路-铁路隧道-工程设计　Ⅳ.①U459.1

中国国家版本馆 CIP 数据核字(2023)第 061848 号

书　　名：高速铁路隧道底部结构动力响应特性及设计方法
作　　者：彭立敏　施成华　黄　娟　丁祖德

策　　划：刘　霞
责任编辑：李小军　　**编辑部电话：**(010)51873405　　**电子邮箱：**604105550@qq.com
封面设计：高博越　郑春鹏　　**封面摄影：**王明柱　　**丛书标识设计：**崔丽芳
责任校对：苗　丹
责任印制：高春晓

出版发行：中国铁道出版社有限公司(100054，北京市西城区右安门西街 8 号)
网　　址：http://www.tdpress.com
印　　刷：北京联兴盛业印刷股份有限公司
版　　次：2023 年 5 月第 1 版　2023 年 5 月第 1 次印刷
开　　本：787 mm×1 092 mm　1/16　**印张：**16　**字数：**312 千
书　　号：ISBN 978-7-113-30133-0
定　　价：118.00 元

高速铁路基础研究与技术创新丛书

编　辑　组

序

我国高速铁路起步晚、发展快、后劲足，经过几代人的不懈努力，通过原始创新、集成创新、引进消化吸收再创新，成功地走出了一条符合中国国情路情、具有中国特色的自主创新之路。我国已系统掌握各种复杂地质和气候条件下高速铁路建造成套技术；在工务工程、列车运行控制、牵引供电、动车组等高速铁路核心技术方面实现自主化；形成了复杂路网条件下处理跨线运行的运营管理成套技术，构建了人防、物防、技防三位一体的主动安全保障机制。我国已成为全球高速铁路运营里程最长、在建规模最大、运营速度最快、技术体系最全、运营和管理经验最丰富的国家。我国高速铁路技术已走在世界前列，成为推动世界高速铁路发展的重要力量。

为贯彻落实中共中央、国务院《交通强国建设纲要》，推进国铁集团《新时代交通强国铁路先行规划纲要》的落地，系统总结、梳理我国高速铁路各领域前沿理论和技术，向我国乃至世界高速铁路科研工作者和工程技术人员提供一套前沿性的参考书，中国国家铁路集团有限公司铁道出版社公司特组织编著出版“高速铁路基础研究与技术创新丛书”。

丛书以习近平新时代中国特色社会主义思想为指导，以国家自然科学基金课题、国家基金委-国铁集团高铁联合基金课题、国家“973”课题、国家重点研发计划课题等科研成果为支撑，从高速铁路前沿研究、补短板技术、核心技术、技术发展趋势等方向组织选题，涵盖动车组、供电、通信与信号、列控与检测、工程勘察与设计、智能建造、运营与管理、现代信息技术、安全和维护等领域，规模为100册，是全面系统论述我国高速铁路基础研究与技术创新成就的大型系列原创性科技著作。

丛书力求突出制高点、原创性、权威性、全覆盖特色。丛书各册内容以作者团队长期从事高速铁路科学研究的成果为依托，多数成果居于国内领先水平甚至世界先进水平，多种成果荣获国家科学技术奖一等奖、二等奖，国家技术发明奖一等奖、二等奖，茅以升科学技术奖，詹天佑铁道科学技术奖，铁道科技进步奖等奖项，丛书内容体现了我国当今最新、最前沿以及展现未来发展趋势的高速铁路相关研究成果和应用技术。丛书包括动车组、供电、工程施工与组织等十个系列，基本实现高速铁路各领域全覆盖。

丛书由编委会总负责。编委会阵容强大，认真负责。编委会各成员都是长期从事我国高速铁路科研、技术、生产和管理的一流专家学者，是所从事领域的翘楚，其中包括高速铁路及其相关领域的四位院士。编委会多次开会商讨丛书的体系、内容特色、作者条件及质量保障机制；分工负责，精心审订和修改各册编写提纲；多次遴选选题，先从150多个选题意向中遴选出100个选题，后又剔除了内容特色不太鲜明的8个选题，还对10多个选题提出了较大的改进意见，补充了8个关键技术和弥补技术空白的选题；最后邀请专人对各册内容进行审定，从而保证了各册内容的正确性和先进性。

2021年年底，国家新闻出版署经过严格评审，“高速铁路基础研究与技术创新丛书”(100册)成功入选“‘十四五’时期国家重点出版物出版专项规划——重大出版工程”。这是对本丛书项目的认可，也是对编委会、作者和编辑等人员前期工作的认可，更是一种鞭策。我们相信，本丛书的出版，将助力于《交通强国建设纲要》的贯彻落实，推动我国乃至世界高速铁路事业的发展，也将为铁路领域的科研工作者、工程技术人员、管理人员，以及高校相关专业师生提供一套高水平、原创性、权威性、全覆盖的大型高铁科技精品著作。

中国工程院院士

“高速铁路基础研究与技术创新丛书”编委会主任 卢春房

2022年2月

前 言

本书为“高速铁路基础研究与技术创新丛书”之分册。按丛书要求，力图体现当今高速铁路隧道底部结构动力响应特性研究的最新成果，突出前沿性、原创性等特色。

高速铁路的大量兴建，推动了我国高速铁路隧道建造技术的快速发展，同时也给隧道设计和施工带来了一些新的技术挑战，特别是高速列车荷载作用下隧道底部结构的动力学问题日益突出。随着列车运行速度的提高，列车对轨道的冲击振动增大，加上我国高速铁路隧道内一般采用板式无砟轨道结构形式，传递给隧道结构的振动波也相应增强，这就要求高速铁路隧道结构必须具有更高的动力稳定性。而隧道底部结构是隧道结构体系的重要组成部分，也是隧道病害发生最为严重的部位，隧道底部结构的稳定性对隧道内轨道的平顺性和列车运营状态影响明显。因此，深入分析高速列车荷载作用下隧道底部结构的动力响应和累积损伤特性，建立相应的保证隧道底部结构及基底围岩的长期稳定的设计方法，是保障高速铁路隧道内行车安全和运营效率的首要条件。

本书针对我国高速铁路隧道发展过程中亟待解决的底部结构动损伤问题，基于笔者10多年来在国家重点研发计划（“973”计划：2011CB13802）、国家自然科学基金（50778178、50808176、51278494）和高铁联合基金（U1134208）等科研项目成果，参考和吸收国内外相关研究成果，采用数值计算、室内试验、理论分析相结合的方法，定量研究了高速铁路隧道底部结构的动力响应、损伤演化、动变形累积规律，以及长期服役性能的分析评价等问题，是国内首部深入论述高速铁路隧道底部结构动力响应特性与设计方法、理论与应用相结合的学术著作。

本书技术内容特色体现在：①通过对隧道-围岩结构体系的长期动力性能研究，明确了高速列车荷载作用下隧道底部结构动力响应特性；②采用对隧道底部结构构件的动力试验方法，揭示了其在长期高速列车荷载作用下的渐进累积损伤变形破坏机理；③基于动力损伤理论，分析了在高速列车荷载作用下隧道底部结构服役性能的影响因素，提出了基于全寿命的高速铁路隧道底部结构的设计计算方法。希望本书为我国高速铁路隧道的设计、施工、营运和维护提供科学依据，为高速铁路建设和可持续发展提供重要技术支撑。

本书适合从事高速铁路隧道工程设计、施工和科学研究的专业技术人员参考，也可供高等院校隧道工程专业研究生参考。

在著述过程中，有关数值计算与资料整理的内容由研究生王祖贤、孙影杰、曹宏凯、肖鹏等人完成，对他们的辛勤工作致以诚挚感谢。

限于时间和著者水平，书中错误和不当之处难免，敬请读者批评指正。

著　者

2023 年 2 月

目　　录

第1章　绪　论

高速铁路的大量兴建，推动了我国高速铁路隧道建造技术的快速发展，但同时也给隧道设计和施工带来了一些新的技术挑战，特别是高速列车荷载作用下隧道底部结构的动力学问题日益突出。

1.1　研究背景

高速铁路已成为当今世界铁路建设发展的必然趋势，目前全球共20多个国家和地区正在修建和规划修建高速铁路，总运营里程超过6万km，最高商业运营速度达350 km/h[1]。截至2022年底，中国高速铁路运营里程约4.2万km，已建成世界最发达的高速铁路网。预计到2030年，我国高速铁路运营里程将达到4.5万km，形成以“八纵八横”为主通道的全国高速铁路网络[2-4]。

由于高速铁路建造技术标准高，线路曲线半径要求大，加上我国幅员辽阔，地形与地质条件复杂多样，因此在选线设计中必然涉及大量的隧道工程方案。截至2021年底，共建成高速铁路隧道3971座，长6 473 km，占比约15.8%，其中长度大于10 km的特长隧道91座，长约1 141 km。目前我国在建高速铁路隧道总长约3 409 km，其中特长隧道总长约981 km，占比约28.8%；规划高速铁路隧道总长约6 678 km，其中特长隧道总长约1 425 km，占比约21.3%。中国已成为高速铁路大国、超级隧道大国[5]。国内具有代表性的高速铁路线路及相应隧道工程比例统计见表1-1[6]。从表中可以看出，高速铁路隧道长度占线路比例较大，有的超过60%。特别是长大隧道的出现使隧道工程逐步成为整个高铁线路的控制性工程。

表1-1　我国具有代表性的高速铁路线路及相应隧道工程统计

线路名称	开通时间	线路长度/km	隧道数量/座	隧道总长/m	隧线比/%	最长隧道	
						名称	长度/m
合肥—南京	2008.4	166	2	2 005	1.2	亭子山2号	1 635
石家庄—太原	2009.4	189.9	32	74 596	39.3	太行山	27 839
合肥—武汉	2009.4	359.4	37	64 076	17.8	大别山	13 256

续上表

线路名称	开通时间	线路长度/km	隧道数量/座	隧道总长/m	隧线比/%	最长隧道	
						名称	长度/m
宁波—温州	2009.9	282.4	59	88 115	31.2	凤凰山	7 979
温州—福州	2009.9	298.4	59	149 423	50.1	霞浦	13 099
武汉—广州	2009.12	1 068.8	226	177 662	16.6	浏阳河	10 115
郑州—西安	2010.2	458.2	38	76 879	13.9	张茅	8 483
福州—厦门	2010.4	273	37	40 406	14.8	黄晶岭 2 号	5 735
北京—上海	2011.6	1 318	21	16 098	1.2	西用马 1 号	2 812
广州—深圳	2011.12	102	24	32 016	31.4	狮子洋	10 800
郑州—武汉	2012.9	536	38	39 535	7.4	黄龙寺	8 716
广州—珠海	2012.12	186.3	4	4 172	2.2	凤凰山	3 218
哈尔滨—大连	2012.12	921	8	9 694	1.1	九里庄	4 340
南京—杭州—宁波	2013.7	309	25	39 661	10.4	湖州	5 315
厦门—深圳	2013.12	502.4	80	118 337	23.6	大南山	12 697
西安—宝鸡	2013.12	137	1	0 903	0.7	小村	903
太原—西安	2014.7	536	27	46 418	8.7	干庆	6 693
长沙—新晃	2014.12	420	122	191 933	45.7	雪峰山 1 号	11 670
兰州—乌鲁木齐	2014.12	1 776	74	188 004	10.6	大坂山	15 897
贵阳—广州	2014.12	857	234	464 152	54.2	岩山	14 693
南宁—广州	2014.12	574	120	126 876	22.1	北岭山	12 438
新晃—贵阳	2015.6	286	138	173 038	60.5	栋梁坡	9 294
合肥—福州	2015.6	850	210	340 611	40.1	北武夷山	14 629
成都—重庆	2015.12	305	56	60 417	19.8	龙泉山	7 328

随着列车运行速度的提高，列车对轨道的冲击振动增大，传给隧道结构的振动波也相应加强，加上我国高速铁路隧道内一般采用板式无砟轨道结构形式，其刚度大，不利于振动波衰减，由轨道传递到隧道底部结构及围岩的振动冲击强度要比有砟轨道大得多，因此，高速铁路隧道底部结构必须具有更高的动力稳定性和长期的耐久性。

隧道底部结构是隧道支护体系的重要组成部分，也是隧道病害发生最为严重的部位。隧道病害现场调查结果显示[7]，许多铁路隧道运营一段时间后，隧道底部结构出现不同程度的开裂、破损、下陷、翻浆冒泥和侧沟外挤等病害(图 1-1)，如成昆线铺设整体道床的 30 座隧道中，基底病害的产生概率超过了 67%[8]。这些病害造成轨道不平顺，直接危及行车安全且治理难度大、费用高。究其原因，一方面是由于隧道底部为混凝土结构，施工过程中不可避免地存在初始裂隙，在列车振动荷载反复作用下，这些裂隙不断扩展直至贯通；另一方面，隧道基底软弱围岩在列车动载及地下水的耦合作用下被碾磨成泥浆，隧道底部基础条件逐渐恶化，导致隧道底部结构受力增大，加速原有裂隙扩展和新裂隙的形成。两方面相互作用加剧了隧道底部结构的劣化，最终导致隧道底部结构破坏。

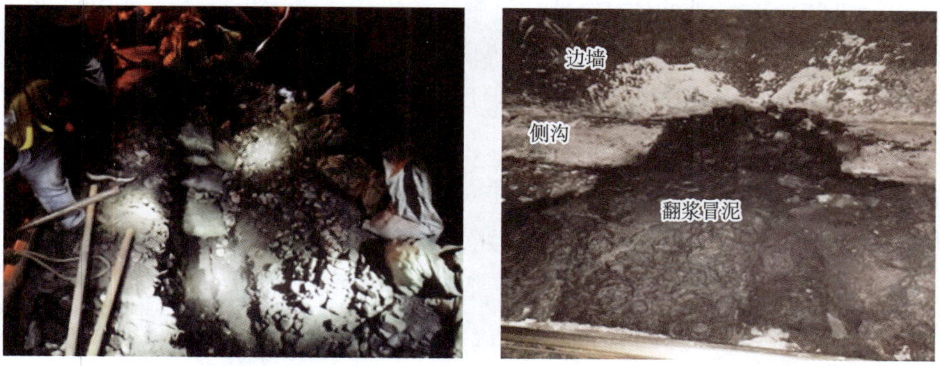

(a) 铺底开裂　　(b) 侧沟翻浆冒泥

图 1-1　铁路典型基底病害

为了降低高速铁路隧道底部结构运营风险，现有高速铁路隧道设计对底部结构进行了加强，在Ⅲ级及以上围岩的隧道底部均设置仰拱，且采用较大的仰拱矢跨比和仰拱厚度，以有效降低高速铁路隧道底部病害的发生率。但设计方案能否优化，围岩条件较好时能否减小仰拱厚度或不设置仰拱；在特殊围岩环境下现有设计能否满足无砟轨道的轨面沉降要求，能否保证隧道在设计使用年限内的安全运营，这些问题都亟待解决。因此，开展列车振动荷载作用下高速铁路隧道衬砌结构及基底软岩的动力特性分析尤为必要。

针对以上问题，综合应用各种研究手段，深入探究高速铁路隧道底部结构在列车振动荷载下的动力响应特征、动力损伤和累积变形规律，揭示隧道基底动力损伤机制，评价基底状况对高速铁路隧道结构服役性能的影响，为我国高速铁路隧道的设计、施工、养护维修和安全运营提供科学依据，为高速铁路建设和可持续发展提供重要技术支撑。

1.2　铁路隧道振动响应研究概述

列车荷载是导致铁路隧道病害的重要原因之一[9-11]。国内外学者从不同角度针对铁路隧道振动响应进行了大量研究，其内容重点集中于三个方面，即隧道衬砌结构的振动响应研究、隧道地基土振动响应研究和环境振动响应与减振措施研究；采用的研究方法主要有理论分析、数值模拟、现场测试和模型试验等。

1.2.1　理论分析

轮轨相互作用力即列车荷载的确定是分析隧道结构动力响应的前提和基础。钢轨是联系列车和隧道结构的纽带，理论分析以轨道为主。最早的轨道模型是 Winkler 地基梁模型，该模型将钢轨视为常刚度基础上的无限长梁，随后 Timoshenko[12] 和 Fryba[13] 验证了该模型的正确性。Filippov[14] 在研究匀速移动荷载作用下半无限弹性地基上 Euler-Bernouli 梁的稳态响应时，首次注意到地基梁临界速度的存在。Dieterman[15] 和 Metrikine[16] 推导了弹性半空间体与 Euler-Bernouli 梁的等效复刚度，认为等效复刚度主要与 Euler-Bernouli 梁的频率和波数有关。

铁路隧道振动响应问题的研究关键是建立可靠的隧道系统耦合动力学分析模型，解析（半解析）模型计算速度快、参数分析方便，目前常用的解析（半解析）的模型有 Euler 梁模型[17]、pip in pip(PiP)模型[18-21]、时域动力子结构模型[22] 以及面波转化法模型[23,24] 等。

丁智等[25,26] 将地铁列车移动荷载简化为多个移动轮轴荷载，先后基于弹性半空间内 Mindlin 解和 Kelvin 空间半无限体黏弹性解，研究了地铁列车荷载下地基土动应力状态、应力路径及主应力轴旋转等应力变化规律，分析了不同隧道埋深下荷载作用线正下方土单元应力状态变化。

袁宗浩等[27] 用移动常荷载和移动简谐荷载模拟地铁列车荷载，用无限长圆柱壳模拟衬砌，用 Biot 饱和多孔介质理论模拟土体，用 Euler 梁理论模拟钢轨、浮置板并组成两层叠合梁单元，结合轨道与衬砌仰拱处的力和位移连续条件，采用解析法建立了饱和土全空间中圆形衬砌隧道和轨道结构耦合分析模型，研究了地铁列车运行引起的轨道系统及饱和土体动力响应问题。

1.2.2 数值模拟

随着数值分析软件的发展和计算机运算性能的不断提升，数值模拟在隧道结构动力响应分析中应用越来越多。相较于解析法、半解析法，数值法可以精细化建模，采用的计算方法包括有限元、离散元、边界元等。

Andersen 等[28]、Sheng 等[29]、Gupta 等[30] 建立二维和三维有限元-边界元耦合模型，研究了列车振动荷载作用下隧道结构的动力响应规律。Bian 等[31] 利用 2.5 维有限元模型并引入黏性人工边界分析了地铁列车引起的地表振动问题。

周顺华等[32] 建立列车-轨道-隧道-土层-建筑物系统耦合振动模型，列车-轨道动力学模型和隧道-土层-建筑物有限元模型通过扣件力进行参数传递，探究了建筑物与轨道交通隧道共建时隧道基底刚度对系统振动的影响，结果表明隧道基底刚度对隧道振动加速度影响的主要频率为 1～5 Hz 的低频部分；隧道基底刚度越大，则隧道结构振动速度突变越大且振动速度的周期性越不明显。

欧阳旋宇[33] 以贵广高铁高天隧道水害所致无砟轨道道床板上拱为工程背景，运用有限元数值模拟，分析了 CRTSⅠ型双块式无砟轨道上拱和列车荷载耦合作用下隧道轨道结构受力状态。

董军等[34] 以某高铁隧道背部存在空洞缺陷为工程背景，运用有限元软件建立多工况动力计算模型，分析了在衬砌背部与围岩紧密接触和存在不同范围空洞时，列车振动荷载对高铁隧道衬砌结构动力响应和损伤演化的影响。

欧尔峰[35]针对高速铁路黄土隧道，在考虑车辆、轨道、隧道基底结构特点及轨道随机不平顺，采用车辆-轨道-隧底垂向振动耦合模型，分析了不同运行速度(250、300、350 km/h)和不同围岩条件(新黄土和老黄土)下车辆-轨道-隧底耦合系统的列车随机振动响应规律。

马晓磊等[36]依托实际工程数据，利用有限元软件 ABAQUS 建立轨道-隧道-地基-建筑物三维有限元模型，分析了天津滨海新区饱和软土地带高速地铁运营对沿线建(构)筑物的振动影响。

近年来众多学者采用数值分析方法研究复杂隧道近接或交叠形式下的列车振动响应问题。

李玉峰等[37]论述了高速铁路交叉隧道存在的关键动力学问题，总结了高速铁路交叉隧道在列车振动、空气动力效应以及地震动等方面的研究现状与不足。徐海清等[38]分析了近距离交叠隧道在列车振动荷载作用下的动力响应及其频谱特性。

王庆浩等[39]等采用改进的激振力函数模拟高速列车竖向振动荷载，通过数值模拟计算方法研究了高速列车振动荷载作用交叠隧道的动力响应，分析了列车通行方式、隧道交叠角度以及列车速度对下穿隧道衬砌结构的动力响应变化。

于鹤然等[40]研究了不同立体交叉结构形式(分修、半分修、合修)在列车动荷载作用下位移、加速度、内力的响应规律，结果表明立交框架与挡头墙连接上下隧道的合修结构形式具有较高的安全储备。

晏启祥等[41-44]采用拟合的列车振动荷载公式，通过在轨道上施加轮轴对对应的振动力时程曲线模拟列车的行驶效应，分析了不同列车速度、不同围岩等级和不同隧道间距时交叉隧道结构的动力响应特性和损伤分布规律。同时考虑混凝土的水下腐蚀，利用海蚀条件下衬砌混凝土的经时力学模型和塑性损伤本构模型，研究了交叉隧道结构在高速列车振动荷载作用下的结构损伤。

1.2.3 现场测试

考虑到地下环境的复杂性等诸多因素，现场测试是研究隧道振动响应最可靠和最直观的方法。

Degrande G 等[45-46]通过现场实测和三维数值模型研究了隧道仰拱和边墙在列车荷载作用下动力响应，结果表明车速越高对隧道仰拱和边墙动力响应影响越大。

国内在这方面开展较早的是李德武等[47]对金家岩铁路隧道的列车振动进行现场测试与频谱分析。

盛涛等[48]通过监测某软土场地对地铁隧道诱发的三向环境振动，结合连续小波变换及1/3 倍频程分频振级，对隧道内与自由场地的振动频谱特性及传递规律等进行了分析，同时对邻近建筑的室内舒适度作了评估。

杜明庆等[49,50]依托于兰新高铁福川隧道的现场试验,研究了在不同运行速度列车振动荷载作用下,不同深度处仰拱及仰拱填充结构的振动加速度和动应力响应及衰减规律,发现动应力和振动加速度响应均随道床板下深度的增加而减小,随列车运行速度的降低而减小。

杨文波等[51]通过布置在盾构隧道底部的激振器施加扫频激振荷载和列车振动荷载,采用频率响应函数 FRF 与最大加速度分析了盾构隧道衬砌结构与周围土体不同位置处的动力响应及其衰减规律,发现隧道周围土体的动力响应沿深度有明显变化,但均表现出沿隧道轴向衰减的规律。随后又探究了盾构隧道管片后拱顶空洞对隧道结构及周围软土地层的动力响应的影响,发现管片后拱顶空洞会使隧道结构及周围土体的加速度响应出现放大效应,并给出了空洞对周围土体影响较大的频域范围[52]。

田甜等[53]通过现场试验和二维数值模拟,研究了不同速度(250～300 km/h)列车振动荷载下衬砌拱圈振动响应传递规律,发现隧道衬砌拱圈在列车荷载作用下,其振动加速度幅值随车速的增大而增大,且拱圈横向振动与竖向振动呈现不同的传递规律。随后研究了速度 300 km/h 列车荷载作用下的衬砌加速度响应规律,拟合得到了速度 300 km/h 列车作用下隧道衬砌拱圈横向和竖向振动响应加速度传递经验的三角函数公式[54]。

1.2.4 模型试验

受列车荷载在模型中不便于施加及地下岩土体构造复杂性的影响,目前国内外车辆-轨道-隧道耦合模型试验的实例较少。

施成华等[55]综合运用理论分析、模型试验和现场试验,开展了对铁路隧道基底结构受力状态、病害产生机理及其整治措施的研究,结果表明,列车静载作用下隧道基底结构处于受弯拉的受力状态,隧道基底病害是列车动载、地下水、施工质量等多因素综合作用的结果,并针对隧道基底病害提出了一系列整治措施和手段。

李明等[56]通过大比例尺模型试验模拟了隧道衬砌背后存在空洞的情况。研究表明,空洞的存在会导致衬砌支护结构的承载力降低,空洞的尺寸越大,承载力下降越明显。当空洞深度超过 550 mm 时,隧道处于病危状态。

袁立群[57]采用 1∶20 的几何相似比构建不同分段式隧道试验模型,系统分析了地铁荷载作用下隧道-地裂缝-地层的动力特性。试验结果表明,地铁振动荷载对分段式隧道的影响大于整体式隧道,建议隧道在满足施工安全的前提下减少分段。

杨文波等[58]采用模型试验与数值模拟相结合的方法,研究了高速列车振动荷载作用下马蹄形隧道结构的动力响应特性。随后以时域、频域分析为基础,分别以孔隙水压力、频响函数与峰值加速度为评价指标,研究了列车振动荷载作用下富水软弱地层中超静孔隙水压力和超静孔隙水压力比的响应规律以及盾构隧道管片结构与周围富水软弱地层的竖向加速度响应规律。

薛富春等[59]针对富水黄土隧道能否满足振动安全要求的问题，开展了模拟高速列车振动效应的激振试验，得出了不同激振频率下的振动速度在隧道仰拱结构深度方向、仰拱填充面横向和纵向的变化规律，以及隧底富水黄土中振动速度的变化规律。试验结果表明，隧道结构和隧底黄土中的振动速度均不大。

魏雪云等[60]以高速铁路隧道为对象，通过分析噪声和振动的原因，采用在钢轨腰部粘贴橡胶阻尼材料和在隧道内部铺设多孔吸声材料两种减振降噪的方案，进行了减振降噪的模型试验。试验结果表明，两种减振降噪措施均具有一定的减振降噪效果，前者的减振降噪的综合效果要优于后者。

由于铁路隧道的振动响应问题与诸多因素相关，涉及的问题广而复杂，尽管关于铁路隧道底部结构动力特性方面的研究，无论是理论分析、数值模拟，还是现场测试或室内模型试验，均开展了较为丰富的研究工作，对研究隧道基底病害形成、演化机制等具有重要的参考和指导价值，但针对高速铁路隧道结构振动响应的研究成果相对较少。理论解析方法分析侧重于城市地铁圆形类隧道，是实际情况的极度简化；现场振动测试大多是针对中、低速条件下的普通线路隧道或城市地铁开展的；隧道动力数值仿真大多采用车辆、轨道、隧道体系分别建模的方式，并进行各体系边界间作用力的迭代求解，未充分考虑列车-轨道-隧道系统的动力、空间、耦合和时变特性。因此，发展高效完善的解析和数值计算模型仍是高速铁路隧道振动响应问题研究的艰巨任务。

1.3 混凝土结构与围岩累积损伤研究概述

1.3.1 混凝土和岩石弹塑性损伤模型

对于大多数材料和结构，本身就具有微观裂纹和微观空洞等初始缺陷，在一定外部荷载和环境作用下，这些微观缺陷不断出现和扩展，导致材料力学性能劣化的微观结构变化称之为损伤[61,62]。对于混凝土材料而言，其内部存在的大量微空洞、微裂纹、微裂纹的发展，外部荷载作用下的刚度劣化、强度下降等都是混凝土损伤的表现；对于岩土材料而言，裂隙、节理、断层、颗粒间黏结力降低、强度软化等都可以看成是损伤的表现形式。

损伤力学就是研究材料及构件在一定荷载和环境作用下，内部损伤出现、发展导致宏观力学性能不断劣化直至破坏这一过程的演化规律。如混凝土和岩石的脆性破坏、软土和软岩的塑性流动以及结构性黏土受力后结构破坏等都是损伤力学研究的范畴。

自 1976 年 Dougill 将损伤力学应用到混凝土和岩石材料中以来，混凝土和岩石损伤本构理论的研究工作已有 40 多年。各国学者通过理论分析、试验研究等手段，从单轴到多轴，从静力到动力，从各向同性到各向异性，从弹性和弹塑性损伤等方面，开展了大量的研究工作，提出了多种混凝土和岩石损伤模型。在混凝土损伤本构研究方面，比较经典的弹性损伤模型包括 Kachanov 模型[63]、Loland 模型[64]、Mazars 模型[65]、分段线性[66]和分段曲线损伤模型[67]等;弹塑性损伤模型的典型代表有 Lee 和 Fenves[68]、Faria[69]、Jefferson[70]、Jason[71]以及 Faleiro[72]等学者提出的损伤模型;由于混凝土损伤具有随机性,近年来又提出了混凝土随机损伤模型,这方面具有代表性的研究是李杰等[73]所做的工作。

1.3.2 岩石损伤模型和隧道围岩损伤

在岩石损伤模型方面,Dragon 等[74]根据断裂面的概念研究岩石的脆塑性损伤行为,并建立了相应的连续介质模型。Costin 等[75]探讨了岩石及其他材料破坏后的损伤特征及其力学描述。Huang 等[76]结合理论分析和动态裂纹扩展的单轴压缩试验,建立了岩石动力损伤演化方程来描述岩石的动力损伤响应。Chang 等[77]基于三轴压缩试验中岩石声发射和变形情况,采用丈量分析方法研究了岩石的损伤特性。Shao 等[78]从微观力学角度出发,采用二阶张量损伤变量建立了脆性岩石的各向异性损伤模型。Chen 等[79]提出了描述页岩等沉积岩各向异性的弹塑性损伤耦合模型,并通过不同围压下的三轴试验对模型的有效性予以了验证。Hamdi 等[80]采用数字成像技术来分析岩石的微裂隙情况,建立了岩石拉损伤模型,并应用于爆破引起岩石的损伤评价中。此外,国内的沈珠江、殷有泉等学者[81-86]都从不同的角度提出了各自的岩土损伤模型。

丁祖德等[87,89]采用理论分析、模型试验和数值模拟相结合的方法,系统地研究了高速列车振动荷载作用下隧道底部结构和基底软岩的动力响应、损伤特性、动变形累积过程及其发展规律,深入分析了基底状况对高速铁路隧道衬砌结构受力特性及长期性能的影响。结果表明,当基底没有空洞时,列车振动不会引起结构新的损伤;当基底存在空洞时,隧道铺底结构的动力响应随空洞的增大而增大,且结构的破坏形态与空洞的形式密切相关。

蔡斌等[90,91]以武广高速铁路金沙洲隧道基底软岩为研究对象,采用室内试验与数值模拟相结合的方法,研究了不同列车车速、不同强度软岩下隧道基底的动力响应特性,得到了不同列车车速对仰拱底部软岩影响程度的基本规律。通过试验结果分析,建立了软岩 3 参数多项式疲劳寿命计算模型和 4 参数多项式累积损伤参量计算模型,获得了软岩疲劳损伤特性。

杨兵明等[92]结合宁波软土地区盾构隧道的长期沉降问题,开展了淤泥质软黏土的动三轴试验,研究了不同围压和不同循环动应力状况下淤泥质软黏土的塑性累积应变特征,建立了相应的指数预测模型。

赵丹等[93]通过对盾构隧道穿越的全风化砾岩的动三轴循环加载试验,研究了低频循环荷载作用下的不可恢复累积塑性动应变的发展规律,分析了累积塑性动应变受动应力幅值、静偏应力大小、围压影响、荷载频率的影响程度。结果表明,岩样的动力变形以临界应力为界,呈现稳定型和破坏型两种发展形势;在循环荷载作用下,全风化砾岩的累积塑性动应变显著影响因素是动应力幅值与静偏应力幅值;围压及荷载频率因素为次要影响因素。

余超等[94]通过对强、中风化泥质粉砂岩的动三轴循环加载试验，研究了低频循环荷载作用下不可恢复累积塑性动应变的发展规律。分别从不同动应力、静偏应力、围压、频率四方面入手，对比分析了风化泥质粉砂岩的轴向动应变规律及对不同因素的影响程度。进一步对试验数据进行非线性拟合，建立了强、中风化泥质粉砂岩在振动荷载作用下的累积应变预测模型。

1.3.3 隧道结构损伤

随着隧道服役时间的增加，隧道仰拱下部基岩在长期列车振动和地下水等因素耦合作用下，隧道底部基岩逐渐软化和破损，严重时将形成基岩空洞，降低基岩力学性能，影响基底结构的疲劳寿命和隧道底部结构的安全稳定性。针对隧道结构损伤及疲劳破坏方面，国内学者开展了大量研究工作。

彭立敏等[95,96]结合试验研究和数值计算，对隧道铺底结构在列车荷载作用下的疲劳寿命展开研究，计算得到了列车动载作用下隧道铺底结构疲劳危险部位的弯拉应力时程曲线，根据疲劳累积损伤理论进一步求出隧道铺底混凝土结构的使用寿命及其损伤度。结果表明，隧道铺底结构的使用寿命由铺底材料的抗弯强度控制，钢筋混凝土结构对疲劳寿命的提高有较大作用。随后又基于疲劳破坏试验研究了基底富水条件下隧道铺底结构疲劳寿命，结果表明，相较于无水条件，基底富水时隧道铺底结构使用寿命明显降低，施工时应采取合理的防排水措施确保基底干燥。

黄娟[97,98]采用理论分析、模型试验和数值计算相结合的方法，系统地研究了列车振动荷载作用下高速铁路隧道衬砌仰拱结构的动力响应、损伤特性和动变形累积过程及发展规律。结果表明，仰拱底部的环向应力和纵向应力主要表现为拉应力，环向应力较纵向应力大。

马云东等[99]选用混凝土的弹性模量衰减规律来反映气动疲劳载荷对隧道衬砌细观混凝土的作用效应，以弹性模量衰减的第二阶段为重点研究阶段，模拟了在循环气动载荷作用下，高速铁路隧道衬砌混凝土细观损伤机理及疲劳损伤裂纹的发展变化规律。研究表明，在高速铁路隧道服役的中后期，气动疲劳载荷对隧道耐久性的危害作用更大。

谢文玺等[100,101]以武广高速铁路金沙洲隧道为研究对象，采用理论分析、有限元模拟以及模型试验相结合的方法，对高速铁路隧道结构在高速列车荷载作用下的动力累积损伤机理以及疲劳寿命进行了分析研究，得出了在设计使用寿命期内，在高速列车振动荷载长期作用下，隧道底部结构及其围岩累积损伤破坏应引起足够重视等研究结论。

王超[102]基于已有隧道及列车运营监测的数据，结合部分现场观测，总结分析了隧道衬砌内含有空洞的分布规律及衬砌背后空洞情况下空洞尺寸分布特征，通过推导含缺陷隧道衬砌结构的损伤演化函数及相应的本构关系，分析衬砌结构内含有空洞的情况，建立了衬砌背后含空洞情况的有限元模型，论述了不同空洞大小、空洞位置在列车振动荷载作用下的动力力学响应规律。

任志坤[103]采用有限元数值模拟方法，以我国现行典型双线高速铁路隧道为原型，系统研究了无损隧道与含空洞隧道，单空洞隧道与双空洞隧道，空洞脱空大小、脱空位置等不同工况下隧道衬砌结构在列车振动荷载作用下衬砌拱圈动力响应特征及规律。

张治国等[104]针对尚未有将纤维混凝土应用于高速铁路隧道工程实践的现实，在开展不同纤维种类、长度和体积掺量下的混凝土拉压力学试验基础上，基于等应变假设和 Najar 的损伤理论确定不同纤维种类、长度和体积掺量下混凝土的损伤参数，并通过有限元数值模拟方法分析了列车车速、纤维种类、长度和体积掺量等参数对隧道衬砌结构损伤发展的影响规律。结果表明，混凝土中添加纤维可以有效提高衬砌混凝土的抗损能力，同时改善常规混凝土在列车激振荷载作用下“多阶跃”损伤的发展趋势，降低高速铁路隧道衬砌在列车荷载结束后的损伤终值。

以上研究成果表明，虽然众多学者提出了各种类型的本构模型来描述混凝土材料与岩土材料在循环荷载作用下的力学特性，但研究的对象与因素均比较单一，在高速铁路隧道底部结构的动力累积损伤理论研究方面尚处于起步阶段。因此，构建能充分反映高速列车动载作用下，隧道底部结构、基底围岩、地下水等多因素耦合的累积损伤本构模型，量化分析底部结构的损伤演化规律，可为建立隧道结构服役性能的评价方法和评价指标体系奠定坚实的理论基础，同时是有待深入研究的难点问题。

1.4 高速铁路隧道结构设计与运营维修技术研究概述

1.4.1 隧道结构设计理论与方法

高速铁路隧道衬砌结构除了因空气动力学效应在内部净空和轨下基础有一些特殊要求外，在衬砌结构构造设计要求上与普通铁路隧道没有本质上差异，因此，普通铁路隧道的结构设计理论和方法对于高速铁路隧道结构同样是适用的，即高速隧道结构设计的关键问题包括隧道围岩稳定性、支护与围岩的作用关系和支护结构体系的动力响应机制三个方面。其中围岩稳定性的分析和判别是隧道设计的基础，支护与围岩作用体系的深化研究是支护设计的前提，而支护结构体系的动力响应机制则是高铁隧道结构耐久性设计的保障[105]。

20 世纪 90 年代以来，在借鉴、消化、吸收国外“新奥法”“挪威法”“新意法”等理念的基础上，充分结合中国铁路隧道地形、地质及气候条件复杂多样的特点，我国隧道结构设计理论与方法逐渐向半定量和定量的解析设计方法转变。从容许应力法到基于极限状态的概率可靠度法，基于有限元、有限差分的数值模拟仿真方法，已广泛应用于结构设计中，逐渐形成了以主动控制围岩变形为主的中国特色隧道修建方法，大大促进了中国铁路隧道设计理论和方法的发展[106]。

随着我国高速铁路隧道建设工程的实践积累，在对高速铁路隧道结构设计理论上已有了一些更深入的认识，取得了新的研究进展。此外，针对不良地质地段的高速铁路隧道衬砌结构受力特性亦开展了许多深化研究。例如：

肖明清等[107]根据喷锚支护的性能与特点以及现代隧道力学的基本理论，建立初期支护荷载结构模型和对应的安全系数计算方法，研究了时速 350 km 高速铁路双线隧道无系统锚杆支护、喷锚结合支护和以锚为主的支护 3 种不同的初期支护方案的适应性，分析了不同埋深条件下初期支护的优化参数以及优化后的二次衬砌承载能力，在此基础上提出优化后的高速铁路隧道支护参数建议值，并对优化前后的安全系数进行了计算与对比。

张宁宁[108]采用理论分析、现场工程测试验和数值计算相结合的技术手段，从现象和机理两方面重点研究了高速铁路隧道二次衬砌结构的承载特性，分析了二次衬砌结构的弹塑性典型破坏过程。

李波等[109]以沪昆高速铁路隧道为依托，通过现场试验方式获取了隧道受压点处岩石抗力系数实测值；在此基础上，建立了沪昆高速铁路隧道围岩抗力系数的 5 种理论计算模型，并有针对性地将所研究的 20 座隧道予以分类，分别计算其围岩抗力系数理论计算值。通过对不同的埋深、围岩级别、地质特征下岩石抗力系数现场试验值、理论计算值、数值模拟值和规范值进行对比和综合，提出了高速铁路大断面隧道的围岩抗力系数推荐值。

孙毅等[110]以Ⅴ级围岩、350 km/h 速度的高速铁路隧道为对象，运用数值分析软件建立拟地层-结构模型，推导了摩尔-库伦强度准则下混凝材料强度参数与单轴强度的换算关系；在此基础上分析二次衬砌的变形特性与极限承载能力，并与二次衬砌受力实测数据比对。通过分析 2005 年版《铁路隧道设计规范》中二次衬砌结构与普通受压结构在边界条件、平衡方程上存在的差别，认为采用单轴抗拉、抗压强度作为判断高速铁路隧道二次衬砌材料破坏的参数过于安全。

文明等[111]针对大断面高速铁路隧道围岩的参数变异性及空间相关性等问题，运用随机场理论，建立考虑围岩参数空间变异性的非侵入式随机有限差分分析模型，分析了隧道开挖后围岩的力学响应，通过与确定性模型计算结果的比较，提炼出隧道开挖后围岩参数空间变异性的 4 种典型工程效应。

孟德鑫[112]依托宝鸡至兰州高速铁路的两座黄土隧道工程，运用现场试验、离心试验、数值模拟及力学推导等多种研究方法，系统地分析了高速铁路浅埋大断面黄土隧道空间变形特性及支护作用机理。结合不同厚度喷混凝土支护特征曲线和钢架支护特征曲线，得出了三种厚度喷射混凝土和钢架组合支护曲线和安全系数，最后给出合理支护参数。

樊纯坛、梁庆国等[113]以宝兰客运专线上的魏家嘴隧道为工程背景，通过现场监测，研究围岩压力、钢拱架应力、初期支护与二次衬砌接触压力、二衬钢筋轴力、混凝土应变等参数随时间变化的规律及分布特征，并应用现有可靠度理论和数据对实际工程安全状态进行了评估。

马晓文[114]、王文卓[115]针对我国西部地区有不少高铁隧道穿越泥岩地层，而隧底泥岩遇水后易发生膨胀，从而导致隧道仰拱产生底鼓病害的问题，采用现场监测数学统计和数值模拟的相结合的方法，研究了泥岩软化条件下的围岩和隧道仰拱力学特性规律，分析了软化及列车荷载共同作用下的仰拱底鼓动力变形过程，并提出了仰拱结构的优化措施。

1.4.2 隧道服役性能评价方法

有关技术专家以高速铁路隧道健康服役重大需求为出发点，在总结分析高速铁路隧道服役状态评价体系的构建和安全阈值的识别等既有研究成果的基础上，指出高速铁路隧道结构缺陷致灾机理研究的关键科学问题是：①高速铁路隧道缺陷结构的受荷模式及动力荷载特征；②缺陷结构体动力响应规律及其损伤特性；③含缺陷高速铁路隧道结构状态“缺陷→病害→致灾”的演变机制，并针对这些关键科学问题和研究难点分别提出了拟采取的解决方法[116]。

丁祖德等[117]针对隧道结构服役过程中普遍存在的隧道围岩软化和脱空等问题，以典型的Ⅴ级围岩高速铁路隧道结构为工程背景，通过引入混凝土损伤模型和累积损伤理论，建立多工况高速铁路隧道结构动力响应模型，分析了隧道基底围岩软化和基底脱空对结构动力响应和服役性能的影响。结果表明，隧道底部基岩软化和基底脱空的出现，会导致隧道结构受力状况恶化，结构的动位移、加速度、动应力及动力损伤等振动响应指标呈现不同程度的增大。随着基底脱空宽度的增加，底部结构的疲劳寿命急剧减小，严重影响结构的服役性能。

李夕松[118]采用调查统计、理论分析和数值模拟相结合的方法，从底部结构承载性能和振动响应特征两个方面，系统分析初始损伤对隧道底部结构服役性能的影响规律。

王志伟等[119]针对高速铁路隧道基底混凝土结构“拉—压—拉—压”反复受力特点，基于热力学原理与能量耗散原理，建立混凝土受拉、受压条件下的修正弹塑性亥姆霍兹自由能的随机损伤本构模型和“弹性预测—塑性修正—损伤修正”数值分析算法。该方法可用于计算分析隧道基底混凝土结构的损伤演化规律及损伤疲劳寿命。

任仁[120]通过检测数据统计，分析了高速铁路衬砌空洞缺陷几何特征，包括空洞几何尺寸、空洞纵向长度、空洞径向高度、空洞角度范围、空洞几何形状等因素。根据检测统计结果，设计正交多因素数据分组对衬砌应力敏感性分析，引入破损阶段法安全系数评估空洞受力劣化程度，据此提出了空洞几何特征影响受力劣化程度判断标准。

邓斌[121]采用数值计算和理论分析的方法，研究了Ⅴ级围岩标准高速铁路隧道断面、双线行车时，基底水害、填充层分层和基底状况恶化三种病害条件下的隧底结构动力响应和疲劳寿命。

高宇宇等[122]采用现场监测和数值模拟相结合的方法，在对高速铁路隧道列车振动荷载作用下衬砌结构的动力响应规律研究的基础上,分析了列车荷载循环作用下,高速铁路隧道裂缝的发展过程和隧道的疲劳寿命,并对高速铁路隧道进行了安全性分级。

杜建明等[123]基于高速铁路隧道壁面气动荷载特征,考虑气动荷载之间相互作用以及列车通过隧道不同次数之间的影响,提出了一种针对高速铁路隧道衬砌结构的疲劳累积损伤及残余寿命计算方法,该方法可用于判断隧道设计年限内气动荷载长期循环作用下衬砌结构的安全性。

1.4.3 隧道维修整治技术

随着我国高速铁路隧道运营里程逐年增加,我国工程技术人员和科技工作者在对高速列车荷载作用下隧道衬砌结构的累积损伤(尤其是底部结构)机制的认识,以及相应病害治理技术的研究和实践方面亦取得了长足的进步,积累了丰富的工程经验。

龚彦峰等[124]通过对我国高速铁路隧道施工过程的大断面隧道控制爆破技术、施工机械化配套技术、不良地质隧道施工技术、超前地质预报与监控量测技术、隧道风险管理技术等方面系统总结,分析了高速铁路隧道存在的衬砌质量缺陷、渗漏水问题、洞口边仰坡稳定问题,并提出了处理措施。

姚希磊[125]以某高速铁路隧道为例,定性分析了隧道内的二次衬砌所产生的裂缝,以此为依据,通过对裂缝发育状况的详细观测,进而对高速铁路隧道二次衬砌的裂缝提出了预防控制及整治措施,并在所研究隧道中对裂缝整治方案进行了验证和改进。

杜明庆等[126]采用现场测试方法,研究了兰新第二双线福川隧道返工后仰拱混凝土和钢筋的应力,分析了仰拱结构中混凝土和钢筋的受力特征及应力变化规律。基于监测结果及地质条件,提出将案例工程的隧道仰拱底鼓分为轻微、中度和严重三种程度,并针对每种程度的底鼓给出相应的控制措施。

李林毅等[127]以某高铁隧道仰拱隆起病害案例为依托,综合降雨作用、地形地质条件、防排水系统实际效果等多因素对病害原因进行了探讨,并采用数值模拟方法重现病害的发生,进而探究病害发生时隧道结构应力场、渗流场的特征规律,并结合病害情况提出"施作降压孔+隧底注浆锚固+增设泄水洞+地表处理"的综合整治措施。现场实施效果证明了整治方案的有效性。

邵东华等[128-130]通过对运营高速铁路隧道衬砌空洞、开裂、拱部掉块、仰拱上浮(道床板)、防水板脱空等缺陷和病害的调查统计,分析了衬砌缺陷或病害的成因,提出了铁路隧道衬砌质量缺陷的整治原则,并针对不同的质量缺陷类型,制订了相应的整治措施,有的还详细介绍了整治隧道缺陷的设计、施工方法及工艺,并阐述了天窗点内各施工工序的时间卡控及施工安全和运营设备的保护措施。这些整治措施为高铁隧道衬砌质量缺陷预防及整治修复提供了参考作用与技术指导。

综合上述分析可知,在我国高速铁路隧道建设快速发展的形势驱动下,国内隧道科技界对高铁隧道结构设计理论与服役性能问题的研究正逐渐深入，并取得了一些具有实用性的技术成果。但由于混凝土与围岩疲劳损伤机理及隧道结构服役环境的复杂性，同样存在考虑因素单一、研究成果分散、有机联系欠缺等不足，尚未形成完整的研究体系，难以普遍应用于国内高速铁路隧道工程实践。因此，在综合各种研究手段所获得成果的基础上，建立有效实用的隧道底部结构服役状态分析方法与评价指标体系，对于完善高速铁路隧道结构设计理论，形成配套的高铁隧道缺陷维修治理技术具有工程实际的必要性和紧迫性。

1.5 本书主要内容与特色

1.5.1 主要内容

本书针对我国高速铁路隧道发展过程中亟待解决的底部结构动损伤问题，基于笔者 10 多年来在国家重点研发计划等多项科研项目成果，采用理论分析、室内试验、数值模拟相结合的研究方法，深入而定量地论述了高速铁路隧道底部结构的动力响应、损伤演化，以及长期服役性能的分析评价等问题。主要内容有：

(1)系统地阐释了针对我国高速铁路隧道结构型式，应用结构动力学理论，建立高速铁路车辆-无砟轨道-隧道(简称“车-轨-隧”)一体化耦合数值计算模型的方法，并结合实例验证了计算模型的可靠性和实用性。

(2)基于所建立的车-轨-隧一体化有限元数值仿真模型，计算分析了有仰拱和无仰拱两种典型结构类型的高速铁路双线隧道的结构动力响应规律，对比研究了不同高速列车速度、填充层以及基底等因素对隧底结构动力特征的影响。

(3)采用室内模型试验方法，进行了Ⅴ级围岩条件下双线高速铁路隧道底部结构的静载、动载及疲劳试验，定量分析了仰拱结构的受力特点、仰拱动应力、动应变、动力系数，以及轨面累积沉降与加载频率(即车速)、加载次数之间的变化规律。

(4)设计能考虑隧道基底软岩受力环境的试验系统，基于不同动(静)应力水平、振动频率、围压及地下水渗流条件下的软岩循环三轴加载试验结果，以及不同结合状态下基岩与底部仰拱混凝土组合构件的循环变形试验结果，定量分析了不同因素对软岩及组合构件循环变形特性的影响规律。

(5)运用混凝土和岩土损伤理论，分别考虑混凝土拉、压损伤的双标量损伤变量以及考虑软岩弹性损伤和塑性损伤的两阶段损伤变量，推导了混凝土和软岩的损伤演化方程，建立了相应的弹塑性损伤模型；并利用 ABAQUS 软件平台，开发了损伤本构模型的计算程序，结合已有的试验结果对模型予以了验证。

(6)基于车-轨-隧一体化耦合模型和混凝土弹塑性损伤理论和高速铁路隧道动力有限元模型，系统分析了不同条件下隧道及轨道结构的动力损伤特性，总结了列车荷载、服役环境和隧道底部缺陷等对隧道衬砌动力损伤的影响规律。

(7)在以上研究成果的基础上,参考现行结构损伤诊断与维修加固标准,确定了高速铁路隧道结构破坏时的累积损伤临界值,分别构建了基于累积损伤的高速铁路隧道结构疲劳寿命计算方法和底部结构设计方法。

1.5.2 主要特色

(1)本书建立了考虑轮轨接触关系与轨道不平顺的车-轨-隧的动力一体化仿真模型,并用以分析不同列车速度和不同围岩条件下,高速铁路隧底结构的动力响应特征。与以往的计算模型相比,车-轨-隧道动力一体化模型更接近工程实际,精度更高。

(2)基于笔者通过充分模拟隧道底部力学环境、地下水渗流和列车动载耦合作用的室内试验,而获得能反映隧道底部结构的受力特点、动力响应特性、基底软岩累积变形规律的大量测试资料,本书为揭示高速铁路隧道底部结构和基底软岩长期动力损伤机理提供了科学论证依据。

(3)将双标量损伤变量引入到经典的 Drucker-Prager 屈服准则中,构建了能同时考虑混凝土和基底软岩应力-应变变化的弹塑性损伤模型,并基于 ABAQUS 有限元软件的 UMAT 平台,研发了相应的计算分析程序,本书可实现多因素耦合作用下高铁隧道底部结构累积损伤的交互式数值计算分析。

(4)本书提出了一种幂函数形式的非线性损伤累积准则,用来分析隧道底部结构长期动力性能演化规律和影响因素;据此构建的基于全寿命周期内隧道结构疲劳寿命评价方法和底部结构设计方法,可为完善我国高速铁路隧道底部结构设计理论提供理论支撑,改进了以往隧道底部结构设计中偏重于经验判断的不足。

第 2 章　高速铁路隧道底部结构动力响应分析方法

列车振动荷载作用下隧道结构及周围岩土层的动力特性一直是隧道工程界关注的重点课题之一。但在既有普通铁路隧道列车动力响应的研究中，大多是采用一个激振力函数来模拟列车荷载，这种简化方法已不能准确反映高速列车与隧道结构之间的相互作用，与高速铁路对线下基础设施的变形和沉降控制的高标准要求存在较大差异。因此，建立合理的高速铁路隧道动力响应精细化数值分析模型，对于深入探究高速列车动载作用下隧道-围岩体系动力作用机制具有重要的工程现实意义。

本章采用有限元分析方法（ABAQUS 软件）建立车-轨-隧一体化模型，并引入轨道不平顺，分析列车与隧道的相互作用，并通过与实测数据及既有分析数据的对比，验证模型的可靠性。

2.1　高速铁路隧道结构体系

2.1.1　衬砌结构

高速铁路隧道结构的设计特点主要体现在横断面上，既要保证高速行车安全，又要满足空气动力学特性的要求。高速铁路隧道的净空面积、断面形状和支护参数与行车速度目标值、车辆类型以及地质、地形等诸多因素相关。

目前，采用钻爆法施工的高速铁路隧道基本采用三心圆曲墙式双线隧道，净空面积为 90～100 m^2。明洞多为模注混凝土整体式衬砌；暗挖为复合式衬砌，由中间设置防水层的内、外两层结构构成。外层结构初期支护由钢筋网、锚杆、钢架和喷射混凝土组成；内层二次衬砌为模筑混凝土衬砌结构。衬砌设计根据围岩级别、埋深、偏压等具体条件对围岩自稳能力和结构受力的影响，采取不同的衬砌类型。高速铁路隧道衬砌设计时突出了“加强基底”和注重“刚度变化”的原则，对于Ⅲ级～Ⅴ级围岩段二次衬砌均采用曲墙有仰拱的结构形式。Ⅳ级和Ⅴ级围岩中时速 350 km 高速铁路双线隧道结构典型断面布置如图 2-1 所示[131]。

2.1.2　轨道结构

我国的高速铁路普遍采用无砟轨道。它具有较高的轨道稳定性，刚度均匀、耐久性好，

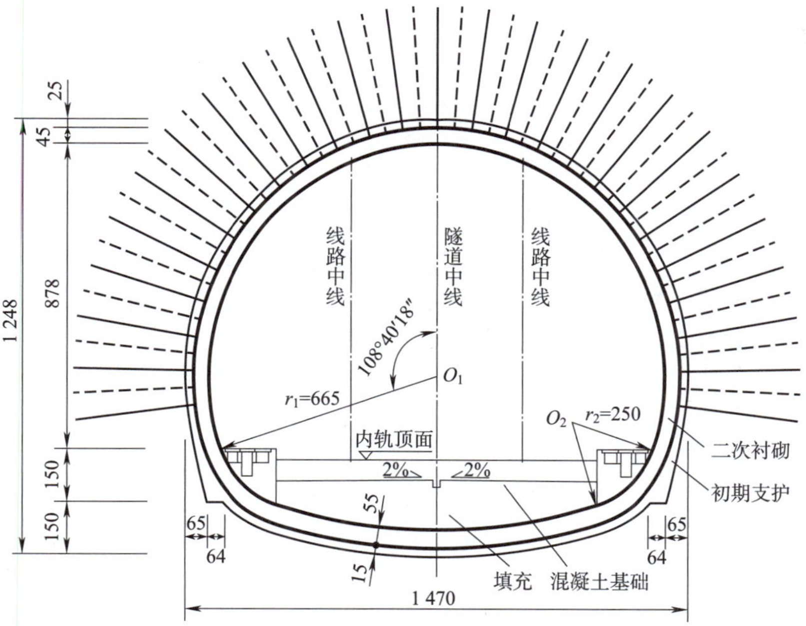

(a) Ⅳ级围岩

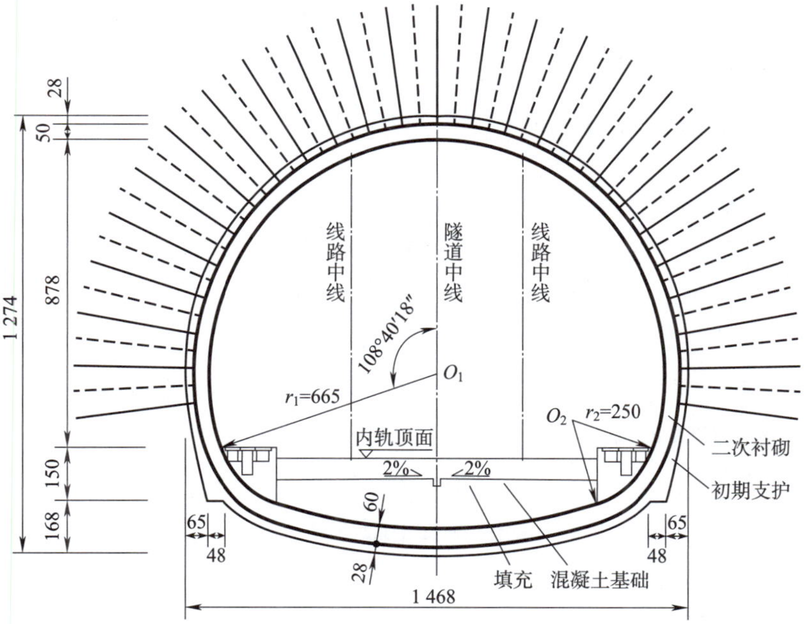

(b) Ⅴ级围岩

图 2-1　350 km/h 高速铁路双线隧道结构典型断面(单位:cm)

与有砟轨道相比,其维修工作量显著减少等优点。根据是否有轨枕,可分为有轨枕和无轨枕两大类,进一步划分为轨枕嵌入式、轨枕支承式、轨枕埋入式、预制道床板和现浇道床板共五种主要结构形式。考虑工程造价等因素,隧道内多应用 CRTS Ⅰ型和 CRTS Ⅱ型板式无砟轨道[131]。

隧道内板式轨道结构系统包括：钢轨、轨下支垫和扣件、轨道板、CA 砂浆层、混凝土支承层、仰拱填充层，典型结构如图 2-2 所示。

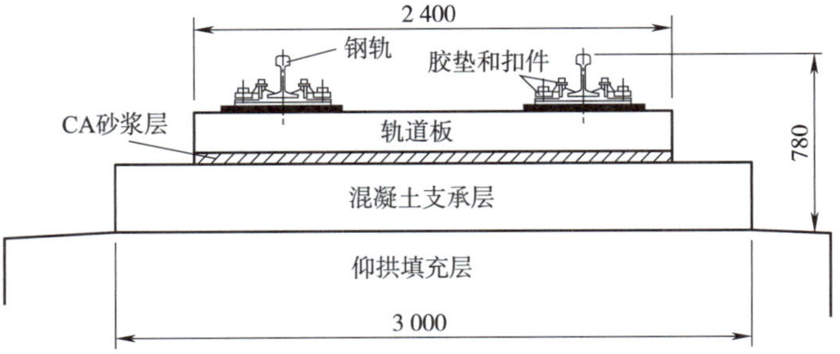

图 2-2　高速铁路板式无砟轨道结构示意(单位：mm)

2.2　隧道结构非线性动力学分析方法

隧道结构非线性动力学分析方法的核心内容包括：车-轨-隧系统运动方程的建立，以及最优数值时间积分方法的选取。

2.2.1　系统运动方程的建立

隧道体系系统运动方程建立的基本思路为：首先在轮轨间的几何相容和力学平衡条件下，得到列车运行时产生的轮轨作用力；然后将此轮轨作用力以动循环荷载的形式传递到隧道系统中，进行整体系统的动力响应分析。

根据 Hamilton 原理[132]，建立连续体的运动方程，并将单元的运动方程进行组合和叠加得到结构的整体运动方程。在满足边界条件、构件之间的约束条件和应变形协调条件下，非线性动力平衡方程表示为

$$\boldsymbol{M}\ddot{\boldsymbol{u}}+\boldsymbol{I}=\boldsymbol{P}(t) \tag{2-1}$$

$$\boldsymbol{M}\ddot{\boldsymbol{u}}+\boldsymbol{C}\dot{\boldsymbol{u}}+\boldsymbol{K}\boldsymbol{u}=\boldsymbol{P}(t) \tag{2-2}$$

式中　$\boldsymbol{M}$——质量矩阵；

$\boldsymbol{C}$——阻尼矩阵；

$\boldsymbol{K}$——刚度矩阵；

$\boldsymbol{I}$——黏性效应项，考虑阻尼、黏塑、黏弹等效应，$\boldsymbol{I}=\boldsymbol{C}\dot{\boldsymbol{u}}+\boldsymbol{K}\boldsymbol{u}$；

$\boldsymbol{P}(t)$——外部激振力作用；

$\boldsymbol{u}$——节点位移向量；

$\dot{\boldsymbol{u}}$——节点速度向量，$\boldsymbol{u}$ 各分量的一阶导数；

$\ddot{\boldsymbol{u}}$——节点加速度向量，$\boldsymbol{u}$ 各分量的二阶导数。

式(2-1)、式(2-2)中，$\boldsymbol{M}\ddot{\boldsymbol{u}}$ 为惯性力项。式(2-1) 与式(2-2)能够作为动静力学平衡通式或者静力平衡方程，可以用于确定静动载耦合作用下隧道与围岩体系关于时间变量 t 的结构位移、加速度、应力及应变的数值解。

2.2.2　求解的隐式时间积分算法

进行系统动力方程求解的基本思路为：通过相邻时刻的位移向量表征动力方程中的速度向量 $\dot{\boldsymbol{u}}$、加速度向量 $\ddot{\boldsymbol{u}}$ 等自由度的导数项，以求解列车荷载作用下隧道结构的非线性动力响应问题。

目前，在动力数值分析过程中常采用隐式求解，隐式方程求解时经常使用 Newmark 算法[133]。

设 t 时刻模型的加速度为 $\ddot{\boldsymbol{u}}_t$，$t+\Delta t$ 时刻模型的加速度 $\ddot{\boldsymbol{u}}_{t+\Delta t}$，则位移、速度和加速度三者的关系如下：

$$\dot{\boldsymbol{u}}_{t+\Delta t}=\dot{\boldsymbol{u}}_t+[(1-\gamma)\ddot{\boldsymbol{u}}_t+\gamma\ddot{\boldsymbol{u}}_{t+\Delta t}]\Delta t \tag{2-3}$$

$$\boldsymbol{u}_{t+\Delta t}=\boldsymbol{u}_t+\dot{\boldsymbol{u}}_t\Delta t+[(0.5-\delta)\ddot{\boldsymbol{u}}_t+\delta\ddot{\boldsymbol{u}}_{t+\Delta t}](\Delta t)^2 \tag{2-4}$$

式中　γ，δ——参数，与分析的积分精度和稳定性有关。

如果满足 $\gamma\geqslant 0.5$、$\delta\geqslant 0.25(1+\gamma)^2$，分析是稳定的，计算精度取决于阻尼、频率和时间增量步长。

将式(2-3)、式(2-4)代入车-轨-隧耦合系统运动方程，可得该系统 $t+\Delta t$ 时刻的动力方程，即有下式成立：

$$(\boldsymbol{M}+\boldsymbol{C}\gamma\Delta t+\boldsymbol{K}\delta\Delta t^2)\ddot{\boldsymbol{u}}_{t+\Delta t}=\boldsymbol{F}_{t+\Delta t}-\boldsymbol{C}[\dot{\boldsymbol{u}}_t+(1-\gamma)\ddot{\boldsymbol{u}}_t\Delta t]-\boldsymbol{K}[\boldsymbol{u}_t+\ddot{\boldsymbol{u}}\Delta t+(0.5-\delta)\ddot{\boldsymbol{u}}_t\Delta t^2] \tag{2-5}$$

在上一步的分析中分析得到了 $\boldsymbol{u}_t$、$\dot{\boldsymbol{u}}_t$、$\ddot{\boldsymbol{u}}_t$，即可通过式(2-5)求解 $\dot{\boldsymbol{u}}_{t+\Delta t}$，再将 $\ddot{\boldsymbol{u}}_{t+\Delta t}$ 代入到式(2-3)、式(2-4)中，容易求出 $\dot{\boldsymbol{u}}_{t+\Delta t}$ 和 $\boldsymbol{u}_{t+\Delta t}$，这样反复迭代，就可以得到不同分析步的动力响应并汇出相应的时程曲线。

2.3　数值模型

2.3.1　车辆模型

车辆是由车体、转向架、车辆等子系统经各种力学铰链和各种减振弹簧、阻尼器连接而成，是一个复杂的多自由度“质量-刚度-阻尼”动力学系统[134]。鉴于研究的重点为轨下底部结构，车辆不是动力分析的重点，采用以下假定对车辆模型做一定程度的简化：

(1)忽略轮对、转向架和车体的弹性变形，采用刚体建模；

(2)由于列车横向运动对其垂向运动的影响不明显，侧重于分析车辆沉浮和点头的垂直动力作用。不考虑轮轨之间的纵向与横向相互作用力，以及相邻车厢之间的耦合作用[135-137]。

列车采用四轴机车车辆模型，具有二系悬挂的客车车辆，具体由 4 个轮对、2 个转向架和 1 个车体共 7 个自由度的刚体及一、二系悬挂组成；车体和转向架、转向架与轮对之间均采用弹簧和阻尼连接，该种连接单元在 ABAQUS 分析软件中可采用 Cartsian 进行模拟，如图 2-3 所示。列车模型取 CRH380 型车，列车自由度见表 2-1。

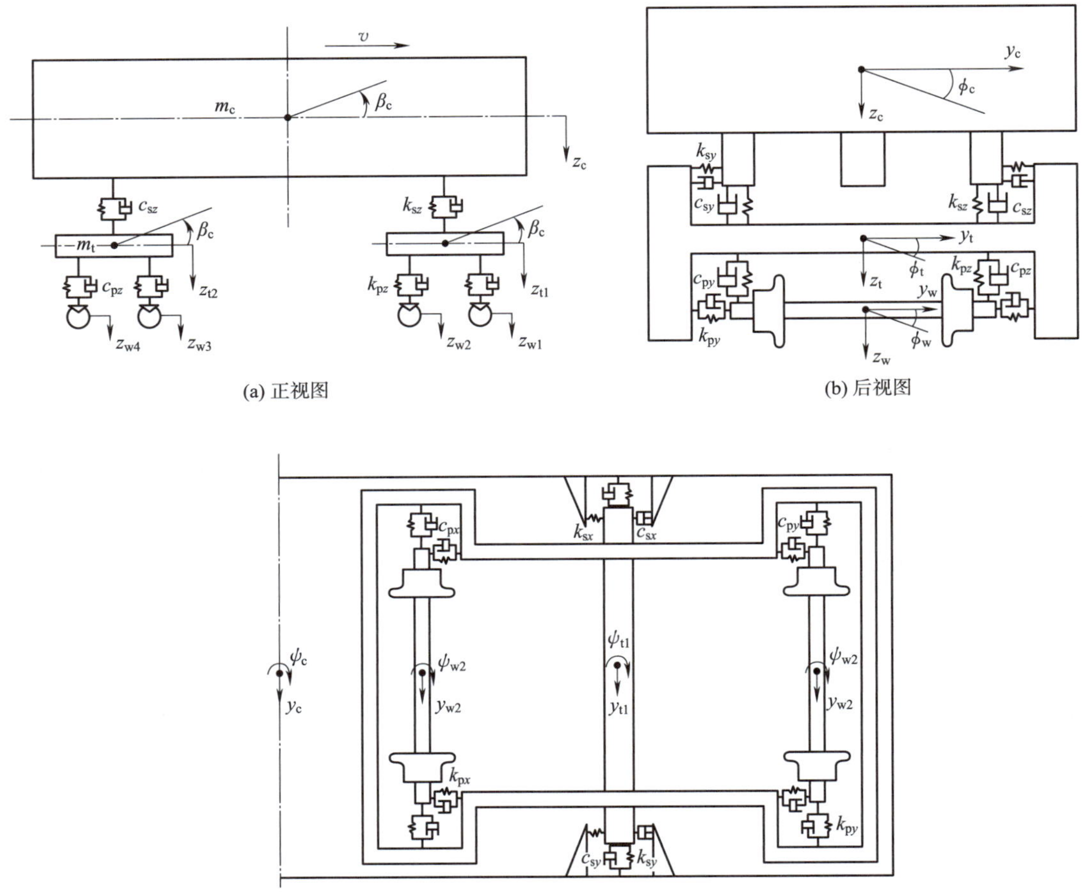

(a) 正视图　(b) 后视图　(c) 俯视图

图 2-3　车轨空间耦合模型图

m_c，m_t，m_w—车体、转向架、轮对的质量；

k_{sx}，k_{sy}，k_{sz}—转向架一侧二系悬挂系统纵向、横向和垂向刚度；

c_{sx}，c_{sy}，c_{sz}—转向架一侧二系悬挂系统纵向、横向和垂向阻尼；

k_{px}，k_{py}，k_{pz}—每车厢一系悬挂系统纵向、横向和垂向刚度；

c_{px}，c_{py}，c_{pz}—每车厢一系悬挂系统纵向、横向和垂向阻尼

表 2-1　车辆模型自由度一览表

名称	沉浮	横移	侧滚	点头	摇头
车体	z_c	y_c	ϕ_c	β_c	ψ_c
转向架	z_{t1}	y_{t1}	ϕ_{t1}	β_{t1}	ψ_{t1}
	z_{t2}	y_{t2}	ϕ_{t2}	β_{t2}	ψ_{t2}
轮对	z_{w1}	y_{w1}	ϕ_{w1}	—	ψ_{w1}
	z_{w2}	y_{w2}	ϕ_{w2}	—	ψ_{w2}
	z_{w3}	y_{w3}	ϕ_{w3}	—	ψ_{w3}
	z_{w4}	y_{w4}	ϕ_{w4}	—	ψ_{w4}

车辆模型计算参数见表 2-2 所示[138]：

表 2-2　车辆模型动力学参数

参　数	取　值
车体质量	34 000 kg
车体尺寸	3.89 m×2.95 m×26 m
转向架中心距	17.5 m
轮对质量	1 400 kg
一系悬挂纵向刚度(每轴箱)	10 MN/m
一系悬挂横向刚度(每轴箱)	5 MN/m
一系悬挂垂向刚度(每轴箱)	0.55 MN/m
二系悬挂纵向刚度(转向架一侧)	0.15 MN/m
二系悬挂横向刚度(转向架一侧)	0.15 MN/m
二系悬挂垂向刚度(转向架一侧)	0.4 MN/m
一系悬挂垂向阻尼(每轴箱)	6 kN·s/m
二系悬挂横向阻尼(转向架一侧)	60 kN·s/m
二系悬挂垂向阻尼(转向架一侧)	80 kN·s/m

车辆系统动力方程用矩阵表示为

$$\boldsymbol{M}_v \ddot{\boldsymbol{u}}_v + \boldsymbol{C}_v \dot{\boldsymbol{u}}_v + \boldsymbol{K}_v \boldsymbol{u}_v = \boldsymbol{G}_v \tag{2-6}$$

式中　$\boldsymbol{M}_v$——车辆系统的质量矩阵；

$\boldsymbol{C}_v$——车辆系统的阻尼矩阵；

$\boldsymbol{K}_v$——车辆系统的刚度矩阵；

$\boldsymbol{u}_v, \dot{\boldsymbol{u}}_v, \ddot{\boldsymbol{u}}_v$——车辆系统的广义位移向量、广义速度向量、广义加速度向量；

$\boldsymbol{G}_v$——车辆系统的广义荷载向量。

1. 轮对模型

由于计算中主要研究车辆的垂向振动对隧道结构的影响，因此建模中不需建立实际的曲面踏面，考虑到计算机运行性能的限制，对轮对模型适当的简化，简化后的轮对模型如图 2-4 所示。

2. 转向架模型

实际的车辆转向架是一个复杂的系统，在数值模型中实现比较困难，因此简化转向架模型，仅考虑对二系悬挂系统对垂向振动的影响；考虑轴箱悬挂，包括提供阻尼的减振器和提供刚度的轴箱弹簧[139-141]。简化后的转向架模型如图 2-5 所示。

图 2-4 轮对模型

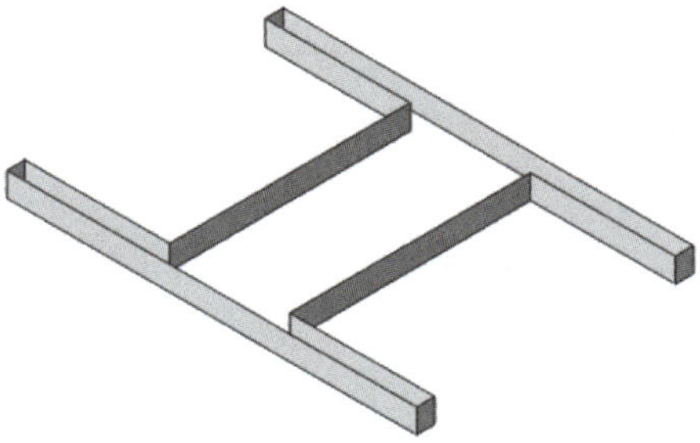

图 2-5 转向架模型

3. 整车模型

模型车体采用两节车厢，其模型如图 2-6 所示。

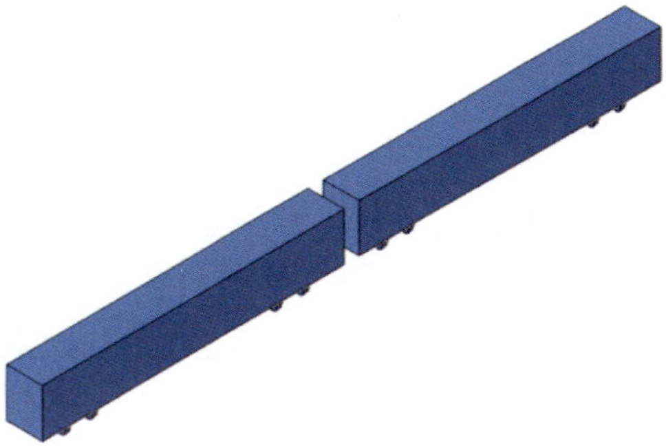

(a) 实体图

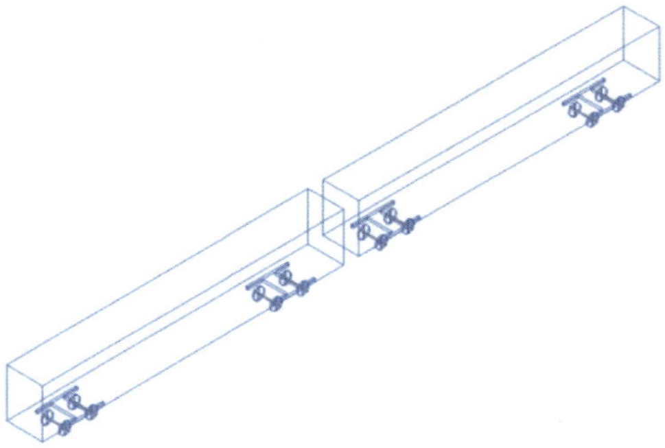

(b) 模型图

图 2-6 整车模型图

2.3.2 轨道及填充层模型

如前所述，高速铁路基本采用无砟轨道。计算模型中采用三维实体单元进行模拟。轨道的系统动力学方程为

$$\boldsymbol{M}_t \ddot{\boldsymbol{u}}_t + \boldsymbol{C}_t \dot{\boldsymbol{u}}_t + \boldsymbol{K}_t \boldsymbol{u}_t = \boldsymbol{P}_t \tag{2-7}$$

式中 $\boldsymbol{M}_t$——轨道系统的质量矩阵；

$\boldsymbol{C}_{\mathrm{t}}$——轨道系统的阻尼矩阵；

$\boldsymbol{K}_{\mathrm{t}}$——轨道系统的刚度矩阵；

$\ddot{\boldsymbol{u}}_{\mathrm{t}}, \dot{\boldsymbol{u}}_{\mathrm{t}}, \boldsymbol{u}_{\mathrm{t}}$——轨道系统的广义加速度向量、广义速度向量、广义位移向量；

$\boldsymbol{P}_{\mathrm{t}}$——轨道系统的广义荷载向量；

轨道模型采用高速铁路 HST60，轨道和轨枕均采用实体进行模拟，扣件采用 ABAQUS 自带的连接器进行模拟，相关参数见表 2-3，轨道及填充层示意图如图 2-7 所示，模型如图 2-8 所示。

表 2-3　轨道及填充层参数表

参　数	取　值
钢轨弹性模量	2.059×10^{11} Pa
钢轨截面惯量	3.217×10^{-5} m^4
轨枕质量(半根)	170 kg
轨枕间距	0.6 m
道床密度	1.9×10^{3} kg/m^3
道床弹性模量	1.2×10^{8} Pa
轨下垫胶刚度	6.0×10^{7} N/m
轨下垫胶阻尼	7.5×10^{4} N·s/m
扣件横向刚度	30×10^{6} N/m
扣件横向阻尼	60×10^{3} N·s/m

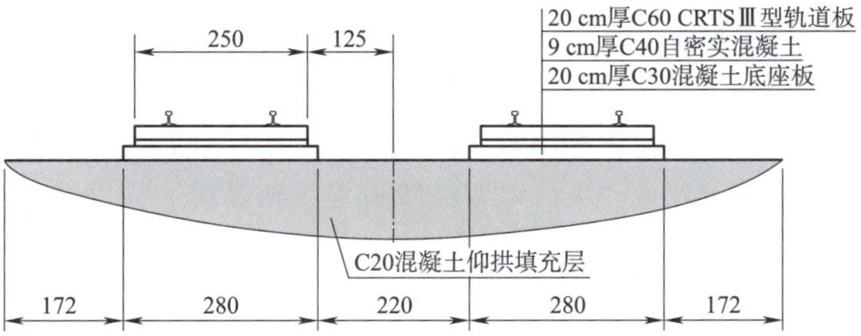

图 2-7　轨道及填充层示意图(单位:cm)

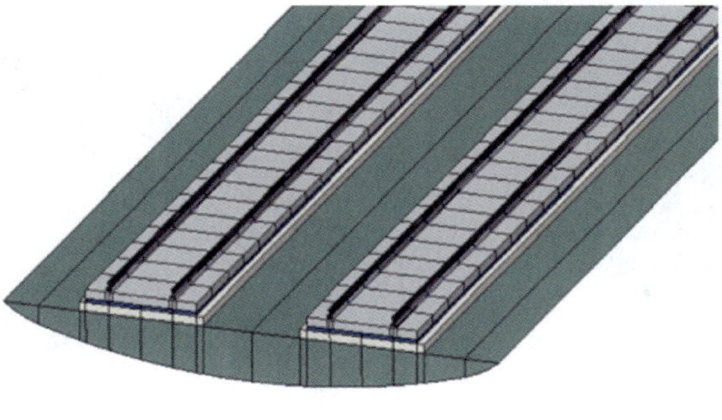

图 2-8　轨道及填充层模型

2.3.3 隧道模型

模型中隧道断面选用 100 m^2 高速铁路双线隧道标准断面，该断面阻塞比约为 0.127，初期支护及二次衬砌尺寸图如图 2-1 所示。

隧道结构系统动力方程分别可以表述为：

$$\boldsymbol{M}_s \ddot{\boldsymbol{u}}_s + \boldsymbol{C}_s \dot{\boldsymbol{u}}_s + \boldsymbol{K}_s \boldsymbol{u}_s = \boldsymbol{R}_s \tag{2-8}$$

式中 $\boldsymbol{M}_s$——隧道结构系统的质量矩阵；

$\boldsymbol{C}_s$——隧道结构系统的阻尼矩阵；

$\boldsymbol{K}_s$——隧道结构系统的刚度矩阵；

$\ddot{\boldsymbol{u}}_s, \dot{\boldsymbol{u}}_s, \boldsymbol{u}_s$——隧道结构系统的广义加速度向量、广义速度向量、广义位移向量；

$\boldsymbol{R}_s$——隧道结构系统的广义荷载向量。

2.3.4 车辆-轨道-隧道一体化耦合模型

计算模型中隧道衬砌结构、填充层、混凝土底座、砂浆调整层、轨道板、轨枕、钢轨、道床均采用弹性材料，采用 C3D8R 三维实体单元模拟。隧道周边围岩采用摩尔-库伦弹塑性材料，也采用 C3D8R 三维实体单元进行模拟。

模型计算范围以隧道中线为中心，向左右方向各取 50 m；竖直方向取 100 m 地表埋深自隧道拱顶中心向上取至地表，取 30 m；纵向长度取 60 m。模型动力分析步长取 0.668 s，动力分析结束时，前一节列车前侧表面与土体后侧表面处于同一平面。

围岩边界条件：约束围岩左右两侧和前后两侧的法向位移，约束围岩底部竖向位移，围岩顶部取为自由面。同样，隧道衬砌结构、工作轨道中轨道板到填充层（有着轨道为道床到填充层）前后两侧的法向位移也约束。以双线隧道工作轨道模型为例，构建的车辆-轨道-隧道一体化装配的计算模型如图 2-9 所示。

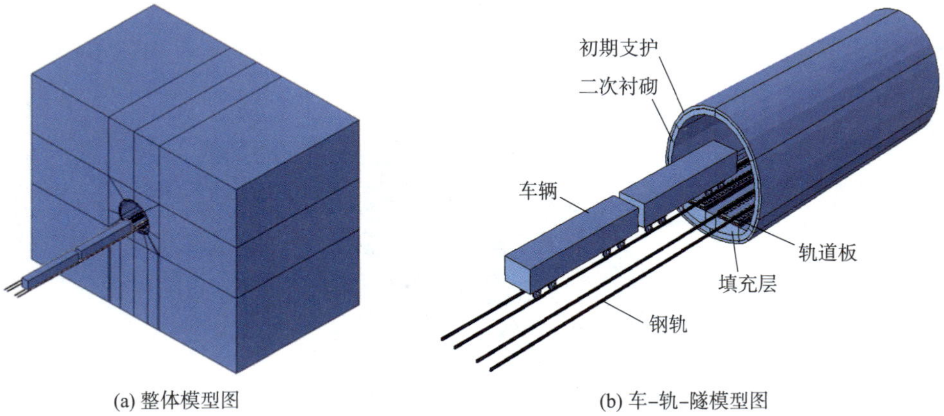

(a) 整体模型图　　(b) 车-轨-隧模型图

图 2-9 车-轨-隧一体化耦合模型

2.3.5　材料及边界参数

1. 材料参数

参照《铁路隧道设计规范》(TB 10003—2016)[142]，获取车辆-轨道-隧道模型中相关组件参数和围岩参数，分别见表 2-4 和表 2-5。

表 2-4　车辆-轨道-隧道模型材料参数表

结构名称	容重/(kN·m^{-3})	弹性模量/GPa	泊 松 比
C30 初期支护	25	30.0	0.2
C35 二次衬砌	25	31.5	0.2
C20 混凝土仰拱填充层	24	25.5	0.2
C30 自密实混凝土底座板	25	30.0	0.2
C40 自密实混凝土	25	32.5	0.2
C60 CRTSⅢ轨道板	26	36.0	0.2
轨枕	27	33.5	0.2
钢轨	78	210	0.3

表 2-5　围岩材料参数表

容重 γ/(kN·m^{-3})	弹性模量 E/GPa	泊松比 μ	黏聚力 c /kPa	内摩擦角 φ/(°)	侧压力系数 k_0
20	2.0	0.35	50	20°	0.54

2. 边界参数

模型静力边界采用位移边界，即除地表自由外约束围岩其他各面的法向位移。动力计算中为消除列车荷载在模型边界处产生的反射波的影响，在模型底部和左右两侧设置黏弹性人工边界。参考既有研究成果[143]，人工边界节点处的弹簧-阻尼系统的物理力学参数可按式(2-9)计算：

$$\begin{cases} k_n = \alpha_n \dfrac{G}{r}A, \quad c_n = \rho v_P A \\ k_\tau = \alpha_\tau \dfrac{G}{r}A, \quad c_\tau = \rho v_S A \end{cases} \tag{2-9}$$

式中　k_n，k_τ——弹簧的法向和切向刚度系数；

c_n，c_τ——阻尼系统的法向和切向阻尼系数；

α_n，α_τ——法向和切向黏弹性人工边界修正系数；在二维问题中，α_n 的经验取值范围为 0.8～1.2，α_τ 为 0.35～0.65，谷音等[144]推荐取 α_n=1.0，α_τ=0.5；在三维问题中，α_n 的经验取值范围为 1.0～2.0，α_τ 为 0.5～1.0，谷音等[144]、尹广斌等[145]推荐取 α_n=1.33，α_τ=0.67；

v_S，v_P——S 波和 P 波波速；

G——介质的剪切模量；

ρ——介质密度；

r——波源至人工边界的距离；

A——单元节点的控制面积。

2.3.6 列车荷载

车-轨-隧一体化模型中列车荷载通过模拟真实的车-轨接触关系反映。轮轨关系是车-轨耦合研究中的关键，是连接车辆子系统和轨道子系统之间的纽带[138]。车辆-轨道垂向相互作用分析模型已在铁路动力分析中广泛采用[146]。轮轨接触采用面面接触，由于轮对建为刚体，因此选轮对所在的面作为主面，钢轨作为从面。轮轨接触如图 2-10 所示。

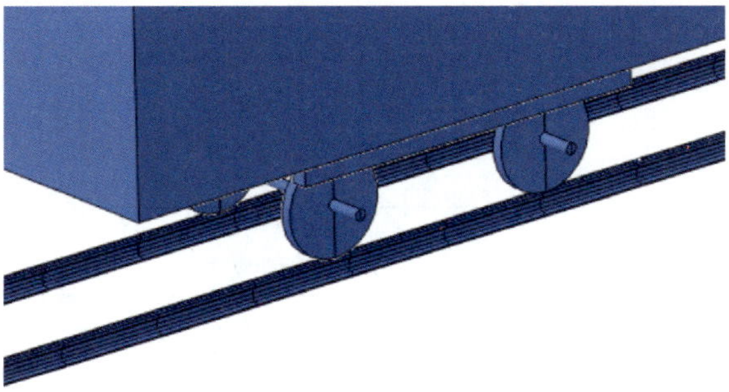

图 2-10 轮轨接触关系图

轮轨法向接触力计算采用 Hertz 非线性弹性接触理论[147]，方程为

$$P_{\mathrm{n}}(t)=\left[\frac{1}{G}\delta_{\mathrm{n}}(t)\right]^{3/2} \tag{2-10}$$

式中 $P_{\mathrm{n}}(t)$——轮轨法向接触力；

$\delta_{\mathrm{n}}(t)$——接触点的法向弹性压缩量；

G——接触常数，对于 LM 磨耗型踏面有 $G=3.86R^{-0.115}\times10^{-8}\ \mathrm{m/N^{2/3}}$，$R$ 为车轮滚动圆半径。

模型中高速列车按 CRH3 型动车组建模，列车车体质量为 34 t，列车轴重为约为 17 t，轮对质量为 1.4 t，转向架质量为 3.0 t，车辆定距为 18 m，转向架固定轴距为 2.4 m，两辆车之间的轴距为 4.5 m[138]。

车辆悬挂系统由弹性元件、导向机构及减振器等部件组成，起减振、定位作用，构成一个包含“质量-刚度-阻尼”的多自由度动力学系统[138]。由于重点分析隧道底部结构动力响应特性，因此将车辆系统进行了适当简化，以加快计算速度，仅考虑轮轨之间的法向作用力，车体与转向架、转向架与轮对之间的悬挂系统，以及轨道与轨枕之间的弹簧扣件系统均采用弹簧和阻尼连接，在 ABAQUS 分析软件中采用 Cartesian 连接单元进行规模拟，其中一系悬挂为轮对与转向架之间的悬挂装置，传递轮对与转向架之间的作用力；二系悬挂为转向架与车体之间的悬挂系统，传递转向架与车体之间的作用力，其相互之间的连接参数见表 2-6。

表 2-6　车体悬挂系统弹簧刚度及阻尼参数

部　位	弹簧刚度/(MN·m^{-1})			阻尼/(kN·m^{-1})
	垂向刚度	横向刚度	纵向刚度	
一系悬挂	0.55	5.00	10.00	6.00
二系悬挂	0.40	0.15	0.15	80.00
钢轨-轨枕	100.00	30.00	30.00	60.00

2.3.7　数值模型实施的软件平台简介

上述车-轨-隧一体化模型的建立与计算过程可通过 ABAQUS 软件平台来实现。ABAQUS 是目前世界上最著名的非线性有限元分析软件之一，其功能十分强大，包含了十分丰富的单元类型、材料模型以及分析过程，在求解非线性问题方面的能力十分优异，得到了全球工业界和学术界广泛接受和认可[148-150]。在岩土工程分析方面，它提供了丰富的岩土材料的本构模型，如 Mohr-Coulomb 模型、Druker-Prager 模型、Cam-Clay 模型、混凝土材料模型、节理模型等；除了常规的各种单元类型外，还有模拟无限边界的无限元、针对钢筋混凝土结构的钢筋单元、针对地下管道的土壤-管道连接单元等等，有着其他通用有限元软件不可比拟的优势。特别是 ABAQUS 提供了用户材料子程序 UMAT（User-defined Mechanical Material Behavior）和用户自定义单元子程序 UEL(User-defined Elements)，为研究者提供了开放的二次开发平台。

2.4　轨道不平顺及其随机模拟

在线路的平直区段，钢轨并不是理想的平直状态，两根钢轨在高低和左右方向上相对于理想的平直轨道呈现某种波状变化，这种几何参数的偏差称为轨道不平顺[151]。

轨道不平顺的存在，改变了轮轨接触关系，成为诱发整个车辆-轨道-隧道系统耦合振动的主要因素之一，对列车行车安全性有重要影响。轨道不平顺在车辆-轨道-隧道系统中分析具有关键作用，如果轨道几何状态不良，不平顺诱发的列车振动将随着车速的提高而加剧，增大对轨道结构和隧道结构的冲击，影响结构的安全性和列车的行车安全。

2.4.1　轨道不平顺分类及描述

轨道不平顺按位置方位主要分为四大类[152]：高低、水平、方向和轨距不平顺。芦睿泉、练松良[153]通过对大量数据进行分析，得到了不同的轨道不平顺对车辆动力特性的影响，具体见表 2-7（“＋”多少表示影响程度大小，“－”表示基本没有影响）。

表 2-7　单一不平顺对车辆动力特性的影响

轨道不平顺	轮轨垂直力	轮轨横向力	车体垂向振动	车体横向振动	脱轨系数	轮重减载率
高低	++++	+	++++	—	—	—
方向	++	++++	—	+++++	++++	+++
水平	++++	+++	+	—	++++	—
轨距	—	+	—	++++	+	—

由此可见，车-轨-隧耦合系统的垂向振动主要受高低不平顺和水平不平顺影响，受计算机性能的限制。模型分析中主要对轨道的高低不平顺进行模拟。

由于受众多因素的影响，轨道不平顺具有一定的随机性，无法用一个确定的函数来明确表示，通常采用功率谱密度函数 $G_\eta(f)$ 表示。它囊括了幅值规律、频率或波长等统计量、环境条件等随机信息[154,155]。

对某一轨道不平顺平稳样本记录 $\eta(t)$，$G_\eta(f)$ 的估计值 $\hat{G}_\eta(f)$ 定义：

$$\hat{G}_\eta(f)=\frac{\hat{\psi}_\eta^2(f,\Delta f)}{\Delta f} \tag{2-11}$$

式中　$\hat{\psi}_\eta^2$——微小频带宽度 Δf 内的均方值。

当带宽 $\Delta f\to 0$，统计的时间 $T\to\infty$（或者统计的距离 $X\to\infty$），式(2-11)的精确度将会更高：

$$\hat{G}_\eta(f)=\lim_{\Delta f\to 0}\frac{\hat{\psi}_\eta^2(f,\Delta f)}{\Delta f}=\lim_{\Delta f\to 0}\frac{1}{\Delta f}\left[\lim_{T\to 0}\frac{1}{T}\int_0^T \eta^2(t,f,\Delta f)\mathrm{d}t\right] \tag{2-12}$$

或者

$$\hat{G}_\eta(f)=\lim_{\Delta f\to 0}\frac{\hat{\psi}_\eta^2(f,\Delta f)}{\Delta f}=\lim_{\Delta f\to 0}\frac{1}{\Delta f}[\lim_{X\to 0}\frac{1}{X}\int_0^X \eta^2(t,f,\Delta f)\mathrm{d}t] \tag{2-13}$$

$\eta(t,f,\Delta f)$、$\eta(x,f,\Delta f)$ 分别为以时间为随机变量、以距离为随机变量时 $\eta(t)$、$\eta(x)$ 在 f 到 $f+\Delta f$ 区间内的取值。

不同的数值分析方法可得到不同的功率谱密度表达式。采用快速傅里叶变换数字处理技术时，不平顺的功率谱密度可表示为

$$G_\eta(f)=\lim_{T\to 0}\frac{1}{T}\left[\int_0^T \eta(t)\mathrm{e}^{-\mathrm{j}2\pi t}\mathrm{d}t\right]^2 \tag{2-14}$$

$$G_\eta(x)=\lim_{X\to 0}\frac{1}{X}\left[\int_0^X \eta(x)\mathrm{e}^{-\mathrm{j}2\pi x}\mathrm{d}x\right]^2 \tag{2-15}$$

我国设计时速 300～350 km 的高速铁路普遍采用无砟轨道，为了满足研究需求，中国铁道科学研究集团有限公司联合西南交通大学，在对京津、武广、郑西等高速铁路无砟轨道轨检车检测数据统计分析基础上，提出了中国高速铁路无砟轨道不平顺谱[156]。《高速铁路无砟轨道不平顺谱》(TB/T 3352—2014)[157]规定，我国高速铁路无砟轨道不平顺谱采用幂函数分段拟合，谱的空间频率范围为 0.005～0.5 m^{-1}，对应的轨道不平顺波长范围为 2～200 m，各波长区段的轨道不平顺功率谱密度表达式为

$$S(f)=\frac{A}{f^k} \tag{2-16}$$

式中　$S(f)$——轨道不平顺功率谱密度，mm^2/m^{-1}；

f——空间频率，m^{-1}；

A,k——拟合系数。

表 2-8 和表 2-9 给出了我国高速铁路无砟轨道不平顺平均谱的拟合系数和各段点的空间频率及对应波长[157]。

表 2-8　高速铁路无砟轨道不平顺平均谱拟合公式系数

拟合参数		轨距不平顺	水平不平顺	轨向不平顺	高低不平顺
第一段	A	5.4978×10^{-2}	3.6148×10^{-3}	3.9513×10^{-3}	1.0544×10^{-5}
	k	0.828 2	1.727 8	1.867 0	3.389 1
第二段	A	5.0701×10^{-3}	4.3685×10^{-2}	1.1047×10^{-2}	3.5588×10^{-3}
	k	1.903 7	1.046 1	1.535 4	1.927 1
第三段	A	1.8778×10^{-4}	4.5867×10^{-3}	7.5633×10^{-4}	1.9784×10^{-2}
	k	4.594 8	2.093 9	2.817 1	1.364 3
第四段	A	—	—	—	3.9488×10^{-4}
	k	—	—	—	3.451 6

表 2-9　高速铁路无砟轨道不平顺谱分段点空间频率及对应波长

项　目	第一、二段		第二、三段		第三、四段	
	空间频率/m^{-1}	空间波长/m	空间频率/m^{-1}	空间波长/m	空间频率/m^{-1}	空间波长/m
轨距不平顺	0.109 0	9.2	0.293 8	3.4	—	—
水平不平顺	0.025 8	38.8	0.116 3	8.6	—	—
轨向不平顺	0.045 0	22.2	0.123 4	8.1	—	—
高低不平顺	0.018 7	53.5	0.047 4	21.1	0.153 3	6.5

我国高速铁路无砟轨道不平顺谱是在大量检测数据资料基础上经统计分析得出的，其分布近似满足自由度为 2 的 χ^2 分布，其平均谱为统计意义上的平均。可以根据轨道不平顺平均谱得到轨道不平顺的百分位谱，表 2-8 和 2-9 参数对应的是平均谱，即 63.2%百分位谱[157-158]。由轨道不平顺平均谱估计其他百分位数谱的转化系数见表 2-10[157]。

表 2-10　高速铁路无砟轨道不平顺平均谱到百分位数谱的转换系数

百 分 位 数	转 换 系 数	百 分 位 数	转 换 系 数
10.0	0.105	63.2	1.000
20.0	0.223	70.0	1.204
25.0	0.288	75.0	1.386
30.0	0.357	80.0	1.609
50.0	0.693	90.0	2.303
60.0	0.916		

2.4.2 轨道随机不平顺的数值模拟方法

在车辆-轨道-隧道耦合模型中，为获得整个系统动力响应，通常采用时域输入来完成系统激励，所以分析中需要把轨道不平顺功率谱转化为随线路里程变化的不平顺空间样本。

目前，国内外最常用时频转换方法有白噪声滤波法、三角级数法、二次滤波法、基于频域功率谱等效法等。相对于其他方法，基于频域功率谱等效法具有通用性强、计算速度快、精度更高等优点。根据不平顺功率谱求出频谱的随机相位和幅值，再进行 Fourier 逆变换即可得到相应的时域样本。具体计算可以参照相关研究[159]中的处理方法。利用 MATLAB 软件可得出模拟结果。如图 2-11 所示为采用上述方法得到的我国高速铁路无砟轨道高低不平顺时域样本。

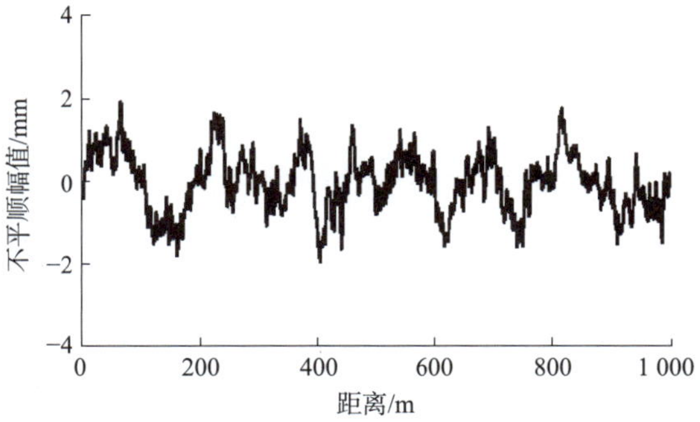

图 2-11 我国高速铁路无砟轨道高低不平顺时域样本

2.4.3 引入轨道不平顺的钢轨建模

为了模拟轨道不平顺，需要对钢轨二次建模。假设模型中轨道不平顺都体现在钢轨上，将上述生成的轨道高低不平顺谱导入 ABAQUS 钢轨模型中。基本操作如下：

(1)运行未导入不平顺的模型生成 INP 文件；

(2)从 INP 文件中导出平顺钢轨的节点坐标；

(3)利用 MATLAB 程序，调用相关数据重生成钢轨顶面节点的 y 方向坐标(图 2-12)，形成带有轨道不平顺的钢轨节点坐标；

(4)导入初始的 INP 文件中，完成钢轨二次建模。

图 2-13 为 ABAQUS 中钢轨模型进行二次建模前后的变化，可以看出钢轨的高低不平顺得到了有效体现。

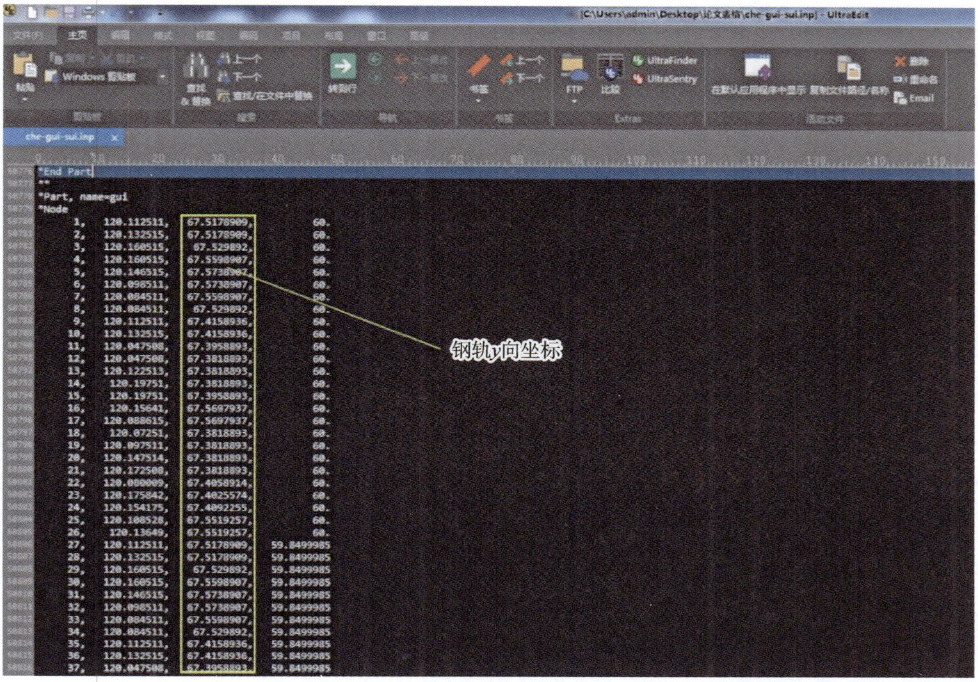

图 2-12　INP 中的钢轨节点坐标

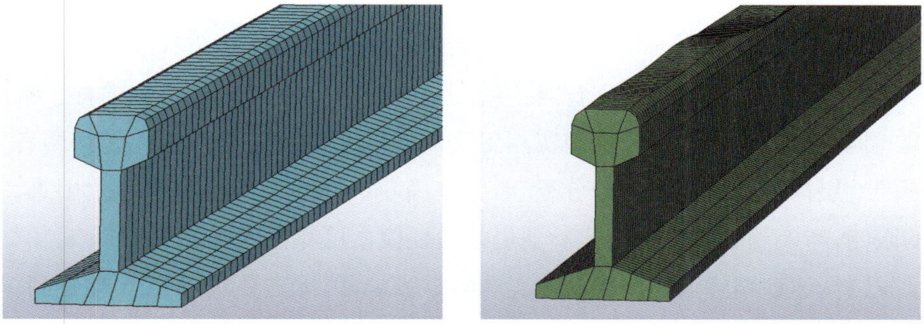

(a) 钢轨模型（二次建模前）　　(b) 钢轨模型（二次建模后）

图 2-13　钢轨模型图

2.5　建模流程与模型可靠性验证

2.5.1　建模流程

基于 ABAQUS 平台，建立用于高速铁路隧道动力学分析的车-轨-隧一体化模型的建模流程如图 2-14 所示。

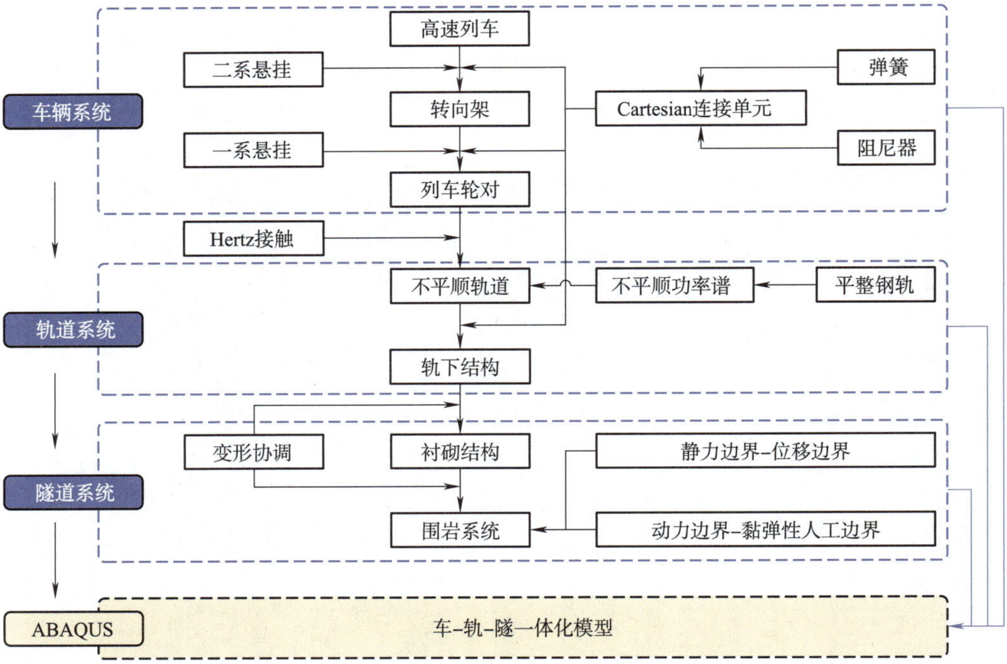

图 2-14　车-轨-隧一体化模型建模流程

2.5.2　模型可靠性验证

将模型计算数据与实测数据进行对比验证是开展进一步动力分析的前提。准确地说，计算模型的地层构造和材料参数要与实测工程的构造和参数完全一致才能将两者对比，但实际工程的地层构造和材料参数十分复杂，要准确获取并输入到模型中非常困难。虽然受此问题的限制，与实测数据进行对比验证仍是验证模型可靠性的有效手段。

由于我国高速铁路隧道的现场动力实测数据较少，因此主要选取 25 t 轴重列车下动力实测值与计算值对比。付兵先[160]等人对朔黄铁路三家村隧道基底结构在重载列车作用下的动力响应做了现场测试，主要测试隧道基底填充层表面的动应力。采取前述建模方法建立 25 t 轴重列车下车-轨-隧动力分析模型，与付兵先等人的测试结果进行对比，列车为 C80 列车(轴重 25 t)，模型建立两节列车，沿隧道纵向开行 30 m，动力分析步时长 1.5 s。数值计算结果与实测结果对比见表 2-11，计算结果云图如图 2-15～图 2-17 所示，对比结果如图 2-18 所示。

表 2-11　数值计算结果与实测结果对比

对比参数	实测值/kPa[160]	一体化模型计算值/kPa	误差
左轨下填充层竖向动应力	95.45	96.10	0.68%
右轨下填充层竖向动应力	87.06	83.81	3.73%
道心填充层竖向动应力	55.28	62.02	12.19%

由对比验证结果可得：由车-轨-隧一体化耦合模型分析得到的动力响应数值与实测数据相差较小，动力时程曲线的数值大小及波形也与实测数据比较接近，说明车-轨-隧一体化耦合模型及其参数的选取是合理、可靠的。

综上，本章主要内容小结如下：

(1)引入 Hamilton 原理和 Newmark 算法，系统介绍了车-轨-隧一体化耦合分析的基本原理，并从车辆模型、轨道模型、隧道模型和轮轨接触关系方面系统论述了无砟轨道车辆-轨道-隧道一体化耦合模型的建立过程。

(2)采用基于频域功率谱采样的数值方法模拟轨道随机不平顺，根据不平顺功率谱求出频谱的随机相位和幅值，通过 Fourier 逆变换得到时域样本；运行未导入不平顺的模型生成 INP 文件，再从 INP 文件中导出平顺钢轨的节点坐标，对节点坐标进行修改后完成轨道不平顺的引入。

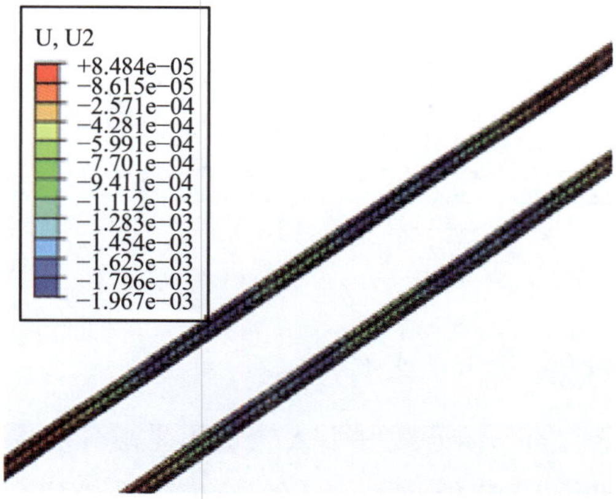

图 2-15　钢轨垂向位移(单位：m)

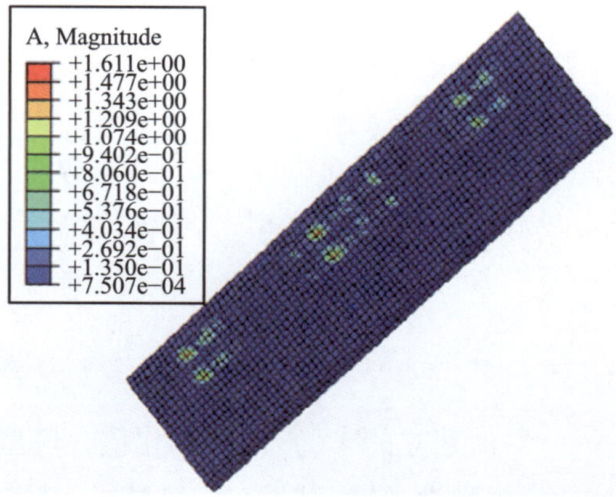

图 2-16　道床振动加速度(单位：m/s^2)

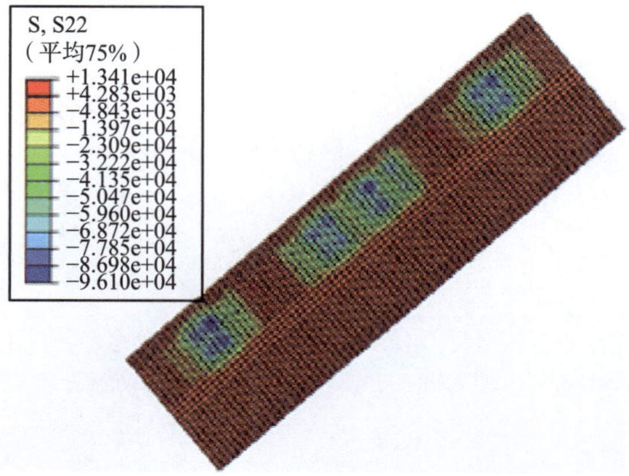

图 2-17　填充层竖向动应力(单位：Pa)

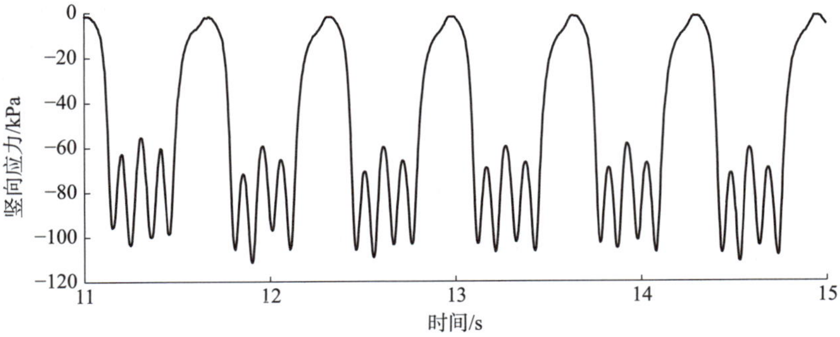

(a) 实测数据

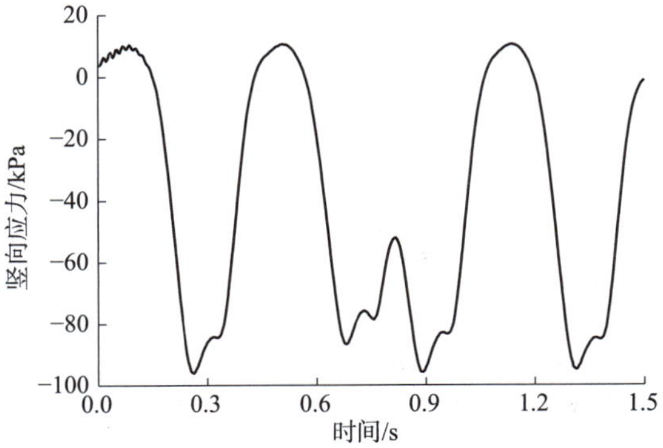

(b) 车–轨–隧一体化模型

图 2-18　25 t 工况填充层竖向应力对比验证

(3)所建立的车-轨-隧一体化耦合模型,采用移动的车辆荷载并引入轨道不平顺作为系统的激振来源,计算结果与实测结果比较接近,说明采用车-轨-隧一体化耦合模型来模拟高速列车在隧道中的运行,在计算隧道结构方面是一种有效的研究手段。

第 3 章　高速铁路隧道底部结构动力响应特性

高速列车驶越隧道时所产生的剧烈振动冲击，将沿轨道-道床-填充层的途径首先传递至隧道衬砌的底部结构中，因而隧道衬砌底部结构对高速列车振动荷载的动力响应最为显著，其次才是隧道拱腰和拱顶等其他部位，这已被大量研究成果所证实[117,121,122]。在历经成年累月的高频度动力循环作用后，隧道底部衬砌结构和基底围岩无疑会产生不同程度的累计损伤。由此可见，深入了解高速铁路隧道结构在列车振动荷载作用下的动力响应特性，是评价隧道衬砌结构的安全性和耐久性，即全寿命周期服役性能的一项基础性研究内容。

本章基于第 2 章所建立的车辆-轨道-隧道一体化模型，针对曲墙有仰拱和曲墙带底板两种典型结构形式，探究高速铁路双线隧道单线运行状态下的隧底结构动力响应特性，分析行车速度、基底围岩条件、填充层条件等因素对隧底结构动力特性的影响规律。

3.1　计算模型与计算工况

3.1.1　计算模型

为研究高速铁路隧道底部结构动力响应特性，采用通用有限元软件 ABAQUS 建立列车-隧道-围岩一体化数值模型，如图 3-1 所示。模型整体宽度和高度为 100 m 和 80 m，纵向长度为 30 m。车辆模型计算参数见表 2-2，隧道衬砌、底部结构及轨道板物理力学指标见表 2-4。围岩、衬砌、底部结构之间均采用表面-表面接触；钢轨与轮对之间采用赫兹接触；车辆各部件（车体、转向架、轮对）之间以及钢轨与轨道板之间存在悬挂与扣件等减振系统，采取 Cartesian 连接单元进行模拟。

3.1.2　计算工况

图 3-1 为曲墙有仰拱（Ⅴ级围岩）和曲墙带底板（Ⅱ级围岩）两种基本工况的数值模型，隧道结构及围岩均关于隧道中心线对称，列车速度为 350 km/h，两节列车在隧道内运行 0.668 s，时间增量步长为 0.002 s，合计 334 步。为研究高速铁路底部结构动力响应及行车速度、基底围岩条件、填充层条件的影响，设计计算工况见表 3-1。其中，工况 1、7、8 研究行车速度对隧底结构动力响应的影响，工况 1、9、10 研究填充层条件对隧底结构动力响应的影

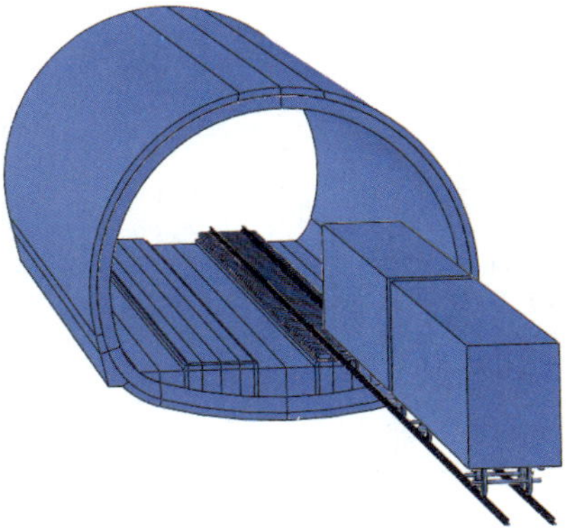

(a) 曲墙有仰拱

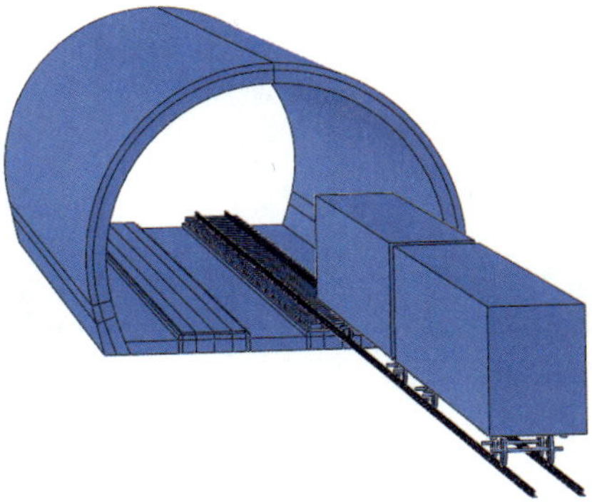

(b) 曲墙带底板

图 3-1 列车-隧道-围岩一体化数值模型

响，工况 1、2、11、12、13 研究基底围岩条件对隧底结构动力响应的影响。各级围岩的物理力学指标见表 3-2。

表 3-1 模型计算工况

工况编号	研究内容	荷 载	行车速度/(km・h^{-1})	填充层混凝土等级	围岩级别
1	隧道结构形式	仅列车动载	350	C20	Ⅴ
2			350	C20	Ⅱ
3		列车动载＋围岩静载：单向行车	350	C20	Ⅴ
4			350	C20	Ⅱ
5		列车动载＋围岩静载：双向会车	350	C20	Ⅴ
6			350	C20	Ⅱ
7	行车速度	仅列车动载	250	C20	Ⅴ
8			300	C20	Ⅴ
9	填充层条件	仅列车动载	350	C15	Ⅴ
10			350	C25	Ⅴ
11	基底围岩条件	仅列车动载	350	C20	Ⅲ
12			350	C20	Ⅳ
13			350	C20	Ⅵ

表 3-2 各级围岩物理力学指标

围岩级别	容重 γ (kN・m^{-3})	弹性模量 E/GPa	泊松比 μ	黏聚力 c/MPa	内摩擦角 φ/(°)
Ⅱ	27	33	0.20	1.5	50
Ⅲ	25	20	0.25	0.7	39
Ⅳ	23	6	0.30	0.2	27
Ⅴ	20	2	0.35	0.05	20
Ⅵ	17	1	0.40	0.03	15

3.1.3　特征线与特征点

对于曲墙有仰拱双线无砟隧道，取样特征点分布如图 3-2 所示，其中 H1～H5 为隧底结构横向界线，A1～A4 为隧道中线断面（H1）特征点，点 A2、A3、A4 与 A1 点的垂向距离分别为 2.05、2.50、2.75 m；A5～A8 为线路中线断面（H3）特征点，C1～C4 为钢轨 1 处断面（H2）特征点，C5～C8 为钢轨 2 处断面（H4）特征点，B1～B3 为 H5 处断面特征点。

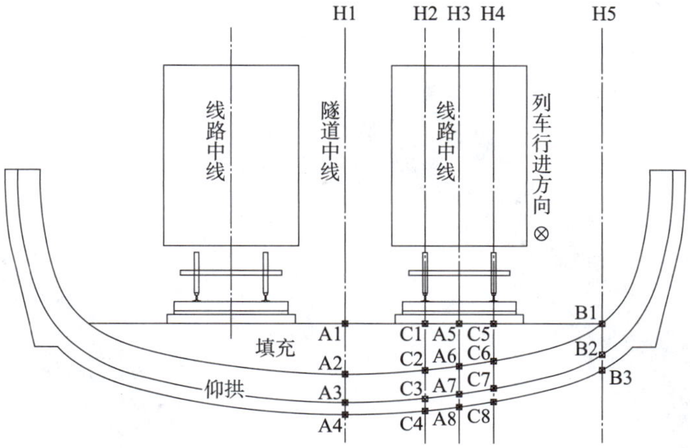

图 3-2　曲墙有仰拱双线无砟隧道特征点分布

对于曲墙带底板双线无砟隧道，取样特征点分布如图 3-3 所示，其中 H1～H5 为隧底结构横向界线，A1、A2 为隧道中线断面（H1）特征点，A2 点与 A1 点之间的垂向距离为 0.50 m。A3、A4 为线路中线断面（H3）特征点，C1、C2 为钢轨 1 处断面（H2）特征点，C3、C4 为钢轨 2 处断面（H4）特征点。

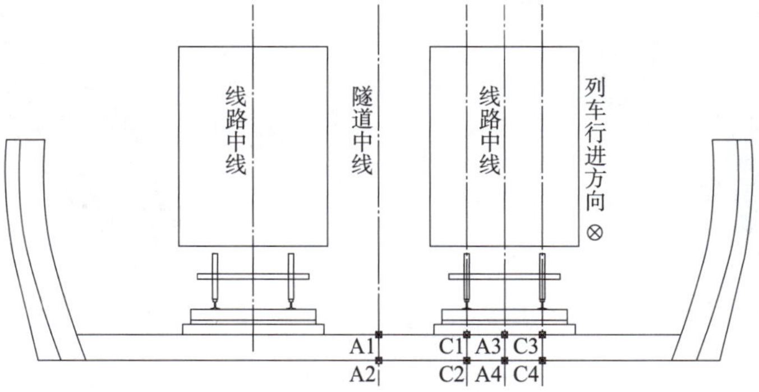

图 3-3　曲墙带底板双线无砟隧道特征点分布

3.2　有仰拱隧道结构动力响应特性

3.2.1　列车荷载单独作用下隧道结构动力响应

1. 填充层动力响应

动力分析最终时刻，隧道填充层动力响应云图如图 3-4～图 3-6 所示，模型前部相关分析点应力及加速度时程曲线如图 3-7～图 3-9 所示。

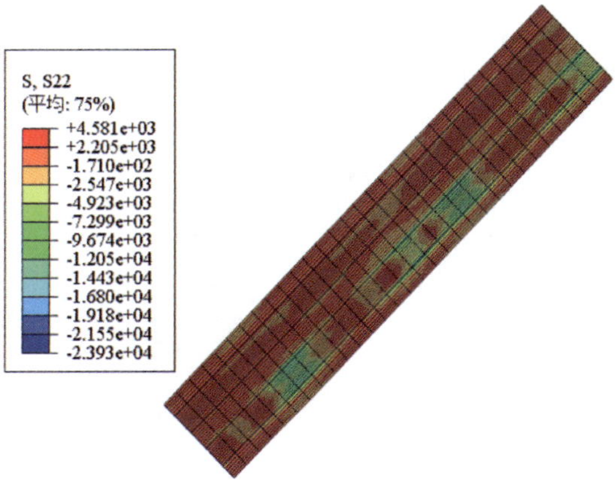

图 3-4　填充层竖向应力云图(单位:Pa)

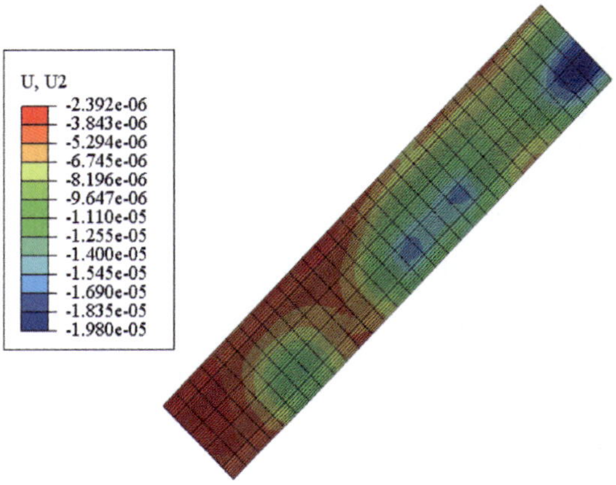

图 3-5　填充层竖向位移云图(单位:m)

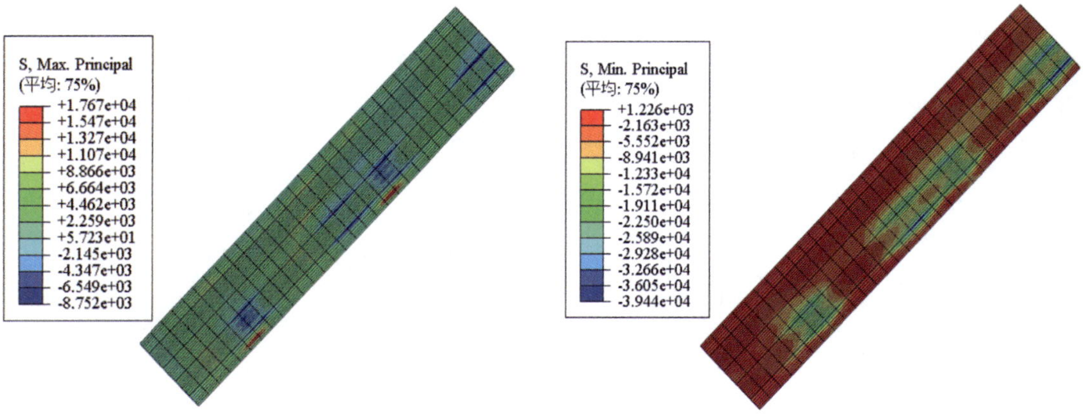

(a) 最大主应力云图　　(b) 最小主应力云图

图 3-6　填充层主应力云图(单位:Pa)

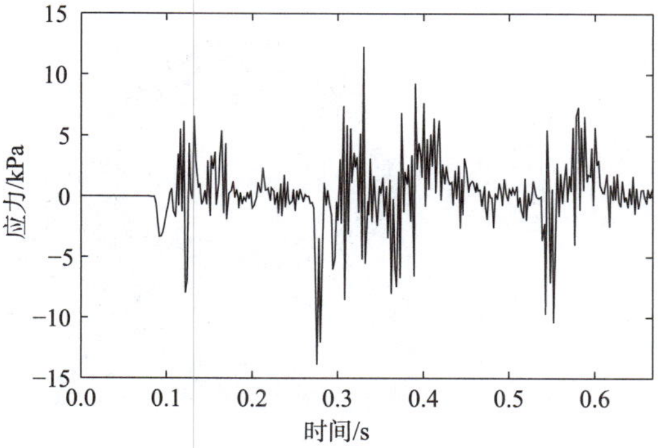

图 3-7　填充层竖向应力时程曲线(C5 点)

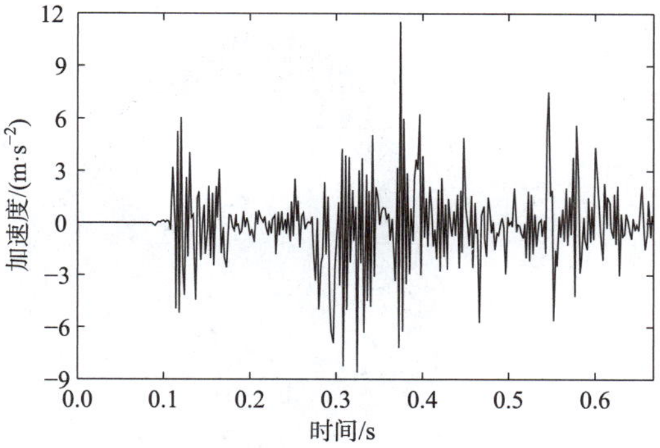

图 3-8　填充层竖向加速度时程曲线(C1 点)

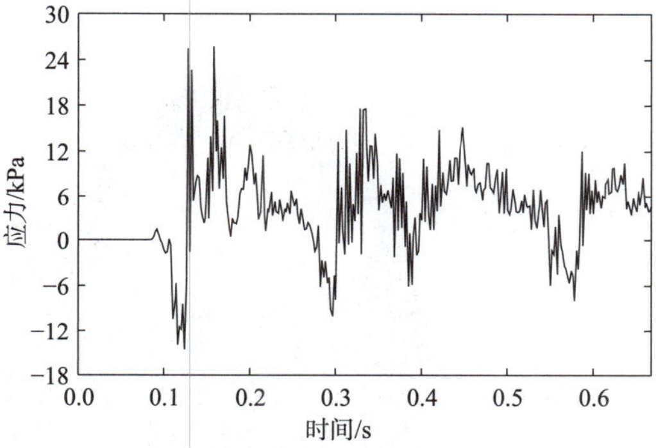

(a) 最大主应力时程曲线（C1点）

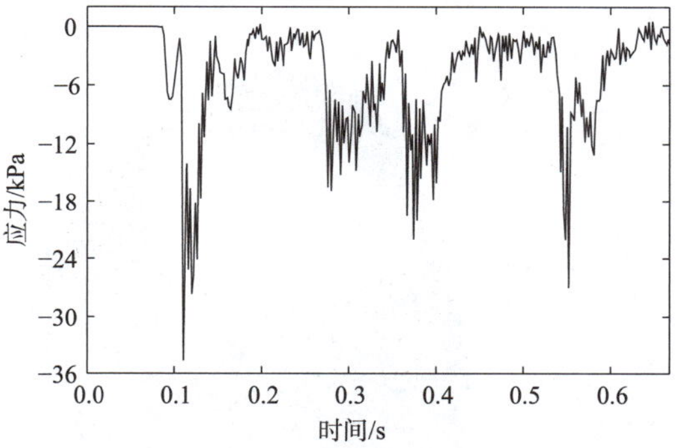

(b) 最小主应力时程曲线（C5点）

图 3-9　填充层主应力时程曲线

对以上各图的分析可得：在 350 km/h 高速列车动力作用下，在钢轨 2 正下方 C5 点，填充层出现最大的竖向压应力，为−13.87 kPa；在钢轨 1 正下方 C1 点，填充层出现最大主应力，为 25.76 kPa；在钢轨 2 下方偏向填充层外边缘位置，填充层出现最小主应力，为−34.65 kPa；由于荷载的叠加，在填充层中心位置出现最大的竖向位移，为 0.02 mm；钢轨 1 正下方 C1 点出现最大的竖向加速度，加速度曲线在轮对经过时呈现剧烈的震荡，加速度峰值为 11.531 m/s^2。

2. 衬砌动力响应

由模型计算结果得到的二次衬砌和初期支护应力及位移云图如图 3-10～图 3-12 所示，应力时程曲线如图 3-13～图 3-14 所示。

对图 3-10～图 3-14 的分析可以得到：

(1)在 350 km/h 高速列车动载作用下，在二次衬砌内侧的仰拱与边墙连接位置，出现最大主应力，为 20.04 kPa，在钢轨 1 正下方 C2 点，二次衬砌出现最小主应力，为−27.12 kPa；在钢轨 2 正下方 C8 点，初期支护出现最大主应力和最小主应力，分别为 54.04 kPa 和−22.17 kPa。

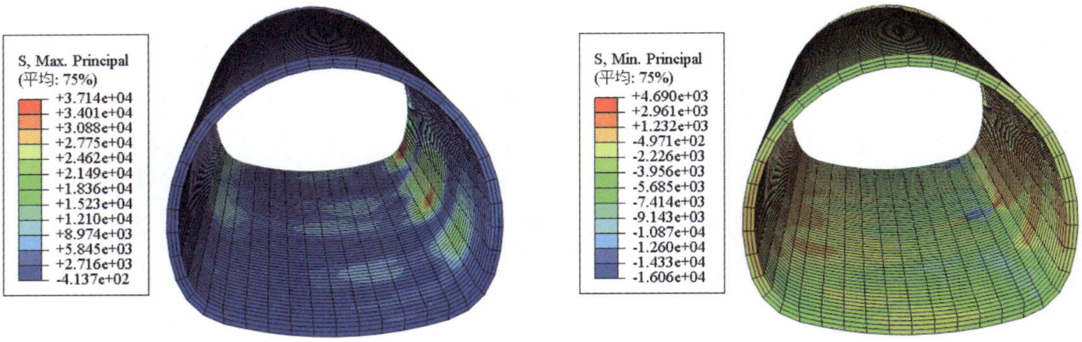

(a) 最大主应力云图　　(b) 最小主应力云图

图 3-10　二次衬砌主应力云图(单位:Pa)

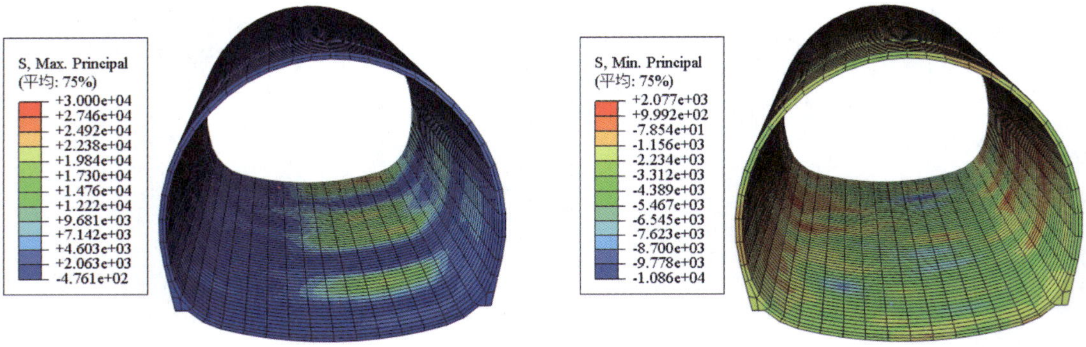

(a) 最大主应力云图　　(b) 最小主应力云图

图 3-11　初期支护主应力云图(单位:Pa)

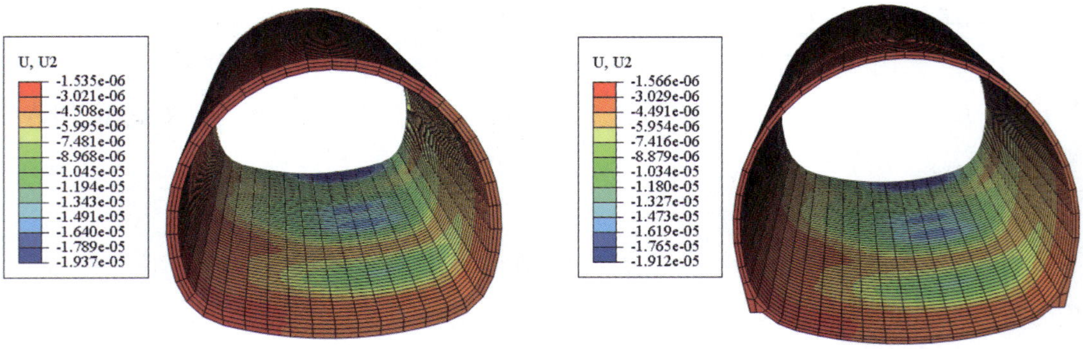

(a) 二次衬砌位移云图　　(b) 初期支护位移云图

图 3-12　衬砌位移云图(单位:m)

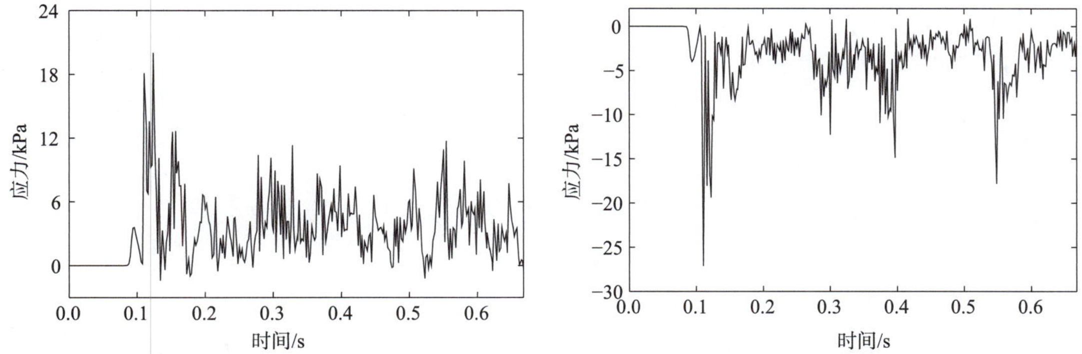

(a) 最大主应力时程曲线（C6点）　　(b) 最小主应力时程曲线（C2点）

图 3-13　二次衬砌主应力时程曲线

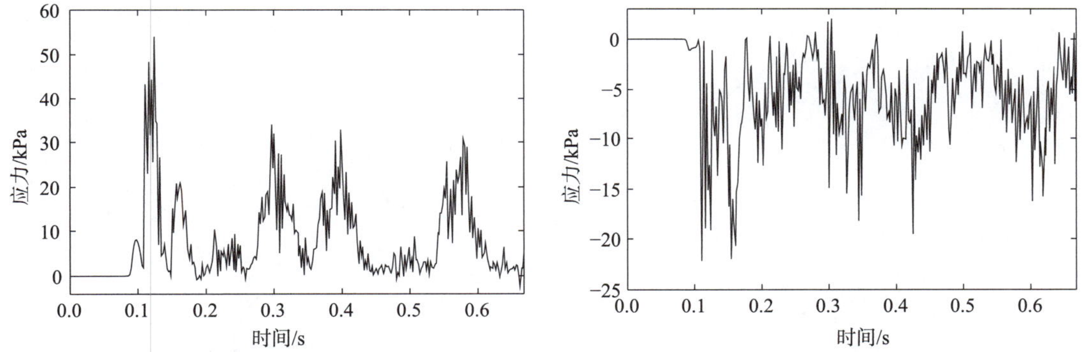

(a) 最大主应力时程曲线（C8点）　　(b) 最小主应力时程曲线（C8点）

图 3-14　初期支护主应力时程曲线

(2)仅列车荷载作用下，隧道初期支护和二次衬砌发生轻微变形，其中拱脚、仰拱、拱腰与边墙连接位置处变形相对较大，拱顶位置处变形最小；对比隧道中心线两侧衬砌位移不难发现，右腰和右墙(行车一侧)衬砌的变形大于左腰和左墙对称位置；衬砌最大变形发生在行车一侧拱腰与边墙连接位置处，约为 4.4×10^{-3} mm。

3. 应力传递规律

在 350 km/h 高速列车动力荷载作用下，分别提取模型最终时刻沿 C1—C2、C5—C6 以及 A5—A6 路径中应力值，以此分析钢轨 1 下部、钢轨 2 下部以及行车线路中线下部填充层中应力随深度的变化规律。填充层的应力随深度关系如图 3-15～图 3-17 所示。

由图 3-15～图 3-17 可知：

(1)钢轨 1 与钢轨 2 下部应力随深度变化规律基本保持一致，均为应力随着观测点的深入而不断减小。

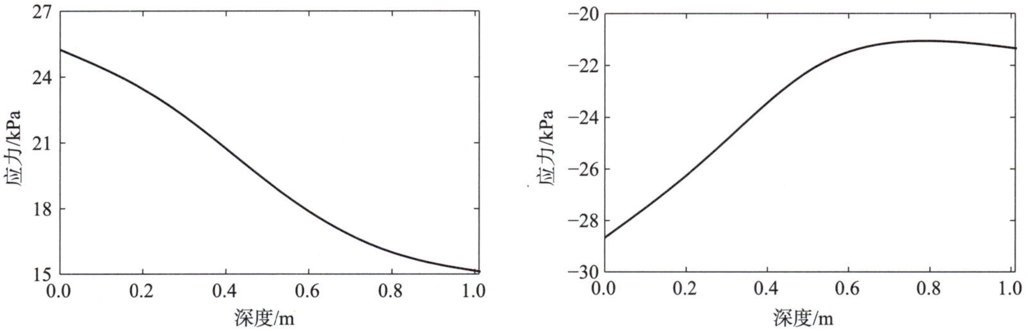

(a) 最大主应力传递规律　　(b) 最小主应力传递规律

图 3-15　钢轨 1 处填充层主应力传递规律(填充层顶面坐标为 0)

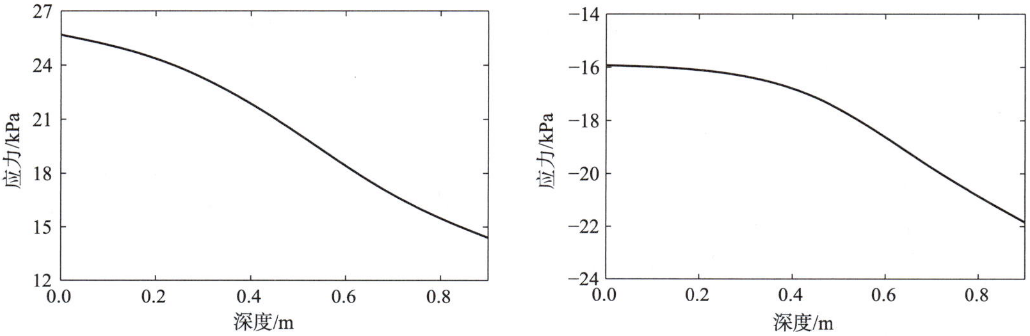

(a) 最大主应力传递规律　　(b) 最小主应力传递规律

图 3-16　线路中线处填充层主应力传递规律(填充层顶面坐标为 0)

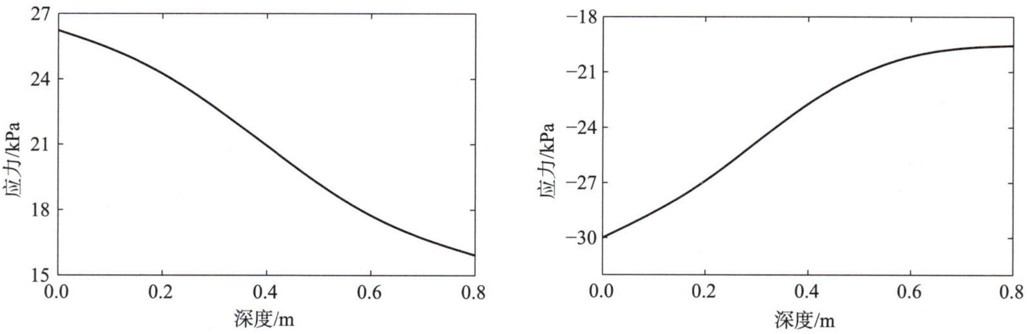

(a) 最大主应力传递规律　　(b) 最小主应力传递规律

图 3-17　钢轨 2 处填充层主应力传递规律(填充层顶面坐标为 0)

(2)线路中线的最大主应力的变化规律与钢轨下应力变化规律基本一致,而最小主应力随深度变化而逐渐增大,其原因为压力从钢轨下部填充层表层以三角形形态向四周扩散,钢轨下部的压力随着填充层深度的增加而逐渐扩散至行车线路的中线并叠加。

3.2.2　动静耦合作用下单向行车时隧道结构动力响应

动静耦合作用下，动载与静载的应力和位移将出现叠加，而静载并不会引起隧道结构产生的加速度，隧道结构的加速度还是由列车荷载引起，并与仅考虑动载作用时所得到的结果基本相同。

1. 填充层及衬砌动力响应

由计算结果得到单向行车时的填充层、二次衬砌、初期支护动力响应云图如图 3-18～图 3-23 所示，应力响应时程曲线如图 3-24～图 3-28 所示，衬砌位移包络图如图 3-29 所示。

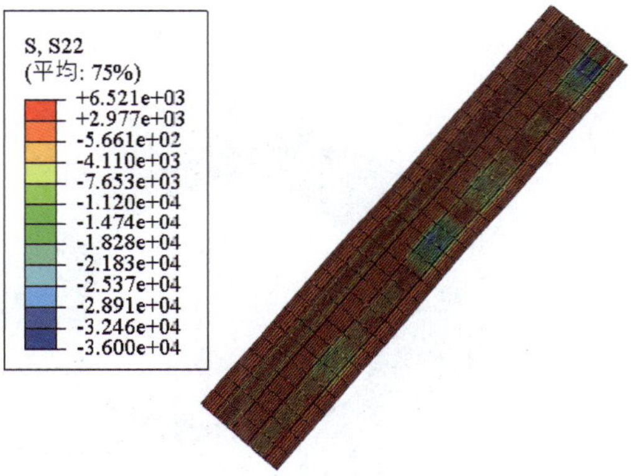

图 3-18　填充层竖向应力云图(单位:Pa)

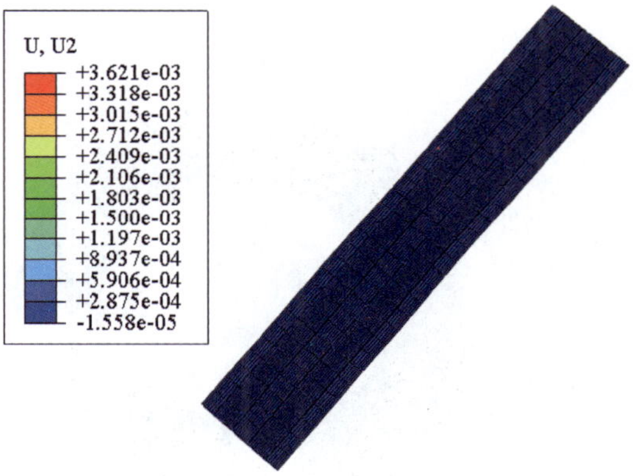

图 3-19　填充层竖向位移云图(单位:m)

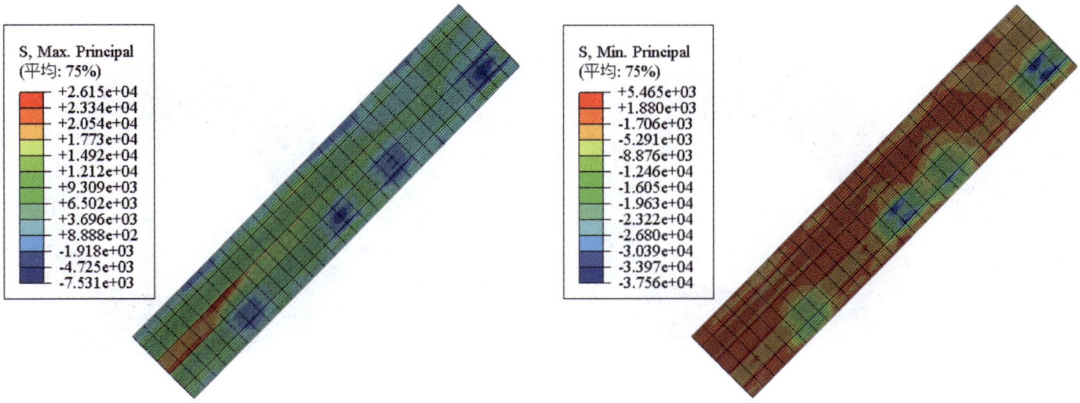

(a) 最大主应力云图　(b) 最小主应力云图

图 3-20　填充层主应力云图(单位:Pa)

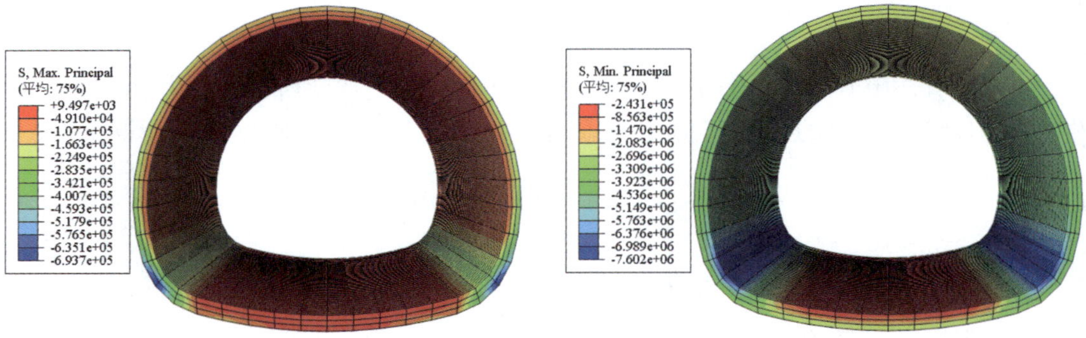

(a) 最大主应力云图　　(b) 最小主应力云图

图 3-21　二次衬砌主应力云图(单位:Pa)

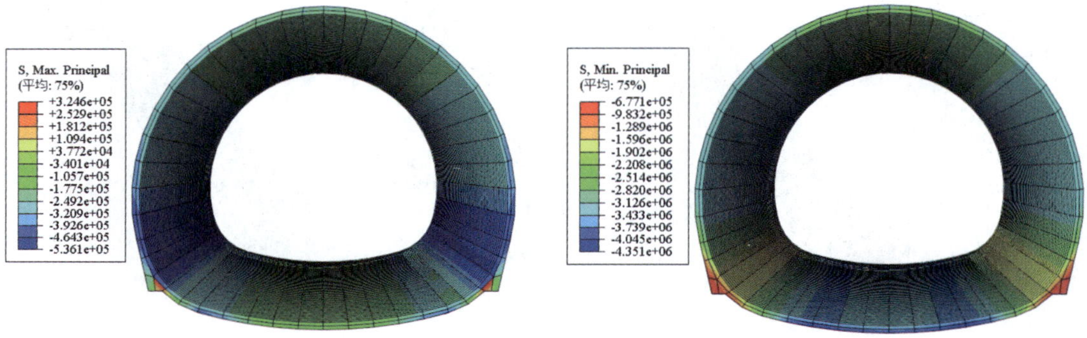

(a) 最大主应力云图　　(b) 小主应力云图

图 3-22　初期支护主应力云图(单位:Pa)

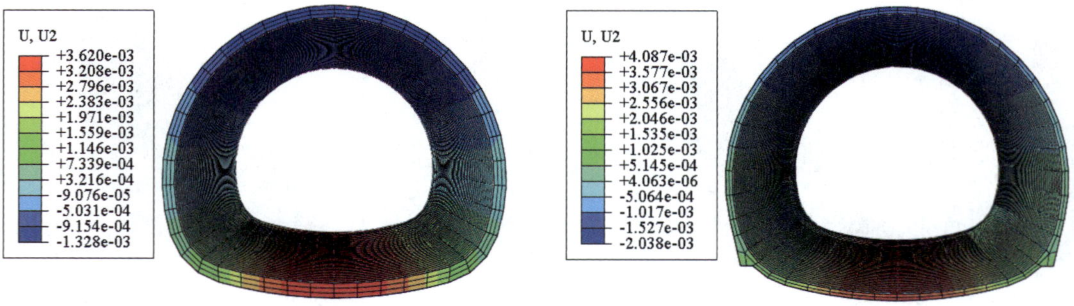

(a) 二次衬砌位移云图　　(b) 初期支护位移云图

图 3-23　衬砌位移云图(单位:m)

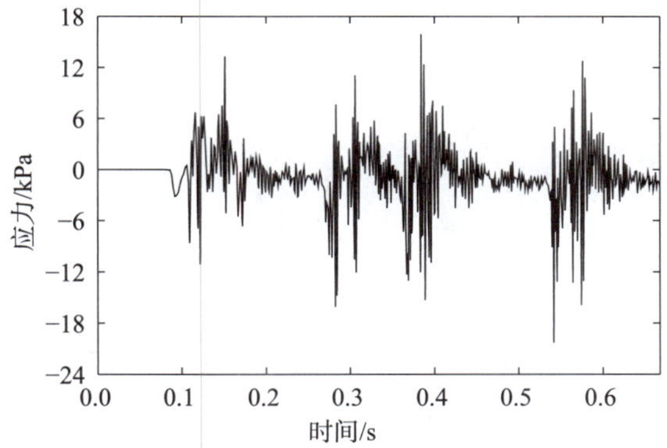

图 3-24　填充层竖向应力时程曲线(C5 点)

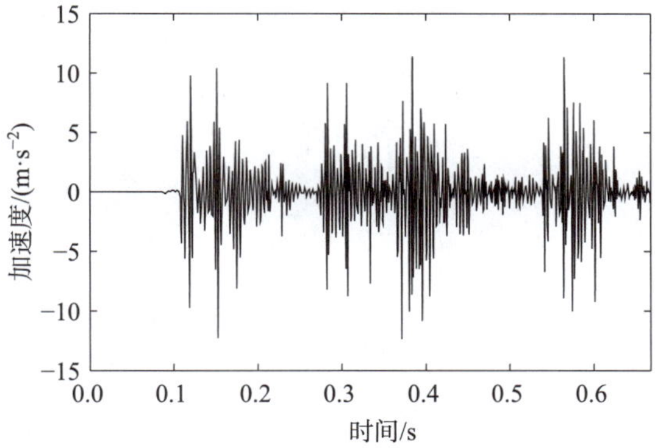

图 3-25　填充层竖向加速度时程曲线(C1 点)

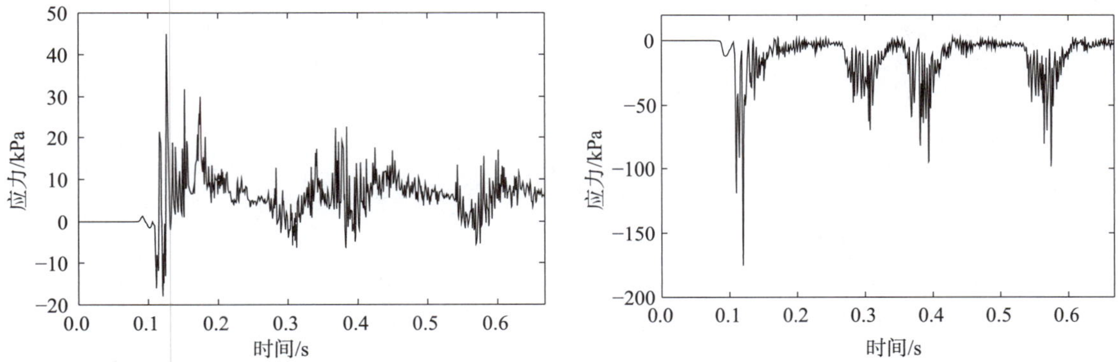

(a) 最大主应力时程曲线（C1点）　　(b) 最小主应力时程曲线（C1点）

图 3-26　填充层主应力时程曲线

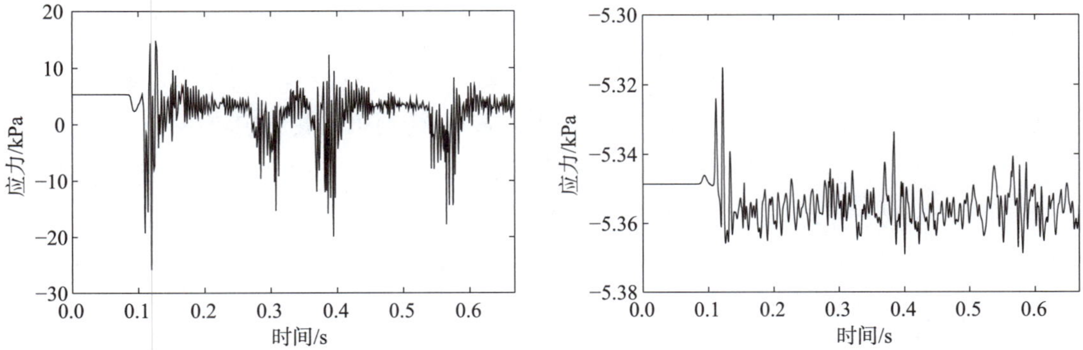

(a) 最大主应力时程曲线（C2点）　　(b) 最小主应力时程曲线（B1点）

图 3-27　二次衬砌主应力时程曲线

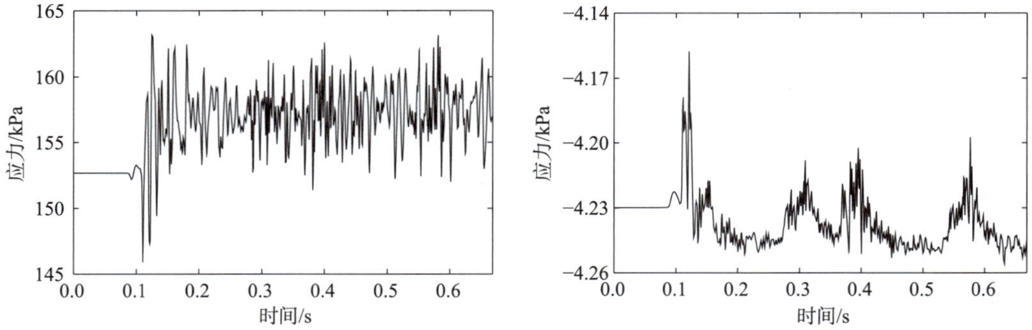

(a) 最大主应力时程曲线（B3点）　　(b) 最小主应力时程曲线（C8点）

图 3-28　初期支护主应力时程曲线

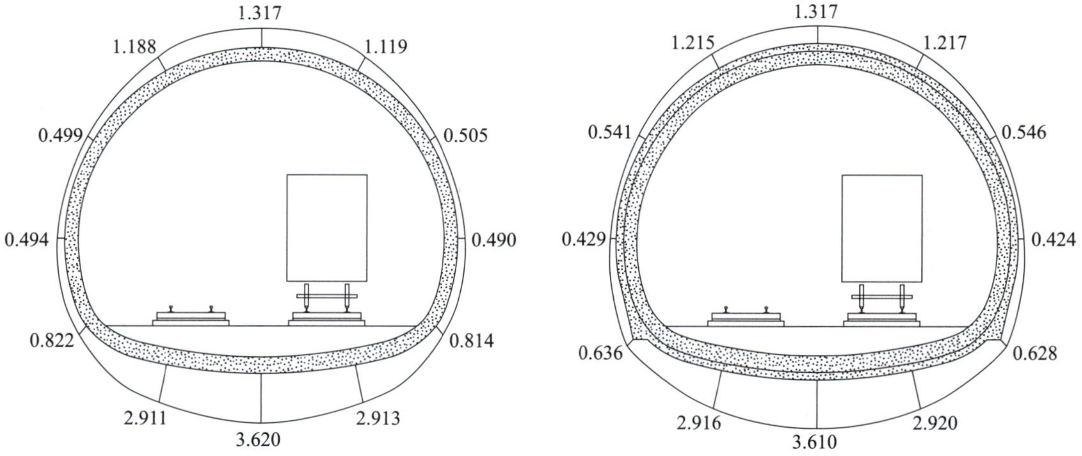

(a) 二次衬砌位移包络图　　(b) 初期支护位移包络图

图 3-29　衬砌位移包络图(单位:mm)

对图 3-18～图 3-29 分析可知，动静耦合作用下：

(1)填充层的最大主应力和最小主应力峰值位置主要由列车动载决定；初期支护、二次衬砌的最大主应力和最小主应力主要受围岩压力影响，受列车动载影响较小。

(2)初期支护拱脚处最大主应力最大，填充层和二次衬砌的最大主应力峰值位于轨道下部，初期支护的最大主应力峰值位于边墙与仰拱的连接处；二次衬砌的最小主应力最大，填充层的最小主应力峰值位于线路中线附近，二次衬砌的最小主应力峰值位于仰拱与边墙连接处，初期支护的最小主应力峰值位于钢轨 2 下部。

(3)列车荷载的作用显著增大了填充层最大主应力峰值，略微增大了二次衬砌、初期支护最大主应力峰值，对隧道结构的整体受力更为不利。其中，填充层的最大主应力从 0 增加到了 26.15 kPa；二次衬砌的最大主应力从 0.692 MPa 增加到 0.694 MPa；初期支护的最大主应力从 0.319 MPa 增加到 0.325 MPa。

(4)列车荷载的作用显著增大了填充层最小主应力峰值,略微增大了二次衬砌、初期支护最小主应力峰值,对隧道结构的整体受力更为不利。其中,填充层的最小主应力从0.53 kPa增加到了37.56 kPa;二次衬砌的最小主应力从7.579 MPa增加到7.602 MPa;初期支护的最小主应力从4.331 MPa增加到4.351 MPa。

(5)列车动载和围岩静载共同作用时,隧道初期支护和二次衬砌的位移显著增大,衬砌在拱顶附近产生向下的位移,仰拱产生向上的位移;隧道中心线两侧衬砌位移无明显差别,最大变形发生在拱底,约为4.1 mm。

2. 加速度及位移传递规律

由计算结果得到的两钢轨处与线路中心处沿填充层、初期支护、二次衬砌的加速度和位移传递规律如图3-30所示。

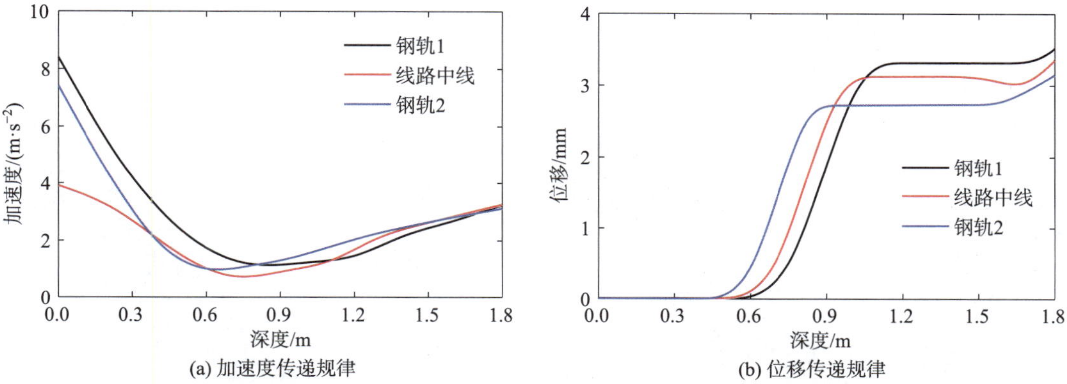

图3-30　隧底结构加速度及位移传递规律(填充层顶面坐标为0)

由图3-30可知:

(1)钢轨1、钢轨2、线路中线处隧底加速度均随深度的增加先减小后增大,变化规律基本一致;隧道中线处加速度先略微减小,然后在填充层某一深度处开始增大,并在初期支护底部达到最大;钢轨1、钢轨2断面隧底结构加速度沿深度首先发生明显衰减,然后在填充层某一深度处开始增长,并在初期支护底部达到最大。

(2)深度为0(填充层顶面)时,钢轨1、钢轨2、线路中线处加速度分别为8.4、7.4和3.9 m/s^2,钢轨断面处加速度显著大于线路中线位置;填充层底面钢轨1、钢轨2、线路中线处加速度分别为1.26、1.17、0.96 m/s^2,相较于填充层顶面,分别衰减了85.0%、84.2%、75.4%;初期支护底部钢轨1、钢轨2、线路中线处加速度分别为3.42、2.99、3.24 m/s^2,达到填充层顶面加速度的40.7%、40.4%、83.1%。

(3)动静耦合作用下,填充层几乎不发生变形;二次衬砌的位移随深度的增加逐渐增大,初期支护的位移先减小后增大,并在初期支护底部达到最大;钢轨1、线路中线、钢轨2在二次衬砌顶部位移分别为3.32、3.13、2.74 mm。钢轨1、线路中线、钢轨2在初期支护底部位移分别为3.77、3.36、3.15 mm,相较于二次衬砌顶部,分别增大了13.6%、7.3%和15.0%。

(4)经回归分析，钢轨 1、钢轨 2、线路中线处隧底结构加速度 a 随深度 x 大致存在指数关系：

$$a=\begin{cases}12.34\exp\left[-\left(\dfrac{x+0.4101}{0.6573}\right)\right]^2+3.708\exp\left[-\left(\dfrac{x-2.177}{1.028}\right)\right]^2 & (\text{钢轨 }1, R^2=0.9981)\\ 7.74\exp\left[-\left(\dfrac{x+0.08996}{0.3623}\right)\right]^2+2.997\exp\left[-\left(\dfrac{x-1.85}{1.032}\right)\right]^2 & (\text{钢轨 }2, R^2=0.9992)\\ 3.93\exp\left[-\left(\dfrac{x-0.04633}{0.4032}\right)\right]^2+3.177\exp\left[-\left(\dfrac{x-1.823}{0.7698}\right)\right]^2 & (\text{线路中线}, R^2=0.989)\end{cases} \tag{3-1}$$

3.2.3 动静耦合作用下双向会车时隧道结构动力响应

1. 填充层及衬砌动力响应

由计算结果得到双向行车时的填充层、二次衬砌、初期支护动力响应云图如图 3-31～图 3-36 所示，衬砌位移包络图如图 3-37 所示。

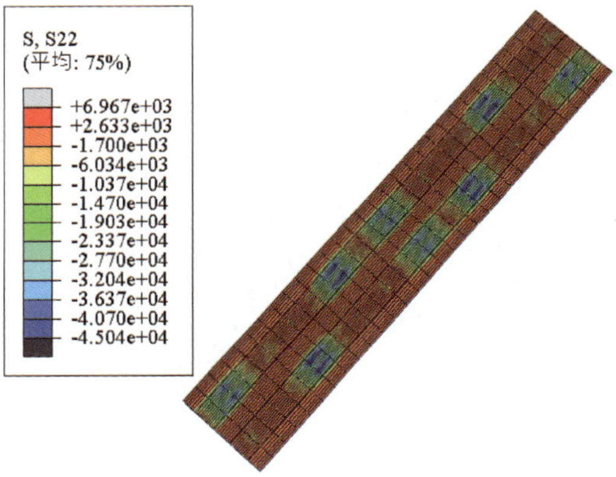

图 3-31　填充层竖向应力云图(单位：Pa)

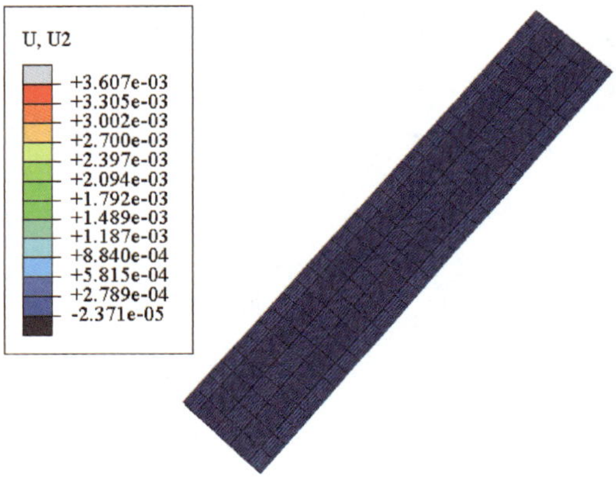

图 3-32　填充层竖向位移云图(单位：m)

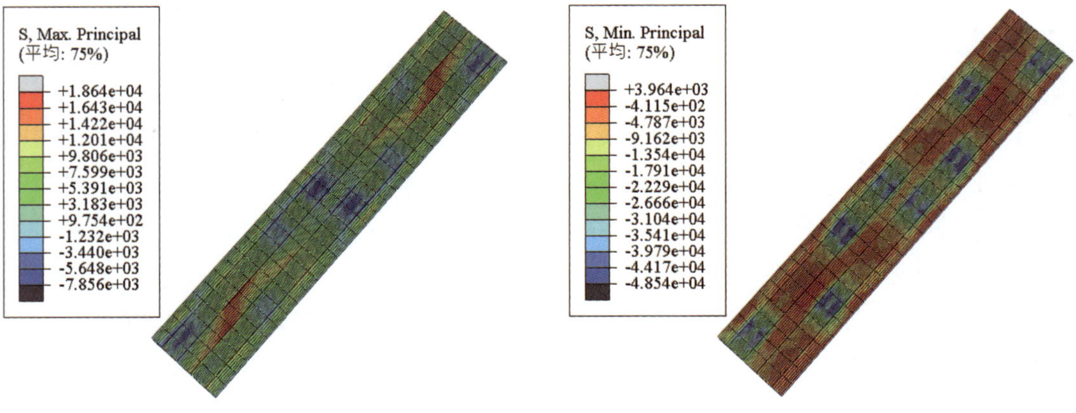

(a) 最大主应力云图　　(b) 最小主应力云图

图 3-33　填充层主应力云图(单位：Pa)

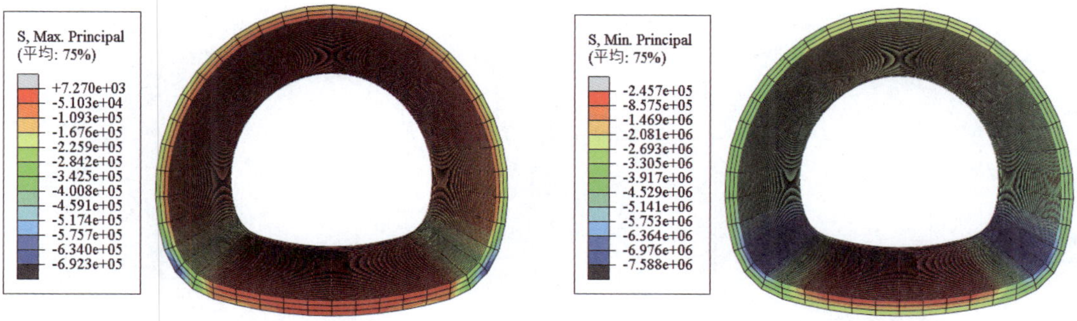

(a) 最大主应力云图　　(b) 最小主应力云图

图 3-34　二次衬砌主应力云图(单位:Pa)

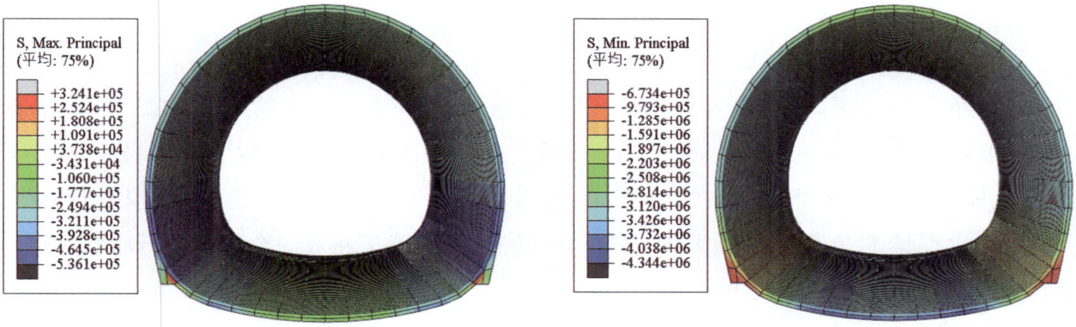

(a) 最大主应力云图　　(b) 最小主应力云图

图 3-35　初期支护主应力云图(单位:Pa)

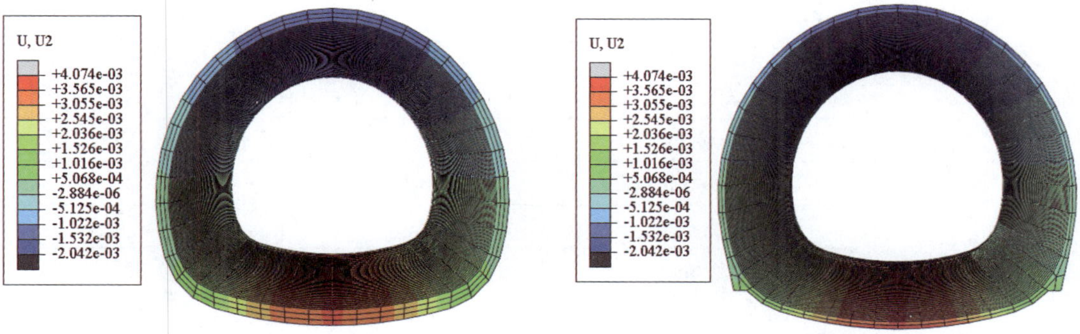

(a) 二次衬砌位移云图　　(b) 初期支护位移云图

图 3-36　衬砌位移云图(单位:m)

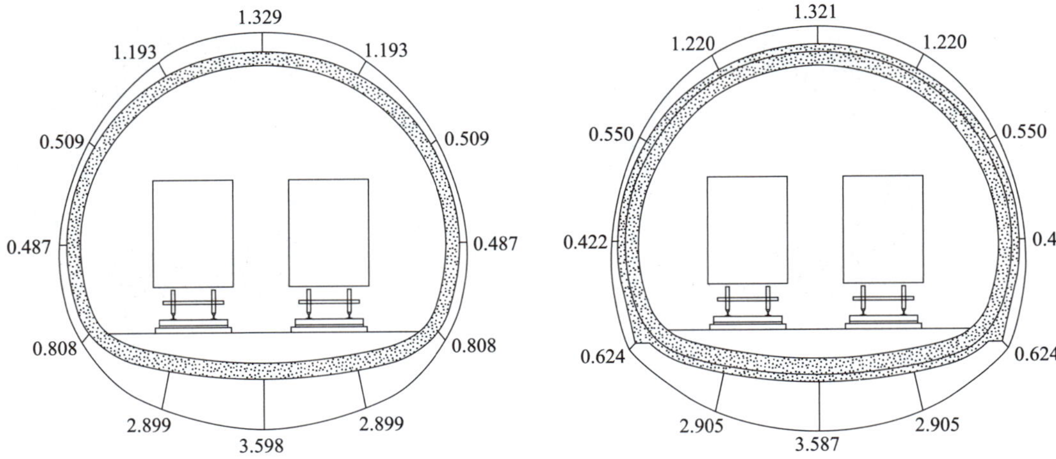

(a) 二次衬砌位移包络图　　(b) 初期支护位移包络图

图 3-37　衬砌位移包络图(单位:mm)

动静耦合作用下,单向行车和双向会车时隧道底部结构动力响应对比见表 3-3。由表 3-3 可知,相较于单向行车状态,双向会车时填充层最大主应力峰值从 26.15 kPa 减小到 18.64 kPa,最小主应力峰值从 37.56 kPa 增大到 48.54 kPa;二次衬砌和初期支护应力峰值和位移几乎保持不变。总的来说,对于有仰拱隧道,单向行车和双向会车两种行车状态下隧道底部结构动力响应无显著差异。

表 3-3　单向行车和双向会车时隧底结构动力响应对比

隧底结构响应		单向行车	双向会车
填充层	最大主应力/kPa	26.15	18.64
	最小主应力/kPa	37.56	48.54
二次衬砌	最大主应力/kPa	9.50	7.27
	最小主应力/MPa	7.60	7.59
	拱顶位移/mm	1.317	1.329
	仰拱底位移/mm	3.620	3.598
初期支护	最大主应力/MPa	0.32	0.32
	最小主应力/MPa	4.35	4.34
	拱顶位移/mm	1.317	1.321
	仰拱底位移/mm	3.610	3.587

2. 应力传递规律

由计算结果得到的两钢轨处与线路中心处沿填充层竖向、仰拱结构的竖向和环向应力传递规律如图 3-38～图 3-40 所示。

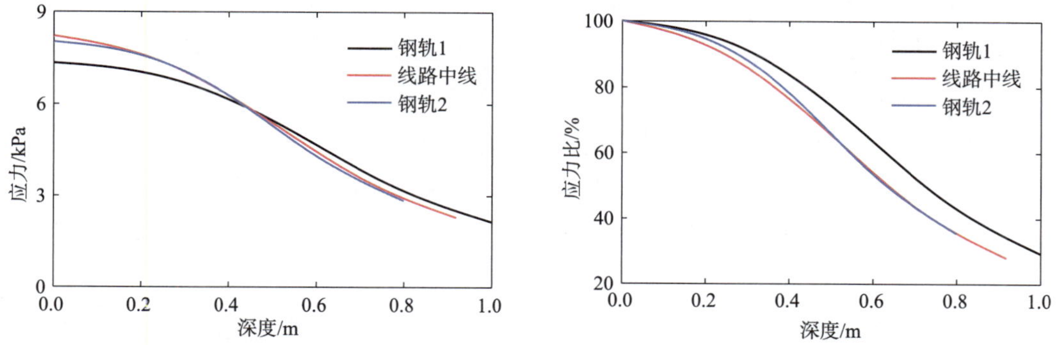

(a) 应力变化曲线　　(b) 应力比变化曲线

图 3-38　填充层应力沿竖向传递规律(填充层顶面坐标为 0)

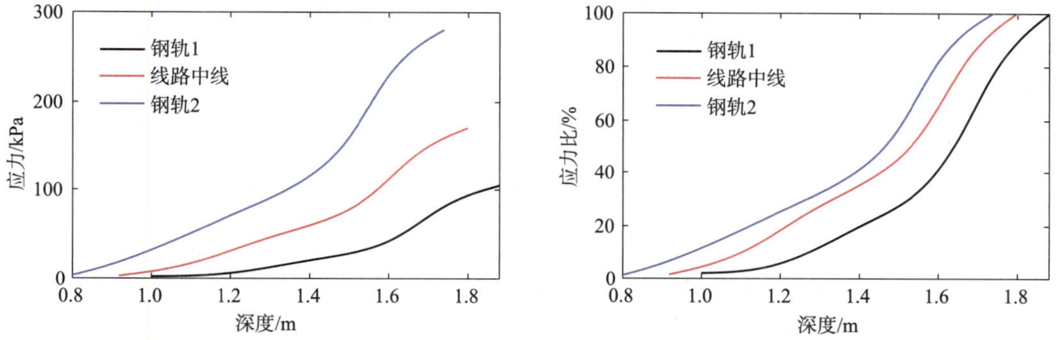

(a) 应力变化曲线　　(b) 应力比变化曲线

图 3-39　仰拱应力沿竖向传递规律(填充层顶面坐标为 0)

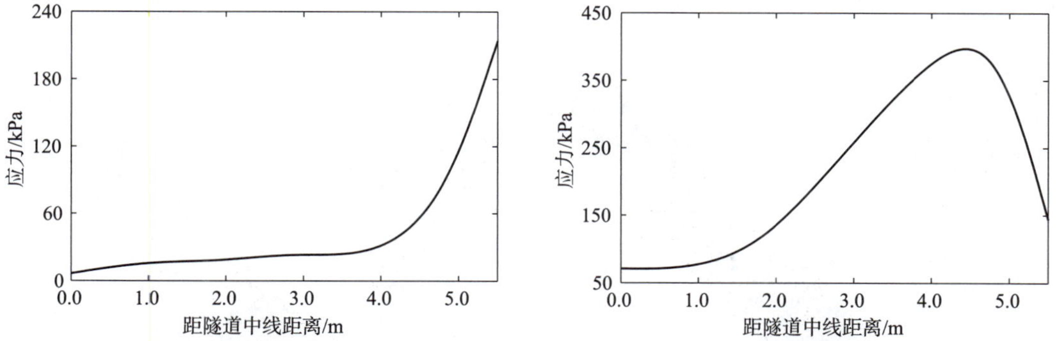

(a) 仰拱顶面　　(b) 仰拱底面

图 3-40　仰拱应力沿环向传递规律

对图 3-38～图 3-40 分析可知：

(1)钢轨 1、钢轨 2、线路中线处隧底应力沿竖向传递规律基本一致,均随深度的增加先减小后增大,在填充层底部达到最小值。

(2)填充层应力随深度的增加而减小。深度为 0(填充层顶面)时，钢轨 1、钢轨 2、线路中线处应力分别为 7.34、8.01、8.2 kPa;填充层底面钢轨 1、钢轨 2、线路中线处应力分别为 2.15、2.83、2.28 kPa,相较于填充层顶面，分别衰减了 70.7%、72.2%、64.7%。

(3)仰拱处应力随深度的增加而增大。初期支护底部钢轨 1、钢轨 2、线路中线处应力分别为 104.9、280.2 和 170.8 kPa。由图 3-39 可知，应力在初期支护的变化速率明显大于二次衬砌，二次衬砌底部钢轨 1、钢轨 2、线路中线处应力分别为 34.3、120.4、72.3 kPa,为仰拱底部应力的 32.7%、43.0%、42.3%。

(4)仰拱顶面和底面应力沿环向传递规律不同。随距隧道中线距离的增大，仰拱顶面应力逐渐增大，距离隧道中线 4 m 范围内，仰拱顶面应力缓慢增大，随后急剧增大；隧道中线位置处应力为 6.52 kPa,距离隧道中线 4 m 位置处应力为 20.4 kPa,距离隧道中线 5.5 m 位置处应力为 214.5 kPa。随距隧道中线距离的增大，仰拱底面应力先增大后减小，隧道中线位置处应力为 71.1 kPa,距离隧道中线 4.8 m 位置处应力达到最大值 434.3 kPa,距离隧道中线 5.5 m 位置处应力为 143.7 kPa。

3.3 无仰拱隧道结构动力响应特性

3.3.1 列车荷载单独作用下隧道结构动力响应

1. 填充层动力响应

动力分析最终时刻，隧道填充层动力响应云图如图 3-41～图 3-43 所示，模型前部相关分析点应力及加速度时程曲线如图 3-44～图 3-46 所示。

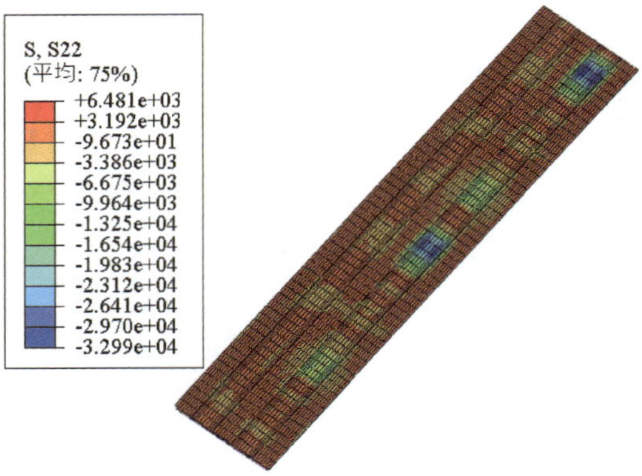

图 3-41　填充层竖向应力云图(单位:Pa)

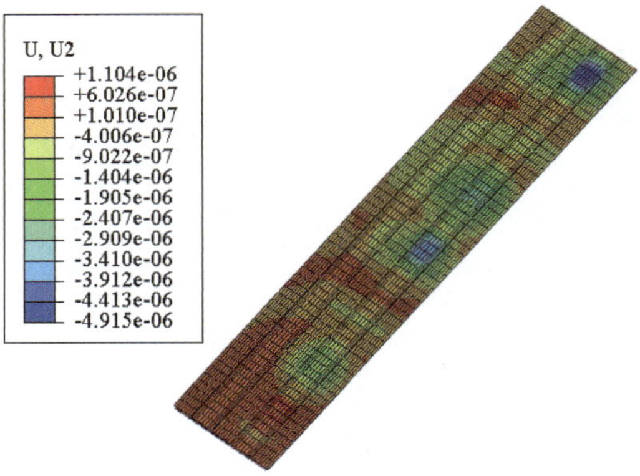

图 3-42　填充层竖向位移云图(单位:Pa)

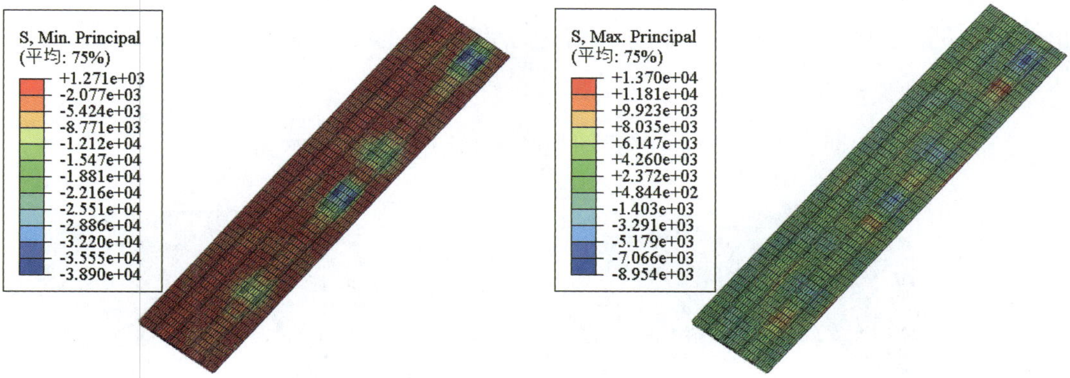

(a) 最小主应力云图　　(b) 最大主应力云图

图 3-43　填充层主应力云图(单位:Pa)

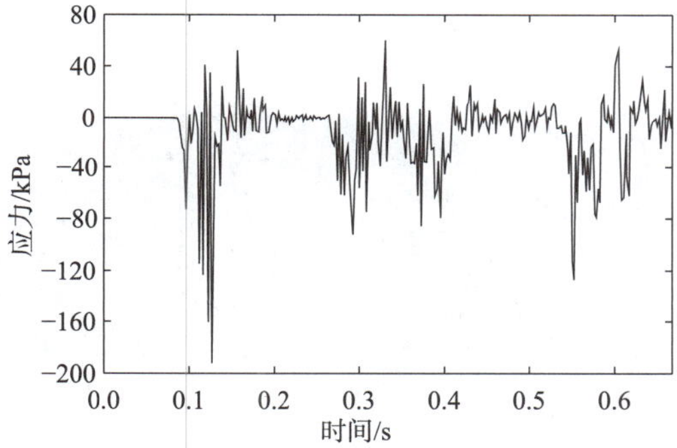

图 3-44　填充层竖向应力时程曲线(C1 点)

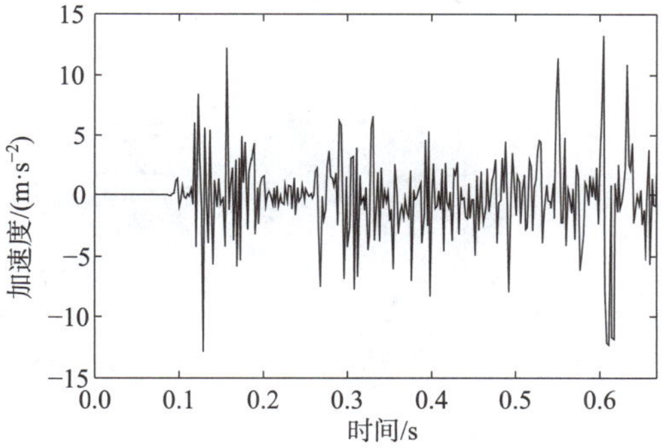

图 3-45　填充层竖向加速度时程曲线(C1 点)

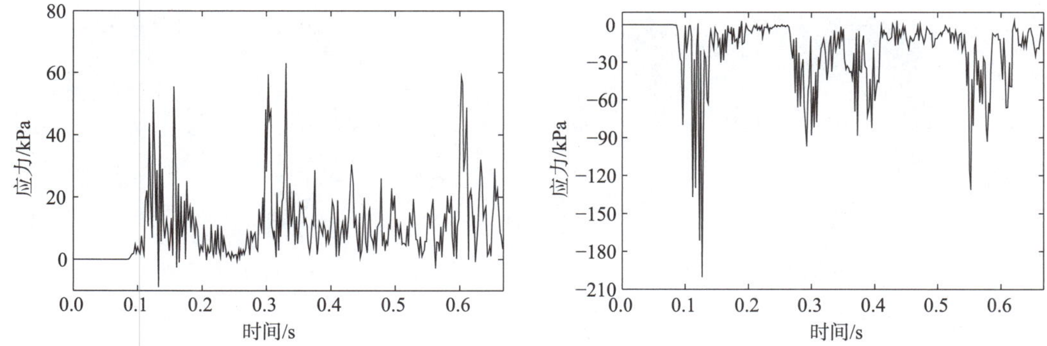

(a) 最大主应力时程曲线（C3点）　　(b) 最小主应力时程曲线（C1点）

图 3-46　填充层主应力时程曲线

对图 3-41～图 3-46 分析可得:在 350 km/h 高速列车动力作用下,在钢轨 1 正下方 C1 点,填充层出现最大的竖向压应力,为－192.03 kPa;在钢轨 2 正下方 C3 点,填充层出现最大主应力,为 63.07 kPa;在钢轨 1 正下方 C1 点,填充层出现最小主应力,为－200.43 kPa;由于荷载的叠加，在填充层中心位置出现最大的竖向位移，为 4.9×10^{-3} mm；钢轨 1 正下方 C1 点出现最大的竖向加速度，加速度曲线在轮对经过时呈现剧烈的震荡，加速度峰值为 13.24 m/s^2。

2. 衬砌动力响应

二次衬砌和初期支护应力与位移云图如图 3-47～图 3-49 所示。

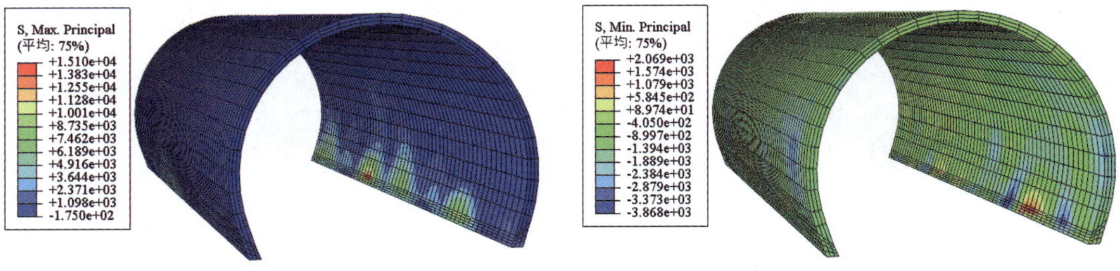

(a) 最大主应力云图　　(b) 最小主应力云图

图 3-47　二次衬砌主应力云图(单位:Pa)

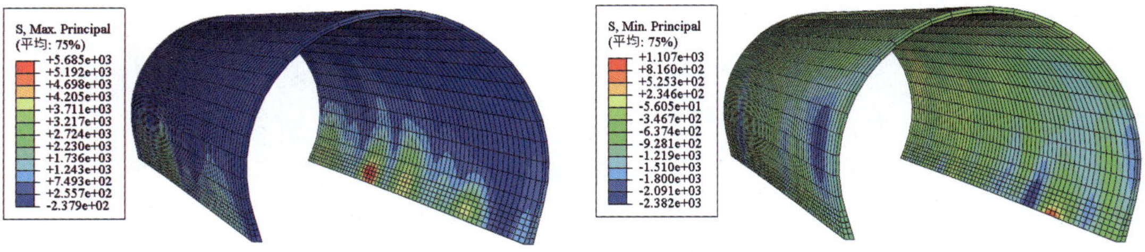

(a) 最大主应力云图　　(b) 最小主应力云图

图 3-48　初期支护主应力云图(单位:Pa)

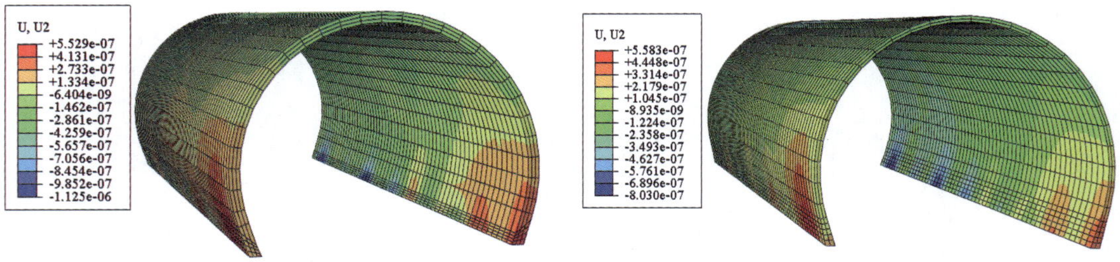

(a) 二次衬砌位移云图　　(b) 初期支护位移云图

图 3-49　衬砌位移云图(单位:m)

对图 3-47～图 3-49 分析可以得到：

(1)350 km/h 高速列车动载作用下，二次衬砌的最大主应力和最小主应力峰值均出现在其内部边墙与填充层连接位置；初期支护的最大主应力峰值出现在内部边墙与填充层连接位置，最小主应力峰值出现在边墙底部与填充层连接位置。提取模型全过程中各点数据，可得到二次衬砌最大主应力峰值为 32.6 kPa，最小主应力峰值为 19.2 kPa；初期支护最大主应力峰值为 13.5 kPa，最小主应力峰值为 6.7 kPa。

(2)仅列车荷载作用下，隧道初期支护和二次衬砌发生轻微变形，其中拱脚和边墙变形相对较大，拱腰变形最小；对比隧道中心线两侧衬砌位移不难发现，右腰和右墙(行车一侧)衬砌的变形大于左腰和左墙对称位置；衬砌最大变形发生在行车一侧拱脚位置处，约为 3.4×10^{-4} mm。

3.3.2　动静耦合作用下单向行车时隧道结构动力响应

静载作用下，隧道将产生应力和变形，因此，动静耦合作用下，动载与静载的应力和位移将出现叠加，而静载并不会引起隧道的加速度，隧道结构的加速度是由列车荷载引起，并与仅考虑动载作用时所得到的结果基本相同。

1. 填充层及衬砌动力响应

由计算结果得到单向行车时的填充层、二次衬砌、初期支护动力响应云图如图 3-50～图 3-53 所示，衬砌位移包络图如图 3-54、图 3-55 所示。

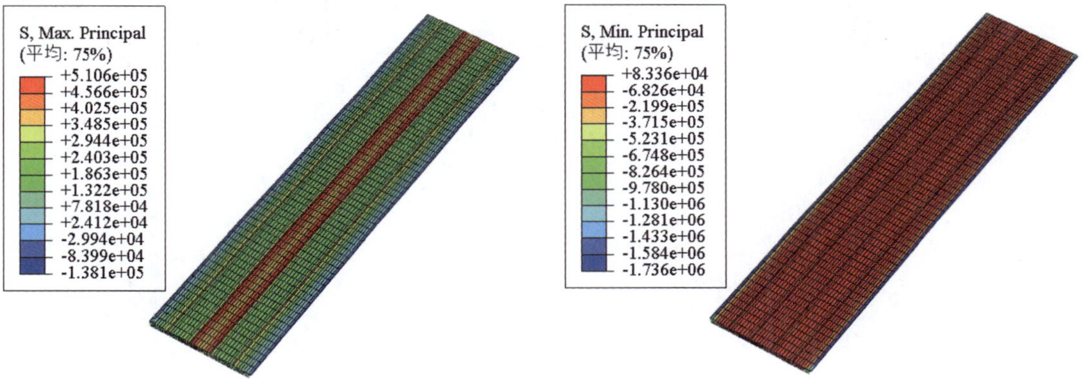

(a) 最大主应力云图　　(b) 最小主应力云图

图 3-50　填充层主应力云图(单位:Pa)

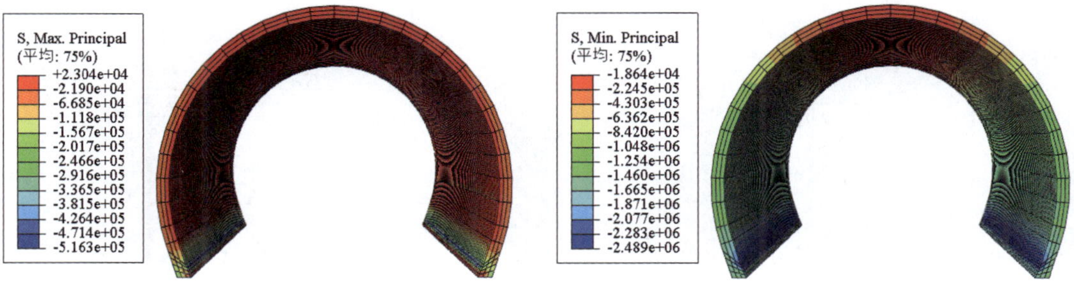

(a) 最大主应力云图　　(b) 最小主应力云图

图 3-51　二次衬砌主应力云图(单位:Pa)

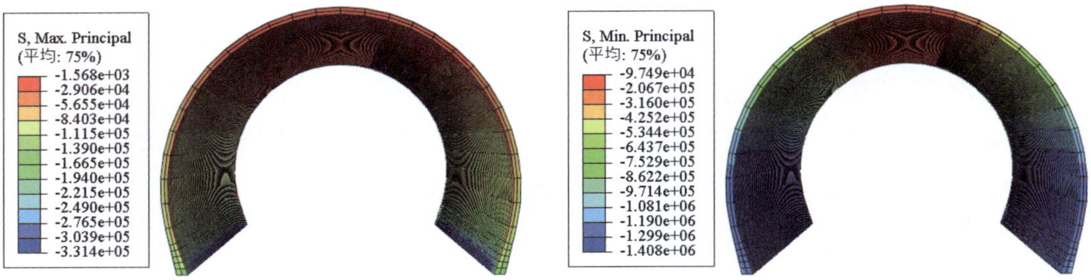

(a) 最大主应力云图　　(b) 最小主应力云图

图 3-52　初期支护主应力云图(单位:Pa)

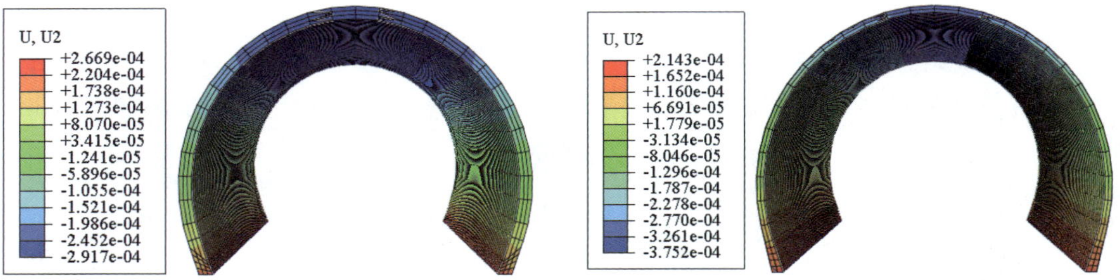

(a) 二次衬砌位移云图　　(b) 初期支护位移云图

图 3-53　衬砌位移云图(单位:m)

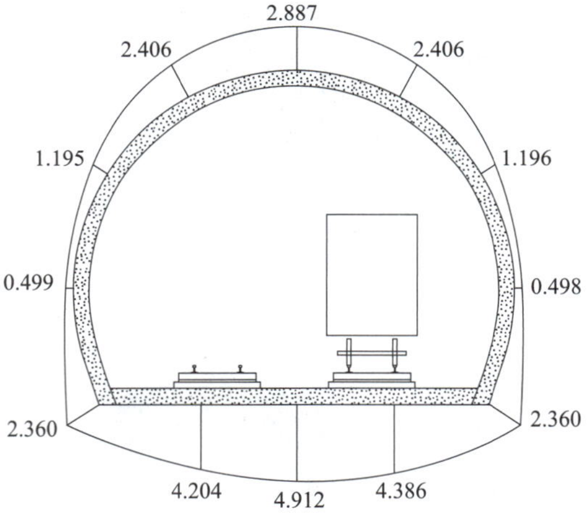

图 3-54　二次衬砌及铺底位移包络图($\times10^{-1}$mm)

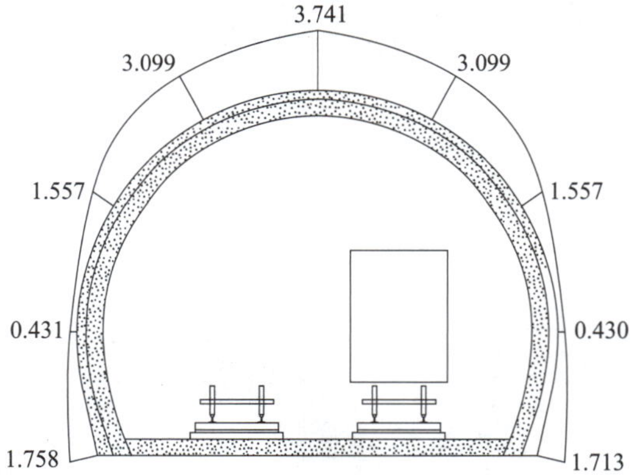

图 3-55　初期支护位移包络图($\times10^{-1}$mm)

对图 3-50～图 3-55 分析可知：

(1)动静耦合作用下，填充层的最大主应力和最小主应力位置主要由列车动载决定；初期支护、二次衬砌、围岩的最大主应力和最小主应力主要受围岩压力影响，受列车动载影响较小。

(2)动静耦合作用下，初期支护的最大主应力和最小主应力峰值均出现在拱顶位置；二次衬砌最大主应力峰值出现在靠近隧道出口的拱腰位置处，最小主应力峰值出现在靠近隧道出口的拱顶位置处；填充层最大主应力和最小主应力峰值均发生在隧道中线附近。

(3)列车荷载的作用对填充层、二次衬砌、初期支护最大主应力和最小主应力的影响较小。列车荷载作用后，填充层、二次衬砌和初期支护的最大主应力峰值分别从 510.0、51.55、33.07 kPa 变化到了 510.6、51.63、33.14 kPa；填充层的最小主应力峰值从 1.737 MPa 变化到了 1.736 MPa，二次衬砌、初期支护的最小主应力峰值保持不变，分别为 2.097、1.185 MPa。

(4)相较于仅列车荷载作用，列车动载和围岩静载共同作用时，隧道初期支护和二次衬砌的位移显著增大，衬砌在拱顶附近产生向下的位移，边墙产生向上的位移，最大变形发生在拱顶位置处，约为 0.38 mm。

2. 加速度及位移传递规律

由计算结果得到的两钢轨处与线路中心处沿铺底深度的加速度和位移传递规律如图 3-56 所示。

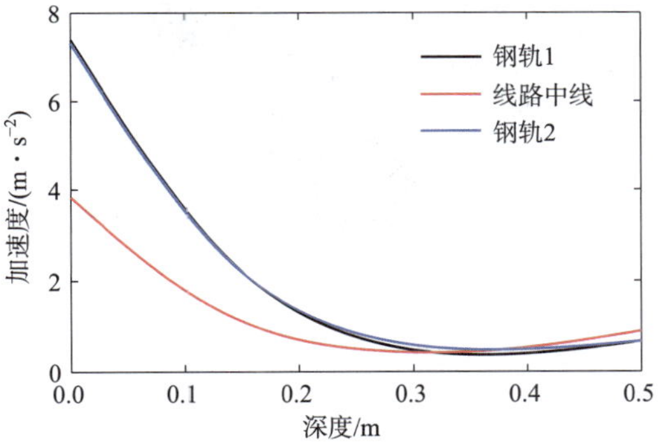

(a) 加速度传递规律

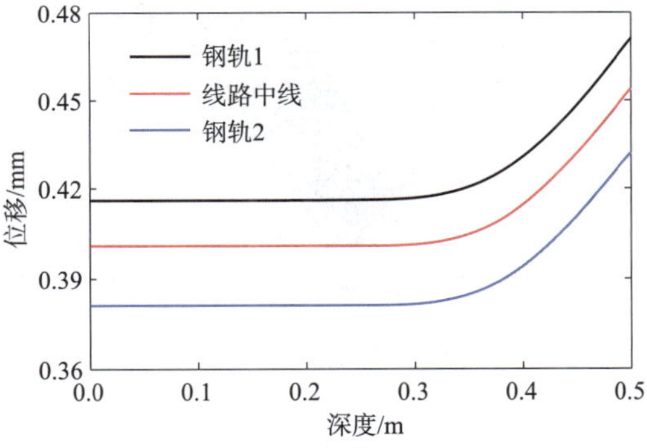

(b) 位移传递规律

图 3-56　隧底结构加速度及位移传递规律(填充层顶面坐标为 0)

由图 3-56 可以看出：

(1)钢轨 1、钢轨 2、线路中线处隧底加速度均随深度的增加而减小，变化规律基本一致；深度为 0(填充层顶面)时，钢轨 1、钢轨 2、线路中线处加速度分别为 7.40、7.31、3.84 m/s^2，钢轨断面处加速度显著大于线路中线位置；填充层底面钢轨 1、钢轨 2、线路中线处加速度分别为 0.67、0.66、0.87 m/s^2，相较于填充层顶面，分别衰减了 90.9%、91.0%、77.3%。

(2)动静耦合作用下，铺底结构整体变形较小，上部位移几乎不随深度变化，下部位移随深度的增加而增大；钢轨 1、线路中线、钢轨 2 在铺底结构顶部位移分别为 0.42、0.40、0.38 mm。钢轨 1、线路中线、钢轨 2 在铺底结构底部位移分别为 0.47、0.45、0.43 mm，相较于铺底结构顶部，分别增大了 11.9%、12.5%和 13.2%。

(3)经回归分析，钢轨 1、钢轨 2、线路中线处隧底结构加速度 a 随深度 x 大致存在如下指数关系：

$$a=\begin{cases}7.374\cdot e^{-9.607x} & (\text{钢轨 }1, R^2=0.9887)\\ 7.286\cdot e^{-9.374x} & (\text{钢轨 }2, R^2=0.9880)\\ 3.817\cdot e^{-10.79x}+0.019\,67\cdot e^{7.575x} & (\text{线路中线}, R^2=0.9999)\end{cases} \tag{3-2}$$

3.3.3 动静耦合作用下双向会车时隧道结构动力响应

1. 填充层及衬砌动力响应

由计算结果得到的填充层、二次衬砌、初期支护动力响应云图如图 3-57～图 3-60 所示，衬砌位移包络图如图 3-61～图 3-62 所示。

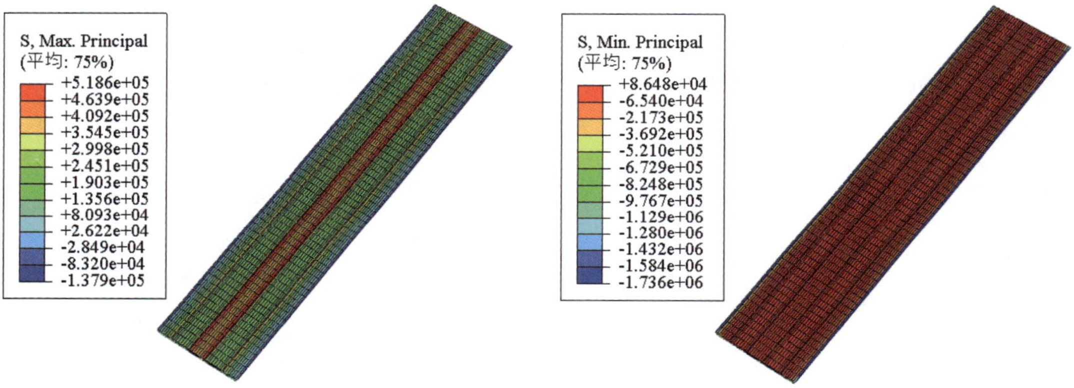

(a) 最大主应力云图　　(b) 最小主应力云图

图 3-57　填充层主应力云图(单位:Pa)

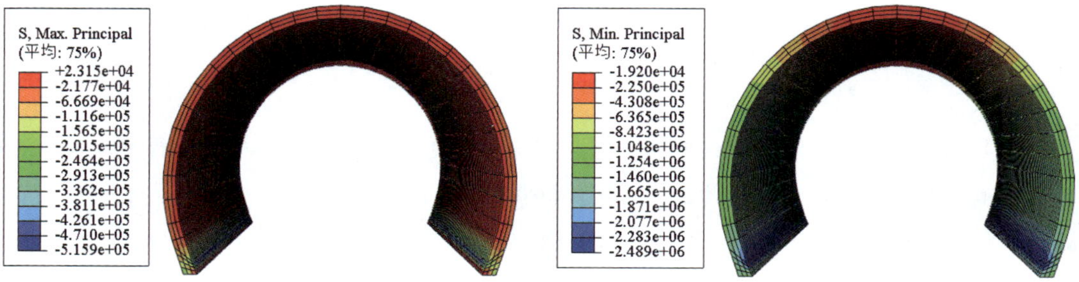

(a) 最大主应力云图　　(b) 最小主应力云图

图 3-58　二次衬砌主应力云图(单位:Pa)

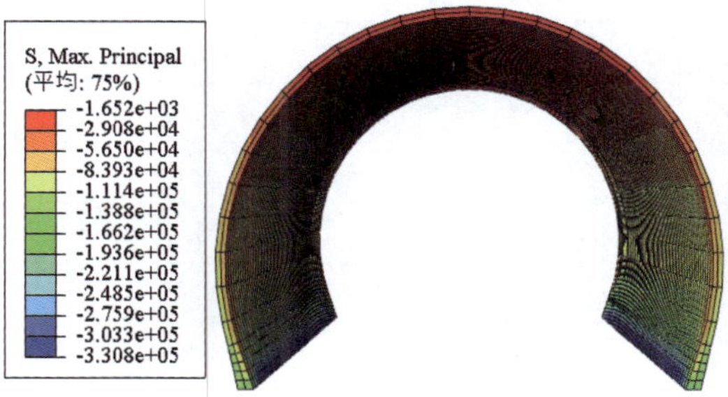

(a) 最大主应力云图

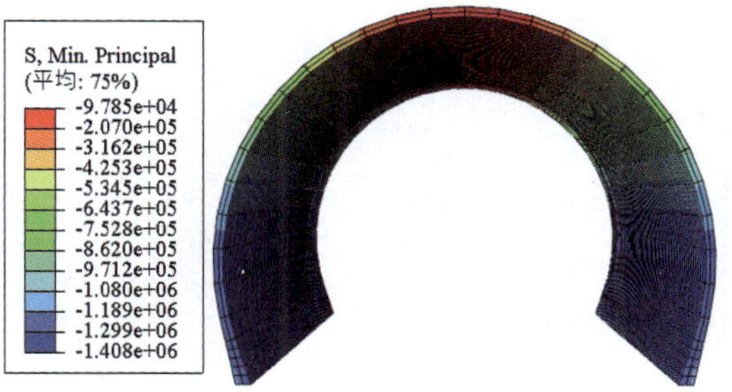

(b) 最小主应力云图

图 3-59　初期支护主应力云图(单位:Pa)

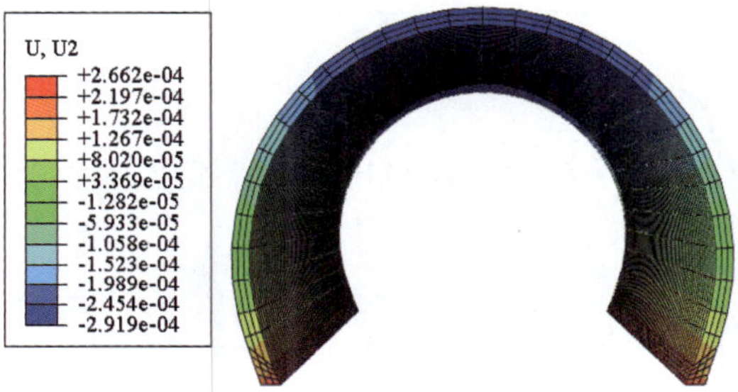

(a) 二次衬砌位移云图

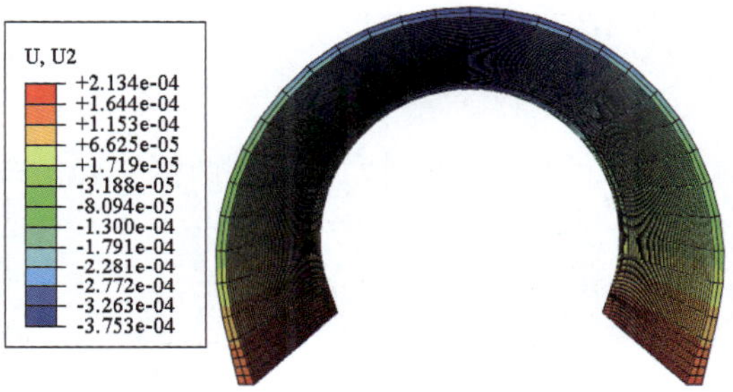

(b) 初期支护位移云图

图 3-60　衬砌位移云图(单位:m)

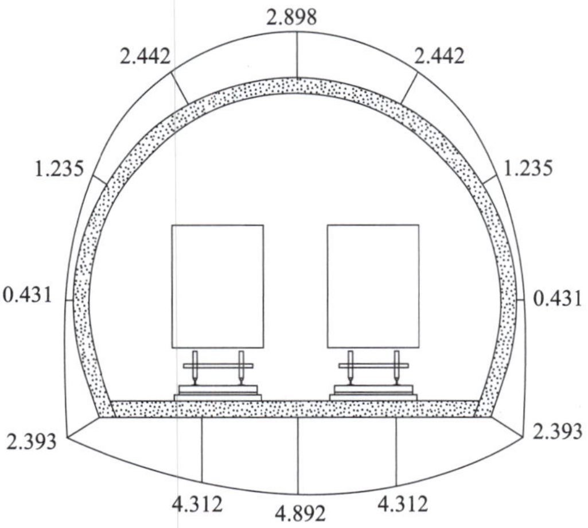

图 3-61　二衬及铺底位移包络图(×10^{-1}mm)

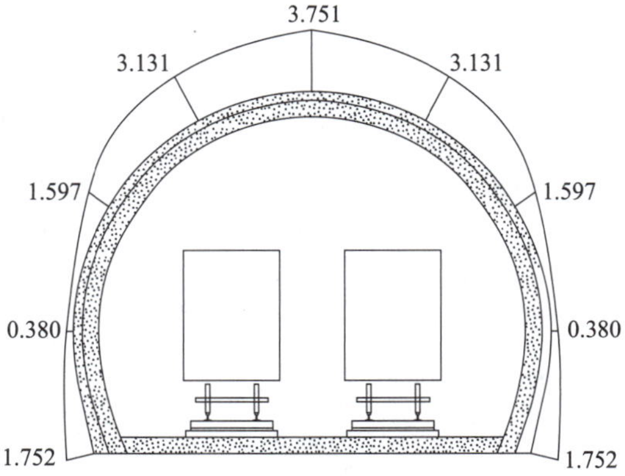

图 3-62　初期支护位移包络图(×10^{-1}mm)

动静耦合作用下,单向行车和双向会车时隧道底部结构动力响应对比见表 3-4。由表 3-4 可知,对于无仰拱隧道,单向行车和双向会车两种行车状态下隧道底部结构动力响应无显著差异。

表 3-4　单向行车和双向会车时隧底结构动力响应对比

隧底结构响应		单向行车	双向会车
填充层	最大主应力/MPa	0.51	0.52
	最小主应力/MPa	1.74	1.74
二次衬砌	最大主应力/kPa	23.04	23.15
	最小主应力/MPa	2.49	2.49
	拱顶位移/mm	0.289	0.290
	铺底位移/mm	0.491	0.489
初期支护	最大主应力/kPa	1.57	1.65
	最小主应力/MPa	1.41	1.41
	拱顶位移/mm	0.374	0.375

2. 应力传递规律

由计算结果得到无仰拱时两钢轨处与线路中心处沿填充层竖向和底面横向应力传递规律如图 3-63、图 3-64 所示。

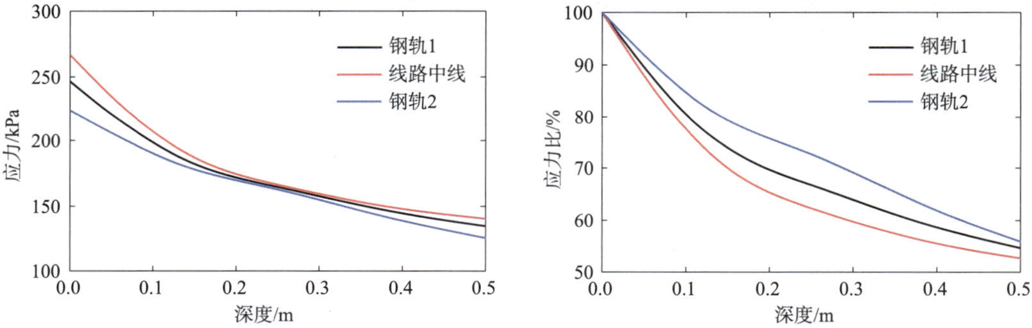

(a) 应力变化曲线　　(b) 应力比变化曲线

图 3-63　隧底结构应力沿竖向传递规律(填充层顶面坐标为 0)

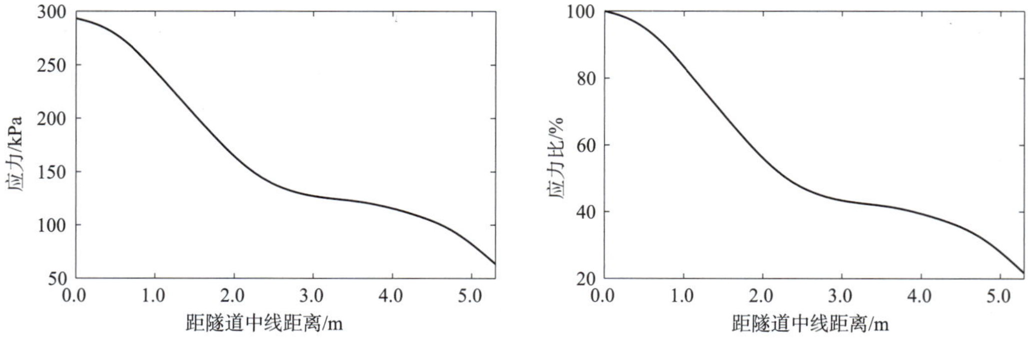

(a) 应力变化曲线　　(b) 应力比变化曲线

图 3-64　填充层底面应力沿横向传递规律

对图 3-63、图 3-64 分析可知：

(1)钢轨 1、钢轨 2、线路中线处隧底结构应力沿竖向传递规律基本一致，均随深度的增加而减小。

(2)深度为 0(填充层顶面)时,钢轨 1、钢轨 2、线路中线处应力分别为 246.6、224.2、267.1 kPa,填充层底面钢轨 1、钢轨 2、线路中线处应力分别为 134.6、125.1、140.5 kPa,相较于填充层顶面,填充层底面应力分别衰减了 45.4%、44.2%、47.4%。

(3)填充层底面应力沿横向传递规律为随距隧道中线距离的增大逐渐减小,隧道中线位置处应力为 293.2 kPa,距离隧道中线 5.3 m 位置处应力为 63.7 kPa,衰减了 78.3%。

3.4　隧底结构动力响应特性影响因素分析

3.4.1　行车速度对隧底结构动力响应特性影响

目前我国高速列车车速以 250、300、350 km/h 为主,按照第 2 章介绍建模方法,分别建立 250、300、350 km/h 车-轨-隧一体化动力分析模型,提取各模型中隧底结构最大主应力峰值、最小主应力峰值及仰拱加速度峰值,应力峰值和加速度峰值与行车速度的关系如图 3-65～图 3-67 所示。

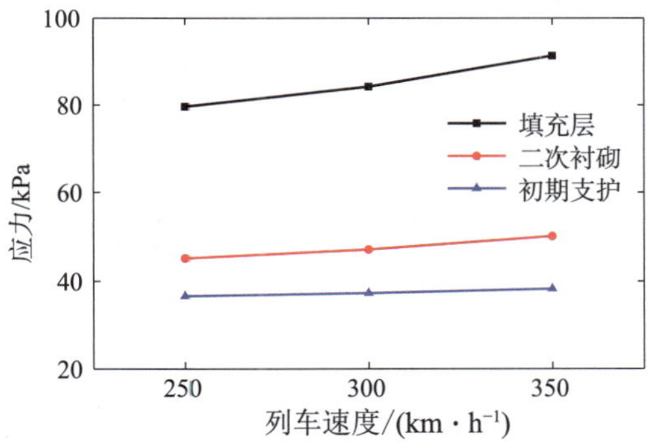

图 3-65　最大主应力与行车速度关系

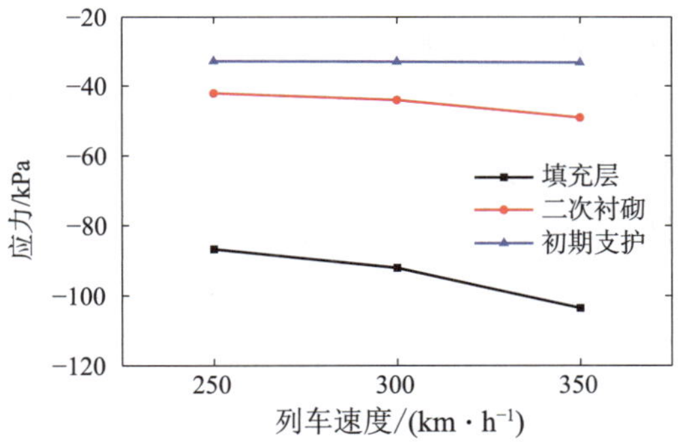

图 3-66　最小主应力与行车速度关系

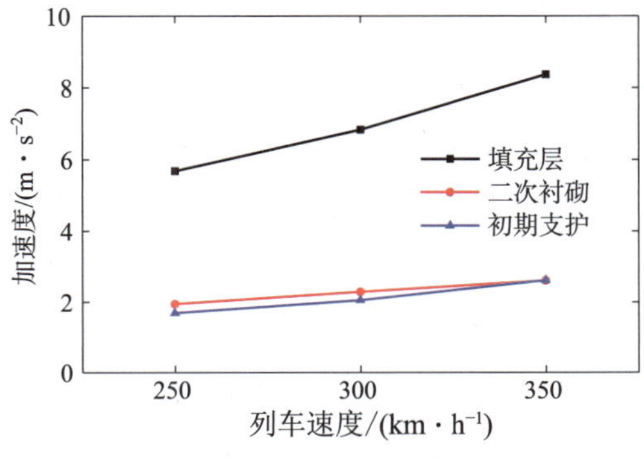

图 3-67　加速度与行车速度关系

由图 3-65、图 3-67 可知：

(1)随着行车速度的增加，车体振动更为剧烈，车轨间应力激荡也更加剧烈，隧底结构的应力随着行车速度的增加而增大。在 250 km/h 高速列车动力荷载作用下，填充层最大主应力峰值为 79.62 kPa，最小主应力峰值为 86.66 kPa，二次衬砌最大主应力峰值为 45.12 kPa，最小主应力峰值为 42.17 kPa，初期支护最大主应力峰值为 36.57 kPa，最小主应力峰值为 33.01 kPa。

(2)在 300 km/h 高速列车动力荷载作用下，填充层最大主应力峰值为 84.15 kPa，最小主应力峰值为 91.95 kPa，二次衬砌最大主应力峰值为 47.11 kPa，最小主应力峰值为 44.10 kPa，初期支护最大主应力峰值为 37.25 kPa，最小主应力峰值为 33.17 kPa。

(3)在 350 km/h 高速列车动力荷载作用下，填充层最大主应力峰值为 91.17 kPa，最小主应力峰值为 103.6 kPa，二次衬砌最大主应力峰值为 50.10 kPa，最小主应力峰值为 49.14 kPa，初期支护最大主应力峰值为 38.24 kPa，最小主应力峰值为 33.38 kPa。

(4)对比不同隧底结构的应力变化幅度，可发现填充层增加幅度最为明显，二次衬砌次之，而初期支护增幅最小，其原因为填充层、二次衬砌、初期支护与列车车轮的距离不断增加，列车整体振动所造成的影响随着距离增加而不断减弱，列车自重逐渐成为底部结构应力的主导因素。

(5)填充层加速度峰值随着列车速度的提高近似呈线性增大，行车速度为 250、300、350 km/h 时，填充层加速度峰值分别为 5.68、6.83、8.37 m/s^2。二次衬砌和初期支护的加速度峰值基本相同且随列车速度的提高略微增大；行车速度为 250、300、350 km/h 时，二次衬砌加速度峰值分别为 1.94、2.28、2.60 m/s^2，初期支护加速度峰值分别为 1.69、2.05、2.61 m/s^2，约为填充层加速度峰值的 30%。经回归分析，填充层、二次衬砌、初期支护加速度峰值 a 与行车速度 v 大致存在如下线性相关关系：

$$a=\begin{cases}0.0269v-1.11 & (\text{填充层},R^2=0.993)\\ 0.0066v+0.29 & (\text{二次衬砌},R^2=0.999)\\ 0.0092v-0.64 & (\text{初期支护},R^2=0.984)\end{cases} \tag{3-3}$$

3.4.2 基底条件对隧底结构动力响应特性影响

3.2 节分析了Ⅴ级围岩时隧底结构的动力响应特性，本节将分别计算Ⅳ、Ⅴ、Ⅵ级围岩条件下隧底结构的动力响应，研究基底围岩条件对隧底结构动力特性的影响规律。提取各模型中隧底结构应力值最大的点，其应力关系如图 3-68～图 3-70 所示。

由图 3-68～图 3-70 可知：

(1)在高速列车动载作用下，随着基底围岩等级的提高，隧底结构的应力不断增大。当围岩等级为Ⅳ级时，填充层最大主应力峰值为 80.08 kPa，最小主应力峰值为 90.12 kPa，二次衬砌最大主应力峰值为 45.32 kPa，最小主应力峰值为 44.89 kPa，初期支护最大主应力峰值为 35.27 kPa，最小主应力峰值为 30.01 kPa。

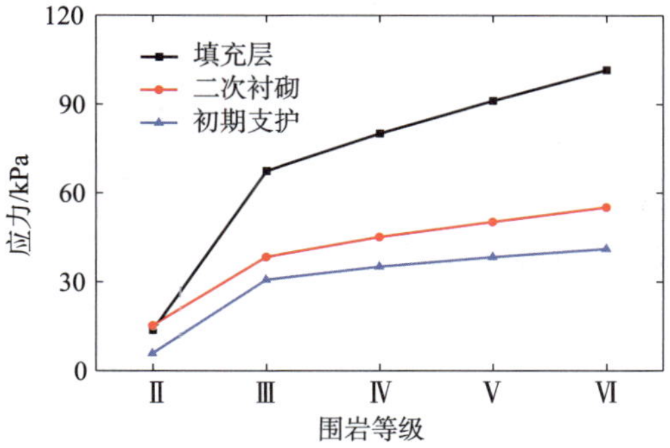

图 3-68 最大主应力与基底条件关系

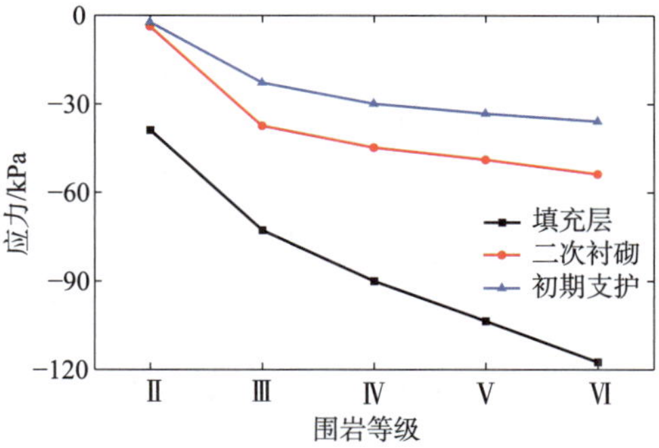

图 3-69 最小主应力与基底条件关系

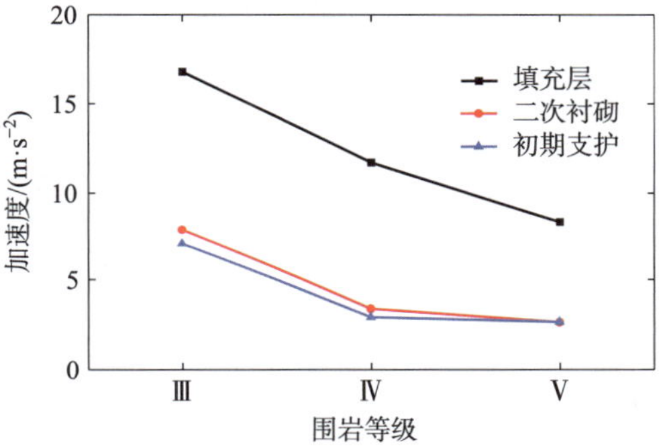

图 3-70 加速度与基底条件关系

(2)当围岩等级为Ⅱ级时，填充层最大主应力峰值为 13.70 kPa，最小主应力峰值为 38.90 kPa，二次衬砌最大主应力峰值为 15.10 kPa，最小主应力峰值为 3.87 kPa，初期支护最大主应力峰值为 5.69 kPa，最小主应力峰值为 2.38 kPa。

(3)对于不同的围岩条件，相当于隧道结构处于不同的边界条件，对车辆动力荷载下隧道的受力特性具有重要影响。

(4)填充层加速度峰值随着围岩等级的提高近似呈线性减小，围岩等级为Ⅲ、Ⅳ、Ⅴ级时，填充层加速度峰值分别为 16.8、11.7、8.37 m/s^2。二次衬砌和初期支护的加速度峰值基本相同，围岩等级为Ⅲ、Ⅳ、Ⅴ级时，二次衬砌加速度峰值分别为 7.89、3.35、2.60 m/s^2，初期支护加速度峰值分别为 7.06、2.05、2.61 m/s^2，约为填充层加速度峰值的 30%。经回归分析，填充层、二次衬砌、初期支护加速度峰值 a 随围岩等级 x 大致存在如下线性相关关系：

$$a=\begin{cases}-4.215x+29.15 & (\text{填充层},R^2=0.986)\\ -2.645x+15.19 & (\text{二次衬砌},R^2=0.854)\\ -2.225x+13.08 & (\text{初期支护},R^2=0.803)\end{cases} \tag{3-4}$$

式(3-4)中，围岩等级为Ⅲ、Ⅳ、Ⅴ级时，围岩等级 x 分别对应取 3、4、5。

3.4.3 填充层条件对隧底结构动力响应特性影响

目前我国曲墙有仰拱的隧道衬砌结构形式，隧底填充层混凝土等级通常采用 C20，按照第 2 章介绍建模方法，分别计算填充层混凝土等级为 C15、C20 和 C25 时隧底结构的响应，探究填充层混凝土等级对隧底结构动力特性的影响规律。提取各模型中隧底结构应力值最大的点，其应力关系如图 3-71～图 3-73 所示。

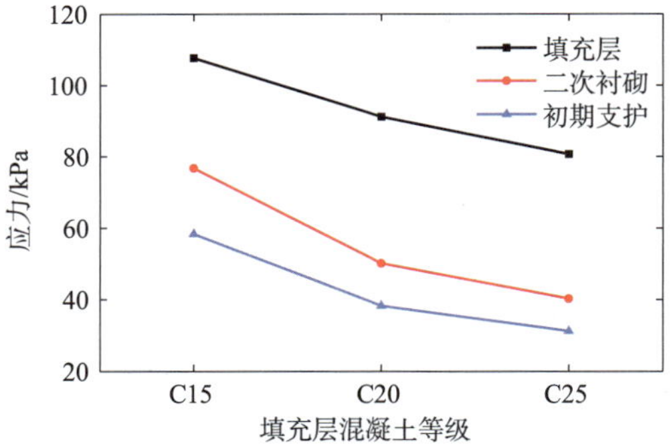

图 3-71　最大主应力与填充层条件关系

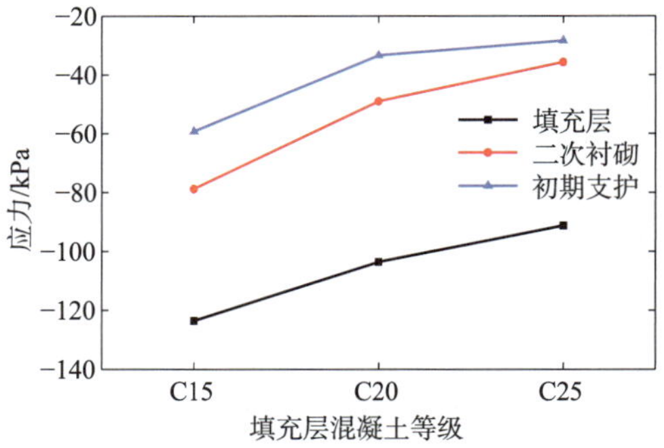

图 3-72　最小主应力与填充层条件关系

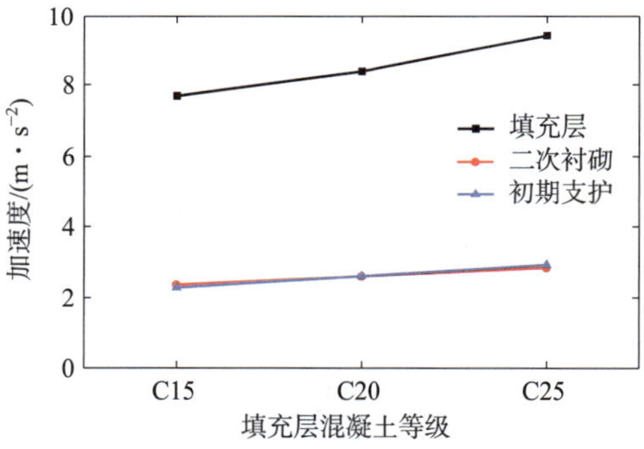

图 3-73　加速度与填充层条件关系

由图 3-71～图 3-73 可知：

(1)在高速列车动载作用下，随着填充层混凝土等级的提高，隧底结构应力逐渐减小。当填充层混凝土等级为 C15 时，填充层最大主应力峰值为 107.7 kPa，最小主应力峰值为 123.6 kPa；二次衬砌最大主应力峰值为 76.69 kPa，最小主应力峰值为 78.87 kPa；初期支护最大主应力峰值为 58.38 kPa，最小主应力峰值为 59.27 kPa。

(2)当填充层混凝土等级为 C20 时，填充层最大主应力峰值为 91.17 kPa，最小主应力峰值为 103.6 kPa；二次衬砌最大主应力峰值为 50.10 kPa，最小主应力峰值为 49.14 kPa；初期支护最大主应力峰值为 38.24 kPa，最小主应力峰值为 33.38 kPa。

(3)当填充层混凝土等级为 C25 时，填充层最大主应力峰值为 80.66 kPa，最小主应力峰值为 91.20 kPa；二次衬砌最大主应力峰值为 40.23 kPa，最小主应力峰值为 35.76 kPa；初期支护最大主应力峰值为 31.27 kPa，最小主应力峰值为 28.38 kPa。

(4)隧底结构加速度峰值随着填充层混凝土等级的提高而增大。填充层混凝土等级为 C15、C20、C25 时，填充层加速度峰值分别为 7.68、8.37、9.42 m/s^2；二次衬砌加速度峰值分别为 2.36、2.6、2.84 m/s^2；初期支护加速度峰值分别为 2.28、2.61、2.93 m/s^2，填充层加速度远大于衬砌。

3.4.4　不同影响因素比较分析

为了便于比较分析不同影响因素对隧底结构动力响应的影响，以 350 km/h 行车速度、Ⅳ级围岩、C20 混凝土填充层为基准，分别计算不同行车速度、不同基底围岩条件、不同填充层条件下加速度相对于基准条件的比值，对加速度进行归一化处理，图 3-74～图 3-76 分别为填充层、二次衬砌、初期支护关于行车速度、基底围岩级别、填充层混凝土等级这三种影响因素的加速度比值。

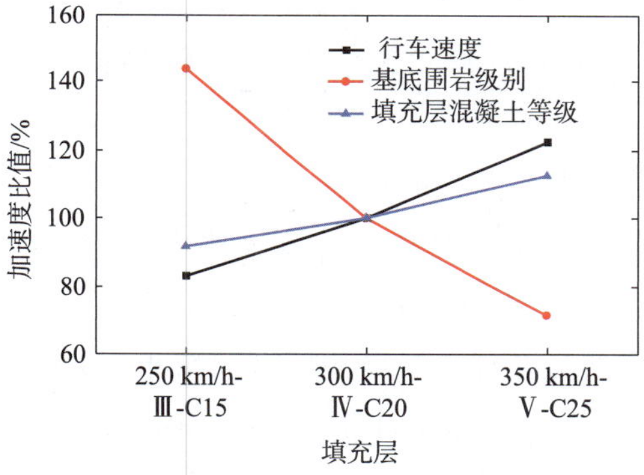

图 3-74　填充层-加速度变化规律

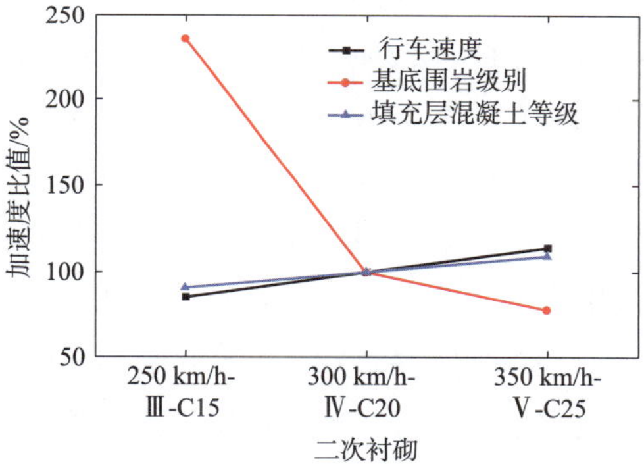

图 3-75　二次衬砌-加速度变化规律

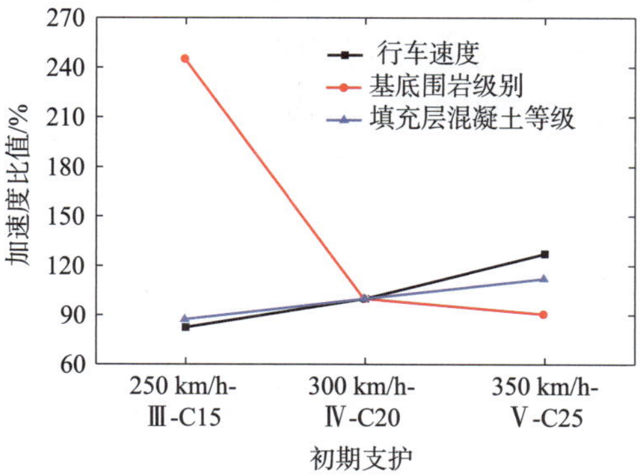

图 3-76　初期支护-加速度条件规律

由图 3-74～图 3-76 可知，基底围岩条件对隧底结构动力响应的影响最为显著，其次是行车速度，填充层混凝土等级对隧底结构动力响应的影响最小。

本章采用车辆-轨道-隧道一体化模型，对Ⅴ级围岩和Ⅱ级围岩双线隧道在单向运行状态时隧底结构动力响应进行分析，研究了行车速度、基底围岩条件、填充层条件对隧底结构动力特性的影响规律，主要结论归纳如下：

(1)仅列车荷载作用时，有仰拱隧道底部结构最大主应力峰值为 54.04 kPa，最小主应力峰值为 34.65 kPa，加速度峰值为 11.531 m/s^2。无仰拱隧道底部结构最大主应力、最小主应力、加速度峰值均大于有仰拱隧道，分别为 63.07、192.03、13.24 m/s^2。有仰拱隧道填充层的最大主应力随深度的增加而减小，最大主应力峰值位于填充层顶面。

(2)动静耦合作用下，列车荷载作用显著增大了有仰拱隧道填充层最大主应力和最小主应力，对二次衬砌和初期支护应力的影响较小，动力最终时刻填充层、二次衬砌、初期支护的最大主应力峰值分别为 26.15、0.694、0.325 MPa；列车荷载作用对无仰拱隧道底部结构的应力几乎没有影响；有仰拱隧道衬砌最大变形发生在拱底，隆起约 4.1 mm，无仰拱隧道衬砌的最大变形发生在拱顶，沉降约 0.38 mm。

(3)隧底结构的最大主应力、最小主应力、加速度随行车速度的增加近似呈线性增大；在 350 km/h 列车动力荷载作用下，隧底结构的最大主应力、最小主应力、加速度峰值分别为 91.17、103.6、8.37 m/s^2。

(4)隧底结构的最大主应力、最小主应力随基底围岩等级的提高而增大，加速度随基底围岩等级的提高近似呈线性减小；基底围岩为Ⅲ级时，隧底结构加速度峰值为 16.8 m/s^2；基底围岩为Ⅳ级时，隧底结构最大主应力和最小主应力峰值分别为 101.6 和 117.5 kPa。

(5)隧底结构的最大主应力、最小主应力随填充层混凝土等级的提高而减小，加速度随填充层混凝土等级的提高近似呈线性增大；填充层为 C15 混凝土时，隧底结构的最大主应力、最小主应力峰值分别为 107.7 kPa 和 123.6 kPa；填充层为 C25 混凝土时，隧底结构的加速度峰值为 9.42 m/s^2。

(6)经过对比分析，基底围岩条件对隧底结构动力响应的影响最为显著，其次是行车速度，填充层混凝土等级对隧底结构动力响应的影响最小。

(7)对于有仰拱和无仰拱两种隧道衬砌结构形式，单向行车和双向会车引起的隧底结构动力响应无显著差异。

第 4 章　高速铁路隧道底部结构累计损伤特性试验

隧道底部结构作为隧道支护体系的重要组成部分,不仅在施工期为提高隧道施工安全性做出了重要贡献,而且在运营期对保证隧道结构整体动力稳定性和结构长期运营安全具有十分重要的作用和影响。同时,作为列车振荷载的直接承载体,隧道底部结构往往也是隧道病害多发部位。国内外现场调查结果显示[118,162],隧道病害以隧道底部发生率为最高,许多既有铁路隧道在投入运营一段时间之后,其底部均出现了不同程度的开裂、破损、下陷,向两侧外挤,以及翻浆、冒泥等现象,造成轨距水平不能保持,甚至钢轨断裂。列车振动的反复作用是导致隧道底部病害产生的重要原因之一。因此,要从根本上解决隧道基底的病害问题,就必须深入分析和了解衬砌底部结构在列车振动荷载作用下的受力形态和动力响应特征。

鉴于既有铁路隧道底部病害的高发现象以及隧道底部病害所造成危害的严重性,现行高速铁路隧道设计对底部结构进行了加强:Ⅲ～Ⅳ级围岩以及部分Ⅱ级围岩,隧道底部均设置了仰拱,而且仰拱的矢跨比一般较大,隧底填充较厚,仰拱厚度也比拱墙衬砌厚度大,这对降低高速铁路隧道底部病害的发生率起到了一定的效果,但这种设计理念更多偏重于粗略的经验判断。在列车振动荷载高速、反复作用下,现行高速铁路隧道结构在设计使用年限内是否一定满足结构的动力稳定要求和列车的运营安全要求,尚缺乏足够的理论依据和系统论证。

室内模型试验具有良好的测试环境,可消除环境因素干扰,可根据研究目的控制试验对象的主要参变量,在预测工程结构性能或揭示结构性能影响规律等方面是一种行之有效的研究手段。本章以Ⅴ级围岩双线高速铁路隧道标准断面(图 2-1)为原型,采用模型试验的研究方法对高速铁路隧道底部结构的长期动力特性和累计损伤状态进行探讨与分析。

4.1　试验模型设计

4.1.1　试验目的

(1)揭示高速列车荷载作用下板式轨道、隧道仰拱、基底围岩间的相互作用关系和振动传播、衰减规律,明确应力波在基底围岩中的影响程度和影响范围;

（2）了解高速列车荷载作用下隧道仰拱结构的动力响应特性，探讨结构动应力的分布与发展规律，进一步确定隧道仰拱的动力损伤危险部位；

（3）了解列车速度、通行次数对隧道仰拱受力状态的影响情况，研究隧道底部结构的长期动力特性。

4.1.2 试验内容

试验包括静载试验、瞬态动载试验和循环动载试验三部分。针对Ⅴ级围岩条件下的高速铁路隧道底部结构，对 200、250 和 300 km/h 这三种行车速度下的动力响应进行模拟试验：

（1）静载试验。得到由列车轴重传递到隧道仰拱、基底围岩的竖向压应力以及竖向压应力与列车轴重的比例关系，同时也为了与动载试验结果进行对比，获得结构的动力系数。

（2）瞬态动力响应试验。模拟隧道仰拱在不同车速（200、250、300 km/h）条件下的动力响应，即得到隧道仰拱和基底围岩的各监测点的应力（应变）谱和加速度值，分析研究列车速度对结构动应力（应变）的影响情况，得出列车速度与动应力（应变）之间的关系。

（3）循环动载试验。模拟隧道仰拱在不同车速条件下（200、250、300 km/h）的长期动力特性和最终的破坏形式。主要是得到隧道仰拱动应力、动应变随列车通行次数（即重复加载次数）的变化规律，分析研究累积变形及动应变与通行次数之间的相关关系，找出控制结构动力损伤破坏的关键因素，为正确评估结构的疲劳寿命提供依据。

试验工况按三种行车速度（200、250 和 300 km/h）划分，每种工况重复进行三组试验。

4.1.3 模型设计基本思路

隧道结构轴向尺寸远大于横向尺寸，可视为无限长结构体系，属于平面应变问题，因此试验中可取两端刚性固定的有限结构段作为研究对象。另外，根据相似理论，试验模型应满足动力模型设计的相似条件（包括物理条件、边界条件、几何条件，动平衡方程式和运动初始条件等）。但是，在设计具体模型时要完全满足模型与原型的所有相似关系是非常困难的，对于复杂的地下结构而言更是不可能的，因此试验设计采用放宽的相似准则，即尽量满足主要参数的相似要求，而放宽或近似满足次要参数的相似要求。基于试验目的，在模型试验设计中作了如下处理：

（1）弹性力和惯性力起主要控制作用，重力影响不予考虑，模型设计不受相似关系式 $c_E=c_lc_\gamma$（c_E 为弹性模量相似比；c_l 为几何相似比；c_γ 为容重相似比）的限制，这样几何相似比 C_l 和弹性模量相似比 C_E 可自由选择。

（2）为降低人为截断边界带来的误差，在模型箱左右内壁均衬 175 mm 厚聚苯乙烯泡沫板。另外，为了减小箱体与围岩间的摩擦阻力，在箱体内壁四周粘贴光滑的聚氯乙烯薄膜，并在薄膜上均匀涂刷一层工业凡士林润滑油。

(3)从理论上讲，隧道衬砌应是一个闭合的支护结构体。但是，隧道现有的施工水平和施工环境的特殊性决定了二次衬砌施作并非一次性封闭成环，往往是仰拱超前，在围岩和初期支护变形基本稳定后，墙、拱再整体浇筑，完工后的仰拱实际上是通过某种方式与上部边墙连接起来的。因此，仰拱可视为端部受一定约束的独立构件；并且考虑到试验中振动荷载施加的可操作性，隧道模型只截取边墙与仰拱连接部位以下的仰拱作为研究对象。

(4) 阻尼是影响结构动力响应因素之一，但目前关于阻尼的模拟还不成熟，因此在模型试验中采用仿真材料，使模型材料的阻尼机制和原型尽量接近。

试验所设计的模型结构如图 4-1 和图 4-2 所示。

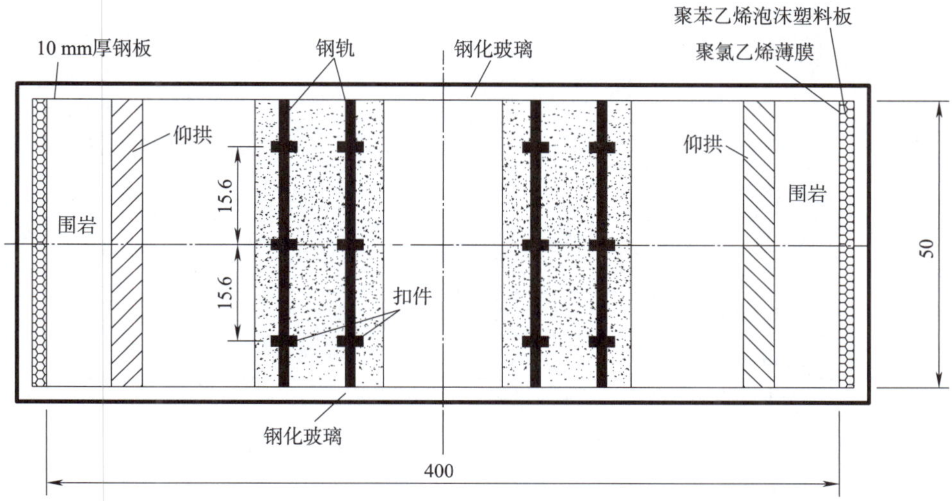

图 4-1　模型结构平面示意图(单位:cm)

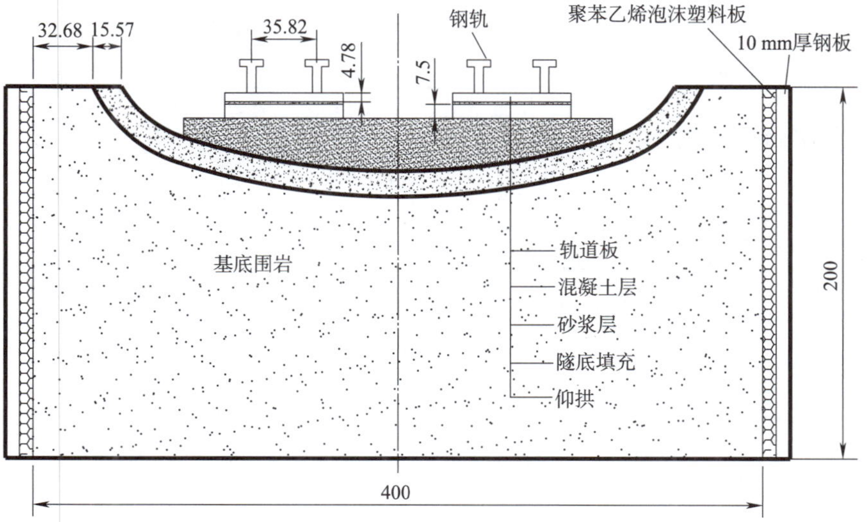

图 4-2　模型结构立面示意图(单位:cm)

4.1.4 模型相似关系

根据现有试验设备及场地条件，试验中几何相似比取为 4∶1(原型∶模型)，弹性模量相似比取为 2∶1，即 $c_l=4$，$c_E=2$，其他相似常数均可由它们导出，具体见表 4-1。

表 4-1 模型相似关系设计

物理量		相似关系	相似比	备注
几何特性	长　度 l	c_l	4	模型设计控制条件
	面　积 A	$c_A=c_l^2$	8	
	位　移 u	$c_u=c_l$	4	
力学特性	应　变 ε	$c_\varepsilon=1.0$	1	模型设计控制条件
	应　力 σ	$c_\sigma=c_E$	2	
	弹性模量 E	c_E	2	
	泊松比 μ	$c_\mu=1.0$	1	
	密　度 ρ	c_ρ	1	
材料特性	黏聚力 c	$c_c=c_E$	2	
	抗压强度 R_c	$c_{R_c}=c_E$	2	
	抗拉强度 R_t	$c_{R_t}=c_E$	2	
荷载	集中力 F	$c_F=c_l^2c_E$	32	
	面荷载 Q	$c_Q=c_E$	2	
动力特性	质　量 m	$c_m=c_l^3c_\rho$	64	荷载控制条件
	时　间 t	$c_t=c_lc_\rho^{1/2}c_E^{-1/2}$	2.8	
	频　率 f	$c_f=c_t^{-1}$	0.35	
	速　度 v	$c_v=c_lc_t^{-1}$	1.4	
	加速度 a	$c_a=c_lc_t^{-2}$	0.5	

结构模型的配筋率按等强度原则确定，即

$$\frac{A_{ps}f_{ps}}{A_{pc}f_{pc}}=\frac{A_{ms}f_{ms}}{A_{mc}f_{mc}} \tag{4-1}$$

式中 A_{ps}，f_{ps}——原型构件的钢筋面积和强度；

A_{pc}，f_{pc}——原型构件的混凝土面积和强度；

A_{ms}，f_{ms}——模型构件的钢筋面积和强度；

A_{mc}，f_{mc}——模型构件的混凝土面积和强度。

4.1.5 相似材料

由于微粒混凝土的施工方法、振捣方式、养护条件以及物理材料性能都与普通混凝土十分相似，在动力特性上与原型混凝土有着良好的相似关系，而且通过调整配合比，可满足降低弹性模量的要求。因此，微粒混凝土是国内外使用较多的一种建筑结构模型材料。所谓微粒混凝土，它是以较大粒径(2.5～5 mm)砂砾为粗骨料、较小粒径(0.154～2.5 mm)砂砾为细骨料，和水泥、水按适当比例配合、拌制而成的混合物。试验中，混凝土构件采用微粒混凝土材料模拟；钢筋混凝土构件采用微粒混凝土材料＋镀锌铁丝模拟。

对于地质模型，国内外多采用以重晶石粉、PbO 粉、Pb_3O_4 粉等为骨料，以石膏、树脂、水等为胶结剂制成的高容重低强度相似材料。但是，采用这些相似材料制成的地质力学模型主要适用于地下结构的静力平衡问题，且模型比例一般较小，对于大型地下结构的动力问题不适合。基于多方面调研，试验中基底围岩采用水泥土模拟。水泥土是由土和水泥按一定比例拌制而成，通过调整水泥含量可以模拟不同级别的围岩。

为使相似材料达到预期设计值，模型制作前对每种相似材料进行了多种配合比设计和试件的力学参数测定，包括密度、单轴抗压强度、泊松比和弹性模量(围岩相似材料试件如图 4-3 所示，材料力学参数测试装置如图 4-4 所示)。经筛选，最终确定的模型相似材料见表 4-2，模型中采用的镀锌钢丝材料特性见表 4-3。

图 4-3　围岩相似材料配选

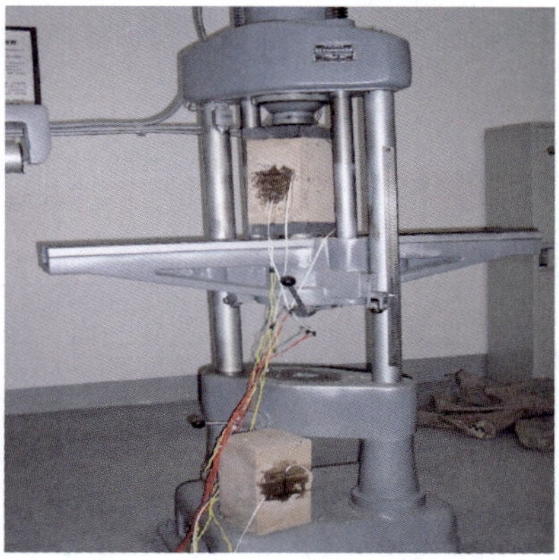

图 4-4　试件力学参数测定

表 4-2　各构件相似材料配合比及材料力学性能

原构件类别	模拟材料配合比(质量比)	材料力学性能			
		弹性模量/MPa	抗压强度/MPa	泊松比	密度/(kg·m^{-3})
轨道板 C50	水泥：标准砂：细石：水＝1：2.4：3.7：0.7	16 951	15.6	0.182	2 360
混凝土层 C30	水泥：标准砂：细石：水＝1：3.6：4.4：0.9	14 941	9.8	0.168	2 280
隧道填充 C25	水泥：标准砂：细石：水＝1：4.2：5.1：0.9	13 390	7.6	0.161	2 250
隧道衬砌 C35	水泥：标准砂：细石：水＝1：2.9：3.6：0.8	15 525	11.4	0.177	2 330

续上表

原构件类别	模拟材料配合比(质量比)	材料力学性能			
		弹性模量/MPa	抗压强度/MPa	泊松比	密度/(kg·m^{-3})
初衬 C25	水泥$^{325\#}$:标准砂:细石:水=1:4.2:5.1:0.9	13 390	7.6	0.161	2 250
V级围岩	水泥$^{325\#}$:土:水=1:5.6:2.6	1 857	3.6	0.351	1 800

表 4-3 镀锌钢丝材料性能

直径/mm	面积/mm^2	屈服强度/MPa	极限强度/MPa
3.53	9.78	395.6	414.9

4.2 试验过程

4.2.1 测试系统

1. 测试元件及采集仪器

试验中需要量测的物理量和使用的测试元件、数据采集仪见表 4-4。

表 4-4 测试仪器及元件

序号	量测内容	量测元件	数据采集仪	备注
1	加速度	压电式加速计	智能信号采集处理分析仪	静态数据采集系统如图 4-5 所示;动态数据采集系统如图 4-6 所示
2	静态应变	电阻应变计	DH—3818 静态应变仪	
3	动态应变	电阻应变计	SA—8 动态应变仪	
4	动土压力	JMDY—50XX 电阻应变式土压力盒	SA—8 动态应变仪	
5	沉降位移	数显百分表	—	

图 4-5 静态数据采集系统

图 4-6　动态数据采集系统

2. 测点布置

以前面第 3 章衬砌结构动力响应的计算结果为理论依据，合理确定监测点位置。

为了解振动荷载由上至下的传播、衰减情况，在钢轨、轨道板、仰拱以及围岩中均布置了加速度计拾振器，其编号及具体布置如图 4-7 所示。考虑到加速计长时间埋置土中，易受潮损坏，影响试验正常进行，试验中对需要隐埋的加速度计进行了改装。改装方法是用 PVC 管和有机玻璃制成盒子，将加速度计牢固粘在盒子底座上，引出导线，然后将盒子密封。为减少土-加速度计之间的相互作用，改装后的加速度计的当量密度与模型土的密度相等。改装后的加速计如图 4-8 所示。

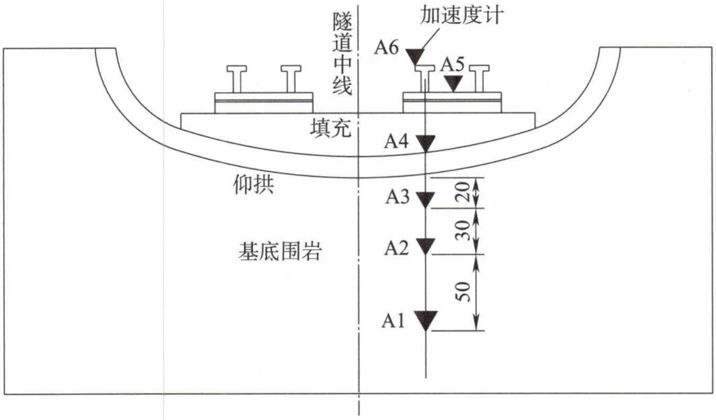

图 4-7　加速度计布置示意图(单位:cm)

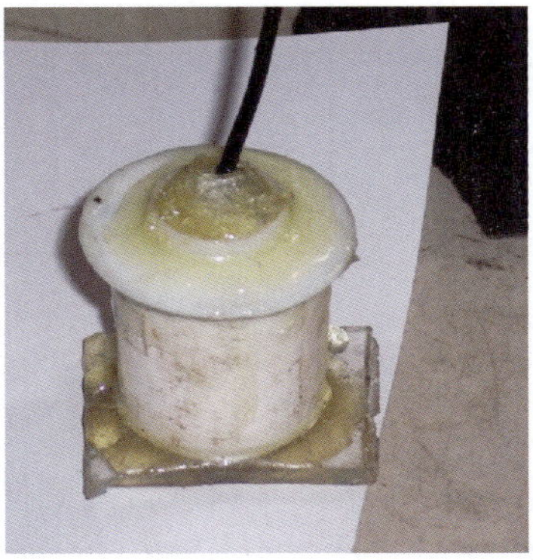

图 4-8　改装后的加速度计

为得到衬砌在列车静载、动载作用下的应力分布状况和变化发展规律，在衬砌底部沿纵向和环向均布置了应变片。因对称性，结构中线以左的应变片用于量测动态数据，右边的应变片用于量测静态数据，具体位置及测点编号如图 4-9 所示。

(a) 应变片布置实图

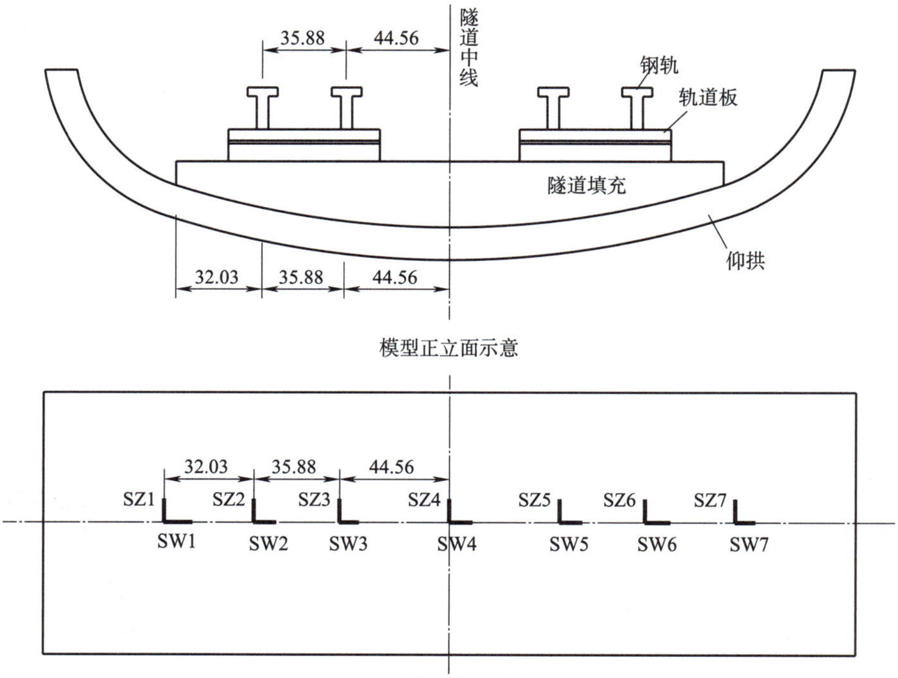

(b) 应变片布置示意

图 4-9 仰拱底部应变片布置(单位:cm)

为了解列车荷载传递到仰拱上的竖向压应力,在隧底填充与仰拱之间布置了土压力盒,因结构的对称性,监测点主要布置在模型左侧,模型右侧只布置了一个验证点(P9),用于考证荷载的对称性。同时为了解隧道基岩的动力响应情况和振动波的衰减规律,在隧道基岩中也相应布置了土压力盒,测点编号及具体布置如图 4-10 所示。为保证压力盒传力效果,埋设时在压力盒受力面绑定一个薄沙袋(图 4-11)。

轨道板累积沉降采用大量程数显百分表量测,在两个轨道板中线位置各安装一个百分表。

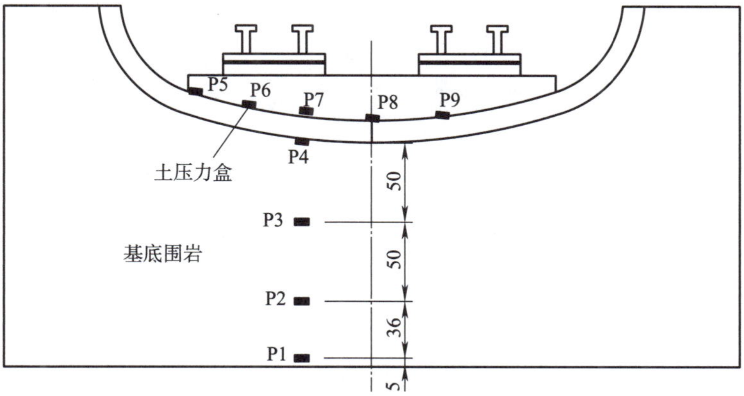

图 4-10　压力盒布置示意图(单位:cm)

图 4-11　压力盒埋设实图

4.2.2　加载系统

列车在轨道上高速运行,引起轨下结构振动的荷载源主要有三种:

(1)列车车辆簧上、簧下质量运动对轨道结构产生的动荷载,与轮轨表面的不平顺、车辆和轨道参数以及列车速度有关;

(2)由轨道不平顺引起的列车对轨道结构的冲击作用将进一步激发轨下结构振动,其作用与轨道不平顺的频率和轨下基础的动力特性有关;

(3)车轮轴重移动时产生的周期性荷载,与列车速度、车辆轮对间距有关。由于不平顺引起的振动具有较强的随机性,加上现有加载设备无法准确模拟实际的不平顺条件,试验中主要考虑列车移动对结构的周期性加、卸载效果。对于第三类荷载,作用在线路的轴重荷载可表示为:

$$P(t,z)=P_0\delta(z-vt) \tag{4-2}$$

式中 $P(t,z)$——轮轨作用力；

$\delta(z-vt)$——关于(z,t)的 Dirac 函数；

z——轮对所在位置；

v——列车速度。

对于指定的同一类型列车，车辆长度为定值，激励频率仅与列车速度有关，其激励频率 f_i 为

$$f_i=\frac{v}{l_i} \tag{4-3}$$

式中 l_i——不同轮对的组合间距。

列车运行速度可通过加载频率来控制。以往研究结果表明，轮轨冲击力沿纵向的影响范围约为 2.4 m，其中离轮轨接触点最近的三根轨枕承担约 90%的作用力，在现有机车车辆轴距条件下，基本不存在动压力叠加现象。因此，试验中可用一组轮对的冲击作用来近似模拟列车荷载，其加、卸载过程可采用正弦波表示，其中荷载幅值反映列车轴重大小，荷载频率反映列车速度。根据我国高速动力(GSD)机车车辆参数(轴重按 20 t 考虑)和表 4-1 中的相似关系，加载系统提供的交变荷载设计为：2.5～15 kN(2.5 kN 作为动载谷值，主要是为了防止加载分配梁因惯性作用弹跳失稳；15 kN 作为动载峰值)；200、250、300 km/h 行车速度下的加载频率分别为 8.3、10.4、12.5 Hz。

综合以上分析，列车荷载采用正弦波模拟，由 MTS 电液伺服激振器施加，即将 MTS 振动加载头直接作用在分配梁上，振动荷载再由分配梁传递给钢轨及轨下结构。试验整体模型和局部加载装置如图 4-12 和图 4-13 所示。

图 4-12 试验整体模型

图 4-13 局部加载装置示意

4.2.3 试验工况

根据试验目的确定的试验工况见表 4-5。

表 4-5　试验工况设计

试验项目	变量因素		加载方式
静载	轴重	40 kN、80 kN、120 kN、160 kN、200 kN、240 kN、280 kN	分级加至荷载设计值
瞬态动载	振动频率（行车速度）	8.3 Hz(200 km/h)、10.4 Hz(250 km/h)、12.5 Hz(300 km/h)	正弦波荷载，振动加载 1 500 次
循环动载	加载频率	8.3 Hz(200 km/h)、10.4 Hz(250 km/h)、12.5 Hz(300 km/h)	正弦波荷载，循环振动至结构开裂或至设计限值 500 万次

注：每种工况重复进行 3 组试验。

4.2.4　试验步骤

每组试验分四个步骤进行：

(1)首先进行预压，以消除松动及不良接触，使构件紧密接触，并检查仪表是否正常工作；

(2)进行静载试验，分级加载至荷载设计值，记录各测点静态土压力、静态应变和百分表读数，重点了解结构受力与轴重之间的关系；

(3)进行动载试验，固定荷载振动幅值 2.5～15 kN(相当于实际列车轴重为 20 t)，改变振动频率(8.3、10.4、12.5 Hz，分别相当于车速 200、250、300 km/h)，每种加载频率条件下振动 1 500 次，了解加载频率(即列车速度)对隧道底部结构动力响应的影响，振动加载过程中采集动态数据(加速度、动应变，动压力)；

(4)进行疲劳试验，固定振动荷载幅值 2.5～15 kN 和振动频率，重复振动直至结构开裂或者试验设计的加载次数限值(500 万次)，试验中每隔 5 万～30 万次采集静载和动载数据各一次(数据采集频次根据监测数据的变化情况随时调整)，并在静载时记录数显百分表的读数，同时密切关注测试数据发展变化。

4.3　静载试验结果与分析

以下试验数据均已通过相似关系换算到原型结构中。

4.3.1　仰拱应力

静载作用下，仰拱顶部竖向压力、底部环向应力和纵向应力的测试结果见表 4-6～表 4-8(应力根据胡克定律由量测的应变计算得到，计算时材料弹性模量和泊松比按照试件力学参数测试结果取值；仰拱顶部竖向压应力、底部环向应力和纵向应力的分布及其与轴重之间的关系如图 4-14～图 4-19 所示。

表 4-6 静载作用下仰拱顶部竖向压力 kPa

轴重/kN	测点编号				
	P5	P6	P7	P8	P9
40	8.9	15.1	10.5	11.6	9.7
80	11.4	33.1	37	20.2	28.7
120	25.4	55.2	43.5	36.9	59.0
160	30.8	63.5	70.1	47.6	50.8
200	46.1	89.8	84.4	67.3	72.8
240	54.7	100.2	83.5	78.2	87.1
280	60.2	104.5	97.4	82.7	99.6

表 4-7 静轴重作用下仰拱底部环向应力 kPa

轴重/kN	测点编号			
	SW4	SW5	SW6	SW7
40	13.1	20.6	27.2	11.0
80	25.3	35.8	44.6	29.8
120	38.7	75.9	57.2	−5.4
160	49	68.4	79.5	34.1
200	73	100.1	94.5	61.3
240	88.2	108.5	132.2	44.4
280	90.3	112	153.3	53.6

表 4-8 静轴重作用下仰拱底部纵向应力 kPa

轴重/kN	测点编号			
	SZ4	SZ5	SZ6	SZ7
40	9.8	7.9	13.1	−0.5
80	−1.5	26.2	14.2	−24.5
120	12.0	21.9	39.1	−3.9
160	17.7	34.4	36.7	1.5
200	49.9	40.6	46.4	0.7
240	33.1	40.0	44.8	4.2
280	34.5	36.8	51.5	−4.8

分析表 4-6～表 4-8 和图 4-14～图 4-19 可知：

(1)试验数据存在一定离散性，除个别测试数据的变异系数大于 0.3 外，绝大部分测试数据的变异系数都在 0.2 以内，说明试验数据是可信的；在设计加载条件下，对称测点 P7 与 P9 的平均差异为 13.3%，可以认为试验达到了对称加载条件。

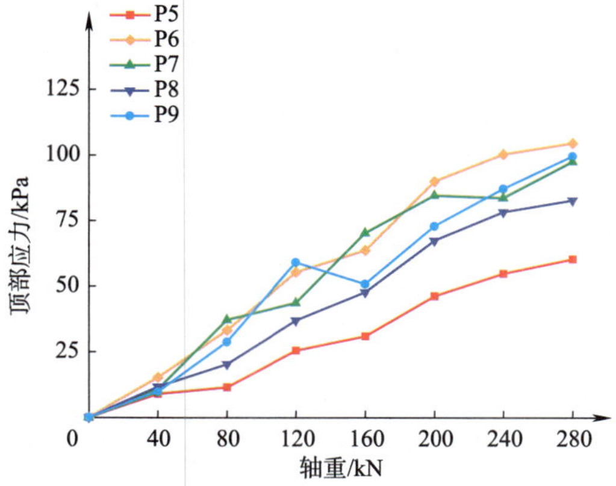

图 4-14　仰拱顶部竖向压力与轴重的关系

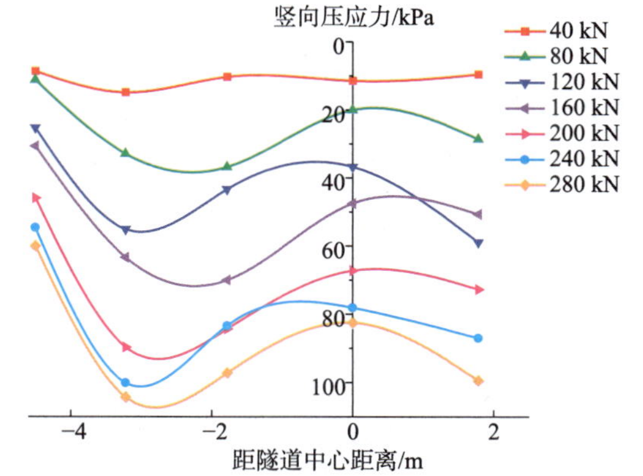

图 4-15　仰拱顶部竖向压力分布

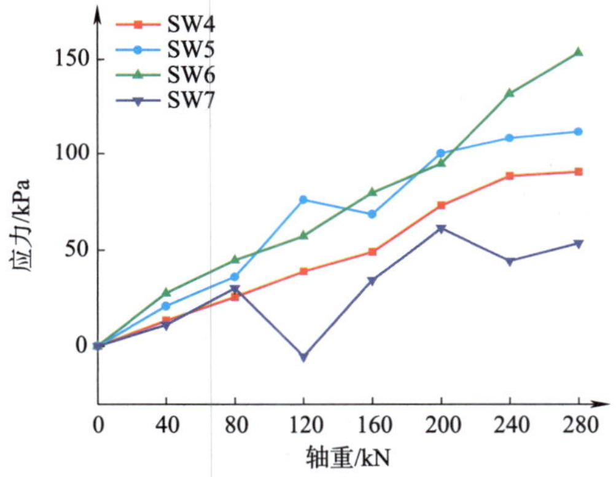

图 4-16　仰拱底部环向应力与轴重的关系

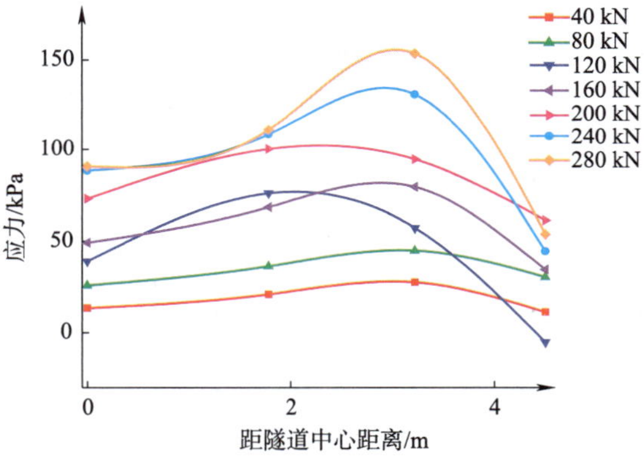

图 4-17　仰拱底部环向应力分布

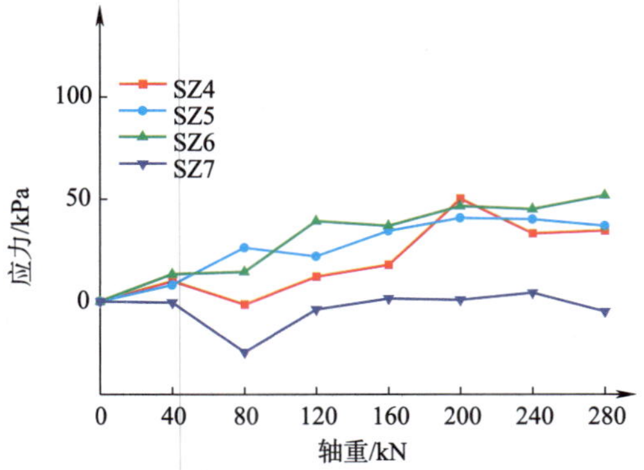

图 4-18　仰拱底部纵向应力与轴重的关系

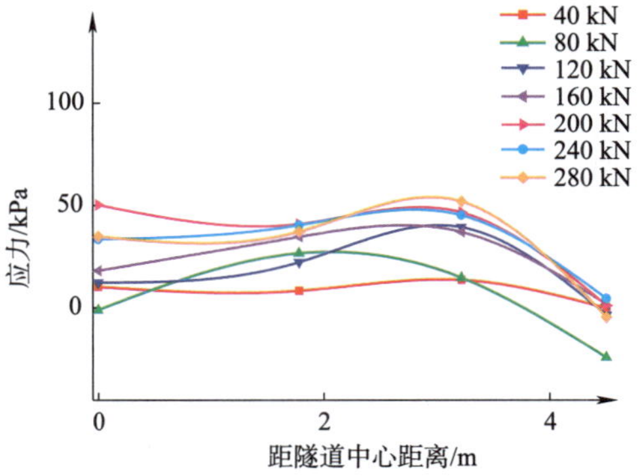

图 4-19　仰拱底部纵向应力分布

(2)列车静轴重作用下，仰拱顶部竖向压力分布不匀，在轨下出现明显的峰值。总体上讲，仰拱顶部竖向压力具有以下分布特点：钢轨正下方竖向压力(P6，P7)最大，仰拱中心位置(P8)次之,端部(P5)最小;并且随着轴重不断增大,仰拱顶部竖向压力分布不均越明显。

(3)列车静轴重作用下,仰拱底部的环向应力和纵向应力主要表现为拉应力,这说明仰拱底部处于受拉状态,而且各部位的环向应力均比纵向应力大;从仰拱纵向应力和环向应力的分布情况来看,环向应力分布与作用于仰供顶部的竖向压力具有类似的分布规律,即钢轨正下方的环向拉应力(SW5,SW6)最大,仰拱中心位置次之(SW4),端部(SW7)最小。相比之下,仰拱纵向应力的分布规律就不太明显,除端部纵向应力最小外,其他部位的纵向应力的差异不大。

(4)仰拱顶部竖向压力和环向应力基本上与列车轴重成正比,而纵向应力随列车轴重的变化不大。对于高速列车设计轴重为 20 t 的情况,作用于仰拱顶部的竖向压力最大为 89.8 kPa,远小于仰拱的抗压设计强度,这说明在列车轮重静载作用下隧道仰拱是不可能被压坏的。

4.3.2 隧道底部基岩压力

列车静轴重作用下,仰拱底部的基岩压力见表 4-9,基岩压力与轴重之间的关系如图 4-20 所示;各级列车静轴重作用下,仰拱基岩压力随埋深增加的衰减规律如图 4-21 所示。

表 4-9 静轴重作用下仰拱不同测点基岩压力 kPa

轴重/kN	测点编号			
	P4	P3	P2	P1
40	9.2	7.4	6.9	4.8
80	21.4	14.9	12.4	10.3
120	28.5	23.2	19.3	15.4
160	35.1	29.0	26.4	19.7
200	37.0	32.9	23.6	18.6
240	54.9	40.6	34.0	29.9
280	64.8	49.0	41.5	36.2

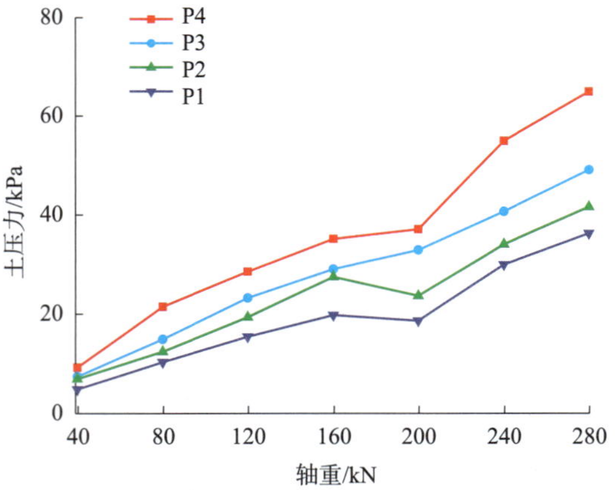

图 4-20 基岩压力与轴重的关系

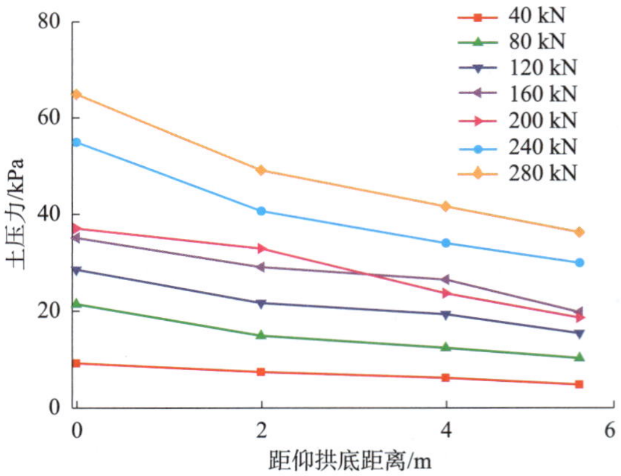

图 4-21 基岩压力随埋深的衰减规律

分析表 4-9 及图 4-20～图 4-21，可以看出：

(1)试验数据存在一定离散性，但绝大部分的变异系数在 0.15 以下，说明试验数据是可信的。

(2)距离仰拱底部不同埋深处的基岩压力与列车轴重大致成正比关系；在各级列车静轴重作用下，仰拱基岩压力随着埋深的增加逐渐衰减，相对于仰拱底部基岩(P4 测点)而言，仰拱底以下 2 m 处的基岩压力(P3)平均衰减了 22.7%，仰拱底以下 4 m 处的基岩压力(P2)平均衰减了 35.5%，仰拱底以下 5.4 m 处的基岩压力(P1)衰减了 47.0%。

(3)将各级轴重作用下的基岩压力衰减系数进行回归分析，可得到基岩压力的总体衰减趋势(衰减趋势线如图 4-22 所示)：

$$\eta=-0.088\,6h+0.979\,1 \quad (R^2=0.978\,7) \tag{4-4}$$

式中　η——仰拱基岩压力衰减系数(设隧道仰拱底竖向压力衰减系数为 100%)；

h——距仰拱底的距离，m。

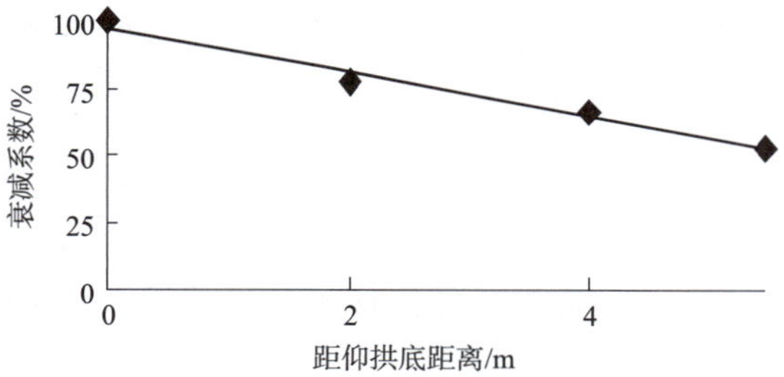

图 4-22　地基土压力衰减趋势

由式(4-4)可知，当 h=11 m 时，仰拱衰减系数接近 0，即列车静轴重对仰拱基岩的影响范围约在仰拱底以下 11 m 之内。事实上，列车静轴重对仰拱底以下 5 m 处的基岩的影响已经非常小了。就列车轴重为 20 t 的情况而言，列车轴重在仰拱底以下 5.45 m 处引起的附加土压力只有 18.6 kPa。而且，模型试验中只考虑了围岩的弹性模量、抗压强度等力学参数的相似，没有考虑孔隙率条件，当实际工程中的基岩孔隙率比较大时，基岩压力将随埋深衰减得更快，列车轴重对基岩的影响范围会更小。因此，可以认为列车静轮重对隧道基岩的影响范围大约在仰拱底以下 5 m 深度之内。

4.3.3　沉降位移

与一般铁路相比，高速铁路对线路的沉降控制更为严格，过大的沉降位移不仅会造成线路不平顺，影响列车运行的稳定性和舒适性，而且使轮轨间的相互作用增大，加速车轮与钢轨的磨损，从而进一步恶化行车条件。因此，对高速铁路的沉降位移进行观测尤为重要。相对于轨下基础而言，钢轨的刚度要大得多，其变形可以忽略。因此，轨道板的沉降位移反映了线路的总体沉降。各级静轴重作用下的沉降位移见表 4-10；沉降位移与轴重之间的关系如图 4-23 所示。

表 4-10　各级轴重作用下的沉降位移　mm

测点位置	40 kN	80 kN	120 kN	160 kN	200 kN	240 kN	280 kN
左 线	2.85	3.59	4.00	4.08	4.33	4.66	5.14
右 线	2.62	3.16	3.54	3.75	4.10	4.90	5.42

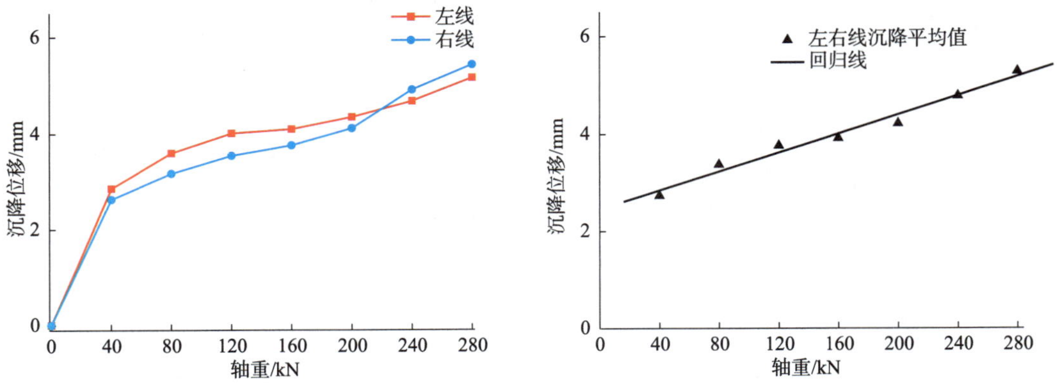

(a) 沉降位移测试曲线　(b) 沉降位移回归趋势

图 4-23　沉降位移与轴重之间的关系

从表 4-10 和图 4-23 可以看出：

(1)在各级静轴重作用下，左、右线沉降位移的平均差异在 10%以内，再次说明本次试验达到了对称加载条件；

(2)在分级加载过程中，初期加载后的沉降位移增长较快，这可能是由于预制仰拱、轨道板等构件在吊装就位时不够密贴所至。尽管正式加载前进行了预压，但构件之间的不良接触并不能完全消除，所以在加载初期，沉降位移因构件接触逐渐紧密而明显增长，导致测试结果偏大。在列车轴重为 20 t 的情况下，沉降位移测试结果平均值为 4.2 mm。

(3)左、右线沉降位移随着列车轴重的增加而增加。将左、右线沉降位移的平均值进行回归分析，结果表明沉降位移与列车轴重大致呈线性关系。

4.4　动载试验结果与分析

4.4.1　加速度

不同车速(即加载频率)下测得的各监测点的加速度时程-频率分布如图 4-24～图 4-26 所示。同时为检验数据的可信性，对加速度时程进行频域分析，得到了各监测点加速度的频率分布(图 4-24～图 4-26)。由于直流偏移量和外界干扰信号的影响，各测点加速度幅值无法直接比较，必须进行“去直流分量”和“滤波”处理。处理后的加速度峰值统计结果见表 4-11，加速度与列车速度的关系如图 4-27 所示，加速度由上至下的衰减趋势如图 4-28 所示。

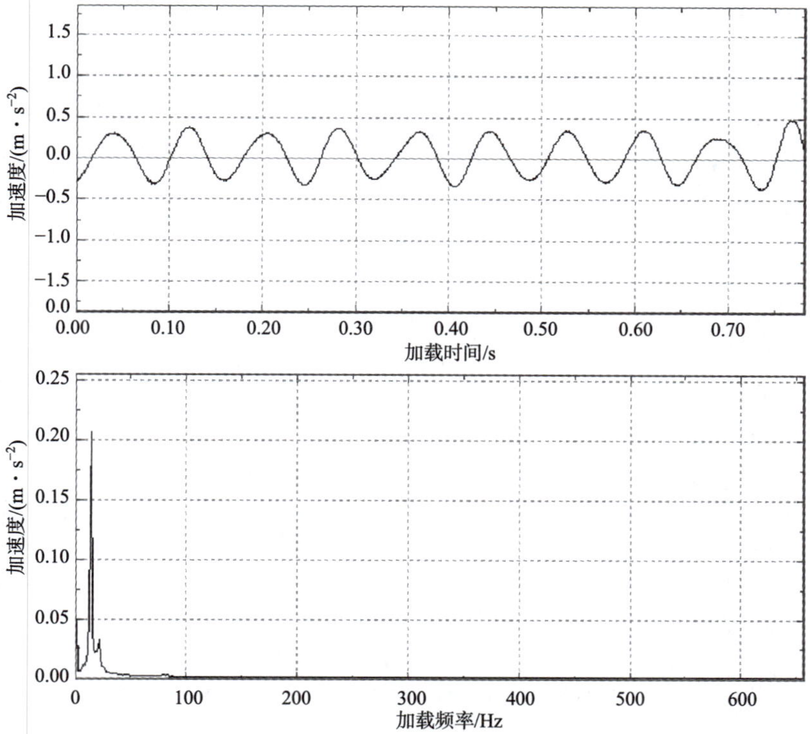

(a) A1测点

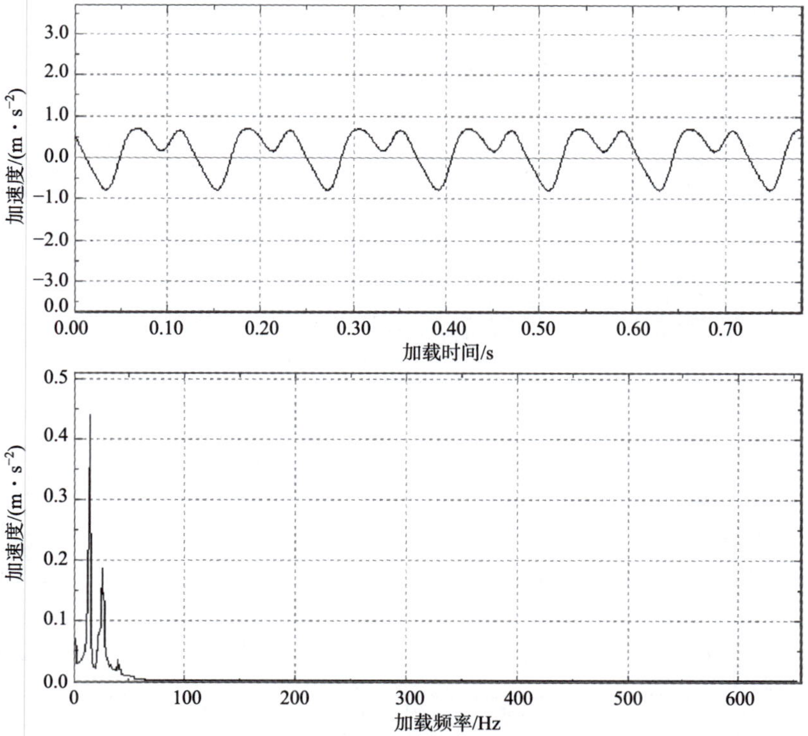

(b) A2测点

图　4-24

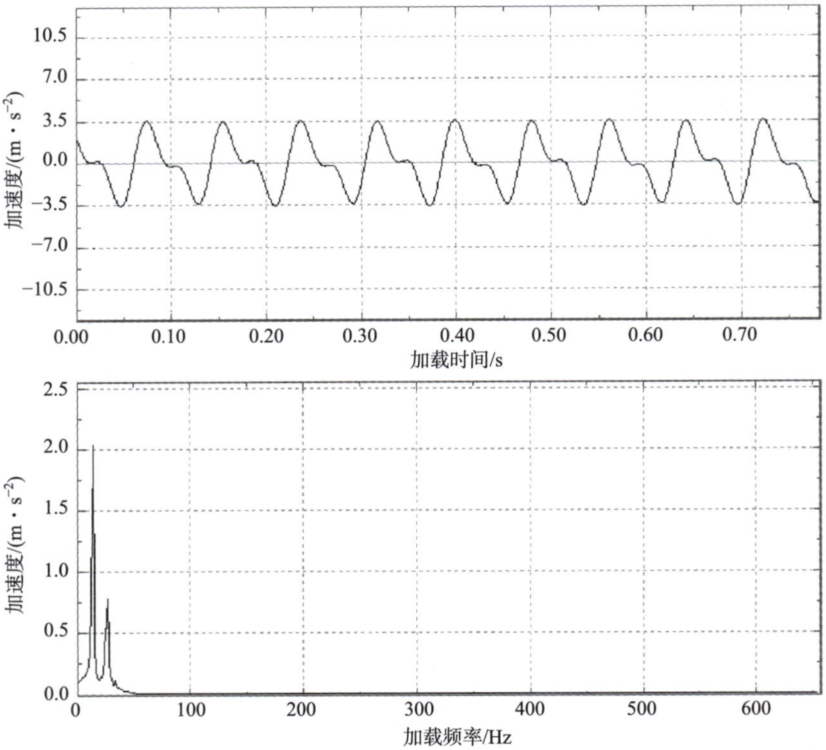

(c) A3测点

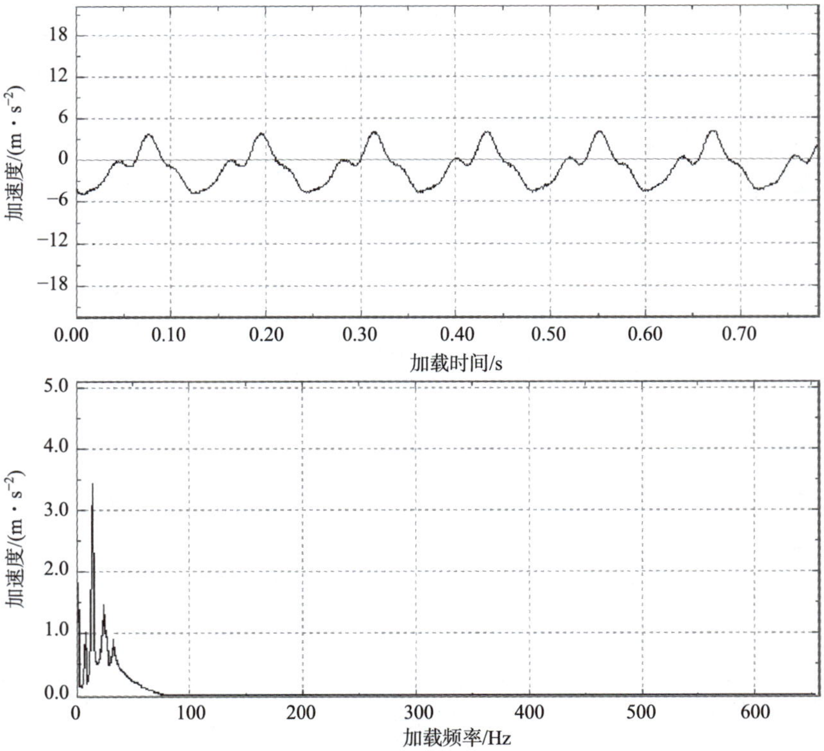

(d) A4测点

图 4-24

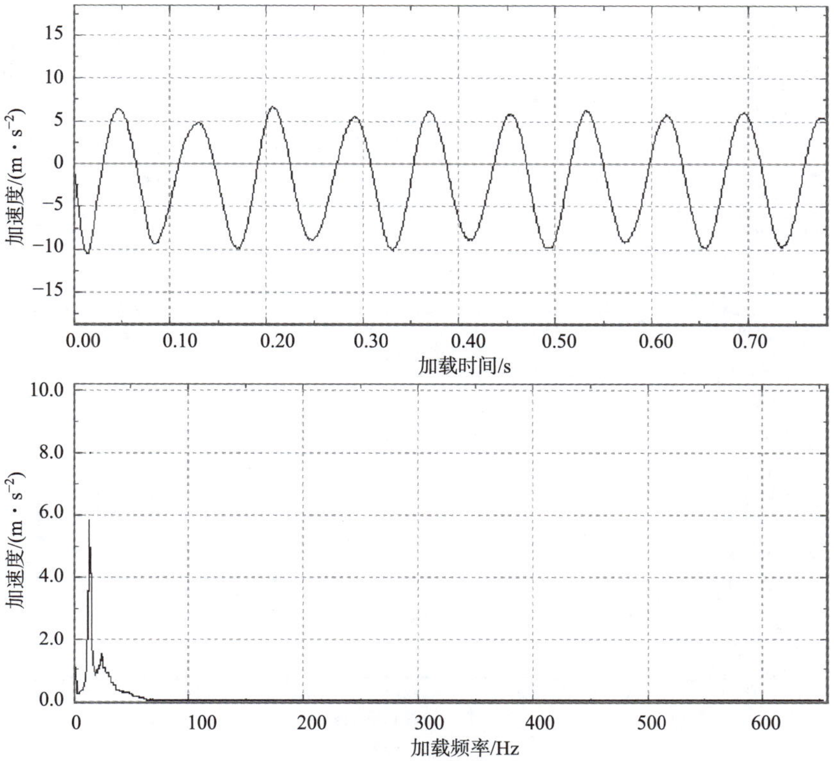

(e) A5测点

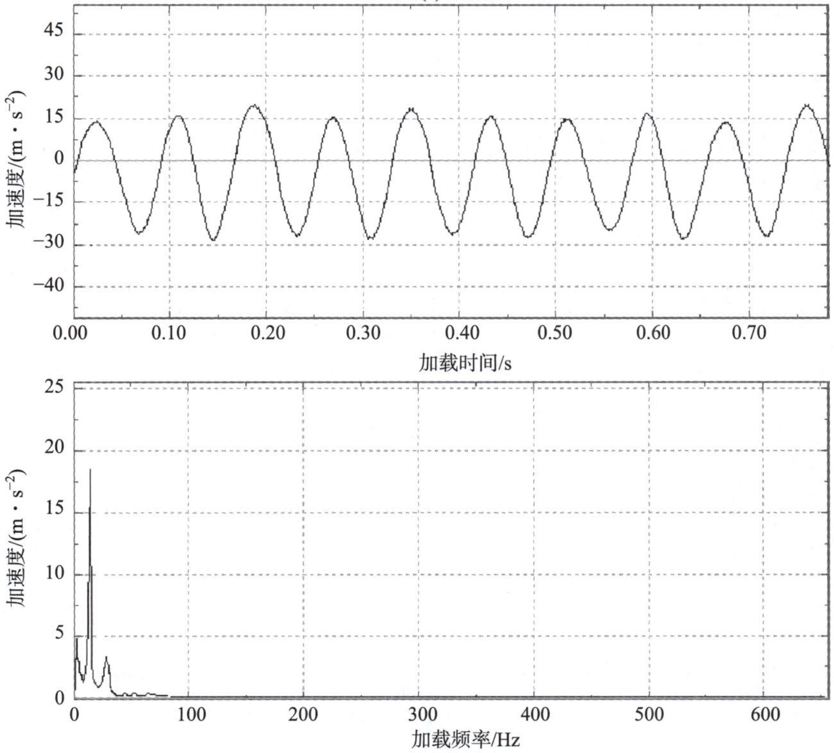

(f) A6测点

图 4-24　200 km/h 车速下的加速度时程-频率分布

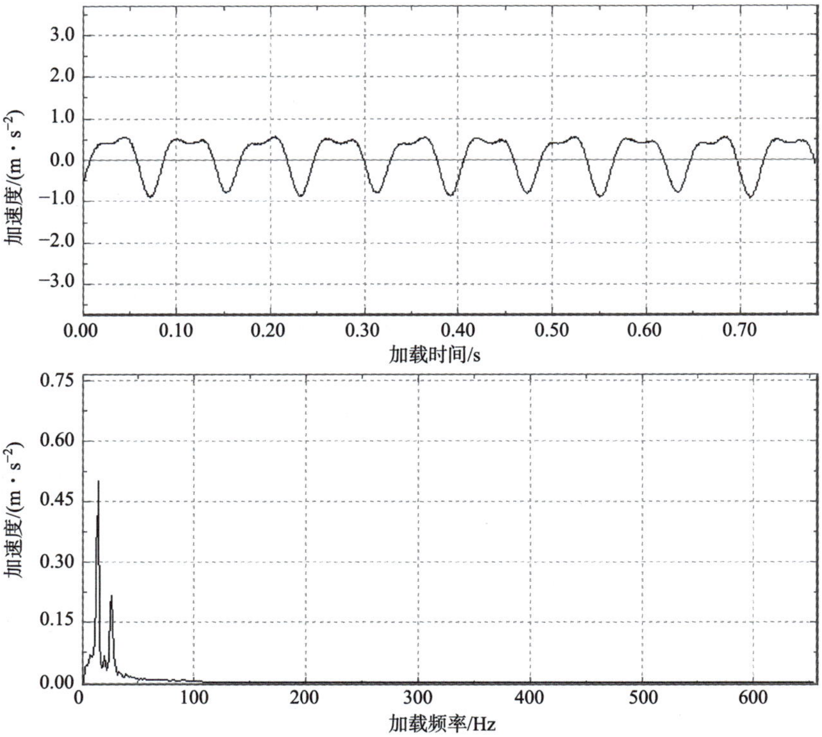

(a) A1测点

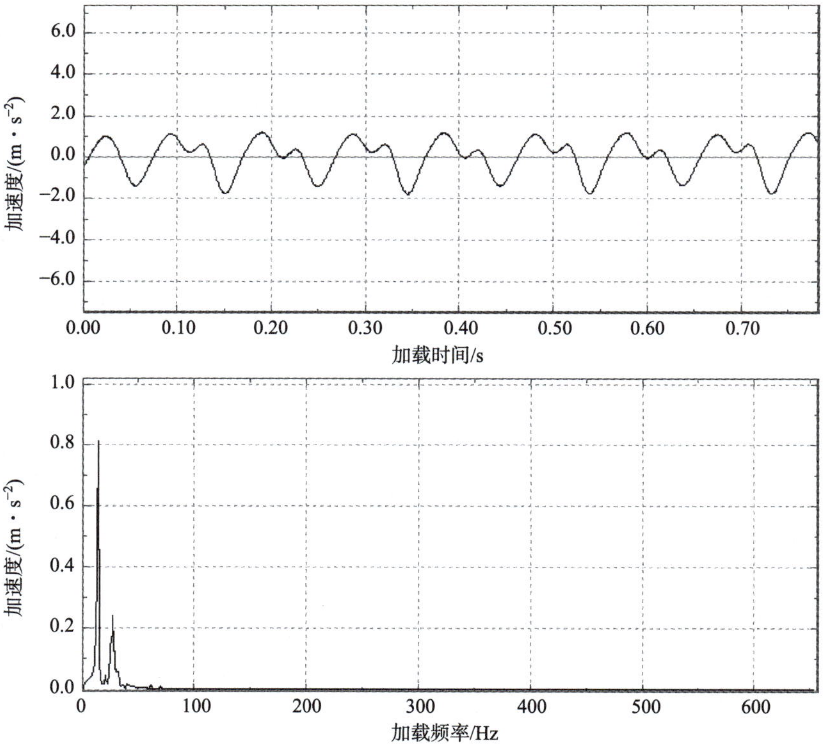

(b) A2测点

图 4-25

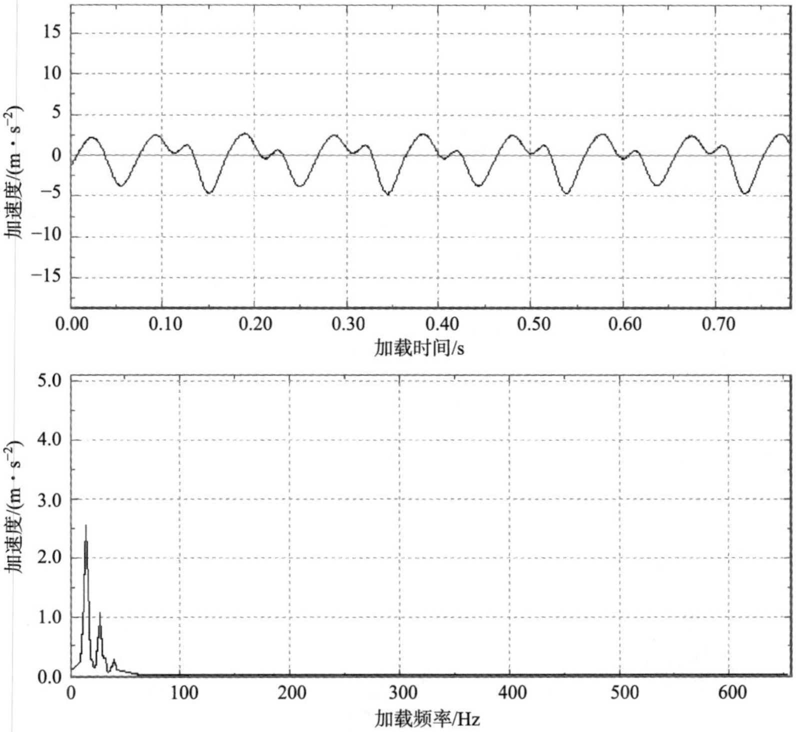

(c) A3测点

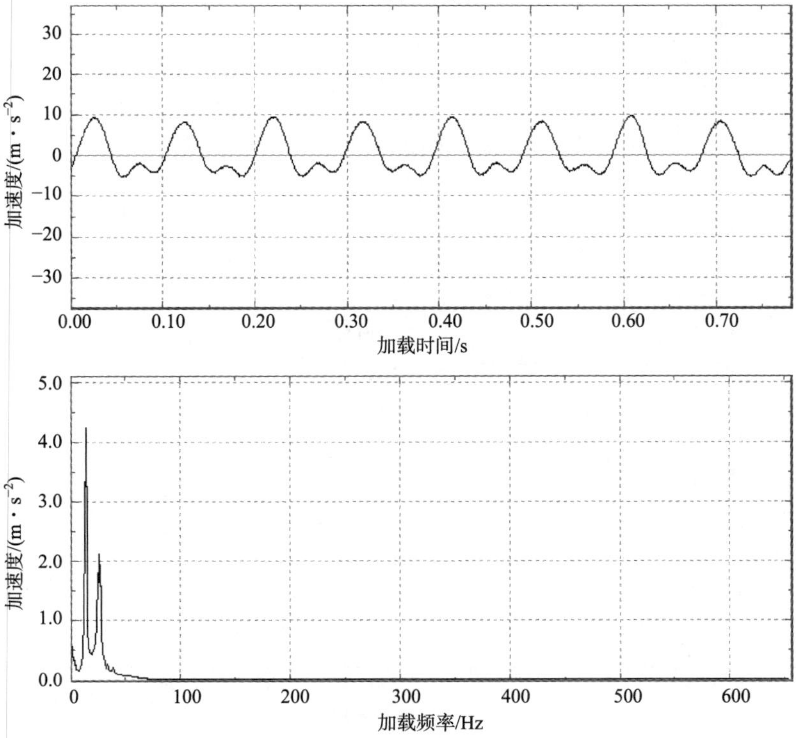

(d) A4测点

图　4-25

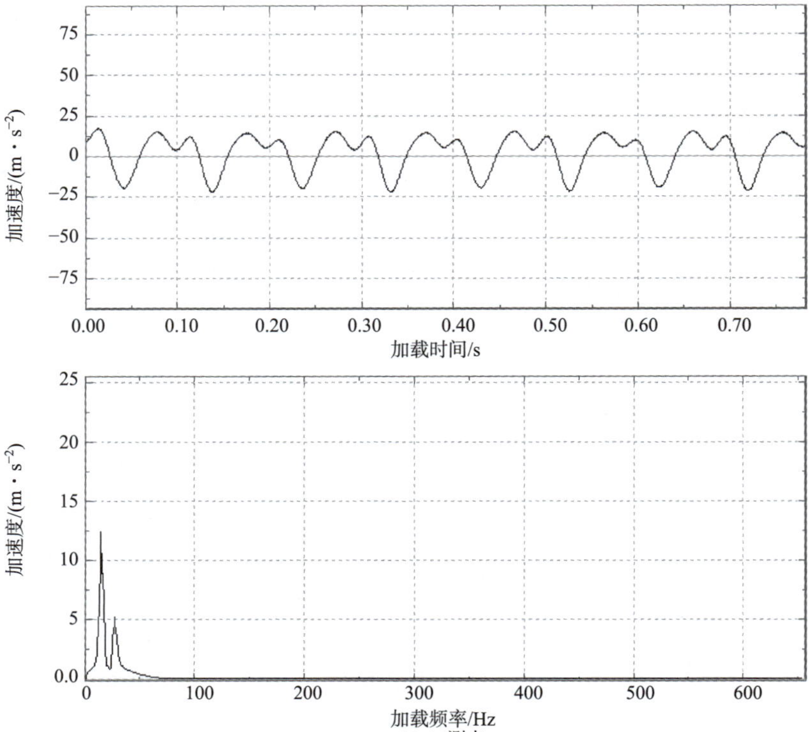

(e) A5测点

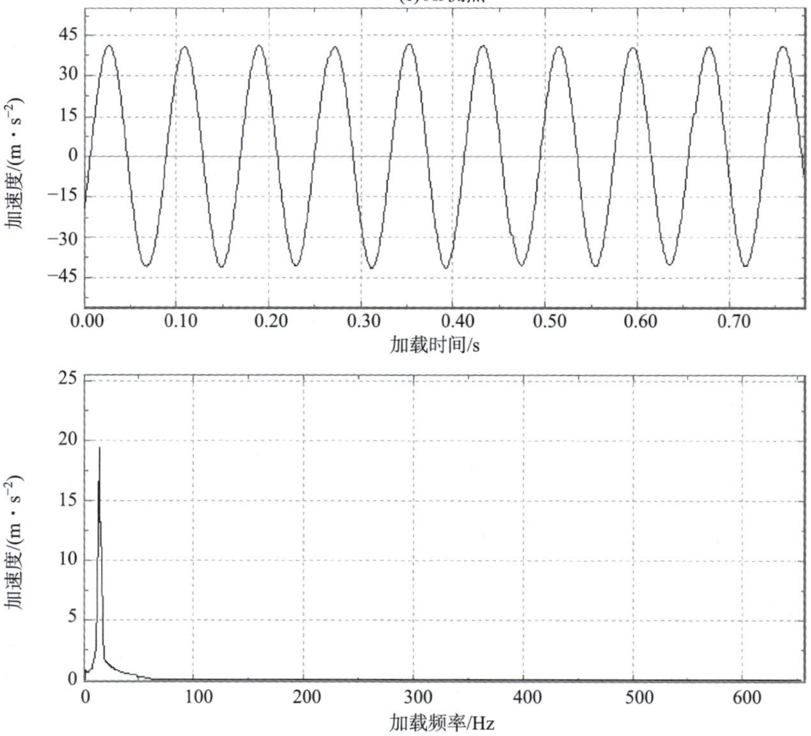

(f) A6测点

图 4-25　250 km/h 车速下的加速度时程-频率分布

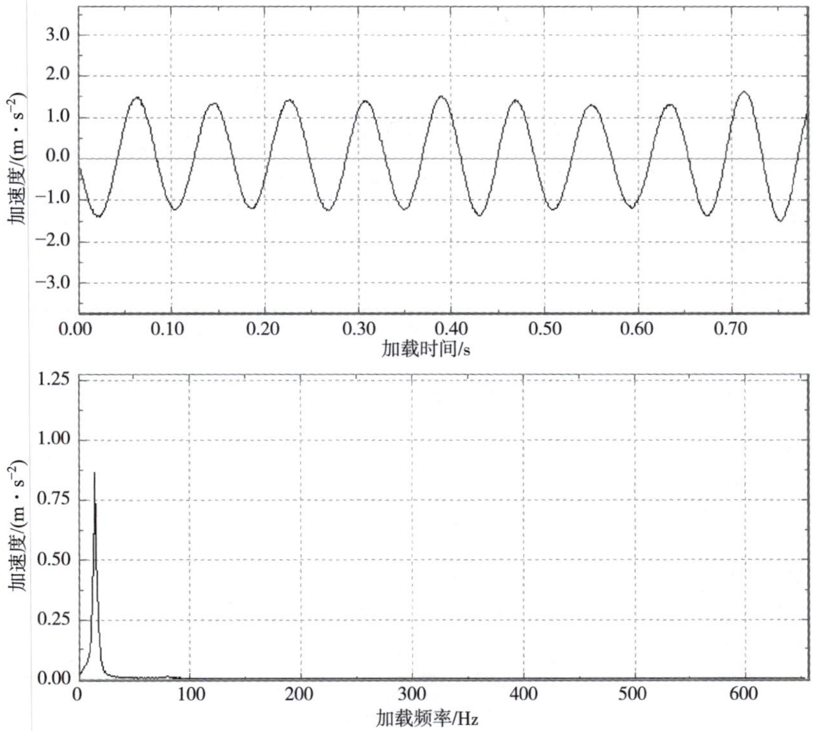

(a) A1测点

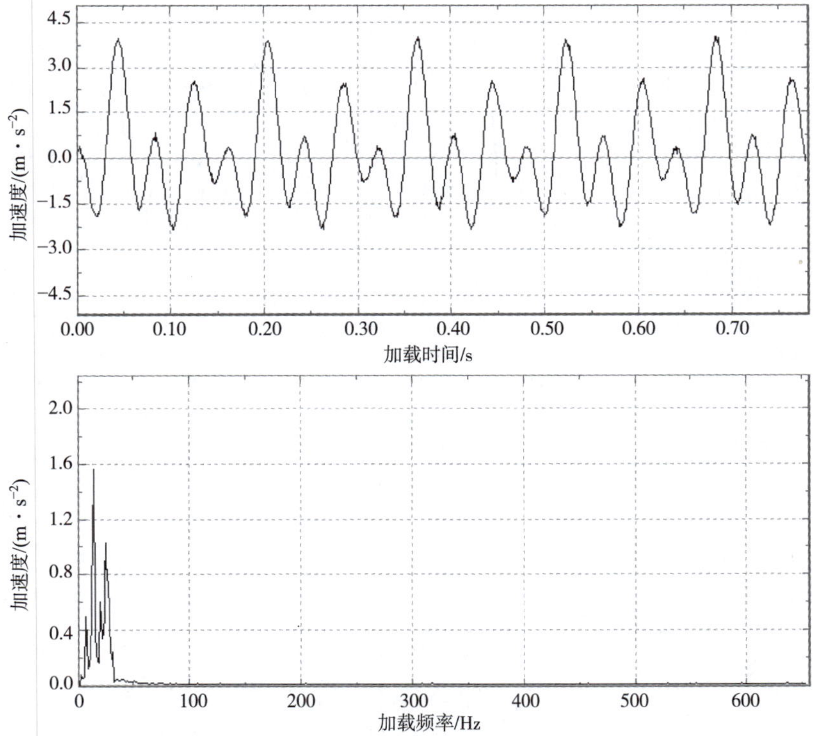

(b) A2测点

图　4-26

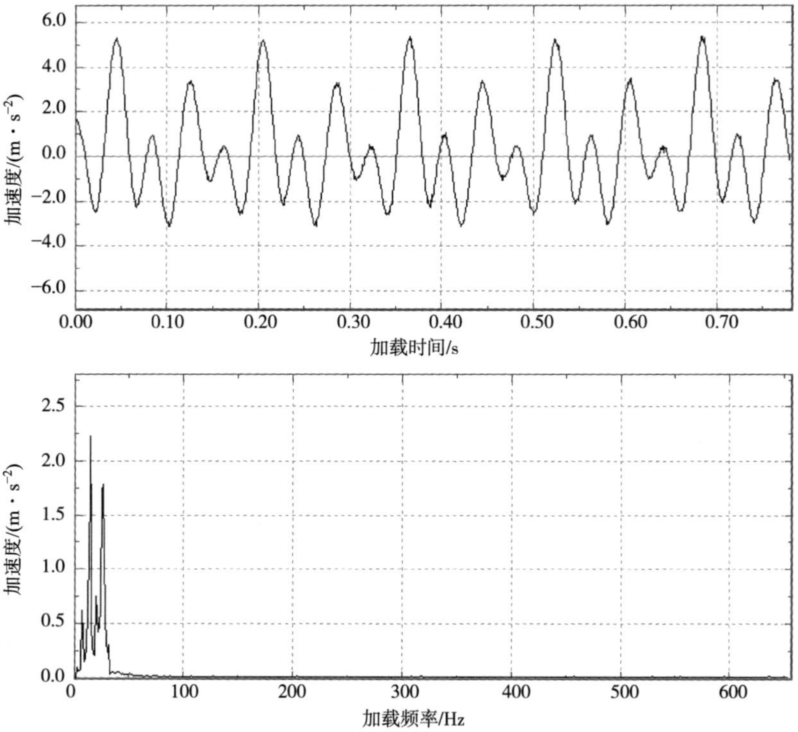

(c) A3测点

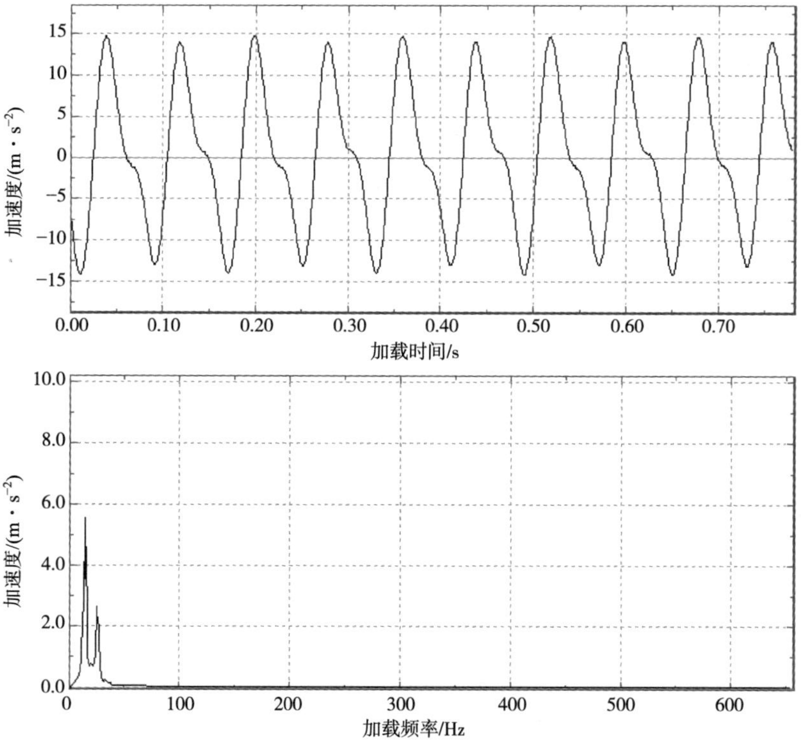

(d) A4测点

图 4-26

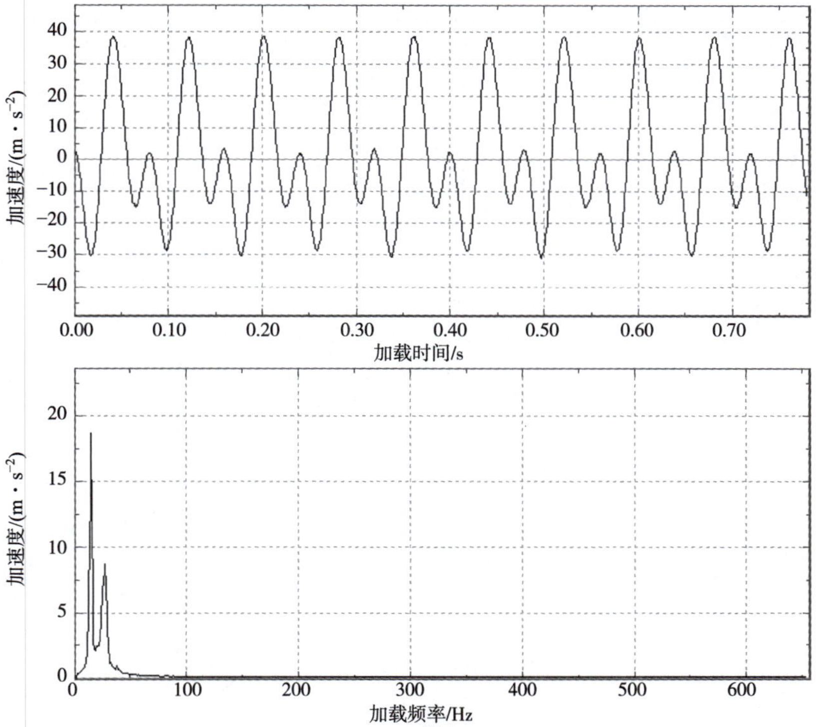

(e) A5测点

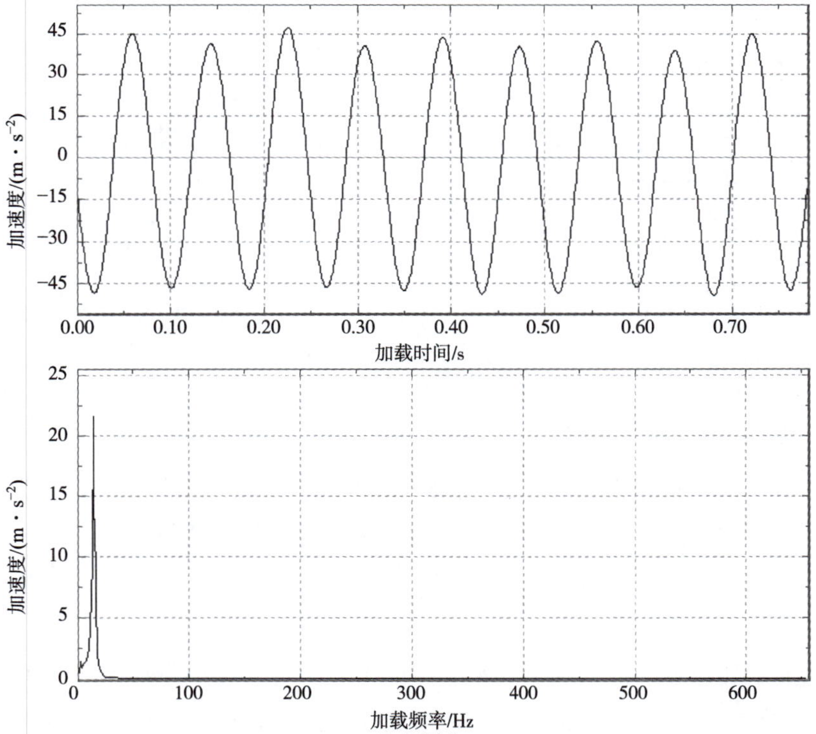

(f) A6测点

图 4-26　300 km/h 车速下的加速度时程-频率分布

表 4-11　加速度峰值统计结果　　m/s²

测点位置	统计项目	200 km/h	250 km/h	300 km/h
钢轨上(A6)	平均值	13.68	17.9	20.82
	衰减系数	1.00	1.00	1.00
轨道板上(A5)	平均值	6.3	11.7	15.56
	衰减系数	0.46	0.65	0.75
仰拱上(A4)	平均值	2.75	4.36	5.08
	衰减系数	0.20	0.24	0.24
仰拱底以下 0.8 m 基岩(A3)	平均值	1.81	1.85	2.47
	衰减系数	0.13	0.10	0.12
仰拱底以下 2 m 基岩(A2)	平均值	0.55	0.68	1.57
	衰减系数	0.04	0.04	0.08
仰拱底以下 4 m 基岩(A1)	平均值	0.24	0.41	0.93
	衰减系数	0.02	0.02	0.04

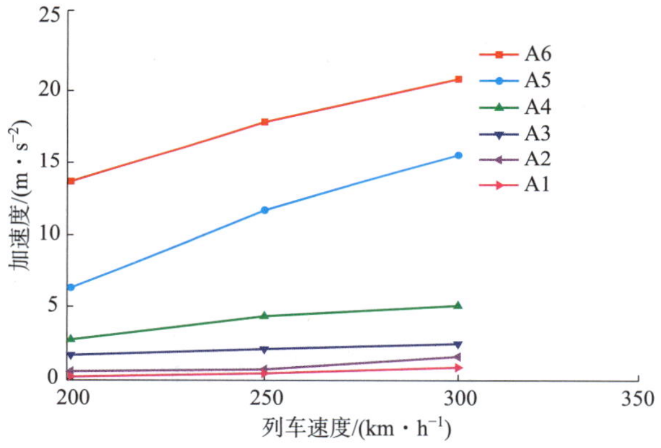

图 4-27　加速度与列车速度之间的关系

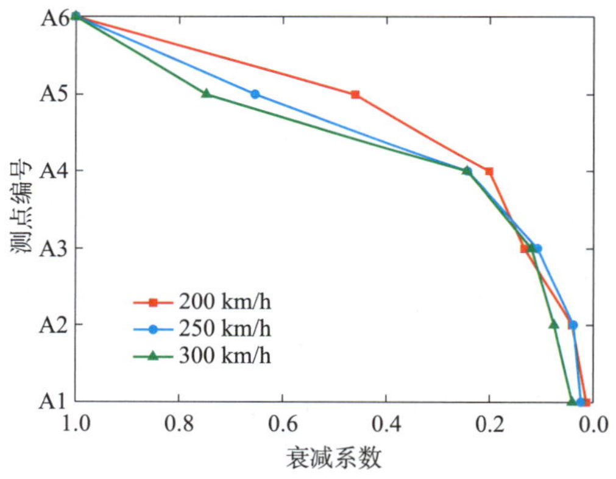

图 4-28　加速度衰减趋势

分析表 4-11 及图 4-24～图 4-28 可知：

(1)加速度测试数据离散性较大，有的变异系数高达 0.33，但各工况下的统计结果具有一致的规律性；从加速度时程曲线来看，各测点的加速度响应为正弦波输出，与输入激励波形一致；从加速度频率分布来看，200、250 和 300 km/h 三种车速下各测点加速度的主频率分别为 8.26、10.35 和 12.48 Hz，与加载频率 8.3、10.4 和 12.5 Hz 一一对应。根据强迫振动理论可断定，采集的数据是可靠的。

(2)各测点的加速度峰值均随着列车速度的提高而增大，但不同位置测点的加速度随列车速度的增长趋势不一样，其中钢轨和轨道板加速度的增长趋势大致相同，仰拱加速度增长幅度相对较小，隧道基岩中各测点加速度的增长趋势基本相同。对比第 3 章的数值计算结果，试验测得的仰拱加速度随车速的变化趋势与计算结果基本吻合，只是计算得到的加速度随车速的变化程度要大一些。

(3)在三种行车速度下，加速度由上至下的总体衰减规律比较接近，轨道板加速度的平均衰减系数约 0.62，仰拱加速度的平均衰减系数约 0.23，仰拱底以下 4 m 基岩加速度的平均衰减系数只有 0.05，可见加速度衰减非常之快。

(4)试验测得的 200、250 和 300 km/h 三种车速下的仰拱加速度峰值($A4$)分别为 2.75、4.36 和 5.08 m/s^2，第 3 章的数值计算结果分别为 5.68、6.83 和 8.37 m/s^2，计算结果较试验结果大，但加速度的总体变化规律两者结果是一致的。造成数值计算结果偏大的主要原因是由于数值计算中考虑了轨道不平顺等影响因素，而模型试验只考虑了列车轮对通过时的加、卸载效应。

李德武等[47]在金家岩铁路隧道进行现场测试后，测得的隧道底部加速度峰值约 5.7 m/s^2，测试车速为 50 km/h；而王祥秋等[163]在京广线朱亭隧道进行现场测试，测得的加速度峰值只有 0.1 m/s^2，测试车速为 90 km/h。这说明列车振动荷载作用下隧道结构振动加速度峰值除与列车速度有关外，还与其他众多因素相关，如轨道平顺度、车辆参数、车轮圆顺度等。由于客观条件的限制，试验中未考虑轨道平顺度、车轮圆顺度等影响因素，因此试验结果与实际振动测试结果存在偏差，但这并不影响对振动传递、衰减规律以及列车速度对结构振动响应的影响研究。

4.4.2　仰拱动应力

动载作用下，仰拱顶部竖向压力、仰拱底部环向应力和纵向应力峰值统计结果见表 4-12～表 4-14(表中测点编号见图 4-10)；仰拱顶部竖向压力、仰拱底部环向应力和纵向(即沿隧道轴线方向)应力峰值分布及其与列车速度的关系如图 4-29～图 4-34 所示。

表 4-12　动载作用下仰拱顶部竖向压力峰值　kPa

列车速度	测点编号				
	P5	P6	P7	P8	P9
200 km/h	56.6	122.6	116.5	92.7	110.4
250 km/h	62.8	139.5	145.3	107.4	129.9
300 km/h	69.7	149.2	141.5	112.5	125.3

表 4-13　动载作用下仰拱底部环向应力峰值　kPa

列车速度	测点编号			
	SW1	SW2	SW3	SW4
200 km/h	49.6	146.7	135.6	94.4
250 km/h	63.5	173.7	165.3	116.6
300 km/h	59.0	166.2	174.5	118.9

表 4-14　动载作用下仰拱底部纵向应力峰值　　kPa

列车速度	测点编号			
	SZ1	SZ2	SZ3	SZ4
200 km/h	4.9	50.7	38.5	52.4
250 km/h	−0.5	47.2	45.3	54.5
300 km/h	0.6	52.5	45.0	53.7

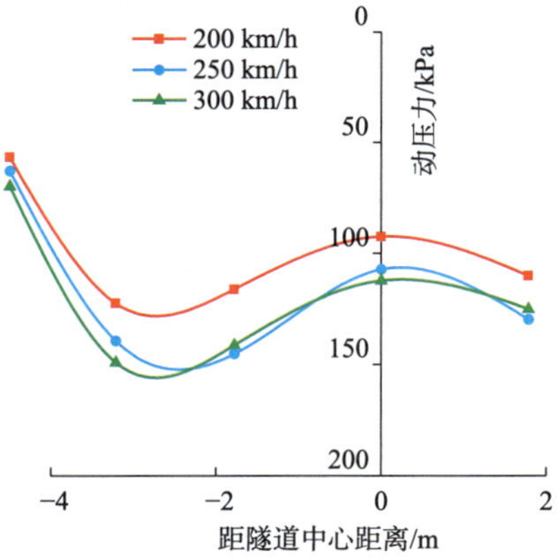

图 4-29　仰拱顶部竖向动压力分布

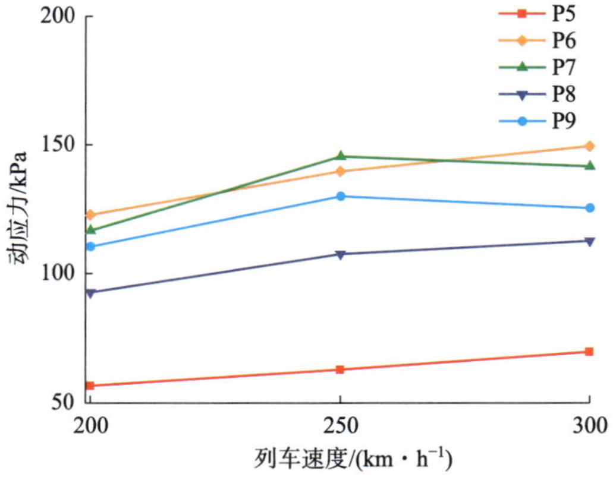

图 4-30　竖向动压力与车速的关系

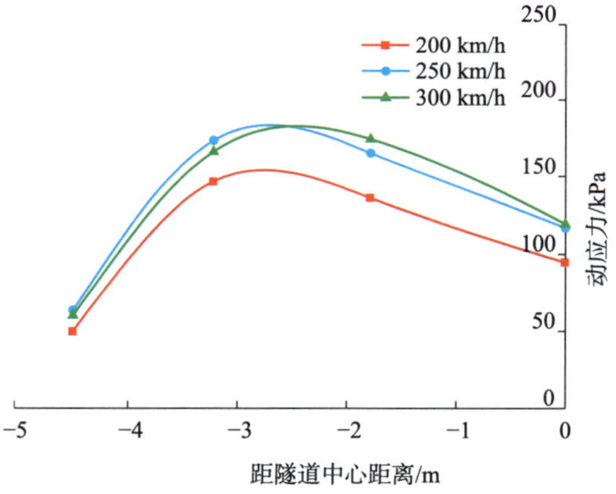

图 4-31　仰拱底部环向动应力分布

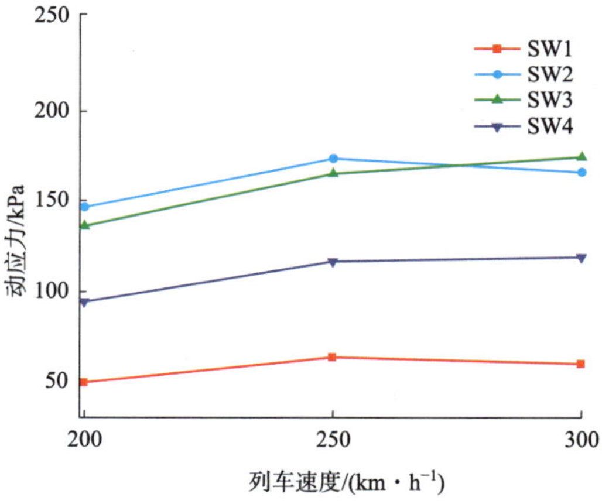

图 4-32　环向动应力与车速的关系

分析表 4-12～表 4-14 及图 4-29～4-34 可知：

(1)动应力峰值离散性较大，但各工况的统计结果仍具有较好的规律性。

(2)动载作用下，仰拱顶部竖向动压力以及环向动应力的分布规律与静载作用下的分布规律相似，但不同部位的应力差异要比静载时更为明显；动载作用下，仰拱竖向最大压力和环向最大拉应力均出现在钢轨正下方的位置；仰拱各测点的环向动应力峰值均为正，也即环

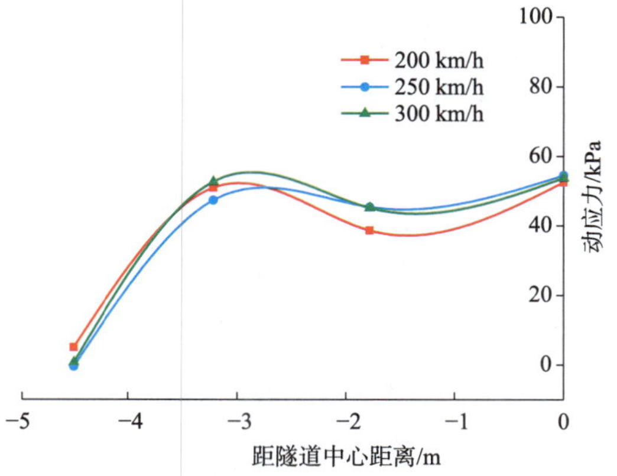

图 4-33　仰拱纵向动应力分布

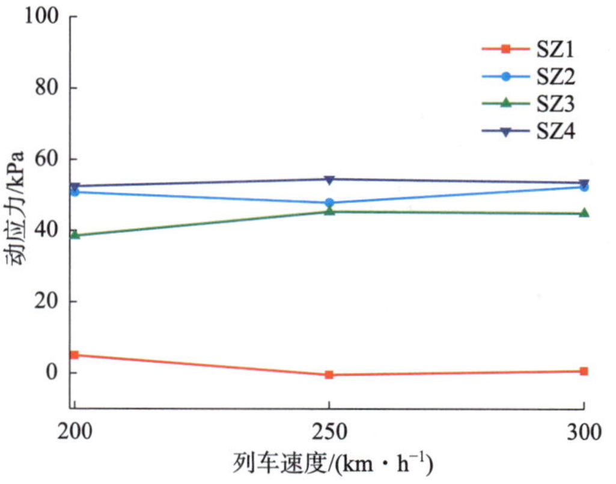

图 4-34　纵向动应力与车速的关系

向动应力峰值均为拉应力，而且各部位的环向动应力峰值要比同部位的纵向动应力峰值大。

(3)仰拱顶部竖向动压力和环向动应力峰值均随着列车速度的提高而增大，且竖向压压力与环向应力随列车速度的增长趋势大致相同，纵向动应力随列车速度的变化相对不明显。在 200、250 和 300 km/h 加载条件下，钢轨正下方的竖向压压力峰值平均为 119.6、142.4 和 145.4 kPa，相对于静载时分别增长了 37.3%、63.4%和 67.0%；环向拉应力峰值平均为 141.2、169.5 和 170.4 kPa，相对于静载时分别增长了 45.1%、74.2%和 75.1%，可见振动荷载对仰拱的冲击作用明显。

4.4.3　动力系数

对于承受动载的建筑结构或构件，设计中大多采用动力系数来考虑动载的影响，即将等量静荷载乘以某个大于 1 的系数来反映动载的放大效应。当结构动力系数具有充分的依据时，这种静力计算方法是非常简便、实用的。

列车在轨道上运行时，由于轮轨之间的动力作用，在垂直方向上必然对轨道及轨下基础产生一种附加动力的影响，动力系数反映的即是这种附加动力的影响。在《铁路桥涵设计规范》(TB 10002—2017)中[164]，动力系数$(1+\mu)$定义为列车在桥梁上运行时桥梁因列车荷载竖向作用产生的最大响应 s_{dy} 与列车在桥上静止时桥梁因列车荷载竖向作用产生的最大响应 s_{st} 之比，也就是 s_{dy} 相对于 s_{st} 的增长率，并且与列车竖向动力荷载 P_{dy}、列车竖向静载 P_{st} 存在如下近似关系：

$$1+\mu=\frac{s_{dy}}{s_{st}}\approx\frac{P_{dy}}{P_{st}} \tag{4-5}$$

《铁路隧道设计规范》(TB 10003—2016)规定[142]：铁路列车活载及公路车辆活载应按国家现行相关规范的规定计算。虽然《铁路桥涵设计规范》(TB 10002—2017)明确给出了桥涵动力系数的具体计算公式，但这些计算公式因桥梁跨长的不同而异，不能照搬到隧道结构上。因此，有必要对隧道结构动力系数进行分析。

根据结构动力学理论，动力系数$(1+\mu)$可按下式进行计算（图4-35）：

$$1+\mu=\frac{\varepsilon_{dmax}}{\varepsilon_j}=\frac{\sigma_{dmax}}{\sigma_j} \tag{4-6}$$

式中 ε_{dmax}——动应变峰值；

ε_j——静态应变；

σ_{dmax}——动应力峰值；

σ_j——静态应力。

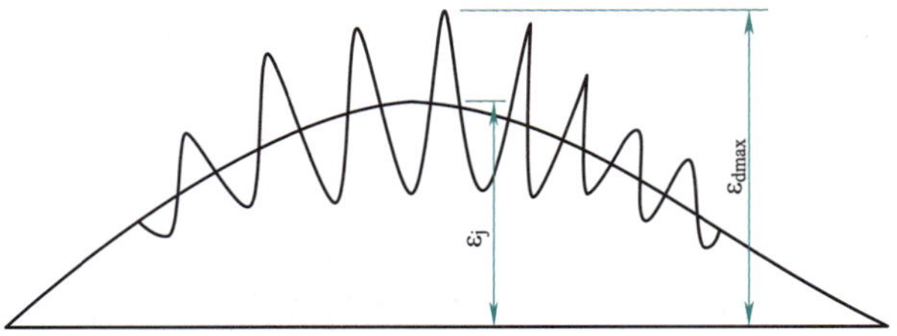

图4-35 动应变

由此得到仰拱各测点的动力系数，见表4-15～表4-17。

表4-15 动载作用下仰拱竖向压力动力系数

列车速度/(km·h^{-1})	各测点动力系数				
	P5	P6	P7	P8	P9
200	1.228	1.365	1.380	1.377	1.516
250	1.362	1.553	1.722	1.596	1.784
300	1.512	1.661	1.677	1.672	1.721

表4-16 动载作用下仰拱环向应力动力系数

列车速度/(km·h^{-1})	各测点动力系数			
	SW1	SW2	SW3	SW4
200	0.809	1.552	1.355	1.293
250	1.036	1.838	1.651	1.597
300	0.962	1.759	1.743	1.629

表4-17 动载作用下仰拱纵向应力动力系数

列车速度/(km·h^{-1})	各测点动力系数			
	SZ1	SZ2	SZ3	SZ4
200	7.000	1.093	0.948	1.050
250	−0.714	1.017	1.116	1.092
300	0.886	1.131	1.108	1.076

分析表 4-15～表 4-17 可知：

(1)除端部测点(SZ1、SW1)异常外，其他测点的动力系数一般都在 1.0～2.0 之间变化；从每种工况的动力系数分布来看，仰拱各测点的动力系数相差不大。

(2)仰拱动力系数存在方向性，即动载作用下，仰拱各向应力的放大程度不同。试验结果表明，竖向列车荷载作用下，仰拱环向应力动力系数明显较纵向应力动力系数大；作用于仰拱上的竖向压力的动力系数与仰拱环向应力的动力系数相近，这与式(4-5)相吻合。

(3)200、250 和 300 km/h 三种车速下，剔除端部异常点后的仰拱环向应力的动力系数平均分别为 1.41、1.54 和 1.72；仰拱纵向应力的动力系数平均分别为 1.07、1.08 和 1.11；仰拱各向动力系数总体上随着列车速度的提高而增大。

(4)《铁路工程设计技术手册　轨道》[165]在进行轨道及轨下基础强度设计时，采用下式计算列车动载：

$$R_d = R(1+\alpha+\beta) \tag{4-7}$$

式中　R_d——作用于轨枕上的动压力；

R——作用于轨枕上的静压力；

α——速度系数；

β——列车通过曲线地段时，由超高引起的附加应力偏载系数。

对于轨枕、道床及路基面，速度系数的计算公式为

$$\alpha = \begin{cases} \dfrac{0.6v}{100} & (\text{蒸汽机车}) \\ \dfrac{0.3v}{100} & (\text{内燃机车}) \\ \dfrac{0.45v}{100} & (\text{电力机车}) \end{cases} \tag{4-8}$$

式中　v——行车速度，km/h。

对比式(4-5)和式(4-7)，式(4-5)定义的动力系数$(1+\mu)$与式(4-7)中的荷载放大系数$(1+\alpha+\beta)$等同。模型试验中没有偏载，即 $\beta=0$，高速列车属于电力机车，速度系数按式(4-8)第 3 项计算。当列车速度分别为 200、250 和 300 km/h 时，计算出的动力系数分别为 1.90、2.13 和 2.35，比相应的试验平均值分别大 0.49、0.59 和 0.63 左右，这说明采用《铁路工程设计技术手册　轨道》中的列车荷载放大系数计算公式计算仰拱顶部竖向压力的放大效果或者仰拱的动力系数并不合适，这有可能夸大了列车速度的影响，特别是当列车速度较高时，这种偏差越大。因此，根据试验结果，建议对高速铁路隧道底部结构的速度系数做如下修正：

$$\alpha_{\text{修正}} = \frac{0.24v}{100} \tag{4-9}$$

当然，影响隧道结构“动力系数”的因素有很多，如隧道结构形式和跨径、围岩条件、线路

平顺度、车辆类型等，这些因素是相互作用的。动力系数实际上是各种影响因素的综合反映。虽然以上采用模型试验的研究方法对高速铁路隧道底部结构的动力系数进行了研究，并对速度影响系数做了修正，但简化的模型试验与实际情况可能存在一定差距，修正的高速铁路隧道底部结构的速度影响系数还需以大量的现场测试为依据进行检验。

4.4.4 隧底基岩动压力

当列车振动荷载由上至下传递时，与仰拱接触的岩体质点受到竖向动力作用而被压缩或挤压，产生扰动，而先行扰动的土体又将带动其下部相邻土体振动，由此便在基岩中产生了压力波，基岩动压力(即动应力)便是压力波传播的结果。

动载作用下，仰拱各层基岩动压力峰值统计结果见表 4-18；各层基岩动压力与列车速度的关系如图 4-36 所示；不同列车速度下，基岩动土力由上至下的衰减规律如图 4-37 所示。

表 4-18 动载作用下基岩动压力峰值 kPa

列车速度/(km·h^{-1})	测点编号			
	P4	P3	P2	P1
200	52.3	37.8	24.1	19.9
250	63.0	43.3	27.5	21.0
300	66.2	47.8	26.1	19.4

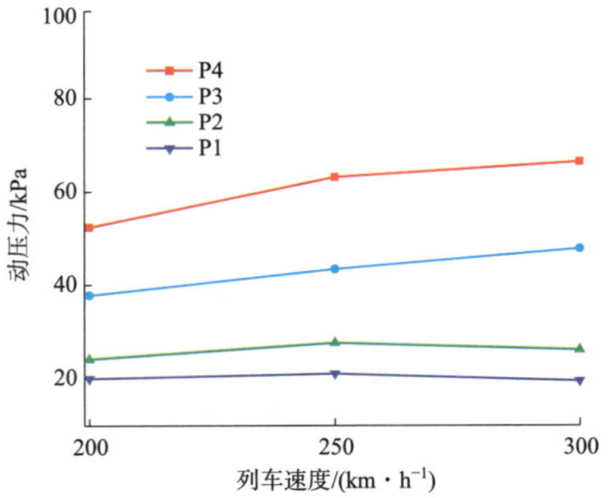

图 4-36 地基土动压力与列车速度的关系

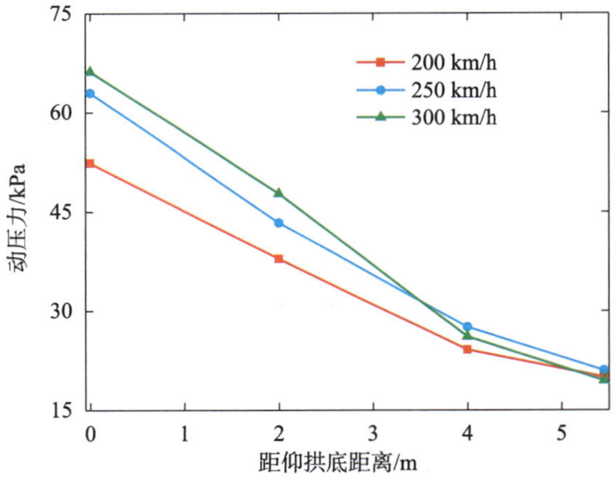

图 4-37 地基土动压力衰减趋势

分析表 4-18、图 4-36、图 4-37 可知：

(1)隧底各层基岩的动压力峰值存在一定离散性，最大变异系数为 0.37，但测试数据统计结果仍具有较好规律性。

(2)不同行车速度下，隧底基岩动压力由上至下的衰减趋势相同；若以仰拱底部测点

(P4)为基准，则在仰拱底以下 2 m 处，基岩动压力峰值大约衰减了 28.9%；在仰拱底以下 4 m 处，基岩动压力峰值大约衰减了 56.9%；在仰拱底以下 5.45 m 处，基岩动压力峰值大约衰减了 66.4%。可见，基岩动压力峰值随埋深衰减较快，这也说明列车动载只会对仰拱底部以下有限范围的基岩产生较大影响。同静力时的衰减情况相比，基岩动压力随埋深衰减得更快，这可能是由于动载作用下，下部基岩层来不及对上部荷载做出同步反应所致。

(3)各层基岩的动压力峰值基本上随着列车速度的提高而增大，而且离振源越近，动压力增长越明显；距离仰拱底 4 m 及以下基岩的动压力受列车速度的影响较小。

(4)为进一步说明应力波在隧底基岩中的影响范围和影响程度，将基岩动压力与离隧道仰拱底距离进行回归分析。经回归分析，基岩动压力与离隧道仰拱底的距离存在如下指数关系：

$$\sigma=\begin{cases}52.721e^{(-0.1831h)} & (v=200\ \text{km/h},R^2=0.9921)\\ 63.670e^{(-0.2048h)} & (v=250\ \text{km/h},R^2=0.9984)\\ 69.385e^{(-0.2335h)} & (v=300\ \text{km/h},R^2=0.9861)\end{cases} \tag{4-10}$$

式中　σ——基岩动压力，kPa；

h——测点离仰拱底的距离，m。

三种车速下的回归相关系数都在 0.98 以上，表明基岩动压力和距隧道仰拱底距离两者之间存在很好的相关性，拟合方程较为合理。根据回归方程，当仰拱下卧基岩距离仰拱底埋深为 8 m 时，三种车速下的地基动压力均小于 13 kPa；当埋深大于 15 m 时，基岩动压力接近于零。从基岩压力绝对值角度来看，动载对基底围岩的影响范围略大。对比各层基岩静、动压力值，距离仰拱底 4 m 和 5.45 m 的基岩动压力比静载时分别只增加了 9.7%和 8.1%，可见，列车动载对距仰拱底 5.5 m 以内的基岩层影响相对较大。

4.5　循环动载试验结果与分析

循环动载试验主要考察轨道板沉降位移、仰拱环向应变及动力系数随振动作用次数的变化规律，以及它们之间的变化规律与加载频率(即列车速度)的相关性。试验具体操作过程为：每隔一定振动次数，首先通过动态应变仪对动载作用下的仰拱环向应变进行采集，然后将荷载固定在振动荷载峰值，持载 5 min 后通过静态应变仪对静载作用下的仰拱环向静应变进行采集，同时记录轨道板的沉降位移。

4.5.1　动应变与振动次数的关系

不同振动次数下测得的仰拱环向静、动应变见表 4-19～表 4-21(连续加载过程中，部分测点的应变片出现异常或破坏，以下数据为部分试验的统计结果)；不同荷载作用频率(即不同车速)下，各监测点的动应变峰值随振动次数的变化规律如图 4-38 所示。

表 4-19　200 km/h 车速下不同振动次数测得的仰拱环向应变

振动次数/万次	动应变/10^{-6}				静应变/10^{-6}		
	SW1	SW2	SW3	SW4	SW5	SW6	SW7
0	1.7	4.7	4.3	2.9	4.4	4.5	2.1
5	2.3	5.5	4.8	3.1	4.6	5.1	1.8
10	−0.9	7.1	5.9	2.7	5.1	5.5	2.4
30	2.0	6.3	6.8	4.0	5.7	6.9	1.9
50	2.6	8.1	7.2	4.4	5.9	6.3	2.2
70	2.1	9.1	7.6	5.2	7.2	6.4	2.5
120	3.0	9.6	8.3	5.8	5.8	6.2	1.3
150	3.2	8.8	7.9	6.4	5.1	5.1	2.4
200	3.6	10.4	8.6	5.5	7.0	6.5	2.8
250	3.1	9.8	9.0	6.3	5.8	5.4	2.9
300	3.5	10.7	9.5	6.7	4.8	6.9	2.5
350	3.8	11.0	9.9	5.4	5.4	6.5	2.8
400	3.1	9.6	10.2	6.8	6.5	4.4	2.5
450	3.4	10.8	9.9	7.0	5.2	5.9	2.0
500	3.4	11.2	10.3	6.7	5.3	5.6	2.2

表 4-20　250 km/h 车速下不同振动次数测得的仰拱环向应变

振动次数/万次	动应变/10^{-6}				静应变/10^{-6}		
	SW1	SW2	SW3	SW4	SW5	SW6	SW7
0	2.2	5.4	5.2	3.6	4.6	5.1	1.8
5	2.5	6.1	5.6	4.2	5.3	5.9	2.3
10	2.9	6.7	5.3	4.9	4.2	6.4	2.1
30	3.3	8.0	6.1	4.4	6.0	6.2	3.5
50	2.9	8.8	7.2	5.7	6.1	5.7	2.6
70	3.4	8.5	6.9	6.2	5.0	7.2	2.7
120	2.5	9.9	8.7	5.2	5.4	6.9	4.0
150	3.2	11.8	9.4	6.7	6.4	7.1	2.4
200	3.5	12.2	9.7	6.6	7.2	6.8	3.3
250	4.0	11.9	10.9	6.1	6.3	4.9	2.9
300	3.5	13.0	11.5	6.3	6.1	6.9	2.2
350	3.9	12.5	10.2	7.0	4.8	6.5	2.7
400	4.1	13.1	11.8	7.6	7.0	6.3	2.6
450	4.1	13.0	12.1	7.4	6.8	6.6	2.8
500	3.9	13.4	12.3	7.7	6.6	6.1	2.3

表 4-21　300 km/h 车速下不同振动次数测得的仰拱环向应变

振动次数/万次	动应变/10^{-6}				静应变/10^{-6}		
	SW1	SW2	SW3	SW4	SW5	SW6	SW7
0	2.0	5.5	5.6	3.5	4.9	4.2	1.6
5	2.4	6.8	6.4	3.9	6.0	7.2	2.1
10	1.6	7.4	6.7	4.1	5.9	5.4	3.0
30	2.7	8.2	7.3	4.7	6.0	6.9	2.6
50	3.2	9.8	7.8	5.4	6.1	6.2	2.8
70	3.5	10.6	8.9	5.8	6.1	7.2	2.1
120	3.7	11.9	9.5	6.3	6.8	6.7	4.9
150	3.1	13.3	8.6	6.1	5.5	9.6	2.4
200	4.4	12.9	11.3	6.8	4.6	7.1	3.3
250	3.9	13.1	12	7.1	8.1	6.8	2.5
300	4.2	13.9	11.7	6.4	6.2	5.8	3.3
350	4.5	14.2	13.1	7.3	7.3	7.2	2.8
400	4.0	15.2	12.9	7.5	6.4	8.0	2.3
450	4.4	14.5	13.8	7.9	7.3	6.4	2.7
500	4.6	14.9	13.6	8.1	6.9	7.2	2.6

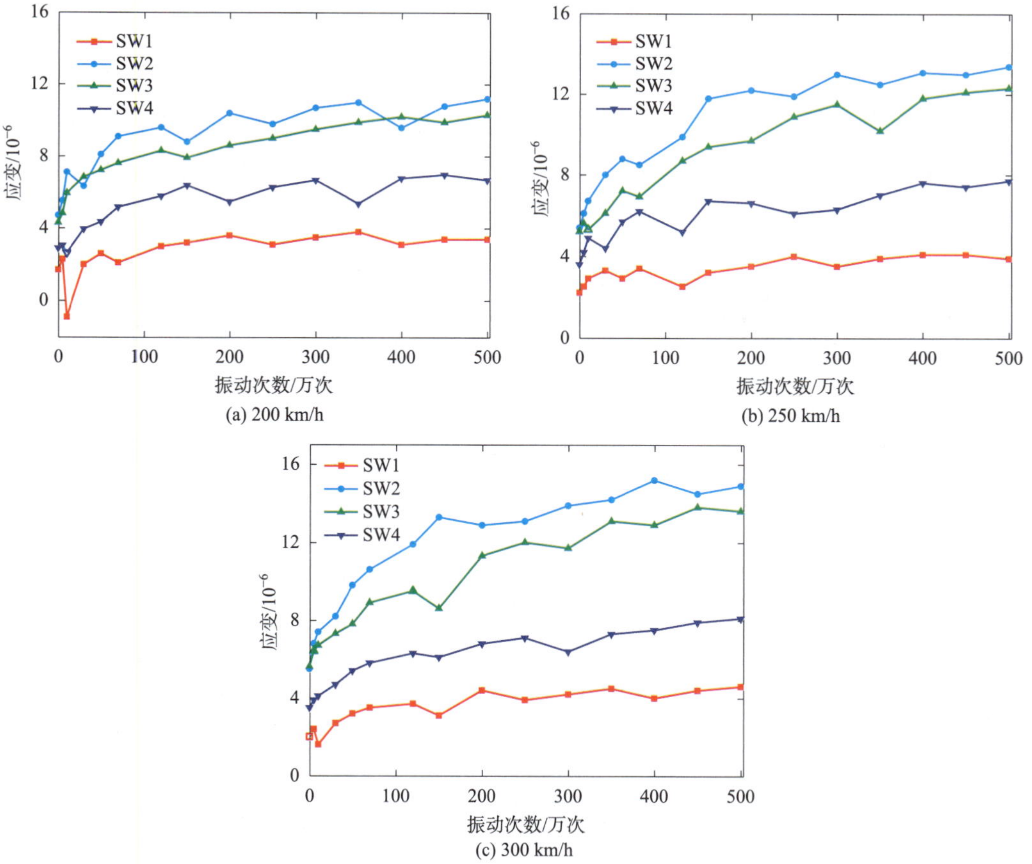

图 4-38　动应变随振动次数变化趋势

分析表 4-19～表 4-21 和图 4-38 可知：

(1)三种荷载作用频率(即列车速度)下，仰拱环向动应变具有相似的分布规律和变化趋势。

(2)仰拱环向动应变总体上随振动作用次数而逐渐增大；动应变在前 350 万次振动中的变化速率相对较大，随后的变化速率相对较小。经回归分析，仰拱各测点动应变均值动与振动作用次数 n 大致存在如下对数关系：

$$\varepsilon_{动}=\begin{cases}0.9578\ln n+1.8691 & (v=200\ \text{km/h},R^2=0.9719)\\ 1.0879\ln n+2.2005 & (v=250\ \text{km/h},R^2=0.9338)\\ 1.2765\ln n+1.9835 & (v=300\ \text{km/h},R^2=0.9523)\end{cases} \tag{4-11}$$

(3)从总体上看，仰拱动应变随荷载作用频率(列车速度)的提高而增大。在振动作用初期(前 150 万次振动左右)，荷载作用频率(即列车速度)对仰拱动应变的影响不明显，随着振动次数继续增加，荷载作用频率对仰拱动应变的影响逐渐显著，在振动约 350 万次后，仰拱各测点的动应变基本上与荷载频率呈线性增长关系。这意味着，随着振动次数的增加，仰拱的微观结构组织及力学性能(如强度、弹性模量)已慢慢发生改变，列车速度对结构动力响应的不利影响有逐步放大的趋势。

4.5.2 动力系数与振动次数的关系

利用结构和荷载的对称性，根据式(4-6)可近似得到仰拱各监测点的动力系数，其统计结果见表 4-22；不同荷载作用频率(即不同车速)下，各测点的动力系数随振动次数的变化规律如图 4-39 所示。

表 4-22 不同振动次数下的仰拱环向动力系数

振动次数/万次	200 km/h			250 km/h			300 km/h		
	SW1	SW2	SW3	SW1	SW2	SW3	SW1	SW2	SW3
0	0.81	1.04	0.98	1.22	1.06	1.13	1.25	1.31	1.14
5	1.28	1.08	1.04	1.09	1.03	1.06	1.14	0.94	1.07
10	−0.38	1.29	1.16	1.38	1.05	1.27	0.54	1.36	1.13
30	1.05	0.91	1.19	0.94	1.29	1.01	1.03	1.18	1.21
50	1.2	1.28	1.23	1.13	1.54	1.19	1.14	1.58	1.27
70	0.84	1.42	1.06	1.26	1.18	1.38	1.64	1.47	1.46
120	2.34	1.55	1.44	0.62	1.43	1.61	0.75	1.78	1.39
150	1.35	1.72	1.54	1.33	1.66	1.47	1.27	1.39	1.56
200	1.28	1.61	1.22	1.05	1.79	1.35	1.34	1.82	2.44
250	1.07	1.82	1.54	1.37	2.42	1.73	1.55	1.93	1.49
300	1.41	1.56	1.97	1.57	1.88	1.88	1.29	2.41	1.88
350	1.34	1.69	1.85	1.44	1.91	2.14	1.62	1.98	1.79

续上表

振动次数/万次	200 km/h			250 km/h			300 km/h		
	SW1	SW2	SW3	SW1	SW2	SW3	SW1	SW2	SW3
400	1.24	2.18	1.56	1.58	2.08	1.69	1.72	1.89	2.03
450	1.69	1.82	1.89	1.46	1.96	1.77	1.63	2.26	1.90
500	1.58	1.99	1.93	1.72	2.20	1.85	1.76	2.08	1.97

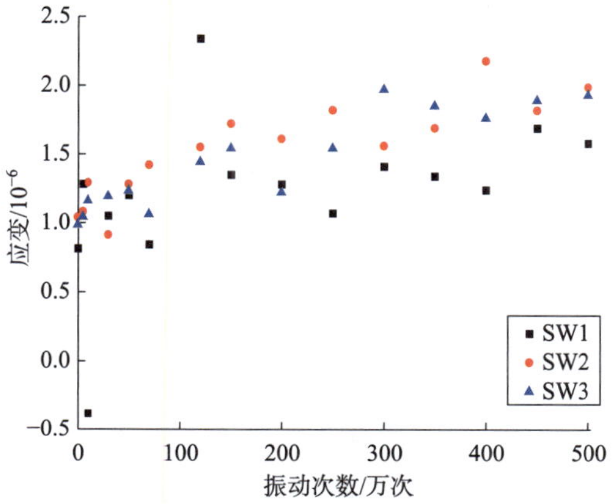

(a) 200 km/h

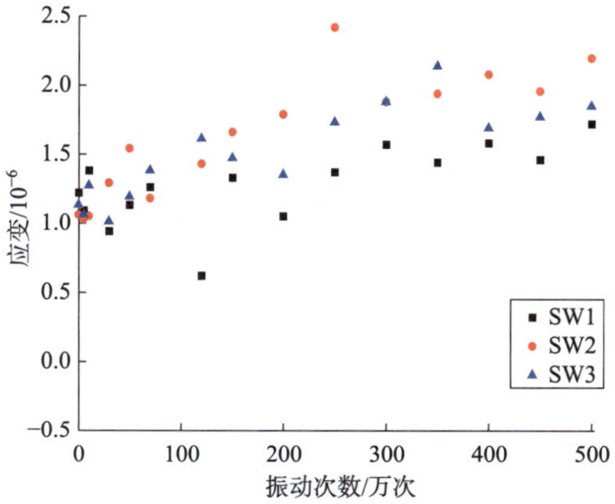

(b) 250 km/h

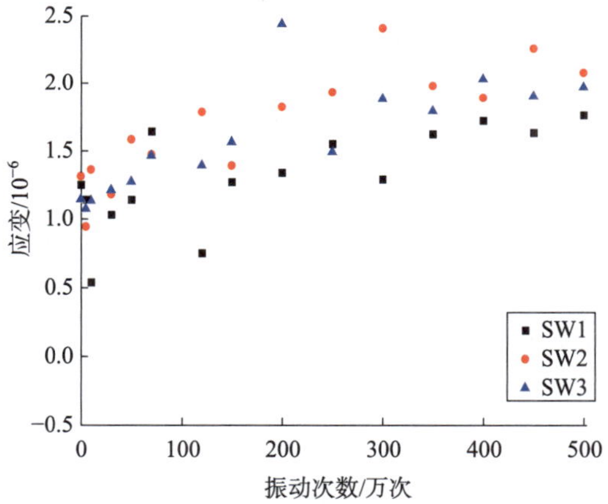

(c) 300 km/h

图 4-39　动力系数随振动次数变化趋势

分析表 4-22 和图 4-39 可知：

(1)三种荷载作用频率(即列车速度)下，仰拱动力系数的发展与分布情况基本相同；仰拱各测点动力系数大部分集中在 1.04～2.0 之间，且轨下测点(SW2、SW3)的动力系数一般比其他部位(SW1)大。

(2)仰拱各测点动力系数总体上随加载次数的增加而增大，但各测点动力系数与加载次数之间的增长关系并未表现出明显的规律性。

(3)仰拱各测点动力系数随荷载作用频率(即列车速度)的提高具有逐渐加大的趋势。但这种加大趋势在振动初期不是很明显,随着振动次数的继续增加,仰拱动力系数随荷载作用频率的加大趋势逐渐明显。

4.5.3 累积沉降与振动次数的关系

不同振动次数下量测的左、右线轨道板的累积沉降见表 4-23,不同荷载作用频率(即不同车速)下,左、右两线平均累积沉降随车速的变化关系如图 4-40 所示。

表 4-23 不同振动次数下的累积沉降位移 mm

振动次数/万次	200 km/h		250 km/h		300 km/h	
	左线	右线	左线	右线	左线	右线
0	3.10	2.93	2.80	3.16	3.31	2.97
5	4.84	4.55	4.37	4.89	5.07	4.81
10	5.98	5.76	5.66	6.01	6.33	6.18
30	6.61	6.35	6.39	6.82	7.11	6.85
50	6.92	6.74	6.95	7.36	7.79	7.48
70	7.20	6.93	7.22	7.65	8.16	7.92
120	7.33	7.08	7.43	7.84	8.45	8.16
150	7.42	7.25	7.67	8.14	8.77	8.51
200	7.52	7.28	7.85	8.22	8.96	8.73
250	7.58	7.34	7.94	8.36	9.14	8.88
300	7.64	7.41	8.07	8.46	9.31	9.04
350	7.69	7.46	8.18	8.59	9.47	9.20
400	7.74	7.50	8.27	8.66	9.58	9.33
450	7.78	7.54	8.35	8.74	9.65	9.42
500	7.82	7.56	8.40	8.80	9.73	9.51

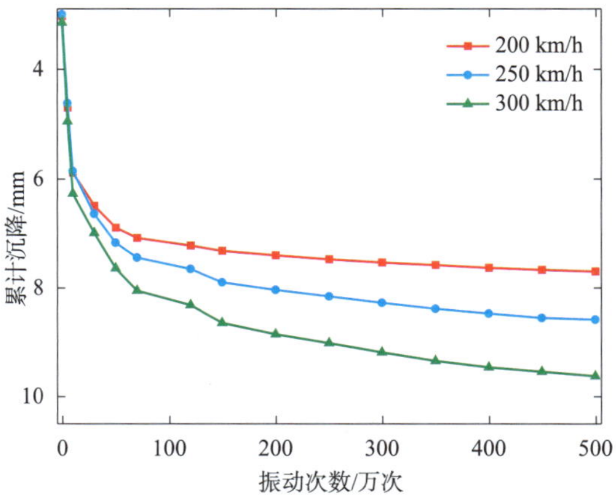

图 4-40 累积沉降随振动次数变化曲线

分析表 4-23 和图 4-40 可知：

(1)三种荷载作用频率(即列车速度)下，轨道板的沉降变化规律相同；在前 150 万次振动，特别是前 30 万次振动中，轨道板累积沉降增长速率较快，这可能是由于循环加载前构件之间尚未完全消除的不良接触经一段时间加载作用被压实所致；在后续的振动过程中，沉降仍不断累积增加，但变形速率不断减缓。

(2)剔除前面(1)分析的由不良接触引起沉降过快增长的因素，将各工况 30 万次振动之后的沉降结果进行回归，发现累积沉降与加载次数存在对数增长关系：

$$y=\begin{cases}0.3883\ln n+2.2938 & (v=200\ \text{km/h}, R^2=0.971)\\ 0.6609\ln n+1.5138 & (v=250\ \text{km/h}, R^2=0.990)\\ 0.9004\ln n+0.9205 & (v=300\ \text{km/h}, R^2=0.992)\end{cases} \tag{4-12}$$

式中　y——沉降，mm；

n——振动次数，万次。

若按单向日通行量 70 趟/天考虑，100 年振动次数约为 10 200 万次，根据式(4-10)，隧道在投入运营 100 年后，三种速度下的累积沉降将分别达到 5.8、7.6、9.2 mm。《高速铁路设计规范》规定[166]：无砟轨道路基工后沉降应满足扣件调整能力和线路竖曲线圆顺的要求。工后沉降不宜超过 15 mm；沉降比较均匀并且调整轨面高程后的竖曲线半径满足规定要求时，允许的工后沉降为 30 mm。以此作为我国高速铁路隧道内轨面沉降控制标准，试验结果表明我国高速铁路隧道轨面累积沉降是满足列车正常运行要求的。

(3)对于相同振动次数，累积沉降位移随荷载作用频率(即列车速度)的提高而增大，而且增大率随振动次数的继续增加而逐渐变大。

4.5.4　破坏裂纹

经过 500 万次反复振动，在仰拱侧面尚未发现宏观可见裂纹(由于仰拱上部被隧底填充、混凝土基础以及轨道板掩盖，无法观测仰拱上下表面及内部裂纹发展情况)，但轨道板上出现了贯穿板面的纵向裂纹，裂纹大约出现在两钢轨正下方位置，裂纹典型分布如图 4-41 所示。之后将振动荷载幅值提高到原来的 2 倍进行振动破坏试验。经过 4～11 万次的重新加载，三种工况下仰拱在钢轨正下方附近以及隧道中心位置先后均出现了不同程度的破坏裂纹，破坏裂纹是由底部向上部扩展的，而且平行于仰拱底面，仰拱侧面典型裂纹分布如图 4-42 所示。

从仰拱破坏裂纹的发生、扩展以及分布情况可以看出，在大轴重列车荷载作用下仰拱的破坏是由于受拉引起的，即首先产生的是拉破坏，因此提高仰拱抗弯拉能力是保证隧道仰拱结构使用寿命的有效措施。另一方面，破坏试验结果也反映出列车振动荷载幅值是影响隧道底部结构使用寿命的重要因素之一。

(a) 轨道板典型裂纹近照1

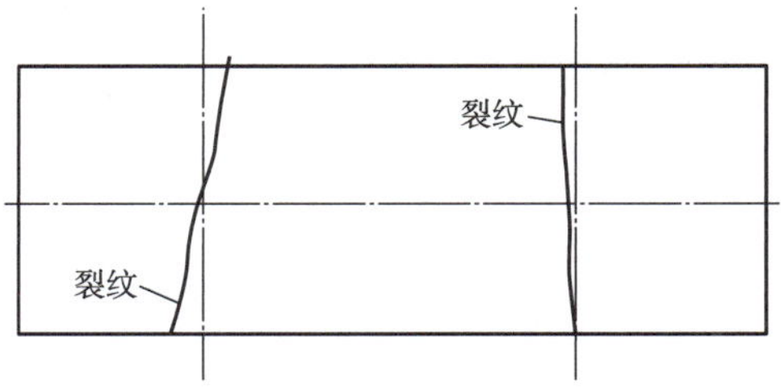

(b) 轨道板典型裂纹分布示意1

(c) 轨道板典型裂纹近照2

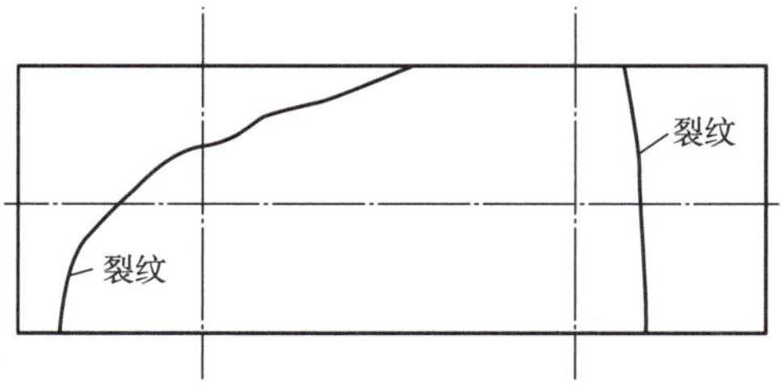

(d) 轨道板典型裂纹分布示意2

图 4-41　轨道板典型裂纹实图及分布示意

(a) 仰拱典型裂纹近照

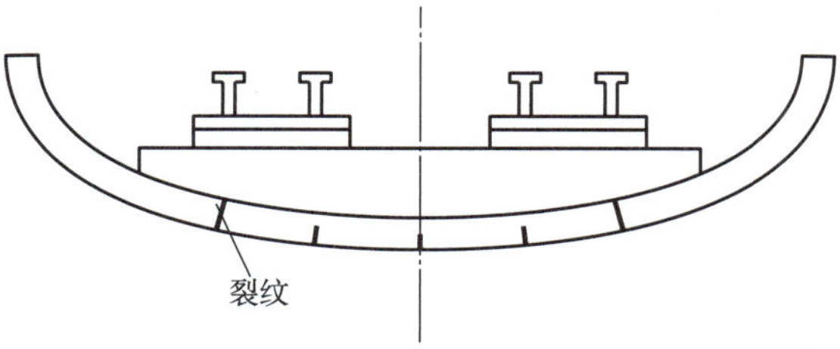

(b) 仰拱典型裂纹分布示意

图 4-42　仰拱典型裂纹实图及分布示意

针对Ⅴ级围岩条件下的双线高速铁路隧道标准断面，采用室内模型试验方法，进行了高速铁路隧道底部结构的静载、动载及疲劳试验，通过分析仰拱结构的受力特点、仰拱动应力、动应变、动力系数以及轨面累积沉降与加载频率（即车速）、加载次数之间的变化规律等试验结果，得到以下主要结论：

（1）仰拱底部的环向应力和纵向应力主要表现为拉应力，环向应力较纵向应力大；隧道基岩应力与列车轴重大致成正比关系，列车荷载对隧道基岩的影响范围大约在仰拱底以下5.5 m范围内。

（2）仰拱各部位动力系数集中于1.04～2.0，仰拱环向动力系数明显较纵向动力系数大，且各向动力系数随列车速度的提高而增大；原《铁路工程设计技术手册　轨道》中的动力系数计算公式不适于高速铁路隧道结构，它有可能夸大列车速度对隧道结构动力响应的影响，特别是当列车速度较高时，这种偏差更大。

(3)仰拱动应变、轨面累积沉降与振动作用次数大致存在对数增长关系，但在试验模拟的 20 t 轴重列车动载作用下，仰拱未出现宏观可见裂纹；在提高振动荷载幅值进行破坏试验后，仰拱在钢轨正下方附近及隧道中心位置先后出现了不同程度的由底部向上部扩展的破坏裂纹；在大轴重列车荷载作用下仰拱首先产生的是拉破坏，提高仰拱抗弯拉能力是保证隧道仰拱结构使用寿命的有效措施。

(4)列车振动荷载幅值是影响隧道底部结构服役性能的重要因素之一。

第5章 隧道基底软岩动变形特性试验

隧道底部基岩是整个隧道结构的基础，其在列车荷载长期循环加、卸载作用下的性状对隧道底部乃至整个隧道结构受力都有显著影响。另外，基岩层面与底部衬砌混凝土之间是否良好结合也是影响隧道底部结构受力特性一个关键因素。而高速列车的运行，对基础的变形稳定性提出了更高要求。

高速列车运行时的振动荷载属于长时间往复施加的循环荷载。随着高速铁路的快速发展，人们已渐重视并开展了循环荷载作用下隧道软岩材料的变形特性研究工作，取得了不少成果。但既有的研究主要涉及因素比较单一，较少涉及富水软岩与隧道底部结构的关联影响，而且受试验仪器设备的限制，循环加载次数相对较少。

针对以往研究的现状，结合隧道基底软岩的受力环境，本章采用能考虑围压和地下水渗流的软岩循环三轴试验系统，分别进行不同动应力水平、静偏应力水平、振动频率、围压及地下水渗流条件下的软岩循环加载试验，以及不同结合状态下基岩与仰拱浇筑混凝土组合构件的循环变形试验，分析不同因素对软岩及组合构件循环变形特性的影响情况，并通过试验数据的拟合分析，建立了能考虑多因素的软岩循环累积变形实用计算模型。

5.1 试验方案

5.1.1 试验装置

试验采用自行研制的筒式围压装置，并利用 MTS 疲劳试验机构建的动力试验系统进行。整个动力试验系统由模型机架、围压装置、地下水渗流装置、围压加压装置、MTS 动载装置组成。

考虑到富水软岩有一定的渗透性，该试验系统在试件顶端加一定水压，试件底部排水，既符合长期循环荷载作用下试件孔隙水压力不断变化的条件，又可测得循环荷载作用下软岩的破损流失量，试件顶部水压通过水位高差来控制，以模拟实际工程中的不同地下水位。围压及渗流装置如图 5-1 所示，底座支架如图 5-2 所示，围压加压装置如图 5-3 所示，总体试验装置及效果分别如图 5-4 和图 5-5 所示。该动力试验系统可用来模拟高速列车长期荷载作用下富水软岩的力学性能以及基岩与仰拱浇筑混凝土不同结合状态下底部组合构件的长期变形特性。

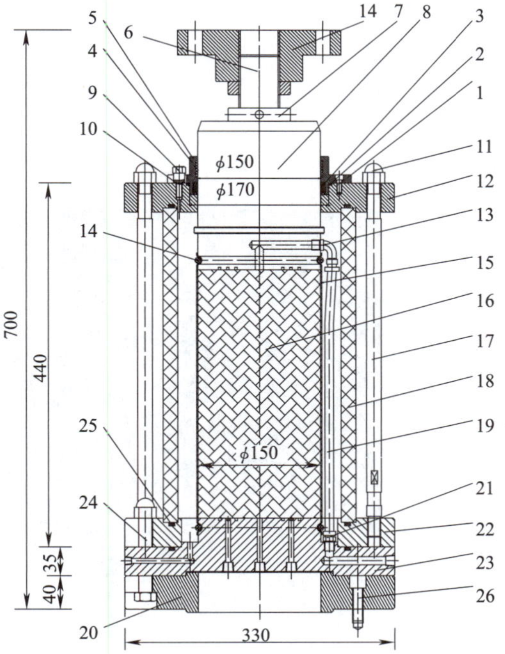

1—内六角螺钉
2—O形密封圈
3—Y形密封圈
4—耐磨带
5—密封座
6—传力杆
7—锁紧螺母
8—压头
9—排气塞
10—O形密封圈
11—盖型螺母
12—上盖
13—直角管接头
14—传感器座
15—膜套或扎带
16—试件
17—拉杆
18—压力室腔筒
19—反压排水管
20—压力室承压板
21—快插式直通管接头
22—下底
23—底座
24—六角螺钉
25—O形密封圈
26—内六角螺钉

图 5-1　围压装置示意图(单位：mm)

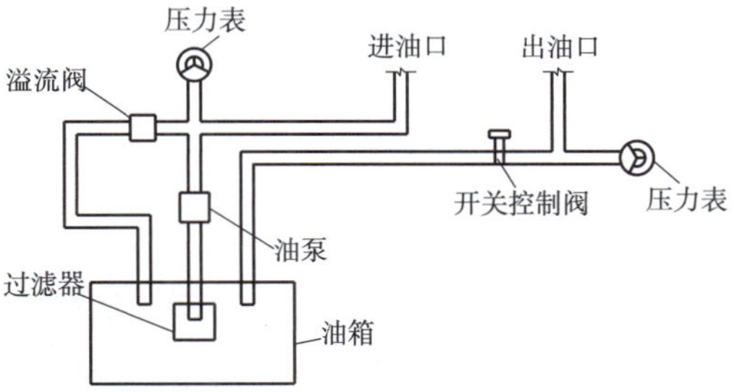

图 5-2　底座支架示意图

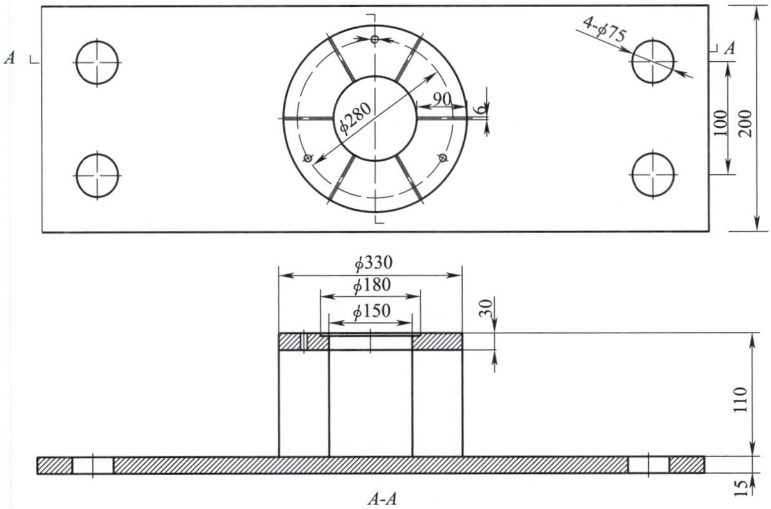

图 5-3　加压装置示意图(单位：mm)

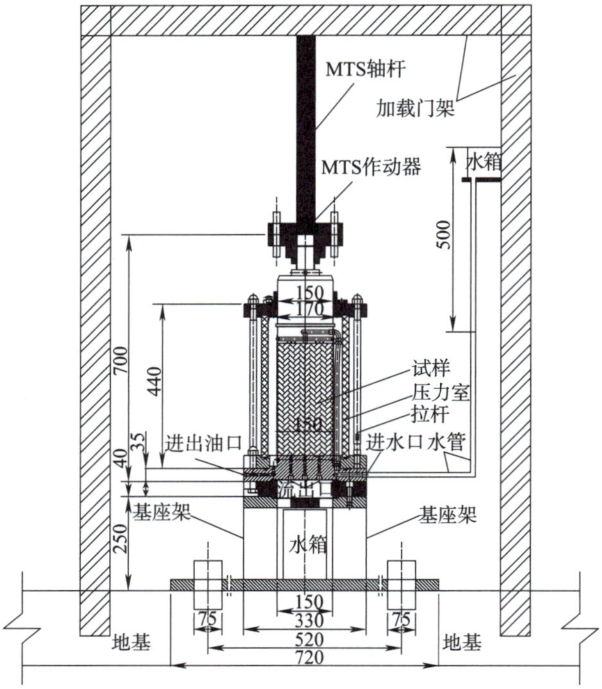

图 5-4 试验装置总体示意图(单位:mm)

图 5-5 隧道底部富水软岩动力试验系统

5.1.2 试件制备

试验用岩样取自某隧道施工现场,从隧道洞口V级围岩段砂质泥岩体中采样,取样深度为地下 10～30 m 范围。该砂质泥岩呈红褐色,泥质粉细粒结构,钙质胶结,节理裂隙较发育,岩质软,遇水软化,其主要物理力学指标见表 5-1。参照 SL 237—1999《土工试验规程》[167]和 GB/T 50266—2013《工程岩体试验方法标准》[168]的规定,从现场取得岩块并封存,在保持其原状性质的基础上切取直径为 15 cm、高度为 30 cm 的圆柱形试样,试样尺寸误差满足相关精度标准。加工成型的天然岩样、富水岩样如图 5-6 所示。

表 5-1 软岩的物理力学指标

试样	比重 d_s	天然含水量 ω/ %	孔隙比 e	泊松比 v	单轴抗压强度 p/MPa
砂质泥岩	2.33	39.15	1.13	0.37	1.35

基岩与仰拱混凝土不同结合状态下的底部组合构件试件制作:现场取岩块试样并封存,在室内切取直径为 15 cm、高度为 15 cm 和 12.5 cm 两种规格的圆柱形试件;然后依据试验方案在岩样上方浇灌混凝土,组合试件如图 5-7 所示。

(a) 天然岩样

(b) 富水岩样

图 5-6　岩样照片

(a) 接触良好

(b) 含软弱夹层

图 5-7　基岩与仰拱混凝土不同结合状态组合试件

5.1.3　试验工况设计

从试验方法角度看，循环荷载作用下岩土材料力学特性的主要影响因素包括岩土类型、性质和应力历史，动应力水平，循环加载的方式，地下水渗流情况等方面。试验主要揭示循环荷载作用下隧道基底软岩的累积变形机制，探讨软岩累积变形与各因素之间的定量关系。据此，从以下几个方面拟定组合其试验工况。

1. 循环加载方式

铁路隧道底部富水软岩受上覆静荷载和列车振动荷载的共同作用，处于三维应力状态；列车动荷载作用在有列车时加载，列车离开后则卸载，不存在反向加、卸载情况；试验时，不考虑列车荷载的随机性，假定动应力幅值不变，采用单向等幅循环加载方式。

2. 动应力大小的选择

列车运行引起隧道基底围岩的动应力大小与诸多因素相关，如列车运行速度、线路平顺情况、轨道类型、隧道结构型式以及基底状态等，难以用简单的计算公式来表达。铁道部科学研究院通过对北京东郊环形的铁道实验基地、广深线上进行的列车运行现场试验，在试验数据分析和理论计算的基础上，提出了路基面设计动应力的经验计算公式[169]：

$$\sigma_d = 0.26P \times (1 \pm 0.004v) \tag{5-1}$$

式中 σ_d——路基面设计动应力，kPa；

P——净轴重，kN；

v——列车运行速度，km/h。

高速铁路列车运行目标速度为 350 km/h，静轴重一般为 17 t，按式(5-1)计算得到列车振动在路基面引起的动应力为 106 kPa。一般来说传至基底围岩的动应力仅为路基面动应力的 20%～40%。根据有关实测结果[170]，列车速度为 200 km/h 时的基床表层动应力 σ_d 约为 80 kPa，底层动应力 σ_d 约为 30 kPa，为基床表面动应力的 37.5%。

但列车振动在隧道基底围岩引起的动应力与路基面的动应力不同，且缺少现场实测的报道。根据第 4 章的模型试验结果(表 4-18)，当列车运行速度为 200～300 km/h 时，高速列车振动荷载引起隧道基底围岩动应力幅值在 30 ～70 kPa 之间。

针对列车振动荷载引起基底围岩的累积变形问题，一方面考虑动应力小的实际情况，另一方面考虑试验成果规律的对比分析，因此，试验中采用动应力幅值分别为 30、60、90、120、180、300 kPa。

若定义动应力比 η_d 为

$$\eta_d = \sigma_d / \sigma_f \tag{5-2}$$

式中 σ_d——竖直方向的列车振动荷载；

σ_f——单轴抗压强度。

根据试验结果，饱和砂质泥岩抗压强度约为 0.6 MPa。由式(5-2)可得到其动应力比分别为 0.05、0.1、0.15、0.2、0.3、0.5。

3. 静偏应力大小的选择

已有研究结果表明，静偏应力越大，土体变形发展越快，相同条件下达到临界应变时所需的破坏振次越少，可见，初始静偏应力对土体在循环加载下的变形特性影响较大[171]。前人的研究主要是针对土体材料，为研究静偏应力对富水软岩变形的影响，试验中采用静偏应力分别为 30、60、90、120、180、400 kPa，来模拟不同静偏应力状况下的列车振动。

若定义静偏应力比 η_s 为

$$\eta_s = \sigma_s / \sigma_f \tag{5-3}$$

式中 σ_s——轴向静偏应力；

σ_f——单轴抗压强度。

根据式(5-3)可得到其静偏应力比分别为 0.05、0.1、0.15、0.2、0.3、0.67。

4. 循环波形、频率和循环次数的确定

宫全美等[170]根据沪宁线的列车振动实测资料，证实了基面设计动应力经验公式(5-1)的合理性，进一步指出列车振动引起路基面的动应力波形是一种单向脉冲模式，并基于实测的路基动应力波形，结合室内动三轴试验，通过加载一系列不同幅值、不同形式的正弦荷载，提出提速列车荷载模拟的正弦荷载等效方法，用一个半正弦波来表示一个转向架的列车振动荷载，荷载幅值适当折减。为方便，本文仍选用正弦波波形来模拟列车动荷载。

已有研究表明，列车振动荷载的频率可分为高、中、低三个频域段，其中，高频部分被钢轨吸收，而低频和中频部分能通过轨道和衬砌传递到围岩中。宫全美等[172]还认为列车振动荷载作用的频率比较窄，以低频分量为主，隧道地基土层中的位移幅值谱在 1 Hz 和 3 Hz 左右出现峰值，并且以 1 Hz 为主。从已有研究成果看，荷载频率的选择并没有形成共识，对于同种类型土样，采用的频率也各有不同，如对软黏土循环变形特性研究中，耿大新等[173]采用的频率为 0.5 Hz，蒋华忠等[174]采用的频率为 1 Hz，唐益群等[175]采用的频率为 2.5 Hz，张勇等[176]则采用 4 Hz 的频率。从研究结果看，振动频率对岩土的变形性状的影响结论基本一致，即在其他振动条件相同时，在同一振次下，频率低的振动产生的变形值大，频率高的振动产生的变形值较小。为了既尽可能反映振动频率的影响，又兼顾试验效率，本试验加载基准频率采用 3 Hz。同时，还分别采用 1、2、7 和 10 Hz 的振动频率来研究不同振动频率对软岩变形特性的影响。

5. 富水因素

考虑到富水软岩有一定的渗透性，在试样顶端加一定水压，试样底部排水。试样顶部的水压通过水位高差来控制，分别将水位高差设置为 5、10 和 15 m，以模拟实际工程中的不同地下水位。

6. 试验工况

根据上述试验方案，富水软岩动变形特性试验的具体试验工况见表 5-2。

表 5-2　富水软岩动变形试验工况

工　况	动应力/kPa	静偏应力/kPa	频率/Hz	围压/kPa	水压力/kPa
1	30	180	3	200	50
2	60	180	3	200	50
3	90	180	3	200	50
4	120	180	3	200	50
5	180	180	3	200	50
6	300	180	3	200	50
7	120	30	3	200	50
8	120	60	3	200	50

续上表

工　况	动应力/kPa	静偏应力/kPa	频率/Hz	围压/kPa	水压力/kPa
9	120	90	3	200	50
10	120	120	3	200	50
11	120	180	3	200	50
12	120	400	3	200	50
13	120	180	1	200	50
14	120	180	2	200	50
15	120	180	7	200	50
16	120	180	10	200	50
17	120	180	3	400	50
18	120	180	3	600	50
19	120	180	3	200	0
20	120	180	3	200	100
21	120	180	3	200	150

在基岩与仰拱衬砌混凝土结合状态组合构件的累积变形特性试验中，主要考虑了1、3 Hz两种加载频率情况，动应力幅值取为120 kPa，地下水压取为50 kPa，重点考虑结合良好、仰拱混凝土浇灌前隧底夹有浮渣无积水和夹有浮渣且有积水三种情况。其中，浮渣厚度选为5 cm。具体试验工况见表5-3。

表5-3　组合构件动变形试验工况

工况	基岩与混凝土单元结合状态	频率/Hz	围压/kPa	动应力/kPa	静偏应力/kPa	水压力/kPa
1	良好结合	3	200	120	180	50
2	良好结合	1	200	120	180	50
3	有浮渣无积水	3	200	120	180	50
4	有浮渣无积水	1	200	120	180	50
5	有浮渣有积水	3	200	120	180	50
6	有浮渣有积水	1	200	120	180	50

5.1.4　试验步骤

本次试验涉及岩样和组合构件的制备及安装、试样富水、围压和地下水压力的施加、动力及测试设备的安装调试和运行等方面。具体试验步骤如下：

1. 制备岩样和组合单元构件

对于试验岩样，从施工现场取得岩块并封存，在保持其原状的基础上切取相应规格的圆柱体试件；对于混凝土与基岩的组合构件，浇筑圆柱形混凝土试件，按标准养护条件进行养护，达到强度标准后按试验设定的尺寸要求切取，与已有的岩样进行组合，所需软弱夹层取软黏土制作而成。

2. 试样富水

先将试样放入容器中浸泡 48 h，然后装入压力室中，套乳胶模并固定，安装试样顶部接水装置并通水，接水管道与已设定高度的水箱相连，使试样处于一定水压下，保持富水状态。

3. 围压施加

连接加压系统接头到压力室预留孔上，缓慢施加围压至预定大小，加压期间留心观察试样，防止试样倾斜。

4. 动力及测试设备安装

MTS 加载设备就位并加静压力至预定值，顶部轴向动态位移传感器安装并接线，试样底部接水管至水箱，使其处于排水状态，以便软岩流失量的收集和称量。

5. 动力试验

采用应力控制，试样的应力状态如图 5-8 所示，其中加载波形为正弦波波形，如图 5-9 所示。其中，σ_d 为动应力，σ_s 为初始静偏应力。

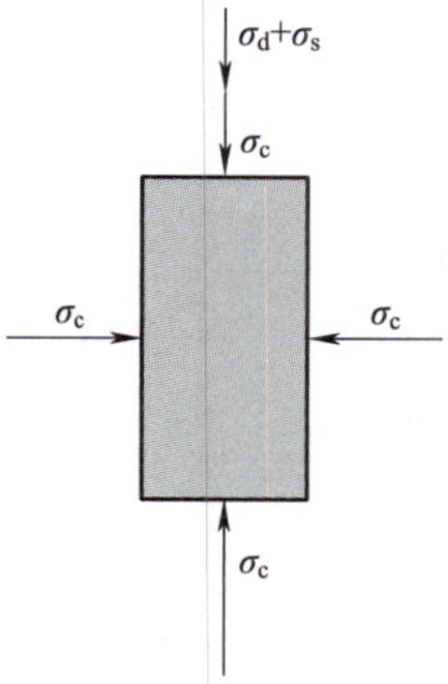

图 5-8　试样应力状态示意

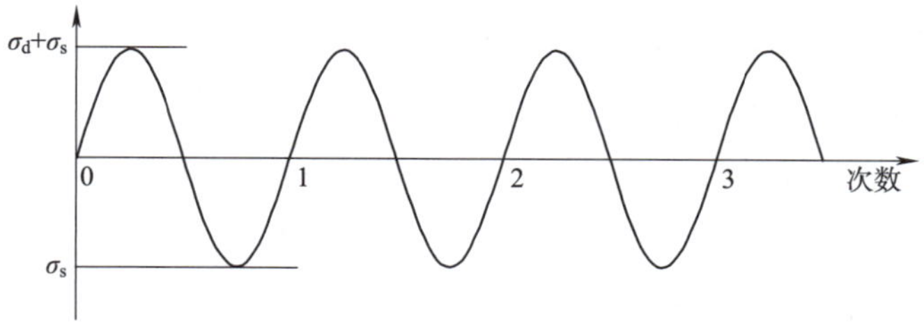

图 5-9　加载波形示意

6. 结束条件

设定基本循环加载次数为 50 万次。试验中采用两种存储方式，一种是按照 10 次/s 采集数据；另一种是按照设定每隔一定次数循环采集一次的简易方式存储，以便于数据整理分析。对于部分工况，当加载次数达到设计总次数后，若岩样没有破坏，则提高动应力水平，加速岩样破坏。

5.2　试验结果分析

5.2.1　隧底软岩累积变形发展总体规律

富水软岩在循环荷载作用下的不可逆应变累积过程表现为 2 种典型情况：稳定型和

破坏型。其相应地累积塑性变形(即循环谷值变形)发展规律分别如图 5-10 和图 5-11 所示。其中,动应力比较小时表现为稳定型变化曲线,动应力比较大时表现为破坏型变化曲线。

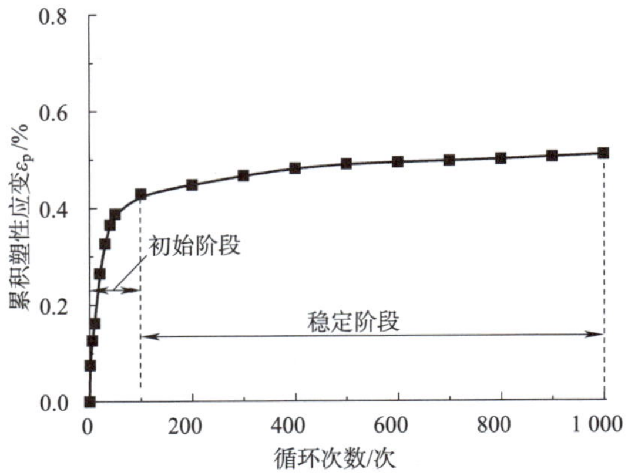

图 5-10　累积变形稳定型

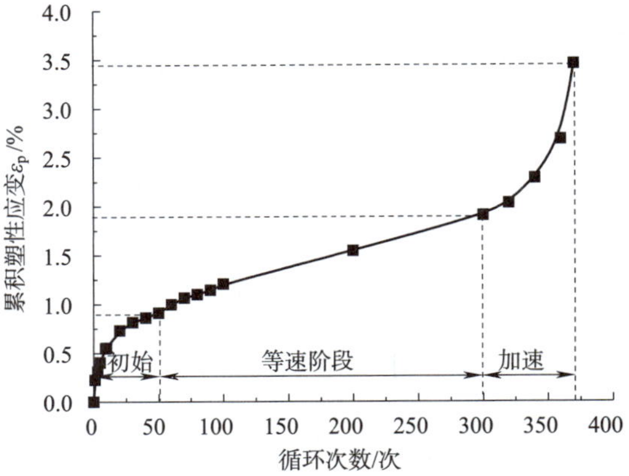

图 5-11　累积变形破坏型

分析图 5-10 和图 5-11 可知:

(1)在动应力较小的情况下,岩样的变形累积过程曲线为稳定型发展形势,主要表现为可恢复的弹性变形,塑性应变的累积值较小。其特点是在循环加载初期,试样变形较快,随着循环次数的增加,试样逐渐压密,应变增量逐渐减少,不可逆动应变值趋于稳定。

(2)在动应力较大的情况下,岩样的累积变形过程曲线为破坏型发展形势,呈倒"ζ"型分布,这与已有的循环荷载作用下岩体破坏规律研究结论一致[177]。整个过程中的累积塑性变形可分为三个阶段:初始变形阶段、等速变形阶段和加速变形阶段。初始阶段不可逆变形发展速率较快,经过一定循环周期后逐渐趋于稳定,进入等速发展阶段,此时的塑性变形速率基本不变,当塑性变形累积到一定程度后又变为加速发展,直至破坏。已有研究表明[177-178],三阶段发展规律是普遍的规律,无论对于完整岩石、裂隙岩体还是软岩,在较高应力水平的循环荷载作用下试样变形均表现明显地三阶段规律。

5.2.2　循环动应力的影响

为分析动应力幅值的影响,在固定围压为 200 kPa、静偏应力为 180 kPa、加载频率为 3 Hz、地下水压为 50 kPa 的工况下,取动应力幅值分别为 30、60、90、120、180、300 kPa 六种工况开展对比试验,相应的动应力比 η_d 分别为 0.05、0.1、0.15、0.2、0.3、0.5。图 5-12～图 5-15 给出了 4 种典型工况软岩动应变-振动循环次数关系曲线和动应力-应变变化曲线。由于试验数据繁多,为了简洁,图中只提取前 200 次循环的试验结果。

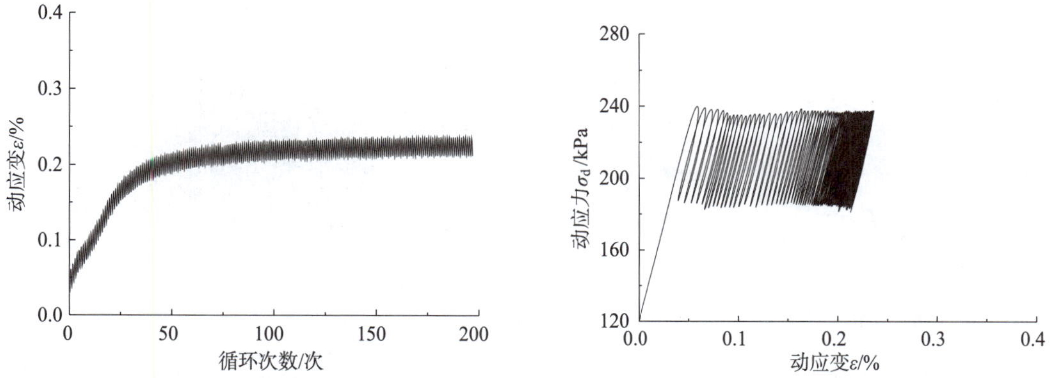

(a) 动应变-循环次数　(b) 动应力-应变

图 5-12　η_d＝0.1 岩样的循环变化曲线

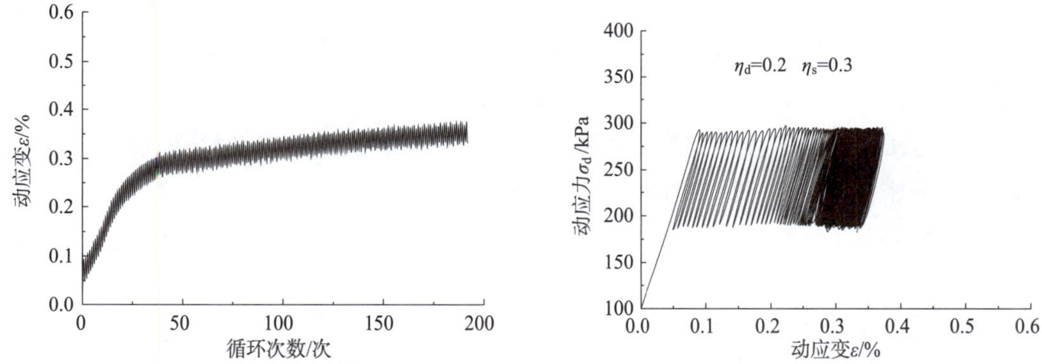

(a) 动应变-循环次数　(b) 动应力-应变

图 5-13　η_d＝0.2 岩样的循环变化曲线

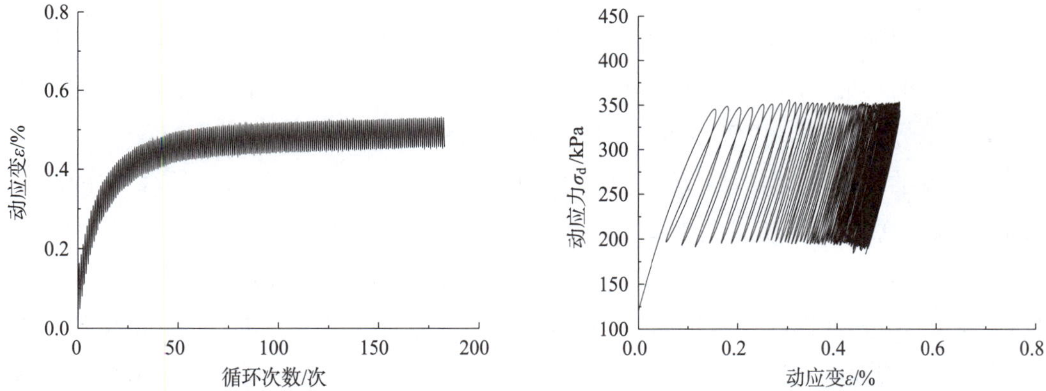

(a) 动应变-循环次数　(b) 动应力-应变

图 5-14　η_d＝0.3 岩样的循环变化曲线

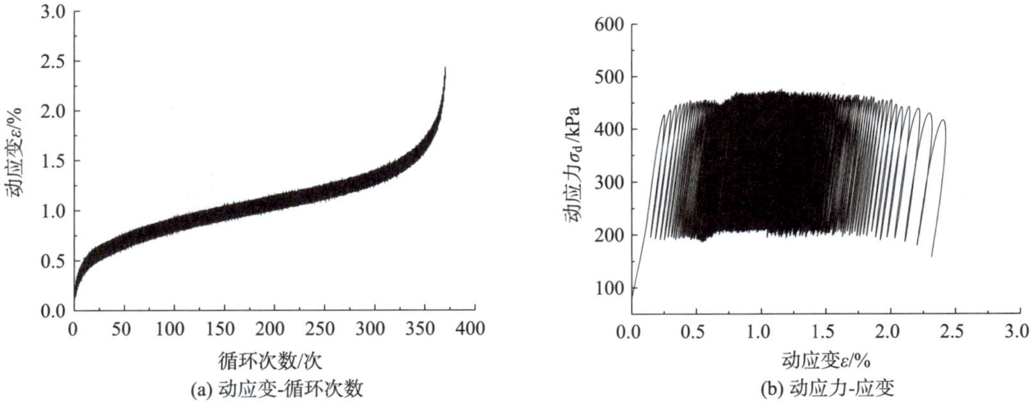

图 5-15 $\eta_d=0.5$ 岩样的循环变化曲线

从图 5-12～图 5-15 中可以得出：

(1)不同动应力水平下，动应力-应变曲线(滞回曲线)表现为：加载初期，分布较疏，随着循环次数的增加，曲线越来越密集，动应力比在 0.1～0.3 变化。也就是动应力幅值在 180 kPa 及以下时，曲线趋于稳定；当动应力比 η_d 达到 0.5 时，即动应力幅值为 300 kPa 时，随着循环次数的增加，岩样累积变形增加到一定程度后临近破坏，此时滞回曲线又开始变疏，呈现出疏-密-疏的三阶段发展，岩样最终被破坏。

(2)岩样的动应力-应变变化规律与动应力幅值大小直接相关，根据动应力的不同，动变形曲线的发展形态可分为疏-密两阶段和疏-密-疏的三阶段的两种不同情况，分别对应于稳定型和破坏型。介于两者之间应存在一个临界状态，此时的动应力称之为临界动应力。当动应力大于临界动应力时，岩样会在有限次数的循环荷载作用下发生变形破坏；而当动应力小于临界动应力时，随着循环次数的增加，岩样的累积塑性应变会逐步趋于稳定。试验结果显示，该类软岩的临界动应力比为 0.3～0.5，对应的临界动应力幅值在 180～300 kPa 之间。

(3)动应变随循环次数的变化规律表现为：循环初期的动应变增加较快，循环加载一定次数后，相应的动应变增加速率变缓。当动应力幅值小于临界值时，岩样动应变最终趋于稳定；当高于临界值，岩样动应变会出现加速阶段，最终变形破坏。

(4)随着动应力比的增大。动应变变化幅值增大，当动应力比为 0.1 时，相应的动应变变化幅值为 0.025%；当动应力比增大到 0.3 时，动应变变化幅值增加到 0.07%，相比增大了近 3 倍；当动应力比为 0.5 时，动应变变化幅值为 0.15%，相比增大约 6 倍。

为研究不可逆变形的发展规律，取岩样各循环谷值应变进行分析。表 5-4 为各典型工况岩样的累积塑性应变试验结果。图 5-16 为不同工况下岩样累积塑性应变随循环次数的变化关系，为便于比较，图中只给出前 500 次循环的变化情况。依据试验设定的基准加载次数为 50 万次时，前 5 种工况对应的动应力条件下，岩样的变形率逐渐减小，变化曲线呈稳定型发展规律，图 5-17 为基准加载次数下岩样的累积塑性应变变化曲线。

表 5-4 不同动应力比条件下岩样的累积塑性应变结果 %

循环次数	η_d=0.05	η_d=0.1	η_d=0.15	η_d=0.2	η_d=0.3
1	0.023 9	0.037 7	0.039 4	0.047 0	0.066 4
2	0.028 8	0.043 0	0.046 3	0.054 5	0.078 0
5	0.035 7	0.053 4	0.060 2	0.070 7	0.100 2
10	0.044 9	0.068 0	0.080 5	0.092 9	0.126 3
20	0.059 3	0.090 5	0.116 2	0.129 2	0.175 5
50	0.080 8	0.123 0	0.171 1	0.207 1	0.282 4
100	0.096 6	0.154 7	0.214 8	0.258 8	0.345 8
200	0.107 9	0.193 7	0.258 7	0.312 6	0.411 1
500	0.126 0	0.244 8	0.327 9	0.402 7	0.550 5
1000	0.139 4	0.264 3	0.356 3	0.461 2	0.624 3
2000	0.145 1	0.279 8	0.376 3	0.487 5	0.692 2
5 000	0.160 3	0.297 8	0.407 9	0.528 3	0.746 8
10 000	0.167 7	0.315 6	0.429 1	0.559 6	0.794 2
20 000	0.175 0	0.339 3	0.458 9	0.599 3	0.839 5
50 000	0.182 2	0.363 7	0.489 5	0.636 2	0.882 8
100 000	0.195 3	0.379 2	0.509 6	0.670 4	0.926 2
200 000	0.202 7	0.388 1	0.526 8	0.695 1	0.965 0
300 000	0.211 0	0.394 0	0.540 6	0.713 8	0.995 1
400 000	0.216 2	0.398 7	0.552 0	0.725 9	1.008 8
500 000	0.219 5	0.402 7	0.560 5	0.737 3	1.020 0

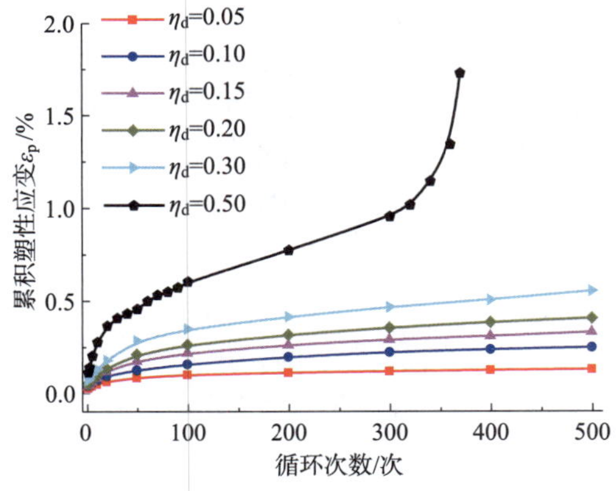

图 5-16 累积应变随循环的变化曲线(500 次)

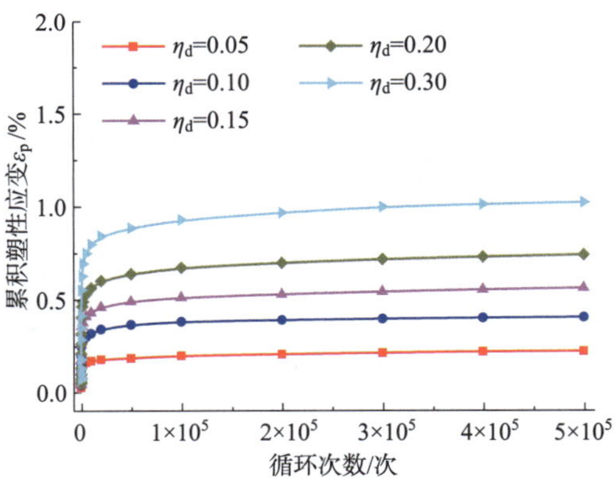

图 5-17 累积应变随循环的变化曲线(50 万次)

结合表 5-4、图 5-16 和图 5-17 可以看出：

(1)循环荷载下富水砂质泥岩产生了明显的塑性累积应变，变形稳定(对应于动应力比 η_d=0.05、0.1、0.15、0.20 和 0.3)和变形破坏岩样(对应于动应力比 η_d=0.5)的应变-循环次数曲线差异明显。对于变形稳定型试样，循环荷载作用 200 次左右后变形即趋于稳定，前 200 次的累积应变约占总累积应变(50 万次)的 40%～50%，但对于破坏试样，循环荷载作用 200 次时累积应变为 0.77%，作用 300 次时累积应变达到 0.95%，加载 370 次时达到 1.72%，变形呈加速发展趋势，表明试样已产生剪切破坏。

(2)不同动应力水平下，泥岩的应变累积历史有所不同，具体表现为：对应变形稳定型岩样，假定循环加载 50 万次后其塑性变形已完全稳定，取为总变形量。当动应力比 η_d=0.05 时，加载 50 万次的累积应变为 0.22%，而前 200 次加载的累积应变为 0.11%，占总变形量的 50.0%；当 η_d=0.1 时，前 200 次加载、50 万次加载的累积应变分别为 0.19%和 0.40%，占总变形量的 48.1%；当 η_d=0.15 时，相应累积应变分别为 0.26%和 0.56%，所占比例为 46.2%；当 η_d=0.2 时，相应累积应变分别为 0.31%和 0.74%，所占比例为 42.3%；当 η_d=0.3 时，相应累积应变分别为 0.41%和 1.02%，所占比例为 40.2%。对于破坏岩样，塑性应变增长率随加载次数增加一直较大。随着动应力幅值的增加，初期循环作用完成的累积应变占总应变的比重逐渐减少。

5.2.3 静偏应力的影响

为分析静偏应力的影响，在固定围压为 200 kPa、动应力幅值为 120 kPa、加载频率为 3 Hz 和地下水压为 50 kPa 的条件下，开展了静偏应力分别为 30、60、90、120、180、400 kPa 六种工况的对比试验，相应的静偏应力比 η_s 分别为 0.05、0.1、0.15、0.2、0.3、0.67。图 5-18～图 5-21 为典型工况下的动应变-振动循环次数关系曲线和动应力-应变变化曲线。

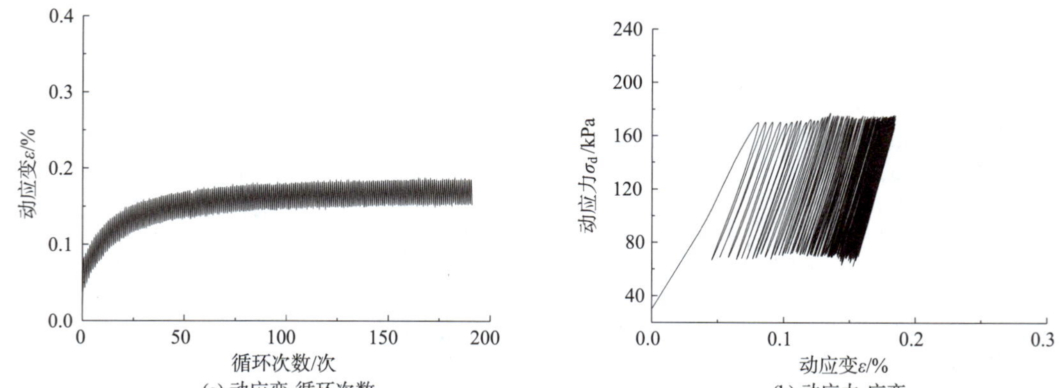

(a) 动应变-循环次数　(b) 动应力-应变

图 5-18　η_s=0.1 岩样的循环变化曲线

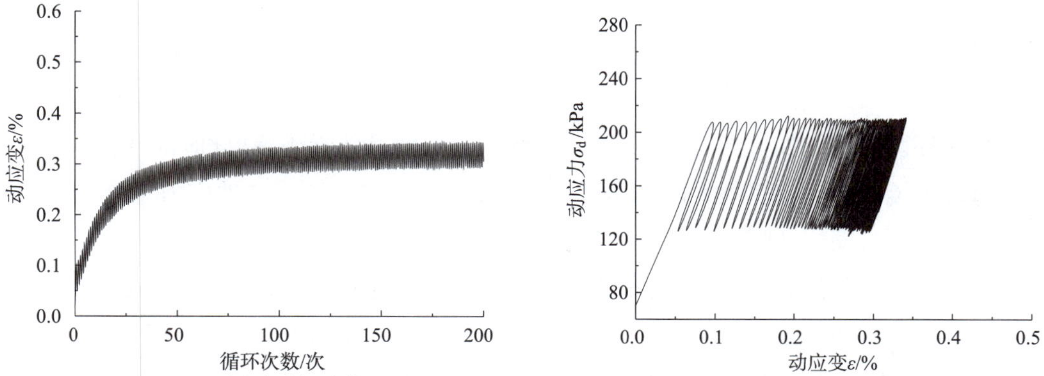

(a) 动应变-循环次数　(b) 动应力-应变

图 5-19　η_s＝0.2 岩样的循环变化曲线

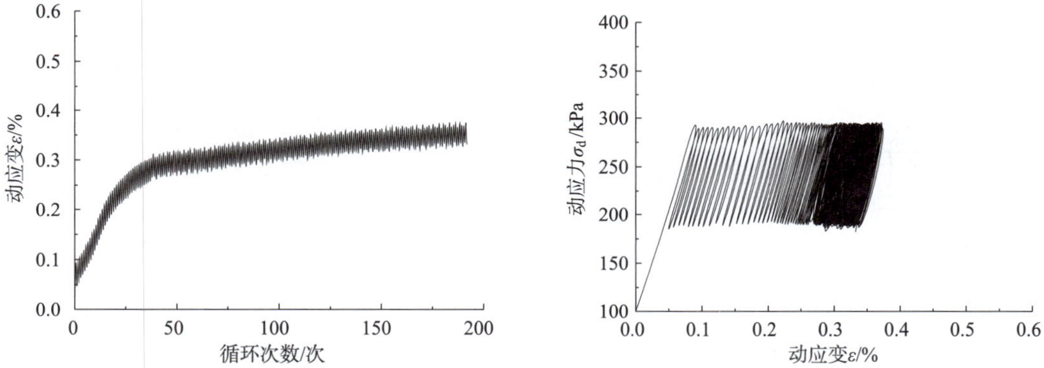

(a) 动应变-循环次数　(b) 动应力-应变

图 5-20　η_s＝0.3 岩样的循环变化曲线

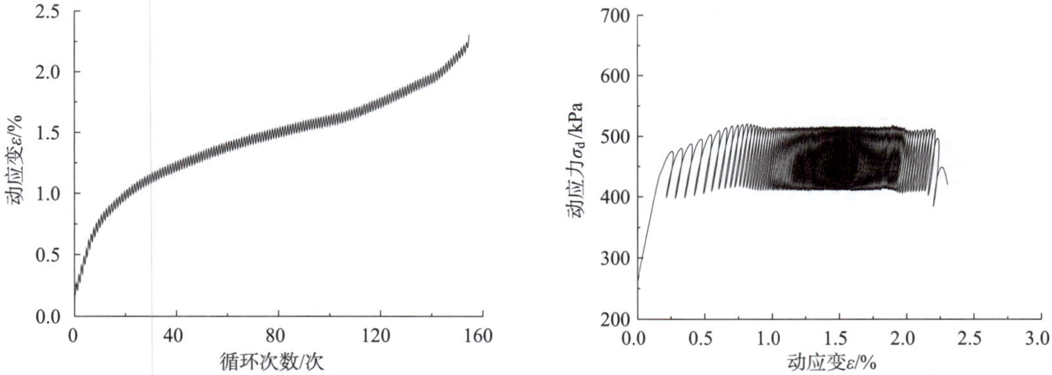

(a) 动应变-循环次数　(b) 动应力-应变

图 5-21　η_s＝0.67 岩样的循环变化曲线

由图 5-18～图 5-21 可知，对于相同的动应力幅值，在不同静偏应力条件下，滞回曲线表现为：加载初期，分布较疏，随着循环次数的增加，滞回曲线越来越密集，静偏应力比为 0.1～0.3，即静偏应力在 60～180 kPa 之间变化时，滞回曲线趋于稳定；当静应力比 η_s 达到 0.67 时，随着循环次数的增加，岩样累积变形增加到一定程度后邻近破坏，此时滞回曲线又开始变疏，呈现出疏-密-疏的三阶段发展，岩样最终被破坏。可见，试样的动应力-应变变化规律与静偏应力有关，动应变随循环次数的发展曲线也表现出类似的变化规律。

进一步分析不可逆变形的发展规律，表 5-5 列出了各静偏应力比条件下岩样的累积塑性应变试验结果，图 5-22 为不同工况下岩样的累积塑性应变随循环次数的变化关系曲线，图 5-23 为基准加载次数下岩样的累积塑性应变发展曲线。

表 5-5　不同静偏应力比条件下岩样的累积塑性应变结果　%

循环次数	η_s=0.05	η_s=0.1	η_s=0.15	η_s=0.2	η_s=0.3
1	0.035 3	0.036 4	0.037 0	0.039 0	0.047 0
2	0.039 0	0.040 6	0.042 6	0.045 3	0.054 5
5	0.044 8	0.048 5	0.054 8	0.060 3	0.070 7
10	0.054 0	0.060 2	0.065 6	0.072 1	0.092 9
20	0.070 5	0.080 2	0.087 7	0.096 8	0.129 2
50	0.092 7	0.118 9	0.128 0	0.149 2	0.207 1
100	0.117 6	0.138 2	0.155 5	0.192 5	0.258 8
200	0.136 6	0.160 9	0.180 9	0.248 5	0.312 6
500	0.161 9	0.195 2	0.239 0	0.325 9	0.402 7
1 000	0.177 7	0.222 4	0.268 7	0.370 3	0.461 2
2 000	0.195 4	0.254 4	0.290 3	0.394 0	0.487 5
5 000	0.219 8	0.280 1	0.319 0	0.425 6	0.528 3
10 000	0.227 5	0.290 0	0.335 4	0.443 5	0.559 6
20 000	0.237 1	0.307 1	0.352 2	0.473 1	0.599 3
50 000	0.245 0	0.317 6	0.364 4	0.500 8	0.636 2
100 000	0.252 0	0.326 7	0.375 7	0.528 0	0.670 4
200 000	0.262 3	0.336 9	0.387 7	0.550 7	0.695 1
300 000	0.268 5	0.345 5	0.398 0	0.569 1	0.713 8
400 000	0.273 8	0.353 0	0.405 8	0.577 8	0.725 9
500 000	0.277 6	0.357 2	0.413 3	0.584 8	0.737 3

从表 5-5 以及图 5-22、图 5-23 的结果可知：

(1)在相同的动应力幅值下，随着静偏应力的增加，累积塑性应变逐渐增大，变化速率也越快，且累积变形达到稳定的循环次数也越多，这种影响随着偏应力的增加而加剧。

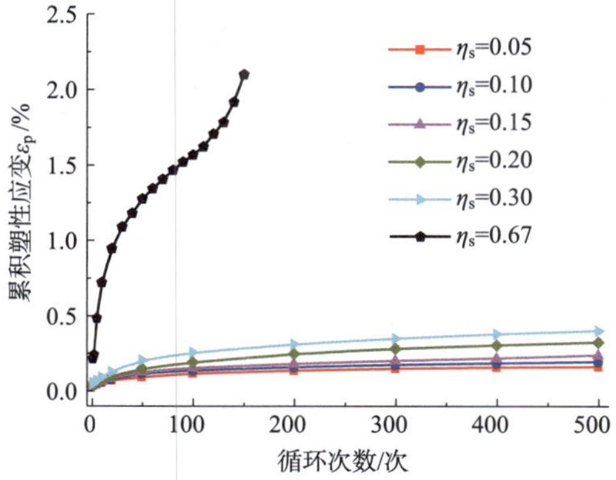

图 5-22　累积应变随循环的变化曲线(500 次)

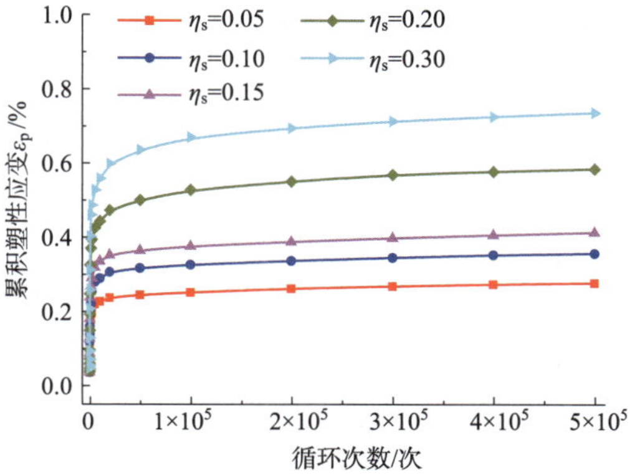

图 5-23　累积应变随循环的变化曲线(50 万次)

(2)当静偏应力为 30 kPa 时,加载 50 万次的累积应变为 0.28%;静偏应力增大到 180 kPa 时,累积应变达到 0.73%,是前者的 2.61 倍。当静偏应力继续增大到 400 kPa 时,试样累积塑性应变持续增加,循环加载作用 100 次,其累积应变已达到 1.57%;循环加载 150 次时,其累积应变达到 2.10%,试样被破坏。

可见,静偏应力会诱发试样的裂隙发展,引起岩样的损伤,从而降低岩样的动强度,也即降低了引起岩样破坏的临界动应力水平,从而表现出在同一动应力水平下,试样不可逆累积变形随着静偏应力的提高而增大。

5.2.4　振动频率的影响

为分析振动频率对软岩变形性状的影响,取振动频率分别为 1、2、3、7 和 10 Hz 五种工况进行对比试验,各工况试验中固定围压为 200 kPa,动应力幅值为 120 kPa,水压为 50 kPa。表 5-6 为不同频率条件下岩样的累积塑性应变试验结果。图 5-24 为不同工况下岩样的累积塑性应变随振动循环次数的变化关系曲线。综合考虑试验效果和试验时间,设定的基准加载次数为 10 万次,若试样未被破坏,则统一加大动荷载至 180 kPa,设定循环次数为 1 万次。试验结果显示频率为 1 Hz 的试件发生破坏。图 5-25 为加大动应力幅值情况下,频率为 1 Hz 时破坏岩样的累积塑性应变随振动循环周次的变化曲线。图 5-26 为破坏岩样的动应变-振动循环次数关系曲线和动应力-应变变化曲线。

表 5-6　不同振动频率条件下岩样的累积塑性应变结果　　%

循环次数	f=1 Hz	f=2 Hz	f=3 Hz	f=7 Hz	f=10 Hz
1	0.083 7	0.065 3	0.047 0	0.042 3	0.035 7
2	0.094 1	0.072 9	0.054 5	0.049 1	0.041 2
5	0.114 2	0.090 5	0.070 7	0.063 9	0.053 7
10	0.142 6	0.115 4	0.092 9	0.080 7	0.066 9

续上表

循环次数	f=1 Hz	f=2 Hz	f=3 Hz	f=7 Hz	f=10 Hz
20	0.191 1	0.155 0	0.129 2	0.100 6	0.084 3
50	0.279 7	0.236 0	0.207 1	0.127 4	0.109 2
100	0.341 6	0.290 3	0.258 8	0.150 3	0.130 4
200	0.407 5	0.352 3	0.312 6	0.164 5	0.143 8
500	0.510 4	0.445 9	0.402 7	0.180 0	0.153 3
1 000	0.587 8	0.506 6	0.461 2	0.198 7	0.166 7
2 000	0.630 3	0.547 0	0.487 5	0.210 5	0.175 5
5 000	0.681 1	0.597 5	0.528 3	0.222 0	0.184 7
10 000	0.726 3	0.632 8	0.559 6	0.232 1	0.194 1
20 000	0.775 0	0.678 1	0.599 3	0.240 9	0.201 9
50 000	0.848 3	0.736 2	0.636 2	0.260 8	0.215 8
100 000	0.935 9	0.791 8	0.670 4	0.279 3	0.225 4

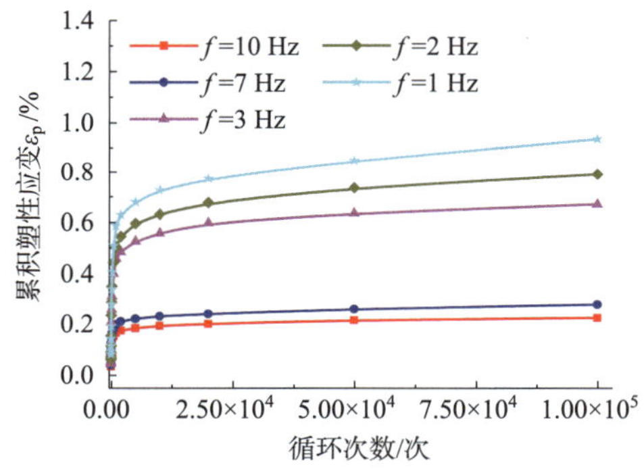

图 5-24 累积应变随循环的变化曲线(10 万次)

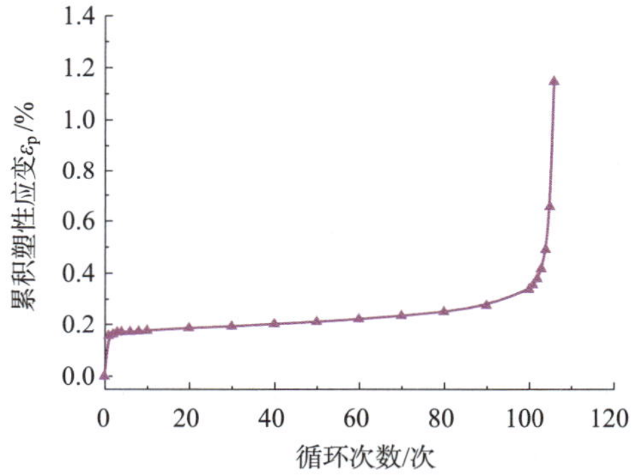

图 5-25 破坏岩样变形随循环次数的变化

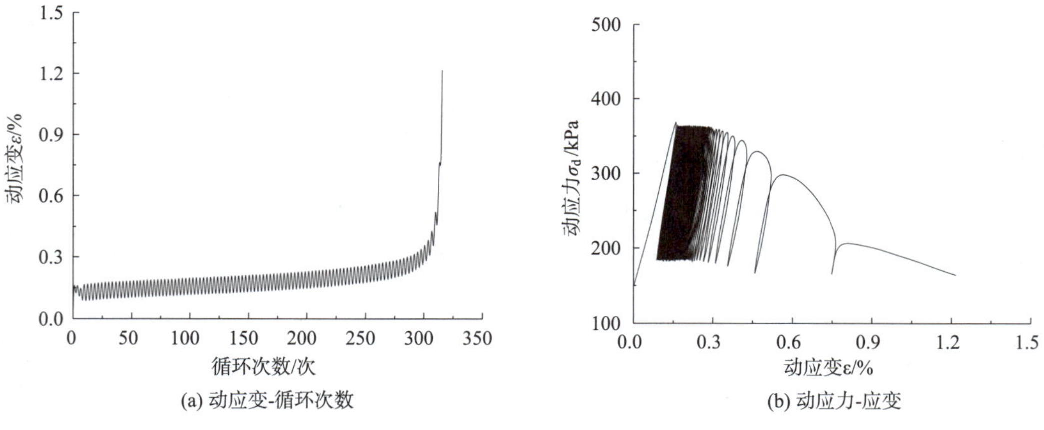

图 5-26 f=1 Hz，σ_d=180 kPa 破坏岩样的循环变化曲线

从表 5-6 和图 5-24 可以看出：

(1)在 1～10 Hz 频率范围内，振动频率对试样的变形性状影响明显。其他条件相同时，对应同一振次下，频率低的振动产生的变形值较大，频率高的振动产生的变形值反而较小。

(2)当振动频率为 1 Hz 时，加载 10 万次的累积应变为 0.91%；振动频率为 2 Hz 时，相应次数下的累积应变为 0.79%；振动频率为 3 Hz 时，相应次数下的累积应变为 0.67%；振动频率为 7 Hz 时，相应次数下的累积应变为 0.28%；振动频率为 10 Hz 时，相应次数下的累积应变为 0.23%。

(3)振动频率对软岩累积变形的影响明显分为两个区间，在 1～3 Hz 之间变化时，可视为低频范围，相同次数下产生的累积变形相差较小；同样，振动频率在 7～10 Hz 之间变化时，可视为高频范围，相同次数下产生的累积变形相差也较小。但对比试样在振动频率为 1 Hz 和 10 Hz 的累积变形结果可知，前者是后者的 4 倍，差异显著。

(4)若以塑性累积变形量作为疲劳损伤变量来表示岩样在不同加载频率下的疲劳损伤程度，那么试验结果说明，对应于相同的动应力水平，加载频率越高，累积塑性应变越小，试样的损伤发展越慢。这是因为振动频率较高时，试样的孔压来不及消散，同时试样内部的微裂隙发展方式发生改变，从而减缓了试样的损伤发展过程，故表现为产生较少的变形量；而频率越低，荷载作用周期越长，孔压消散和裂隙发展越充分，所以，软岩试样表现出更多的塑性变形。

从图 5-25 和图 5-26 可知，振动频率对试样的临界动应力比产生影响，当频率为 1 Hz 时，动应力比 $\eta_d=0.3$ 时试样即发生破坏；而频率为 3 Hz 时，相同动应力比条件下的试样并未被破坏。从试验结果来看，随着振动频率的提高，临界动应力比增大，不过，由于试验数量有限，振动频率对临界动应力比的影响还有待深入研究。

5.2.5　围压的影响

隧道埋深不同，其底部围岩对应的围压就不同，埋深小，相应的围压也较小。所以，研究不同围压下围岩在循环荷载作用下产生的振动变形特性很有必要[179]。在固定动应力幅值为 120 kPa、静偏应力为 180 kPa、加载频率为 3 Hz 和地下水压为 50 kPa 的条件下，设置围压分别为 200、400 和 600 kPa，开展不同围压对试样振动变形特性影响的循环动力对比试验。图 5-27 给出了不同工况下岩样的累积塑性应变随振动循环周次的变化曲线。

图 5-27 显示，围压越大，相同动载条件下试样的变形越大，也越容易被破坏。当试验在围压 600 kPa、循环加载 1 200 次时，试样累积变形达到 1.41%，变形增速，试样发生破坏。这主要是因为试样本身较软弱，强度较低，围压的增大，将引起试样内部损伤的发展，这样，在循环动载作用下产生变形要容易一些，产生的变形量也相对较大。

5.2.6　地下水渗流的影响

已有研究结果表明[180-181]，软岩与水相互作用后，其强度和变形特性都有显著改变，地

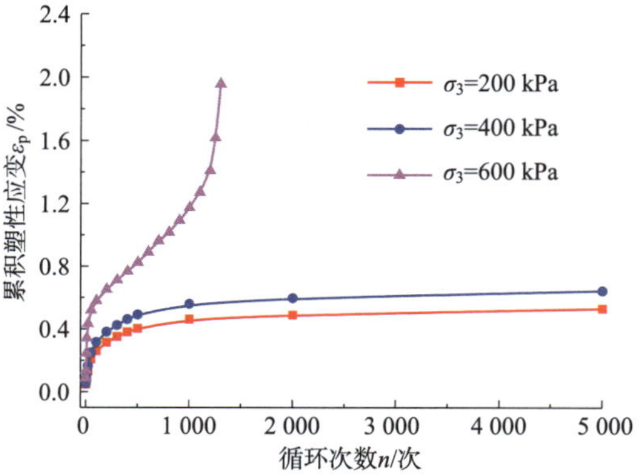

图 5-27　累积应变随循环次数的变化曲线

下水使得软岩力学性质大幅度降低，其原因既有力学效应，而且有复杂的化学作用和应力腐蚀作用。不过，已有的研究成果主要针对静力试验，循环荷载作用下地下水及不同地下水压力对软岩强度和变形特性有何影响，目前尚未深入研究。

为了分析地下水及地下水压对软岩动变形特性的影响，在固定动应力幅值为 120 kPa、静偏应力为 180 kPa、围压为 200 kPa、加载频率为 3 Hz 时，通过设置水压分别为 50、100 和 150 kPa 的地下水流，开展了不同地下水压力下的循环动力对比试验。同时，还开展了不考虑水压力，其他条件相同情况下的天然岩样循环动力试验。表 5-7 为不同地下水压力条件下岩样的累积塑性应变试验结果，图 5-28 和图 5-29 分别为各工况岩样的累积塑性应变随振动循环次数的变化曲线。

表 5-7　不同地下水压条件下岩样的累积塑性应变结果　　%

循环次数	p_w=0 kPa	p_w=50 kPa	p_w=100 kPa	p_w=150 kPa
1	0.026 5	0.047 0	0.045 1	0.051 3
2	0.032 6	0.054 5	0.054 7	0.061 1
5	0.047 6	0.070 7	0.075 1	0.082 5
10	0.065 7	0.092 9	0.109 5	0.112 7
20	0.091 4	0.129 2	0.154 5	0.155 5
50	0.121 3	0.207 1	0.234 0	0.239 5
100	0.147 1	0.258 8	0.286 1	0.295 0
200	0.169 9	0.312 6	0.338 9	0.348 9
500	0.189 5	0.350 9	0.375 5	0.387 1
1 000	0.204 9	0.380 6	0.402 3	0.412 9
2 000	0.218 3	0.402 7	0.425 1	0.441 4
5 000	0.239 6	0.461 2	0.485 6	0.505 9
10 000	0.258 5	0.487 5	0.513 3	0.535 3

续上表

循环次数	$p_w=0$ kPa	$p_w=50$ kPa	$p_w=100$ kPa	$p_w=150$ kPa
20 000	0.281 8	0.528 3	0.560 7	0.581 9
50 000	0.303 9	0.559 6	0.593 9	0.620 1
100 000	0.322 6	0.599 3	0.639 3	0.657 0
200 000	0.340 7	0.636 2	0.677 4	0.694 3
300 000	0.351 2	0.670 4	0.699 9	0.732 4
400 000	0.364 4	0.695 1	0.728 1	0.764 4
500 000	0.370 7	0.713 8	0.753 8	0.792 4

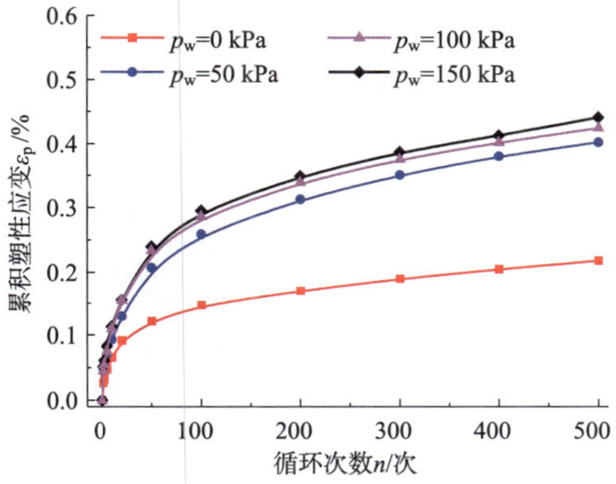

图 5-28　累积应变随循环次数的变化曲线(500 次)

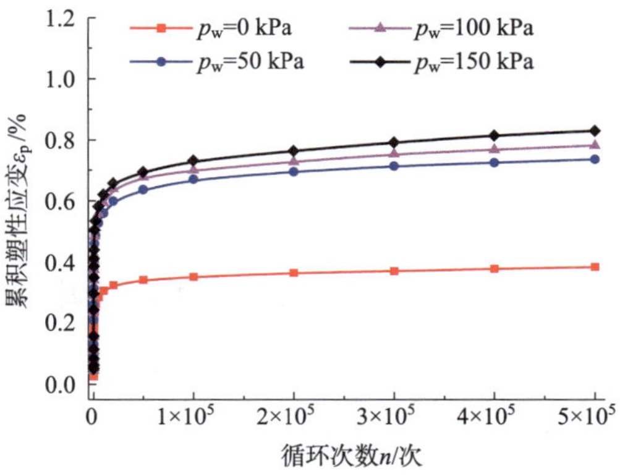

图 5-29　累积应变随循环次数的变化曲线(50 万次)

由表 5-7、图 5-28 和图 5-29 可知：

(1)随着水压力的增大，相同动载条件下试样的变形有所增加，但幅度较小。本次试验设定的三种工况下，循环 50 万次的累积变形最大为 0.83%，最小为 0.73%，增幅仅为 13.7%。

(2)对比天然岩样和富水岩样的试验结果，相同循环振次下，天然岩样的累积变形明显小于富水岩样，循环加载 50 万次时，天然岩样的累积塑性变形为 0.39%，而富水岩样的累积塑性变形分别为 0.73%、0.78% 和 0.83%，是天然岩样累积变形量的 1.92、2.03 和 2.16 倍。

(3)富水岩样受水的软化作用，强度较低，在相同动荷载作用下强度高的天然岩样产生变形较困难，变形量要小一些，而强度低的富水岩样产生变形相对容易，变形量相对较大。这也说明，由于地下水的软化作用，改变了岩样的性状，地下水对岩样的循环变形性状产生了显著影响。

(4)岩样在没有形成贯通裂隙前，岩样的渗透性较弱，不同水压力条件对岩样的循环变形特性影响较小。

5.2.7 基岩与仰拱混凝土组合构件的累积变形规律

在固定动应力幅值为120 kPa、围压为200 kPa和地下水压50 kPa的条件下，对基岩与仰拱混凝土结构不同结合状态的组合构件分别进行加载频率为1 Hz和3 Hz的循环动载试验，并模拟基岩与仰拱混凝土浇筑层在施工过程中可能存在的三种结合状态，即浮渣清理彻底且无积水时的良好结合、有浮渣无积水和有浮碴且有积水，分析隧道底部组合构件累积变形的主要影响因素。图5-30～图5-32为振动频率为3 Hz时，不同结合状态下组合构件动应变-振动循环次数变化关系和动应力-应变变化关系曲线。图5-33～图5-35为振动频率为1 Hz时，各结合状态下组合构件动应变-振动循环次数变化和动应力-应变变化关系曲线。

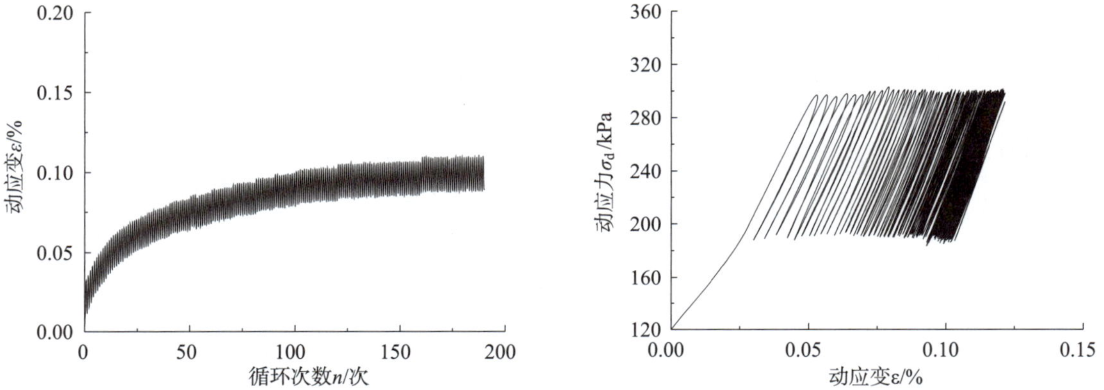

(a) 动应变-循环次数　　(b) 动应力-应变

图5-30　$f=3$ Hz，良好结合时的循环变化曲线

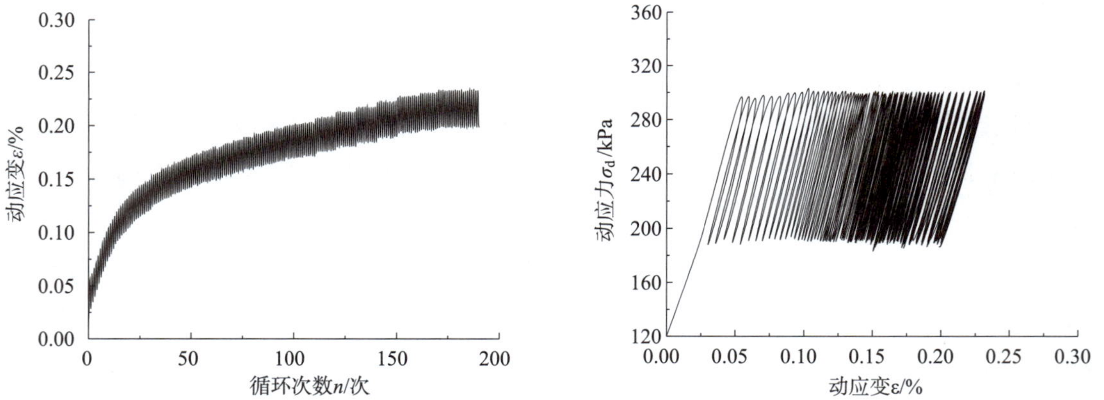

(a) 动应变-循环次数　　(b) 动应力-应变

图5-31　$f=3$ Hz，含有5 cm厚浮渣无积水时的循环变化曲线

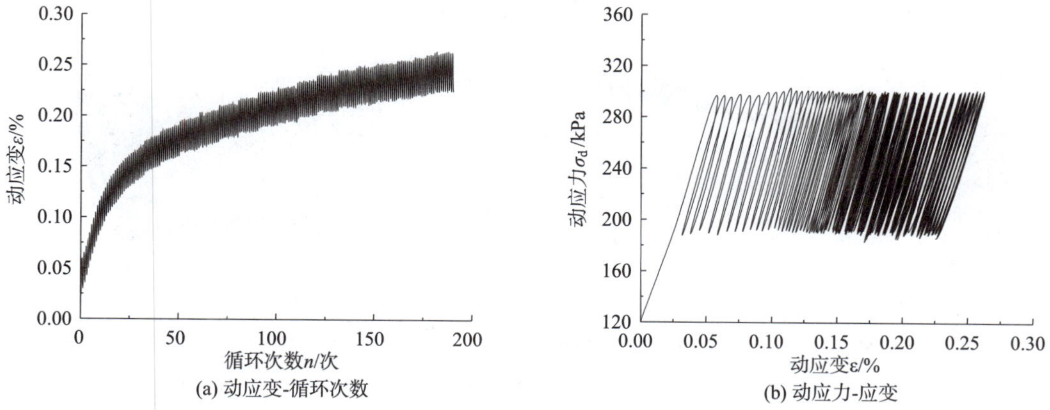

图 5-32　f=3 Hz，含有 5 cm 厚浮渣且有积水时的循环变化曲线

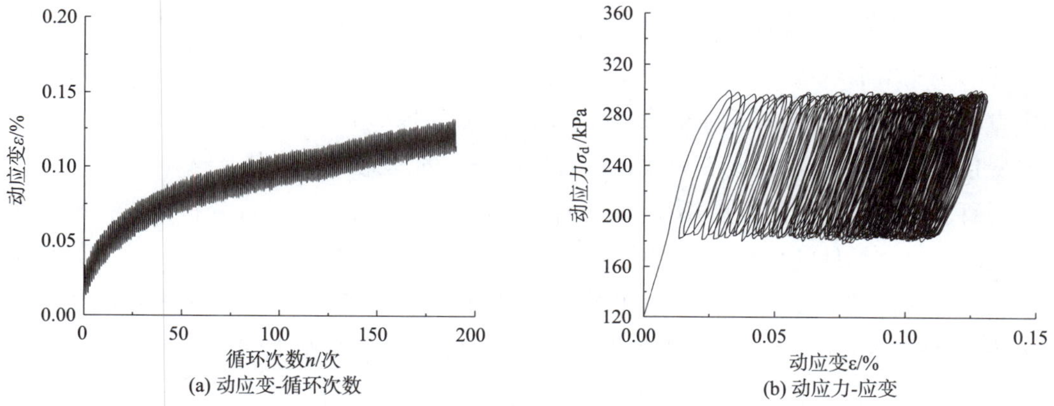

图 5-33　f=1 Hz，良好结合时的循环变化曲线

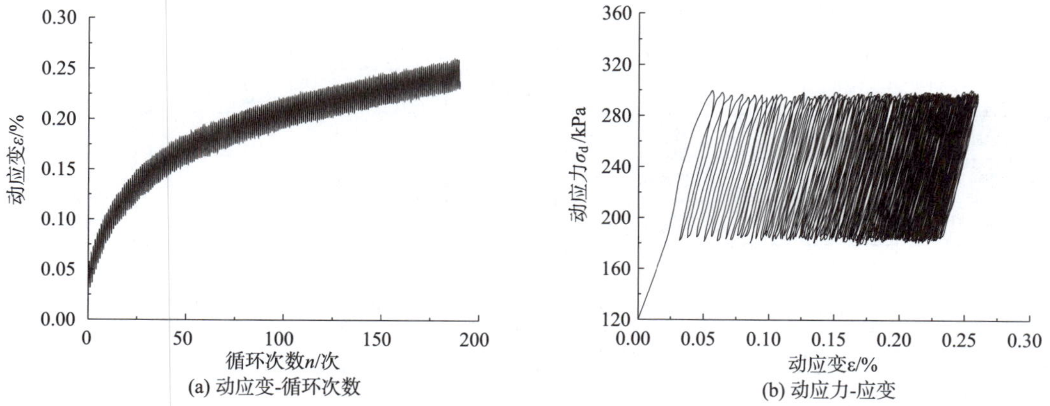

图 5-34　f=1 Hz，含有 5 cm 厚浮渣无积水时的循环变化曲线

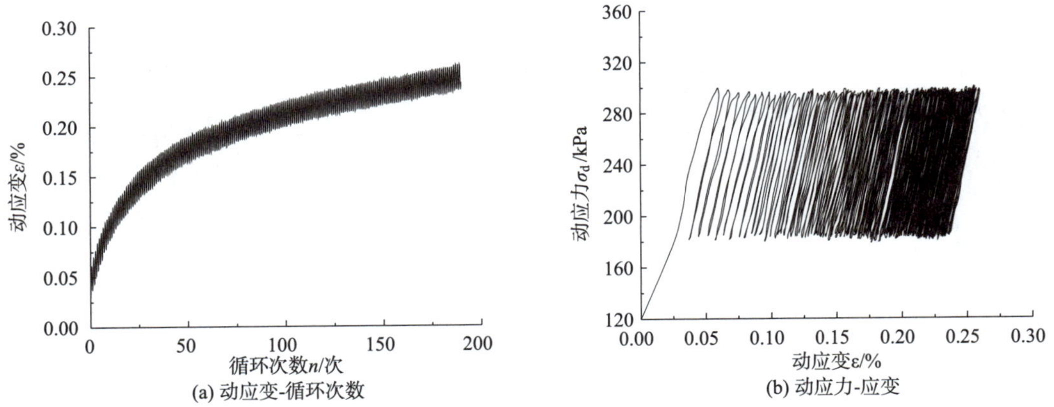

图 5-35 $f=1$ Hz，含有 5 cm 厚浮渣且有积水时的循环变化曲线

从图中可见，不同结合状态下，滞回曲线均表现为：加载初期，分布较疏，随着循环次数的增加，曲线越来越密集，曲线最终趋于稳定。动应变随循环次数的变化规律也类似，循环初期的动应变增加较快，循环加载一定次数后，相应的动应变增加速率变缓，在试验设定的动应力幅值下，动应变最终趋于稳定，而且不同的结合状态下，组合试件的动应力一应变曲线的变化幅值基本相同；振动变化幅值随着振动频率的降低有所减少。

为研究不可逆变形的发展规律，取组合试件各循环谷值应变进行分析。表 5-8 为不同接触状况下组合构件的累积变形试验结果。图 5-36 给出了 3 Hz 加载频率和 1 Hz 加载频率下各组合试件前 500 次循环的累积塑性应变化情况，图 5-37 给出了 3 Hz 加载频率和 1 Hz 加载频率下 50 万次循环变形组合试件的累积塑性应变变化曲线。

表 5-8 不同接触状况下组合构件的累积塑性应变结果 %

循环次数	$f=1$ Hz			$f=3$ Hz		
	无浮渣	有浮渣	有浮渣和积水	无浮渣	有浮渣	有浮渣和积水
1	0.013 7	0.031 6	0.037 0	0.011 1	0.028 4	0.029 6
2	0.015 7	0.037 6	0.044 1	0.015 2	0.035 5	0.037 1
5	0.025 1	0.056 2	0.063 4	0.024 2	0.053 0	0.057 8
10	0.034 7	0.078 3	0.086 8	0.033 6	0.077 1	0.086 4
20	0.048 2	0.108 6	0.118 6	0.046 7	0.106 7	0.120 9
50	0.070 2	0.154 8	0.164 1	0.063 6	0.140 7	0.160 1
100	0.088 6	0.193 3	0.201 7	0.080 4	0.169 2	0.190 6
200	0.111 4	0.247 1	0.254 2	0.094 1	0.198 7	0.225 3
500	0.152 0	0.339 2	0.358 3	0.127 3	0.264 8	0.298 6
1 000	0.183 9	0.380 2	0.422 3	0.161 1	0.300 5	0.351 7
2 000	0.201 1	0.425 2	0.475 4	0.181 3	0.336 2	0.391 6
5 000	0.231 8	0.483 2	0.537 0	0.208 6	0.381 0	0.437 9

续上表

循环次数	f=1 Hz			f=3 Hz		
	无浮渣	有浮渣	有浮渣和积水	无浮渣	有浮渣	有浮渣和积水
10 000	0.250 1	0.508 6	0.564 0	0.225 1	0.400 6	0.463 8
20 000	0.258 4	0.531 5	0.588 3	0.230 8	0.418 3	0.481 5
50 000	0.268 5	0.559 8	0.618 4	0.238 8	0.440 6	0.499 3
100 000	0.279 4	0.573 8	0.633 3	0.246 9	0.452 5	0.514 8
200 000	0.288 4	0.590 7	0.651 3	0.255 2	0.464 0	0.533 8
300 000	0.295 4	0.604 6	0.660 7	0.258 7	0.469 7	0.541 4
400 000	0.300 4	0.610 6	0.667 1	0.261 9	0.474 4	0.548 6
500 000	0.304 4	0.619 0	0.670 7	0.264 1	0.480 5	0.556 8

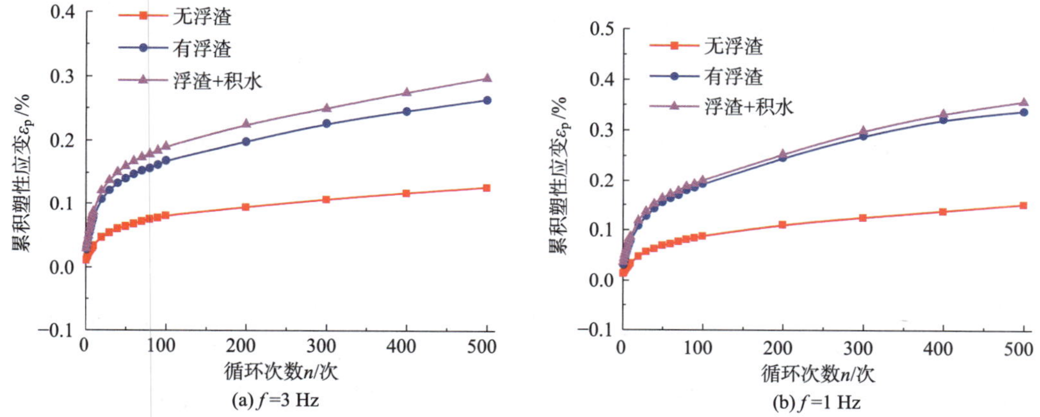

图 5-36　累积应变随循环的变化曲线(500 次)

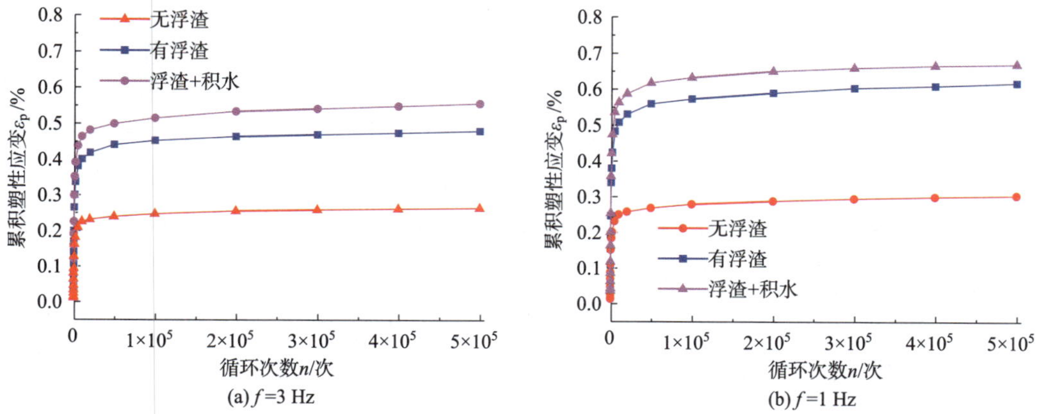

图 5-37　累积应变随循环的变化曲线(50 万次)

分析表 5-8、图 5-36 和图 5-37 可发现，不同结合状态下，试件的应变累积历史有所不同，特别是无浮渣构件的累积变形与有浮渣相比，差异较大。具体表现为：

(1)对于基底无浮渣的情况，3 Hz 和 1 Hz 加载 50 万次的累积应变分别为 0.26%和

0.30%；对于基底有浮渣工况，3 Hz 和 1 Hz 加载 50 万次的累积应变分别为 0.48%和 0.62%，分别是基底无浮渣工况累积变形量的 1.82 倍和 2.03 倍；对于基底有浮渣且有积水工况，3 Hz 和 1 Hz 加载 50 万次的累积应变分别为 0.55%和 0.67%，分别是基底无浮渣工况累积变形量的 2.11 倍和 2.20 倍。

(2)循环加载前期组合试件的累积变形增长较快，随着加载次数的增加迅速稳定，对于三种组合状态工况，3 Hz 加载频率下前 500 次加载的累积应变分别为 0.13%、0.26%和 0.29%；1 Hz 加载频率下前 500 次加载的累积应变分别为 0.15%、0.34%和 0.36%。若以 50 万次加载的累积变形作为总变形量，3 Hz 加载频率各结合状态下前 500 次的累积变形各占总变形量的 48.2%、55.1%和 53.6%，1 Hz 加载频率的各占 49.9%、54.5%和 53.4%。

对比振动频率为 1 Hz 和 3 Hz 的循环累积变形试验结果，相同组合状态工况和加载次数下，随着振动频率的增加，试件累积变形有所减小。

5.3 累积塑性应变模型的建立和参数确定

5.3.1 累积塑性应变模型

从已有的岩石和土类材料在循环荷载作用下的变形特性研究结果可知：一种合理的计算累积塑性应变的模型应当考虑到循环荷载的大小、作用次数、振动频率、岩土材料的物理状态以及应力历史等因素的影响。已有的累积塑性应变计算模型大致可分为指数型和对数型两类，其中应用最多的基于 Monismith 提出的指数模型[182]或其改进型[183-185]。另外，Parr G B、黄茂松等提出了对数型计算公式[186-187]，以及唐益群等提出了半对数计算模型[179]。分析这些模型可以看出，从最初的仅考虑循环荷载作用大小和作用次数，到考虑初始应力状态的影响，以及更进一步考虑动静偏应力的耦合效应，取得了较好的效果。不过，以往的研究成果局限于土类材料，对于富水软弱围岩在循环荷载作用下的累积应变计算模型研究甚少。为此，在 Chai 和 Miura 等人[184]提出的改进指数模型基础上，考虑到列车动荷载一般较小的特点，试样的累积塑性变形曲线呈稳定型，采用如下的数学方程来拟合累积塑性应变 ε_p 和循环次数 n 的关系曲线。

$$\varepsilon_p = a\,(k\eta_s + \eta_d)^m g(f) n^b \tag{5-4}$$

式中 ε_p——累积塑性应变；

η_d——动应力比，其表达式为 $\eta_d = \dfrac{\sigma_d}{\sigma_f}$；

η_s——静偏应力比，其表达式为 $\eta_s = \dfrac{\sigma_s}{\sigma_f}$，

其中 σ_d——动应力幅值，

σ_s——静偏应力值，

σ_f——静强度；

n——循环次数；

f——振动频率；

$g(f)$——考虑振动频率影响的函数；

a,b,k,m——试验参数。

当循环次数 $n=1$ 时且不考虑振动频率的影响，根据式(5-4)可得到第一次循环塑性应变 ε_1 为

$$\varepsilon_1 = a\,(k\eta_s + \eta_d)^m \tag{5-5}$$

5.3.2　不同应力水平下累积塑性应变拟合参数

利用数理统计学和最优化理论[188]，采用麦夸脱法(Levenberg-Marquardt)和通用全局最优化算法的组合算法，对不同动应力比和不同静偏应力比条件下的第一次循环塑性应变数据进行拟合，由此可得到式(5-5)的参数分别为 $a=0.21$，$k=0.75$，$m=1.60$，相关系数 $R^2=0.984$。采用该组参数对图 5-17 和图 5-23 的试验数据进行拟合，可进一步得到循环加载次数对累积变形曲线形状的影响系数 b，其取值见表 5-9。拟合效果分别如图 5-38 和图 5-39 所示。

表 5-9　不同应力水平下累积塑性应变拟合参数取值

动应力/kPa	静偏应力/kPa	b	相关系数 R^2	动应力/kPa	静偏应力/kPa	b	相关系数 R^2
30	180	0.169 4	0.959	120	30	0.212 6	0.945
60	180	0.188 7	0.975	120	60	0.212 9	0.973
90	180	0.206 1	0.950	120	90	0.212 8	0.968
120	180	0.215 3	0.957	120	120	0.213 5	0.964
180	180	0.222 4	0.981	120	180	0.215 3	0.957

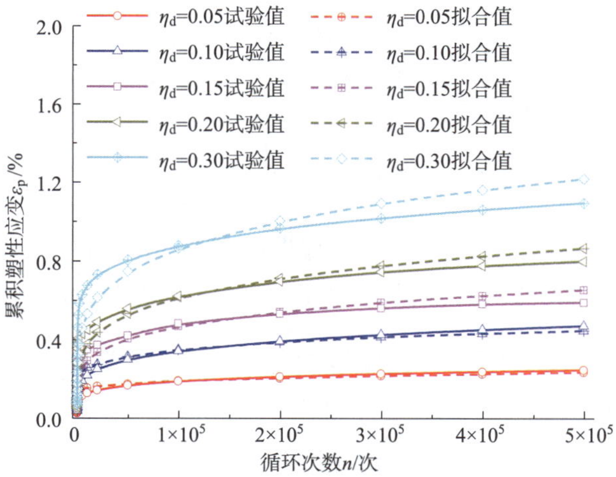

图 5-38　不同动应力下变形曲线拟合效果($\eta_s=0.3$)

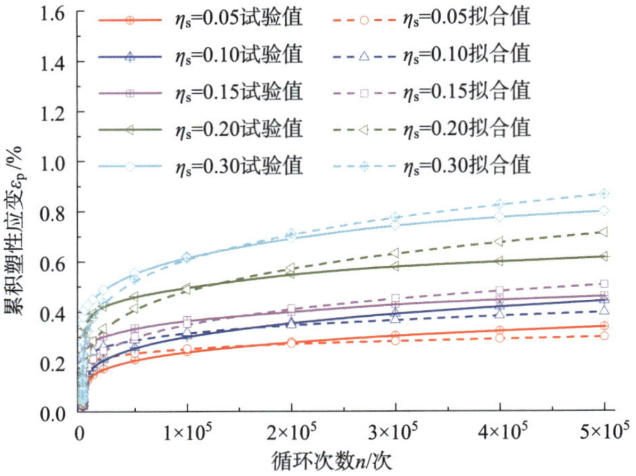

图 5-39　不同静偏应力下变形曲线拟合效果(η_d=0.3)

由表 5-9 可知，参数 b 随动应力的增加而增大，当静偏应力增大时，其变化很小。可见，参数 b 的取值主要与动应力水平相关。b 与 η_d 的关系曲线如图 5-40 所示。采用相关曲线方程拟合参数 b 与 η_d 的关系，可表示为

$$b=0.03\ln \eta_d+0.2654 \tag{5-6}$$

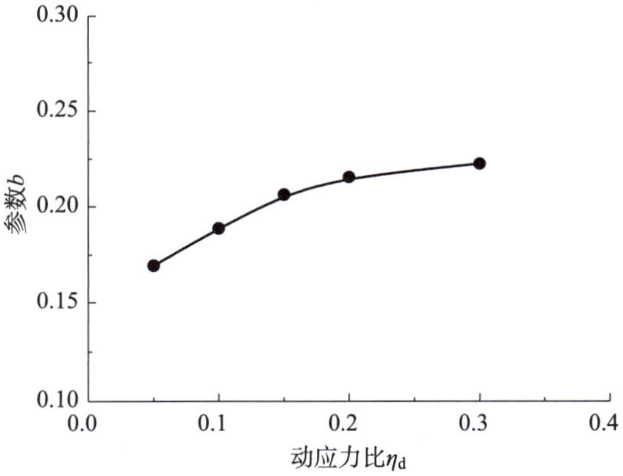

图 5-40　参数 b 与动应力比 η_d 之间的关系曲线

5.3.3　不同振动频率下累积塑性应变拟合参数

固定其他参数，通过引入函数 $g(f)$ 来考虑振动频率的影响，用式(5-4)对图 5-24 中不同频率下的累积应变曲线进行拟合，得到表 5-10 所示的拟合参数，拟合效果如图 5-41 所示。

表 5-10　不同振动频率下拟合参数取值

振动频率/Hz	$g(f)$	相关系数 R^2
1	1.470 3	0.969
2	1.266 1	0.973

续上表

振动频率/Hz	$g(f)$	相关系数 R^2
3	1.000 0	0.953
7	0.502 9	0.966
10	0.418 2	0.972

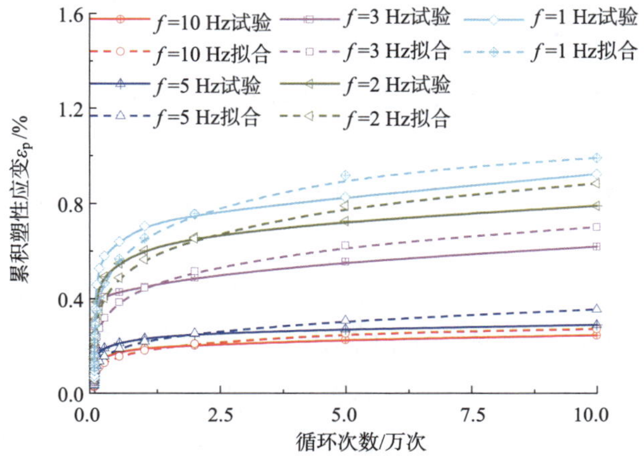

图 5-41　不同振动频率下变形曲线拟合效果

由图 5-38、图 5-39、图 5-41 可知，采用式(5-4)对累积塑性变形随循环次数变化关系曲线进行拟合，拟合效果比较理想，随着振动频率的增加，相同振次下的累积塑性应变减少。频率对塑性变形的影响比较明显。

函数 $g(f)$与频率 f 之间的关系拟合曲线如图 5-42 所示。对应的曲线方程为

$$g(f)=1.623\ 6e^{-0.146\ 1f} \tag{5-7}$$

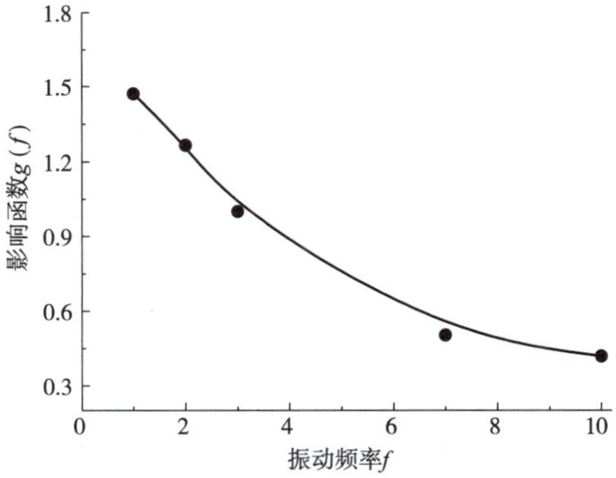

图 5-42　函数 $g(f)$与频率之间的关系曲线

由于试验条件限制，对不同围压下的试验数据有限，较难得到考虑围压影响的拟合方程，这方面的研究有待进一步开展。对应地下水流的影响，通过前面的分析可知，在岩样裂隙贯通之前，岩样渗透性较弱，因而对变形的影响有限。但是，地下水对岩样的强度影响较大，而强度的弱化则可从动静应力比中体现出来，即同一动应力幅值，极限强度减小，则动应力比增大。所以，本次拟合方程没有考虑地下水的影响。

将式(5-5)、式(5-6)和式(5-7)代入式(5-4)中，便可得到综合考虑动应力幅值、静偏应力、振动频率和循环次数的循环累积塑性应变模型

$$\varepsilon_p = 0.21 \times (0.75\eta_s + \eta_d)^{1.60}(1.6236e^{-0.1461f})n^{0.03\ln\eta_d + 0.2654} \tag{5-8}$$

依据上述试验结果分析，本章可得出如下结论：

(1)富水基岩累积变形在低应力水平($\eta_d \leqslant 0.3$)循环荷载作用下表现为稳定收敛型发展曲线，在高应力水平($\eta_d \geqslant 0.5$)循环荷载作用下，表现为呈倒"ζ"发散破坏型发展曲线。

(2)不同动应力水平下，富水软岩的应变累积历史不同，随着动应力水平的提高，初期循环作用完成的累积应变占总应变的比重逐渐减少。

(3)静偏应力对软岩的累积变形影响较明显，同一动应力水平下，富水软岩不可逆累积变形随着静偏应力的提高而增大。

(4)振动频率对富水软岩的变形性状影响明显，在低频范围内，加载频率越低，试件累积变形越大。

(5)围压越大，相同动载时富水软岩岩样的变形越大，也越容易破坏。

(6)软岩在有地下室的累积变形明显比无地下室的大，前者约是后者的 2 倍；在有地下水时，地下水压越大，累积变形越大，但累积变形随地下水压的增长幅度较小。

(7)隧道基岩与仰拱混凝土层的结合状态对累积变形影响较大，隧道基底有浮渣有积水时的累积变形约是无浮渣时的 2.2 倍，可见施工中及时清除隧底浮渣和积水是控制隧道底部结构变形的有效措施之一。

第 6 章 隧道底部结构及基岩拉压损伤机理与损伤模型

隧道衬砌作为一种混凝土结构，其表面或内部组织由于水化作用、骨料不规则和质量不均匀等原因不可避免地存在毛细孔、空洞或微裂隙等缺陷，即初始损伤[189]。在列车循环荷载作用下，结构存在初始缺陷的位置易产生应力集中，局部区域内的结构晶粒将发生塑性应变，塑性应变逐步累积造成结构损伤的不断发展，最终表现出宏观疲劳裂纹；结构疲劳损伤随着荷载的反复作用继续累积，疲劳裂纹持续产生、扩展、汇集、贯通，最终导致结构的疲劳破坏。因此，将损伤变量耦合到混凝土衬砌结构的应力或应变场计算中，采用含损伤变量的本构模型对隧道衬砌结构动力响应进行分析和计算不仅更加合理、精确，而且可以动态追踪和量化衬砌结构的损伤程度，对隧道结构安全性评价具有重要意义。

本章在论述混凝土和岩土损伤理论的基础上，分别采用考虑混凝土拉、压损伤的双标量损伤变量以及考虑软岩弹性损伤和塑性损伤的两阶段损伤变量，导出了混凝土和软岩的损伤演化方程；进一步将损伤引入到双曲线 Druker-Prager 屈服准则（以下简称为 D-P 准则）中，采用非关联流动法则建立混凝土和软岩的弹塑性损伤模型；推导损伤模型本构积分算法的迭代格式，开发本构模型的计算程序，并结合已有的试验结果对模型进行验证。

6.1 隧道底部结构及基岩的受力特征与损伤机制

铁路隧道基底围岩不仅受到隧道结构和周围岩土体的静荷载作用，同时还受到列车运行传递来的循环振动荷载，受力状态极其复杂。大量的既有铁路隧道病害现场调查表明[190]：在富水条件下，隧道基岩（尤其是基底软岩如泥岩等）在长期循环荷载作用下会泥化并随水流失，其力学性能显著降低，从而产生较大的变形甚至破坏，出现诸如翻浆冒泥现象。因此，合理描述这种静动荷载耦合作用下岩土的渐进损伤演化过程是有效评价隧道基底状况的关键，从而能更准确地反映隧道结构的赋存状态。

6.1.1 仰拱受力特征与损伤机制

隧底结构是为改善上部支护结构受力条件而设置在隧道底部的反向拱形结构，是隧道结构的重要组成部分。

隧道仰拱结构主要承受三种载荷共同作用:围岩压力、轨道结构与填充层的自重(恒静载)、轨道结构传递的列车动载作用,如图 6-1 所示。围岩压力和结构自重是隧底结构所受的基本荷载;列车通过时,隧底结构承受列车循环荷载。在竖向荷载作用下,拱脚处会产生水平力,正是由于这个水平反力的作用,使期内受到横向压力作用,这是拱式体系区别于梁的一个重要标志。因此,隧底结构处于三维力学环境中,受到竖向、纵向及横向不同应力的作用。

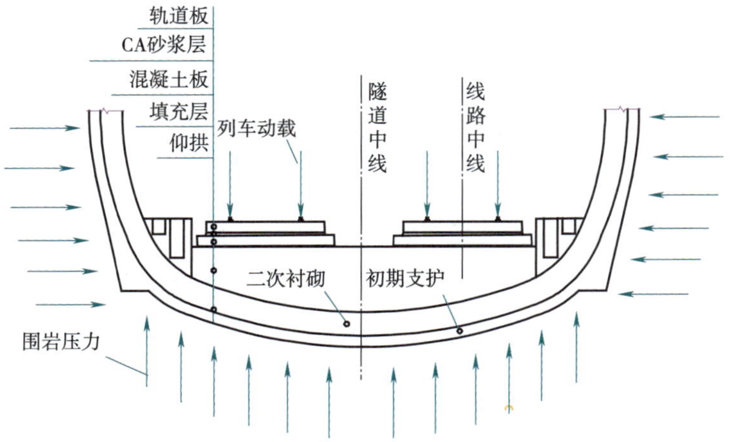

图 6-1　隧底结构受力示意图

此外,仰拱结构同时受到竖向基底抗力和水平向边墙抗力的约束,以及仰拱端部受到转角约束。由此可见,在隧底力学环境中的仰拱结构可简化为两端受到部分约束的弹性地基梁。

隧道衬砌结构多为偏心受压构件,如果不考虑高围岩压力作用下的压碎性破坏,则可以认为,隧底结构的累积损伤和疲劳破坏主要源于两种基本的力学机制:受弯损伤和受剪损伤。受弯损伤代表仰拱结构外侧结构材料受拉破坏。最大拉应力理论认为引起结构脆性破坏的因素是最大拉应力,即认为材料破坏由受拉损伤机制为控制因素。受剪损伤为结构材料内黏结力的破坏,并适用于 Mohr-Coulomb 破坏准则和 D-P 破坏准则。

6.1.2　隧道基岩损伤机制

既有的研究成果表明[190],铁路隧道基底围岩损伤演化发展过程大致可划分为四个阶段:

(1)基底初始状态。在列车、地下水、围岩压力作用下,基岩状态完好,底部围岩与仰拱结构无裂损,围岩裂隙水汇集于隧道底部形成基底积水,此阶段列车通过时,基底与轨道产生的沉降较小,运行状态良好。

(2)围岩开始裂损、受水流冲刷。在列车冲击荷载作用下,轨道下方围岩产生开裂、破碎及粉化；另一方面受季节性水流与列车引起动水流冲刷，破碎粉化后的基底虚渣颗粒随水流而流失。此阶段，列车通过时，基底与轨道的沉降无明显增大，列车运行状态平稳。

(3)围岩形成空洞。随着列车冲击次数的不断增长，基底围岩虚渣破碎、粉化程度不断加剧，范围将不断扩大，季节性水流与动水流冲刷使破碎、粉化后的细颗粒经由水力通道流失，进而导致基底吊空与基底空洞产生。此阶段，列车通过时，基底与轨道沉降会产生较为显著的增长，列车经过会产生轻微晃动，但仍满足运营安全的基本要求。

(4)围岩破坏，翻浆冒泥。当围岩产生空洞后，底部结构失去底部支承，在长期列车冲击作用下产生疲劳裂损，基底泥浆随裂缝入渗，形成翻浆冒泥等显性基底病害。此阶段，随着基底泥浆涌出，基底脱空及空洞会迅速增大，列车通过引起的基底及轨道沉降大幅提高，列车经过会产生强烈晃动。

因此，列车循环动载、地下水，是导致基底结构与基岩裂损的重要诱因。

6.2　混凝土和岩土弹塑性损伤理论

6.2.1　损伤研究方法简介

混凝土和岩土的非线性力学行为主要由微观裂纹或空洞引起，这些微观缺陷的出现和扩展称为损伤，它会引起材料力学性能的劣化，这个劣化过程是不可逆的。根据研究的特征尺度不同，损伤的研究方法总体上可分为三种：微观方法、细观方法和宏观方法[61,62]。

微观方法是在原子或分子的微观尺度上研究材料损伤的物理过程，并基于量子统计力学导出损伤的宏观响应。该方法需要有原子结构、微观物理等方面的知识和极大容量的计算设备。微观方法为宏观损伤理论提供了较高层次的实验基础，有助于提高对损伤机制的认识。但是，由于该方法着重于微观结构的物理机制，很少直接考虑损伤的宏观变形和应力分布，而且目前在建立微观结构变化与宏观力学响应之间的关系上存在较大难度。因此，微观方法很难直接用于工程结构的宏观力学行为分析。

细观方法是从材料的细观结构出发，对不同的损伤机制加以区分，着眼于损伤过程的物理机制。该方法通过对细观结构变化的物理过程的研究，探索材料破坏的本质与规律，并采用某种力学平均化方法，将细观结构单元的研究结果反映到材料的宏观性质中去。细观方法主要研究材料细观结构如微裂纹、微孔洞、剪切带等的损伤演化过程。细观方法一方面忽略了过于复杂的微观物理过程，避免了微观统计力学的繁琐计算，另一方面又包含了不同材料的细观几何构造，为损伤变量和损伤演化方程的建立提供了物理背景。

宏观方法也称为唯象学方法，它着重考察损伤对材料宏观力学性质的影响以及结构的损伤演化过程，而不追究损伤的物理背景和材料内部的细观结构变化。该方法是通过引进内部变量，将细观结构变化映射到宏观力学变化上加以分析的，即在本构关系中引入损伤变量，采用带有损伤变量的本构关系真实地描述受损材料的宏观力学行为。由于宏观方法是从宏观现象出发，并且模拟宏观力学行为，所以方程及其参数的确定往往是半经验半理论的，且具有明确的物理意义，可直接反映结构的受力状态。因此，采用宏观方法建立的损伤本构方程便于应用到结构设计、寿命计算及安全分析中。但该方法不能从细观、微观结构层次上弄清损伤的形态与变化。宏观方法是基于宏观尺度上的连续介质力学，把包含各种缺陷的材料笼统地看成是一种包含损伤的连续介质，通过引入损伤变量来描述损伤状态，并在满足力学和热力学基本公设和定量的条件下唯象地确定材料的物理方程和损伤演化规律。

根据研究对象的特点以及上述各类损伤研究方法的优缺点，采用宏观方法研究列车振动荷载作用下隧道结构的损伤，其主要研究过程包括以下三个阶段：

(1)定义合适的损伤变量来描述微观缺陷的宏观力学效果；

(2)建立损伤变化演化方程；

(3)建立含有损伤变量的描述损伤材料力学行为的本构方程。

6.2.2 损伤变量表达式

经典弹塑性力学的本构关系中并未引入材料损伤的内变量。为描述结构的损伤特性，并将损伤作为内变量导入本构关系中，首先需要定义合适的损伤变量，使之能够关联损伤构型和无损构型。

损伤变量是损伤力学中最重要的基本概念，用于表征材料微观缺陷的损伤状态。一般情况下，损伤变量可以通过材料微结构的物理分析，如孔隙长度、孔隙面积、孔隙体积、孔隙形状，也可以通过物理量如密度、弹性模量、超声波波速、电阻等来定义。损伤变量可以是标量或张量，如材料的损伤是各向同性的，其损伤变量是标量；而在描述各向异性损伤时，损伤变量为张量。

沿引 Rashid[191] 对于一维损伤变量 D 的定义：损伤变量是表征结构内部微观损伤变化的宏观物理量，以反映荷载作用引起的结构微缺陷及微裂隙萌生与扩展。图 6-2 给出了在竖向荷载 T 和纵向荷载 P 的作用下长方体结构试件的损伤状态，其中，结构损伤面积 A_D 为剖面面积 A 减去有效面积 $\overline{A}$。

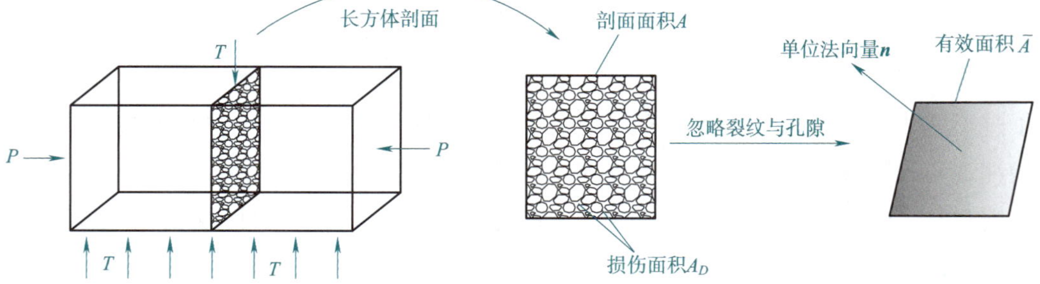

图 6-2 试件损伤状态示意图

据此可知，将损伤变量定义为材料内部有效面积的减少具有明确的物理意义。若将材料考虑成各向同性，损伤变量用标量 D 表征为 A_D 和 A 的比值的形式，则：

$$D=1-\frac{\bar{A}}{A}=\frac{A-\bar{A}}{A}=\frac{A_D}{A} \tag{6-1}$$

式中　D——损伤变量，一般 $0\leqslant D\leqslant 1$，当 $D=0$ 时对应于无损伤状态，当 $D=1$ 时对应于完全损伤（断裂）状态。

6.2.3　弹塑性损伤本构方程

损伤使得材料承受的净应力（有效应力）$\tilde{\sigma}$ 大于名义应力（Cauchy 应力）σ。根据 Lemaitre 等效应变假定：应力 σ 作用在受损材料上引起的应变与有效应力 $\tilde{\sigma}$ 作用在无损材料上引起的应变等价[62]。相应的表达式为

$$\tilde{\sigma}=\frac{\sigma}{1-D} \tag{6-2}$$

根据这一原理，受损材料的本构方程可由无损材料中的名义应力 σ 得到，可表示为

$$\varepsilon=\frac{\tilde{\sigma}}{E}=\frac{\sigma}{E(1-D)} \tag{6-3}$$

式中　E——弹性模量。

式(6-3)表示的就是简单的一维问题的弹性损伤本构方程。进一步，推广到三维弹性空间，用张量表示的损伤应力-应变关系

$$\boldsymbol{\sigma}_{ij}=\frac{\boldsymbol{C}_{ijkl}}{(1-D)}\boldsymbol{\varepsilon}_{kl}^{e}=\tilde{\boldsymbol{C}}_{ijkl}\boldsymbol{\varepsilon}_{kl}^{e} \tag{6-4}$$

式中　$\boldsymbol{\sigma}_{ij}$——应力张量；

$\boldsymbol{\varepsilon}_{kl}^{e}$——弹性应变张量；

$\boldsymbol{C}_{ijkl}$——初始无损弹性刚度矩阵，i,j,k,l 为张量下标，用于不同阶次的张量运算。

$\tilde{\boldsymbol{C}}_{ijkl}$——损伤弹性刚度矩阵。

结构材料的损伤值与其弹性变形相关，而损伤的发展则进一步影响结构材料的塑性变形。因此，结构材料的总应变张量 ε 应变可表示为弹性应变张量 ε^{e} 与塑性应变张量 ε^{p} 之和。将其代入式(6-4)，并对其微分后可得到损伤增量应力-应变关系为

$$\mathrm{d}\boldsymbol{\sigma}_{ij}=\tilde{\boldsymbol{C}}_{ijkl}(\mathrm{d}\boldsymbol{\varepsilon}_{kl}-\mathrm{d}\boldsymbol{\varepsilon}_{kl}^{p})+\mathrm{d}\tilde{\boldsymbol{C}}_{ijkl}(\boldsymbol{\varepsilon}_{kl}-\boldsymbol{\varepsilon}_{kl}^{p}) \tag{6-5a}$$

式中　$\mathrm{d}\boldsymbol{\sigma}_{ij}$——应力增量；

$\mathrm{d}\tilde{\boldsymbol{C}}_{ijkl}$——损伤弹性刚度矩阵增量；

$\boldsymbol{\varepsilon}_{kl}^{p}$——塑性应变；

$\mathrm{d}\boldsymbol{\varepsilon}_{ij}^{p}$——塑性应变增量。

式(6-5a)即为考虑损伤的弹塑性增量应力-应变关系。

根据等效应变假定，式(6-5a)可用有效应力来表示，即

$$\begin{aligned}\mathrm{d}\boldsymbol{\sigma}_{ij} &= (1-D)\mathrm{d}\tilde{\boldsymbol{\sigma}}_{ij} - \mathrm{d}D\tilde{\boldsymbol{\sigma}}_{ij} \\ &= (1-D)\boldsymbol{C}_{ijkl}(\mathrm{d}\boldsymbol{\varepsilon}_{kl} - \mathrm{d}\boldsymbol{\varepsilon}_{kl}^{\mathrm{p}}) - \mathrm{d}D\boldsymbol{C}_{ijkl}(\boldsymbol{\varepsilon}_{kl} - \boldsymbol{\varepsilon}_{kl}^{\mathrm{p}})\end{aligned} \tag{6-5b}$$

由此，得到了用有效应力表示的弹塑性损伤本构模型的一般表达式。混凝土和岩土损伤本构理论的发展已有几十年，国内外学者也提出了多种损伤模型，从不同角度对材料的劣化行为进行描述，这些模型的实质差别就在于损伤变量的定义以及损伤演化方程的不同。

6.3 混凝土衬砌和软岩弹塑性损伤本构模型

由于混凝土和软岩损伤演化过程的差异，采用不同的损伤变量和损伤演化方程来考虑各自的损伤特性；而在弹塑性框架内，则采用相同形式的屈服函数、塑性势函数和流动法则，仅通过材料参数来反映其强度和变形特性的差别，这样方便统一推导过程，建立混凝土和软岩弹塑性损伤模型。

6.3.1 混凝土损伤变量及损伤演化方程

混凝土是一种典型的拉、压强度异性的材料，其在拉伸和压缩状态下的应力-应变关系不一致，损伤对其的影响程度也不同。为了合理描述混凝土材料的力学行为，必须分别考虑拉、压损伤。鉴于 Loland 损伤模型能较好地反映峰值应力之前的应力-应变关系，而 Mazars 模型能较准确地描述混凝土材料峰值应力之后的软化过程，黄娟[97]综合考虑了 Loland 损伤模型和 Mazars 损伤模型的这些特点，提出将两个模型结合起来，使损伤方程更准确地描述混凝土非线性变化的全过程，由此建立了双标量的损伤变量和损伤演化方程。

材料的总损伤 D 由拉损伤 D_{t} 和压损伤 D_{c} 组成，采用式(6-6)描述[97]：

$$D = \alpha_{\mathrm{t}} D_{\mathrm{t}} + \alpha_{\mathrm{c}} D_{\mathrm{c}} \tag{6-6}$$

式中 α_{t}——拉损伤权重系数，$0 \leqslant \alpha_{\mathrm{t}} \leqslant 1$；

α_{c}——压损伤权重系数，$0 \leqslant \alpha_{\mathrm{c}} \leqslant 1$。

权重系数 α_{t}、α_{c} 由当前主应力的比重确定，满足以下关系：

$$\alpha_{\mathrm{t}} + \alpha_{\mathrm{c}} = 1;\quad \alpha_{\mathrm{t}} = \frac{\sum_{i=1}^{3}\langle \sigma_i \rangle}{\sum_{i=1}^{3}|\sigma_i|};\quad \alpha_{\mathrm{c}} = \frac{\sum_{i=1}^{3}\langle -\sigma_i \rangle}{\sum_{i=1}^{3}|\sigma_i|} \tag{6-7}$$

式中 $\langle \cdot \rangle$——Macauley 符号，可表示为$\langle x \rangle = \begin{cases} x & \text{当 } x>0 \\ 0 & \text{当 } x\leqslant 0 \end{cases}$；

σ_i——主应力。

拉、压损伤变量表达式为

$$D_i=\begin{cases} D_0+(1-D_0-\zeta_i)\left(\dfrac{\varepsilon_{\mathrm{eq}i}}{\varepsilon_{f_i}}\right)^{\zeta_i/(1-D_0-\zeta_i)} & (0\leqslant\varepsilon_{\mathrm{eq}i}\leqslant\varepsilon_{f_i}) \\ 1-\dfrac{\zeta_i\varepsilon_{f_i}(1-A_i)}{\varepsilon_{\mathrm{eq}i}}-\dfrac{\zeta_i A_i}{\exp[B_i(\varepsilon_{\mathrm{eq}i}-\varepsilon_{f_i})]} & (\varepsilon_{\mathrm{eq}i}>\varepsilon_{f_i}) \end{cases} \tag{6-8}$$

式中　i——标示符号，$i=\mathrm{t}$ 时表示受拉损伤参数，$i=\mathrm{c}$ 时表示受压损伤参数；

D_0——材料的初始损伤；

A_i,B_i——材料特征参数，对于一般混凝土材料，$0.7<A_{\mathrm{t}}<1.0$，$1.0<A_{\mathrm{c}}<1.5$，$1.0\times10^4<B_{\mathrm{t}}<1.0\times10^5$，$1.0\times10^3<B_{\mathrm{c}}<2.0\times10^3$；

ζ_i——材料参数；

$\varepsilon_{\mathrm{eq}i}$——等效应变。

式(6-8)中材料参数 ζ_i 的计算式为

$$\zeta_i=\frac{f_i}{E_0\cdot\varepsilon_{f_i}}$$

式中　f_i——拉伸或压缩时的峰值应力；

ε_{f_i}——与拉伸或压缩时峰值应力对应的应变；

E_0——无损状态下的弹性模量。

式(6-8)中，等效拉应变的定义为

$$\varepsilon_{\mathrm{eqt}}=\sqrt{\sum_{k=1}^{3}\langle\varepsilon_k\rangle^2} \tag{6-9}$$

式中　ε_k——主应变，受拉为正，受压为负，$k=1,2,3$。

等效压应变的定义为

$$\varepsilon_{\mathrm{eqc}}=\sqrt{\sum_{k=1}^{3}\langle-\varepsilon_k\rangle^2} \tag{6-10}$$

对式(6-8)微分，可得到相应的损伤演化方程，即

$$\mathrm{d}D_i=\begin{cases} \dfrac{\zeta_i}{\varepsilon_{\mathrm{eq}i}}\left(\dfrac{\varepsilon_{\mathrm{eq}i}}{\varepsilon_{f_i}}\right)^{[\zeta_i/(1-D_0-\zeta_i)]}\mathrm{d}\varepsilon_{\mathrm{eq}i} & \text{当 } 0\leqslant\varepsilon_{\mathrm{eq}i}\leqslant\varepsilon_{f_i},\ i=\mathrm{t}\text{ 或 c} \\ \dfrac{\zeta_i\varepsilon_{f_i}(1-A_i)}{\varepsilon_{\mathrm{eq}i}^2}+\dfrac{\zeta_i A_i B_i}{\exp[B_i(\varepsilon_{\mathrm{eq}i}-\varepsilon_{f_i})]}\mathrm{d}\varepsilon_{\mathrm{eq}i} & \text{当 } \varepsilon_{\mathrm{eq}i}>\varepsilon_{f_i},\ i=\mathrm{t}\text{ 或 c} \end{cases} \tag{6-11}$$

6.3.2　软岩损伤变量及损伤演化方程

软岩，虽然这个名词在工程界已为人们所熟知，但实际上对软岩的概念还是相对模糊的，不同类型软岩的变形特性相差也很大。为便于分析，本文中软岩指砂质泥岩。

损伤对软岩弹塑性的影响主要体现在其弹性参数、屈服函数、塑性势函数和硬化参数等方面。根据第 5 章砂质泥岩的单轴压缩试验可知[192]，在达到峰值强度前，其残余变形较小，应力-应变表现为非线性弹性形式，因此，该阶段采用弹性损伤来描述；在屈服阶段，假定其满足双曲线 D-P 屈服准则，塑性损伤发展过程中，强度也满足双曲线 D-P 屈服准则。

材料的总损伤 D 由弹性损伤 D_e 和塑性损伤 D_p 组成，可表示为

$$D=D_e+D_p \tag{6-12}$$

弹性损伤采用如下指数函数来表示：

$$D_e=a_1\left(\frac{\varepsilon_e}{\varepsilon_f}\right)^{b_1} \tag{6-13}$$

式中 a_1，b_1——材料损伤参数，通过试验拟合确定；

ε_e——弹性应变；

ε_f——压缩时峰值应力对应的应变。

对式(6-13)微分，可得到相应的损伤演化方程，即

$$\mathrm{d}D_e=\frac{a_1 b_1}{\varepsilon_f}\left(\frac{\varepsilon_e}{\varepsilon_f}\right)^{b_1-1}\mathrm{d}\varepsilon_e \tag{6-14}$$

结合已有的研究成果[150]，塑性损伤采用如下表达式：

$$D_p=1-a_2\exp\left(\frac{-b_2\bar{\varepsilon}_p}{\bar{\varepsilon}_{pmax}}\right) \tag{6-15}$$

式中 a_2，b_2——材料损伤参数，通过试验拟合确定；

$\bar{\varepsilon}_p$——等效塑性应变；

$\bar{\varepsilon}_{pmax}$——极限塑性应变。

对式(6-15)微分，可得到相应的损伤演化方程，即

$$\mathrm{d}D_p=\frac{a_2 b_2}{\bar{\varepsilon}_{pmax}}\exp\left(\frac{-b_2\bar{\varepsilon}_p}{\bar{\varepsilon}_{pmax}}\right)\mathrm{d}\bar{\varepsilon}_p \tag{6-16}$$

6.3.3 双曲线 D-P 屈服准则和塑性势函数

试验研究结果表明，D-P 准则符合混凝土、岩石等材料的破坏特征，是混凝土和岩石常用的一种屈服准则[193]。但线性 D-P 准则高估了材料的抗拉强度，不能准确描述材料的抗拉性能。为了反映材料的拉、压强度的异性，人们提出了双曲线 D-P 屈服准则。双曲线 D-P 屈服准则是将 Rankine 最大拉应力准则和线性 D-P 准则组合而成的连续函数，采用双曲线形式来表达。在循环荷载作用下，混凝土和岩土材料的屈服面随着拉、压受力状态的变化而变化，其屈服强度随着损伤的发展逐渐减小，同时，损伤与塑性流动是同步发展的，对这一特性的描述一般是通过在屈服面上引入损伤，即对屈服面进行损伤修正来考虑。

根据损伤力学理论，应在有效应力空间来考虑材料的塑性问题。假定损伤只影响材料的黏聚力 c，对材料的内摩擦角 φ 没有影响[194,195]。以有效应力不变量和损伤变量形式表示的双曲线 D-P 准则表达式为

$$F=\sqrt{a^2k^2(1-D)^2+\tilde{J}_2}+\alpha\tilde{I}_1-k(1-D) \tag{6-17}$$

$$\tilde{I}_1=\tilde{\sigma}_1+\tilde{\sigma}_2+\tilde{\sigma}_3;\quad \tilde{J}_2=\frac{1}{2}\tilde{s}_{ij}\tilde{s}_{ij};\quad \tilde{s}_{ij}=\tilde{\sigma}_{ij}-\frac{1}{3}\tilde{\sigma}_k\delta_{ij} \tag{6-18}$$

$$\alpha=\frac{2\sin\varphi}{\sqrt{3}(3+\sin\varphi)};\quad k=\frac{6c\cos\varphi}{\sqrt{3}(3+\sin\varphi)};\quad a=1-\frac{\alpha f_t}{k}\quad(0\leqslant a\leqslant 1) \tag{6-19}$$

式中　$\widetilde{I}_1$——有效应力空间应力张量的第一不变量大小；

$\widetilde{J}_2$——有效应力空间偏应力张量的第二不变量大小；

$\widetilde{s}_{ij}$——有效应力空间偏应力张量大小；

δ_{ij}——Kronecker 符号，表示为 $\delta_{ij}=\begin{cases}1 & 当\ i=j\\0 & 当\ i\neq j\end{cases}$；

α,k,a——计算参数；

c,φ——黏聚力和内摩擦角；

f_t——材料的抗拉强度，对于软岩，取其抗拉强度为 0。

在子午面上，双曲线 D-P 准则的轨迹如图 6-3 所示。图中，$\sigma_{平均}$ 是平均应力，可表示为 $\sigma_{平均}=\dfrac{I_1}{3}$；$\bar{\sigma}$ 是等效剪应力，表示为 $\bar{\sigma}=\sqrt{J_2}$。

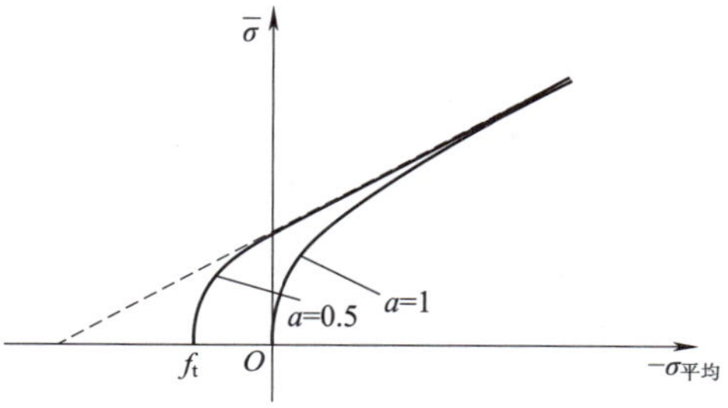

图 6-3　子午面上的双曲线 D-P 屈服准则

由图 6-3 可知，采用双曲线形式的屈服准则，一方面可以通过调整参数 a 来反映材料的抗拉强度；另一方面，可以修正线性屈服面上的尖点，使得尖角光滑，能有效避免尖角带来的数值计算发散和收敛缓慢问题。

塑性势函数 G 选取与屈服函数相似的形式，即

$$G=\sqrt{a^2k^2\ (1-D)^2+\widetilde{J}_2}+\alpha_p\widetilde{I}_1 \tag{6-20}$$

式中　α_p——反映材料膨胀性的系数，对混凝土材料而言，一般取为 0.2～0.3[196]。

若取 $\alpha_p=\alpha$，则为相关联流动；若取 $\alpha_p\neq\alpha$，则为非关联流动。

根据塑性理论的正交流动法则，塑性应变率可表示为

$$\mathrm{d}\varepsilon_{pij}=\mathrm{d}\lambda\frac{\partial G}{\partial\widetilde{\sigma}_{ij}} \tag{6-21}$$

式中　$\mathrm{d}\lambda$——塑性流动因子，用来确定塑性增量的大小。

硬化法则采用各向同性硬化，取黏聚力 c 为硬化参数，将其看作等效塑性应变的函数，表示为

$$H=\frac{\partial c}{\partial\bar{\varepsilon}_p} \tag{6-22}$$

式中　$\bar{\varepsilon}_p$——等效塑性应变，其表达式为 $\bar{\varepsilon}_p=\int\sqrt{\dfrac{2}{3}\mathrm{d}\varepsilon_{pij}\mathrm{d}\varepsilon_{pij}}$。

对等效塑性应变微分，可得

$$\mathrm{d}\bar{\varepsilon}_p=\sqrt{\frac{2}{3}\mathrm{d}\varepsilon_{pij}\mathrm{d}\varepsilon_{pij}} \tag{6-23}$$

将式(6-21)代入到式(6-23)，有

$$\mathrm{d}\bar{\varepsilon}_{\mathrm{p}}=\mathrm{d}\lambda\sqrt{\frac{2}{3}\left(\frac{\partial G}{\partial\tilde{\sigma}_{ij}}\cdot\frac{\partial G}{\partial\tilde{\sigma}_{ij}}\right)} \tag{6-24}$$

利用屈服函数一致性条件，可得

$$\mathrm{d}F=\frac{\partial F}{\partial\tilde{\sigma}_{ij}}\mathrm{d}\tilde{\sigma}_{ij}+\frac{\partial F}{\partial c}\frac{\partial c}{\partial\bar{\varepsilon}_{\mathrm{p}}}\mathrm{d}\bar{\varepsilon}_{\mathrm{p}}=0 \tag{6-25}$$

令 $A'=\sqrt{\frac{2}{3}\frac{\partial G}{\partial\tilde{\sigma}_{ij}}\frac{\partial G}{\partial\tilde{\sigma}_{ij}}}$，$B'=-\frac{\partial F}{\partial c}HA'$，将式(6-22)和式(6-24)代入式(6-25)，得到

$$\mathrm{d}F=\frac{\partial F}{\partial\tilde{\sigma}_{ij}}\mathrm{d}\tilde{\sigma}_{ij}-\boldsymbol{B}'\mathrm{d}\lambda=0 \tag{6-26}$$

进一步得到

$$\mathrm{d}\lambda=\frac{1}{\boldsymbol{B}'}\frac{\partial F}{\partial\tilde{\sigma}_{ij}}\mathrm{d}\tilde{\sigma}_{ij} \tag{6-27}$$

加载准则可用式(6-28)来表述

$$F=0\quad 且\quad\begin{cases}\dfrac{\partial F}{\partial\tilde{\sigma}_{ij}}\mathrm{d}\tilde{\sigma}_{ij}>0 & 当加载\\ \dfrac{\partial F}{\partial\tilde{\sigma}_{ij}}\mathrm{d}\tilde{\sigma}_{ij}=0 & 中性变载\\ \dfrac{\partial F}{\partial\tilde{\sigma}_{ij}}\mathrm{d}\tilde{\sigma}_{ij}<0 & 当卸载\end{cases} \tag{6-28}$$

综上所述，根据式(6-5)、式(6-21)、式(6-27)和式(6-28)，并结合各自的损伤演化方程，混凝土和软岩的弹塑性损伤本构关系已经完全确定，通过编写相应的计算程序，以增量形式求解。

6.4 本构模型的数值实现

现有的数值计算软件中采用的都是比较经典的本构模型，这些模型一般不能描述混凝土和软岩耦合的损伤特性，因此，需要开发能合理描述其力学行为的本构模型，这样才能对高速列车振动荷载作用下隧道结构和基底围岩的动力特性进行合理的分析与评价。本节在建立的混凝土和软岩弹塑性损伤模型的基础上，结合本构模型的应力积分算法及计算流程，利用大型有限元软件 ABAQUS 所提供的 UMAT 子程序接口，编写本构模型的计算子程序，实现这两种材料本构模型的程序化。

6.4.1 本构积分算法

要实现本构模型的程序化，最核心的工作之一就是建立合理的本构积分算法。若算法

不合适，不仅会导致解的误差，而且会影响平衡迭代计算的收敛情况，甚至导致发散[197]。本构积分算法[196]是指当应力超出屈服面后，进行应力调整，使之回到更新后的屈服面上所采用的方法。本构积分算法包括显示算法和隐式算法，由于显示算法是条件稳定的，在计算时必须恰当设置积分步长；隐式算法是直接将应力置于屈服方程 $F=0$ 内求解，它是无条件稳定的，计算形式更合理。采用向后 Euler 隐式积分算法进行弹塑性损伤模型的计算，主要计算步骤包括：弹性预测，塑性修正和损伤修正，并给出一致切线模量矩阵供程序求解。

图 6-4 为向后 Euler 隐式算法的迭代示意图。从图中可看出，A 点的应力状态屈服面以内，经过弹性试探应力计算到达 B 点；B 点的应力状态在屈服面以外，为了将 B 点的应力拉回到屈服面，需要对其进行修正；C_1 点是第一次修正后的应力，直至修正 n 次后在 C_n 点的应力状态落在屈服面上。这个就是向后 Euler 隐式算法的迭代过程。可见，该算法的作用就是将应力逐渐迭代回到屈服面上。Euler 隐式积分算法可表示为[196]

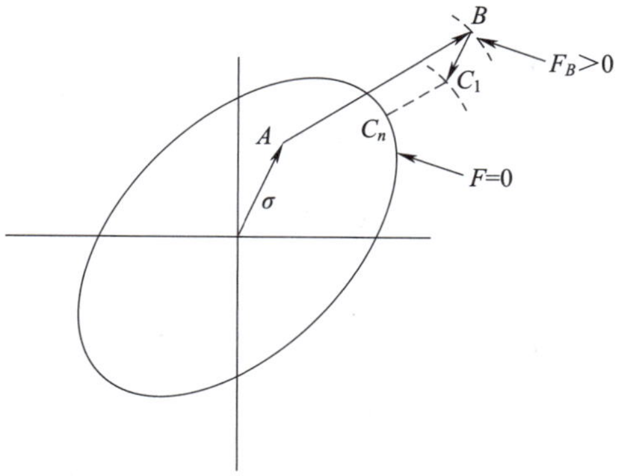

图 6-4　向后 Euler 隐式算法迭代示意

$$\begin{cases} {}^{n+1}\varepsilon_{ij} = {}^{n}\varepsilon_{ij} + {}^{n+1}\Delta\varepsilon_{ij} \\ {}^{n+1}\varepsilon_{ij}^{\mathrm{p}} = {}^{n}\varepsilon_{ij}^{\mathrm{p}} + {}^{n+1}\Delta\varepsilon_{ij}^{\mathrm{p}} \\ {}^{n+1}\bar{\varepsilon}^{\mathrm{p}} = {}^{n}\bar{\varepsilon}^{\mathrm{p}} + {}^{n+1}\Delta\bar{\varepsilon}^{\mathrm{p}} \\ {}^{n+1}\tilde{\sigma}_{ij} = c_{ijkl}({}^{n+1}\varepsilon_{kl} - {}^{n+1}\varepsilon_{kl}^{\mathrm{p}}) \\ {}^{n+1}F = {}^{n+1}F({}^{n+1}\tilde{\sigma}_{ij}, {}^{n+1}\bar{\varepsilon}^{\mathrm{p}}) \end{cases} \tag{6-29}$$

采用 Euler 隐式算法的具体求解步骤分述如下：

1. 弹性预测

根据弹性理论，有

$$\mathrm{d}\tilde{\boldsymbol{\sigma}}_{ij} = \boldsymbol{C}_{ijkl}\,\mathrm{d}\varepsilon_{kl}^{\mathrm{e}} \tag{6-30}$$

利用 Euler 积分算法可得

$$^{n+1}\tilde{\boldsymbol{\sigma}}_{ij} = {}^{n}\tilde{\sigma}_{ij} + \boldsymbol{C}_{ijkl}\,{}^{n+1}\Delta\varepsilon_{kl} \tag{6-31}$$

式中　${}^{n}\tilde{\boldsymbol{\sigma}}_{ij}$，${}^{n+1}\tilde{\boldsymbol{\sigma}}_{ij}$——第 n、$n+1$ 步的弹性预测应力，上标 n、$n+1$ 分别表示第 n 个和第 $n+1$ 个增量步。

2. 塑性修正

若处于弹性加载状态，则弹性预测的应力即为真实应力，无须修正；若处于塑性加载状态，则弹性预测的应力必须拉回到屈服面上，即对应力进行塑性修正。

由弹塑性理论可知

$$\mathrm{d}\tilde{\boldsymbol{\sigma}}_{ij} = \boldsymbol{C}_{ijkl}(\mathrm{d}\varepsilon_{kl} - \mathrm{d}\varepsilon_{kl}^{\mathrm{p}}) \tag{6-32}$$

将式(6-32)写成 Euler 积分算法形式，有

$$\begin{aligned}{}^{n+1}\tilde{\boldsymbol{\sigma}}_{ij} &= \boldsymbol{C}_{ijkl}({}^{n+1}\varepsilon_{kl} - {}^{n}\varepsilon_{kl}^{\mathrm{p}} - {}^{n+1}\Delta\varepsilon_{kl}^{\mathrm{p}}) \\ &= \boldsymbol{C}_{ijkl}({}^{n}\varepsilon_{kl} + {}^{n+1}\Delta\varepsilon_{kl} - {}^{n}\varepsilon_{kl}^{\mathrm{p}} - {}^{n+1}\Delta\varepsilon_{kl}^{\mathrm{p}}) \\ &= \boldsymbol{C}_{ijkl}({}^{n}\varepsilon_{kl} - {}^{n}\varepsilon_{kl}^{\mathrm{p}}) + \boldsymbol{C}_{ijkl}({}^{n+1}\Delta\varepsilon_{kl} - {}^{n+1}\Delta\varepsilon_{kl}^{\mathrm{p}}) \\ &= {}^{n}\tilde{\boldsymbol{\sigma}}_{ij} + \boldsymbol{C}_{ijkl}{}^{n+1}\Delta\varepsilon_{kl} - \boldsymbol{C}_{ijkl}{}^{n+1}\Delta\varepsilon_{kl}^{\mathrm{p}} \\ &= {}^{n+1}\tilde{\boldsymbol{\sigma}}_{ij} - \boldsymbol{C}_{ijkl}{}^{n+1}\Delta\varepsilon_{kl}^{\mathrm{p}} \end{aligned} \tag{6-33}$$

根据流动法则，令 $\boldsymbol{a}=\dfrac{\partial F}{\partial\tilde{\boldsymbol{\sigma}}_{ij}}$，$\boldsymbol{b}=\dfrac{\partial G}{\partial\tilde{\boldsymbol{\sigma}}_{ij}}$，有

$${}^{n+1}\Delta\varepsilon_{kl}^{\mathrm{p}} = {}^{n+1}\Delta\lambda^{n+1}\boldsymbol{b} \tag{6-34}$$

将式(6-34)代入式(6-33)，有

$${}^{n+1}\tilde{\boldsymbol{\sigma}}_{ij} = {}^{n+1}\tilde{\boldsymbol{\sigma}}_{ij} - \boldsymbol{C}_{ijkl}{}^{n+1}\Delta\lambda^{n+1}\boldsymbol{b} \tag{6-35}$$

由式(6-35)可知，为了将预测应力拉回到屈服面上，每步修正的应力改变量就是 $\boldsymbol{C}_{ijkl}{}^{n+1}\Delta\lambda^{n+1}\boldsymbol{b}$。由于 $\boldsymbol{C}_{ijkl}$ 和 $\boldsymbol{b}$ 已知，下面结合图 6-4 对 $\Delta\lambda$ 及其改变率 $\mathrm{d}\lambda$ 进行推导。

为便于表述，略去 $\boldsymbol{C}_{ijkl}$ 和 $\tilde{\boldsymbol{\sigma}}_{ij}$ 的下标。将屈服应力 F 在 B 点展开，有

$$F = F_B + \frac{\partial F}{\partial\tilde{\boldsymbol{\sigma}}}\Delta\tilde{\boldsymbol{\sigma}} + \frac{\partial F}{\partial c}\frac{\partial c}{\partial\bar{\varepsilon}^{\mathrm{p}}}\Delta\bar{\varepsilon}^{\mathrm{p}} = F_B - \Delta\lambda\boldsymbol{a}_B^{\mathrm{T}}\boldsymbol{C}\boldsymbol{b}_B - \Delta\lambda\boldsymbol{B}_B' \tag{6-36}$$

由此可得

$$\Delta\lambda = \frac{F_B}{\boldsymbol{a}_B^{\mathrm{T}}\boldsymbol{C}\boldsymbol{b}_B + \boldsymbol{B}_B'} \tag{6-37}$$

结合式(6-35)可看出，将应力拉回到屈服面的基本公式为

$$\tilde{\boldsymbol{\sigma}}_C = \tilde{\boldsymbol{\sigma}}_B - \Delta\lambda\boldsymbol{C}\boldsymbol{b}_C^{\mathrm{T}} \tag{6-38}$$

一般应力的初始估计值不会落在屈服面上，此时需要迭代将其拉回屈服面上。定义 $\boldsymbol{r}$ 为当前应力与估计值之差：

$$\boldsymbol{r} = \tilde{\boldsymbol{\sigma}} - (\tilde{\boldsymbol{\sigma}}_B - \Delta\lambda\boldsymbol{C}\boldsymbol{b}_C^{\mathrm{T}}) = \tilde{\boldsymbol{\sigma}} - \tilde{\boldsymbol{\sigma}}_B + \Delta\lambda\boldsymbol{C}\boldsymbol{b}_C^{\mathrm{T}} \tag{6-39}$$

若应力回到屈服面上，则有 $\boldsymbol{r}=\boldsymbol{0}$。对 $\boldsymbol{r}$ 进行一阶泰勒展开，进一步得到

$$\boldsymbol{r}_n = \boldsymbol{r}_0 + \mathrm{d}\tilde{\boldsymbol{\sigma}} + \mathrm{d}\lambda\boldsymbol{C}\boldsymbol{b} + \Delta\lambda\boldsymbol{C}\frac{\partial\boldsymbol{b}}{\partial\tilde{\boldsymbol{\sigma}}}\mathrm{d}\tilde{\boldsymbol{\sigma}} \tag{6-40}$$

当 $\boldsymbol{r}_n=\boldsymbol{0}$ 时，有

$$\mathrm{d}\tilde{\boldsymbol{\sigma}} = -\left(\boldsymbol{I} + \Delta\lambda\boldsymbol{C}\frac{\partial\boldsymbol{b}}{\partial\tilde{\boldsymbol{\sigma}}}\right)^{-1}(\boldsymbol{r}_0 + \mathrm{d}\lambda\boldsymbol{C}\boldsymbol{b}) \tag{6-41}$$

式中 $\boldsymbol{I}$——单位矩阵。

取 $\boldsymbol{Q}=\boldsymbol{I}+\Delta\lambda\boldsymbol{C}\dfrac{\partial\boldsymbol{b}}{\partial\tilde{\boldsymbol{\sigma}}}$，有

$$\mathrm{d}\tilde{\boldsymbol{\sigma}} = -\boldsymbol{Q}^{-1}(\boldsymbol{r}_0 + \mathrm{d}\lambda\boldsymbol{C}\boldsymbol{b}) \tag{6-42}$$

同样，对屈服函数在 C 点进行一阶泰勒展开，可得

$$F_{Cn}=F_{C0}+\frac{\partial F}{\partial\tilde{\boldsymbol{\sigma}}}\mathrm{d}\tilde{\boldsymbol{\sigma}}+\frac{\partial F}{\partial c}\frac{\partial c}{\partial\bar{\varepsilon}^{\mathrm{p}}}\mathrm{d}\bar{\varepsilon}^{\mathrm{p}}=F_{C0}+\boldsymbol{a}_C^{\mathrm{T}}\mathrm{d}\tilde{\boldsymbol{\sigma}}-\boldsymbol{B}'_C\mathrm{d}\lambda=0 \tag{6-43}$$

代入上式，可得

$$\mathrm{d}\lambda=\frac{F_C-\boldsymbol{a}_C^{\mathrm{T}}\boldsymbol{Q}^{-1}\boldsymbol{r}_0}{\boldsymbol{a}_C^{\mathrm{T}}\boldsymbol{Q}^{-1}\boldsymbol{C}\boldsymbol{b}+\boldsymbol{B}'_C} \tag{6-44}$$

以上方程可得到 $\mathrm{d}\lambda$ 的解答，将其代入到式(6-41)、式(6-24)即可求得 $\mathrm{d}\tilde{\boldsymbol{\sigma}}$ 和 $\mathrm{d}\bar{\varepsilon}^{\mathrm{p}}$。

通过上述计算得到塑性应变和内变量的增量后，即可代入式(6-29)中，采用 Newton－Raphson 迭代方法进行计算求解。

3. 损伤修正

根据前面所述损伤演化特点，可知材料的损伤是一个非减量。在进行损伤修正前，应对当前的应力状态进行判断，确定是加载、卸载后重新加载还是卸载，对于卸载或卸载后重新加载，损伤没有增加，保留其当前历史最大值；对于继续加载，进行损伤修正。修正公式如下

$$^{n+1}D=\begin{cases}^{n}D & \text{卸载}\\ ^{n}D+{}^{n+1}\Delta D & \text{加载}\end{cases} \tag{6-45}$$

4. 一致切线模量矩阵

在 UMAT 子程序中，通过上述非线性方程组的迭代计算，获得真实应力、弹性应变和塑性应变，更新状态变量，并提供材料的 Jacobian 矩阵，即一致切线模量矩阵，它是应力增量对应变增量的变化率，表示为

$$\boldsymbol{J}=\frac{\mathrm{d}\tilde{\boldsymbol{\sigma}}}{\mathrm{d}\boldsymbol{\varepsilon}} \tag{6-46}$$

略去式(6-38)的下标，标准 Euler 算法的基本公式可表述为

$$\tilde{\boldsymbol{\sigma}}=\tilde{\boldsymbol{\sigma}}_{B-}\Delta\lambda\boldsymbol{C}\boldsymbol{b} \tag{6-47}$$

对上式进行微分，可得

$$\begin{aligned}\mathrm{d}\tilde{\boldsymbol{\sigma}}&=\boldsymbol{C}\mathrm{d}\boldsymbol{\varepsilon}-\mathrm{d}\lambda\boldsymbol{C}\boldsymbol{b}-\Delta\lambda\boldsymbol{C}\frac{\partial\boldsymbol{b}}{\partial\tilde{\boldsymbol{\sigma}}}\mathrm{d}\tilde{\boldsymbol{\sigma}}\\&=\boldsymbol{Q}^{-1}\boldsymbol{C}(\mathrm{d}\boldsymbol{\varepsilon}-\mathrm{d}\lambda\boldsymbol{b})\\&=\boldsymbol{M}(\mathrm{d}\boldsymbol{\varepsilon}-\mathrm{d}\lambda\boldsymbol{b})\end{aligned} \tag{6-48}$$

式中，$\boldsymbol{M}=\boldsymbol{Q}^{-1}\boldsymbol{C}$。

由式(6-26)，可知

$$\mathrm{d}\lambda=\frac{\boldsymbol{a}^{\mathrm{T}}\boldsymbol{M}\mathrm{d}\boldsymbol{\varepsilon}}{\boldsymbol{a}^{\mathrm{T}}\boldsymbol{M}\boldsymbol{b}+\boldsymbol{B}'} \tag{6-49}$$

代入式(6-48)，有

$$\mathrm{d}\tilde{\boldsymbol{\sigma}}=\left(\boldsymbol{M}-\frac{\boldsymbol{M}\boldsymbol{b}\boldsymbol{a}^{\mathrm{T}}\boldsymbol{M}^{\mathrm{T}}}{\boldsymbol{a}^{\mathrm{T}}\boldsymbol{M}\boldsymbol{b}+\boldsymbol{B}'}\right)\mathrm{d}\boldsymbol{\varepsilon} \tag{6-50}$$

所以，得到一直切线模量矩阵为

$$\boldsymbol{J}=\boldsymbol{M}-\frac{\boldsymbol{M}\boldsymbol{b}\boldsymbol{a}^{\mathrm{T}}\boldsymbol{M}^{\mathrm{T}}}{\boldsymbol{a}^{\mathrm{T}}\boldsymbol{M}\boldsymbol{b}+\boldsymbol{B}'} \tag{6-51}$$

5. 屈服函数和塑性势函数的求导

在采用 Euler 法求解计算公式中，需要对屈服函数一次求导，对塑性势函数一次求导和二次求导。以下分别给出其一阶导数 $\boldsymbol{a}$、$\boldsymbol{b}$ 和二阶导数$\frac{\partial \boldsymbol{b}}{\partial \boldsymbol{\sigma}}$的计算表达式。

为了便于表述，将屈服函数写成平均应力和等效剪应力的形式，即

$$F=\sqrt{a^2k^2\ (1-D)^2+\tilde{\bar{\boldsymbol{\sigma}}}^2}+3\alpha\,\tilde{\boldsymbol{\sigma}}_{平均}-k(1-D)=0 \tag{6-52}$$

式中　$\tilde{\boldsymbol{\sigma}}_{平均}$——有效应力空间的平均应力，表示为$\tilde{\boldsymbol{\sigma}}_{平均}=\frac{\tilde{I}_1}{3}$；

$\tilde{\bar{\boldsymbol{\sigma}}}$——有效应力空间的等效剪应力，表示为$\tilde{\bar{\boldsymbol{\sigma}}}=\sqrt{\tilde{J}_2}$。

由此可得到

$$\boldsymbol{a}=\frac{\partial F}{\partial \boldsymbol{\sigma}}=C_1^a\ \frac{\partial \tilde{\boldsymbol{\sigma}}_{平均}}{\partial \tilde{\boldsymbol{\sigma}}}+C_2^a\ \frac{\partial \tilde{\bar{\boldsymbol{\sigma}}}}{\partial \tilde{\boldsymbol{\sigma}}} \tag{6-53}$$

式中，

$$C_1^a=\frac{\partial F}{\partial \tilde{\boldsymbol{\sigma}}_{平均}}=3\alpha$$

$$C_2^a=\frac{\partial F}{\partial \tilde{\bar{\boldsymbol{\sigma}}}}=\frac{\tilde{\bar{\boldsymbol{\sigma}}}}{\sqrt{a^2k^2\ (1-D)^2+\tilde{\bar{\boldsymbol{\sigma}}}^2}}$$

$$\frac{\partial \tilde{\boldsymbol{\sigma}}_{平均}}{\partial \tilde{\boldsymbol{\sigma}}}=\frac{1}{3}(1,1,1,0,0,0)^{\mathrm{T}}$$

$$\frac{\partial \tilde{\bar{\boldsymbol{\sigma}}}}{\partial \tilde{\boldsymbol{\sigma}}}=\frac{1}{2\bar{\boldsymbol{\sigma}}}(s_x,s_y,s_z,2\tau_{xy},2\tau_{xz},2\tau_{yz})^{\mathrm{T}}$$

同样，将塑性势函数写成平均应力和等效剪应力的形式，即

$$G=\sqrt{a^2k^2\ (1-D)^2+\tilde{\bar{\boldsymbol{\sigma}}}^2}+3\alpha_{\mathrm{p}}\tilde{\boldsymbol{\sigma}}_{平均} \tag{6-54}$$

由此可得到

$$\boldsymbol{b}=\frac{\partial G}{\partial \tilde{\boldsymbol{\sigma}}}=C_1^b\ \frac{\partial \tilde{\boldsymbol{\sigma}}_{平均}}{\partial \tilde{\boldsymbol{\sigma}}}+C_2^b\ \frac{\partial \tilde{\bar{\boldsymbol{\sigma}}}}{\partial \tilde{\boldsymbol{\sigma}}} \tag{6-55}$$

$$\begin{aligned}\frac{\partial \boldsymbol{b}}{\partial \tilde{\boldsymbol{\sigma}}}=\frac{\partial^2 G}{\partial \tilde{\boldsymbol{\sigma}}^2}&=\frac{\partial C_1^b}{\partial \tilde{\boldsymbol{\sigma}}}\frac{\partial \tilde{\boldsymbol{\sigma}}_{平均}}{\partial \tilde{\boldsymbol{\sigma}}}+C_1^b\ \frac{\partial^2 \tilde{\boldsymbol{\sigma}}_{平均}}{\partial \tilde{\boldsymbol{\sigma}}^2}+\frac{\partial C_2^b}{\partial \tilde{\boldsymbol{\sigma}}}\frac{\partial \tilde{\bar{\boldsymbol{\sigma}}}}{\partial \tilde{\boldsymbol{\sigma}}}+C_2^b\ \frac{\partial^2\ \tilde{\bar{\boldsymbol{\sigma}}}}{\partial \tilde{\boldsymbol{\sigma}}^2}\\&=\frac{\partial C_2^b}{\partial \tilde{\boldsymbol{\sigma}}}\frac{\partial \tilde{\bar{\boldsymbol{\sigma}}}}{\partial \tilde{\boldsymbol{\sigma}}}+C_2^b\ \frac{\partial^2\ \tilde{\bar{\boldsymbol{\sigma}}}}{\partial \tilde{\boldsymbol{\sigma}}^2}\end{aligned} \tag{6-56}$$

式中，

$$C_1^b=\frac{\partial G}{\partial \tilde{\boldsymbol{\sigma}}_{平均}}=3\alpha_{\mathrm{p}}$$

$$C_2^{\mathrm{b}}=\frac{\partial G}{\partial \tilde{\bar{\boldsymbol{\sigma}}}}=\frac{\tilde{\bar{\sigma}}}{\sqrt{a^2k^2\ (1-D)^2+\bar{\boldsymbol{\sigma}}^2}}$$

$$\frac{\partial C_2^b}{\partial \tilde{\boldsymbol{\sigma}}}=\frac{\partial C_2^b}{\partial \tilde{\bar{\boldsymbol{\sigma}}}}\frac{\partial \tilde{\bar{\boldsymbol{\sigma}}}}{\partial \tilde{\boldsymbol{\sigma}}}=\frac{\partial^2 G}{\partial \tilde{\bar{\boldsymbol{\sigma}}}^2}\frac{\partial \tilde{\bar{\boldsymbol{\sigma}}}}{\partial \tilde{\boldsymbol{\sigma}}}=\frac{a^2k^2\ (1-D)^2}{\left[a^2k^2\ (1-D)^2+\tilde{\bar{\boldsymbol{\sigma}}}^2\right]^{\frac{3}{2}}}\frac{\partial \tilde{\bar{\boldsymbol{\sigma}}}}{\partial \tilde{\boldsymbol{\sigma}}}$$

$$\frac{\partial^2\,\tilde{\bar{\boldsymbol{\sigma}}}}{\partial \tilde{\boldsymbol{\sigma}}^2}=\frac{1}{\boldsymbol{\sigma}}\begin{pmatrix}
\frac{1}{3}-\frac{s_x^2}{4\bar{\boldsymbol{\sigma}}^2} & & & & & \\
-\frac{1}{6}-\frac{s_xs_y}{4\bar{\boldsymbol{\sigma}}^2} & \frac{1}{3}-\frac{s_y^2}{4\bar{\boldsymbol{\sigma}}^2} & & & & \\
-\frac{1}{6}-\frac{s_xs_z}{4\bar{\boldsymbol{\sigma}}^2} & -\frac{1}{6}-\frac{s_zs_y}{4\bar{\boldsymbol{\sigma}}^2} & \frac{1}{3}-\frac{s_z^2}{4\bar{\boldsymbol{\sigma}}^2} & & & \\
-\frac{\tau_{xy}s_x}{2\bar{\boldsymbol{\sigma}}^2} & -\frac{\tau_{xy}s_y}{2\bar{\boldsymbol{\sigma}}^2} & -\frac{\tau_{xy}s_z}{2\bar{\boldsymbol{\sigma}}^2} & 1-\frac{\tau_{xy}^2}{\bar{\boldsymbol{\sigma}}^2} & & \\
-\frac{\tau_{xz}s_x}{2\bar{\boldsymbol{\sigma}}^2} & -\frac{\tau_{xz}s_y}{2\bar{\boldsymbol{\sigma}}^2} & -\frac{\tau_{xz}s_z}{2\bar{\boldsymbol{\sigma}}^2} & -\frac{\tau_{xz}\tau_{xy}}{\bar{\boldsymbol{\sigma}}^2} & 1-\frac{\tau_{xz}^2}{\bar{\boldsymbol{\sigma}}^2} & \\
-\frac{\tau_{yz}s_x}{2\bar{\boldsymbol{\sigma}}^2} & -\frac{\tau_{yz}s_y}{2\bar{\boldsymbol{\sigma}}^2} & -\frac{\tau_{yz}s_z}{2\bar{\boldsymbol{\sigma}}^2} & -\frac{\tau_{yz}\tau_{xy}}{\bar{\boldsymbol{\sigma}}^2} & -\frac{\tau_{yz}\tau_{xz}}{\bar{\boldsymbol{\sigma}}^2} & 1-\frac{\tau_{yz}^2}{\bar{\boldsymbol{\sigma}}^2}
\end{pmatrix}$$

6.4.2　二次开发环境

混凝土和软岩弹塑性损伤模型的计算程序可基于 ABAQUS 软件开放的二次开发平台，通过编制用户材料子程序 UMAT 来实现[149,150,197]。

用户材料子程序 UMAT 是 ABAQUS 软件提供给用户自定义材料属性的 Fortran 程序接口，便于用户使用 ABAQUS 中没有提供的材料本构模型，扩充程序应用功能，并通过 UMAT 与主求解程序的接口实现与 ABAQUS 的数据交流。UMAT 子程序具有强大的功能，几乎可以用于力学行为分析的任何过程，可将用户材料属性赋予 ABAQUS 中的任一单元。

UMAT 是一个独立的程序单元，可以独立地被存储和编译，也能被其他程序单元引用，利用它可带回大量数据供引用程序使用，也可以用它来完成各种特殊的功能。因此，UMAT 可为编制岩土工程问题中的黏弹性或黏塑性、混凝土材料的收缩徐变、动态损伤与断裂、岩体的长期稳定性等复杂问题的计算软件提供便捷的工作平台。

6.4.3　二次开发的关键技术及流程

本构模型的二次开发，实质上就是由上一计算步的应力、应变增量及给定参数通过具体的本构方程更新应力的过程。ABAQUS 中进行本构模型二次开发的主要工作是编写相应 UMAT 子程序，它主要包括：子程序定义语句、参数说明、局部变量说明、用户编写的主程序语句、子程序返回及结束语句。ABAQUS 主程序调用 UMAT 进行求解计算的过程如下：

(1)设定初始条件。在每次增量步开始前，将当前应变张量、应变增量、时间步长、荷载增量等初始变量传入 UMAT 子程序。

(2)弹性试算与屈服函数判断。通过计算弹性有效应力和屈服函数,如果屈服函数大于零,进入塑性修正阶段;如果屈服函数小于零,表明材料处于弹性加载或卸载状态,进行弹性状态的计算更新,并进入损伤修正阶段。

(3)塑性修正阶段。在设置迭代初始值的基础上,通过向后 Euler 隐式积分算法进行增量迭代计算,使其满足非线性本构方程组,并提供当前迭代步下的数值一致切线刚度矩阵(即 Jacobian 矩阵给 ABAQUS 主程序形成整体刚度矩阵),进行应变增量、塑性应变及应力等更新量的计算和更新相关变量状态。如果当前增量步计算收敛,则进行下一步增量步求解;反之,减少增量步并继续迭代到计算收敛。

(4)损伤修正阶段。在更新损伤变量和应力的条件下,进行有效应力张量的正负分解,得到受拉和受压损伤能释放率。如果损伤释放率值小于损伤阀值,不发生结构损伤,则完成本次增量步计算;当损伤释放率值大于损伤阈值,发生结构损伤,更新损伤张量,并计算弹塑性损伤模型算法的一致性切向刚度。

(5)若数值计算结果收敛,则完成了本次增量步的计算工作,进入下一步增量步的求解阶段;否则,减少该步的时间增量直至计算收敛。

由此可得到混凝土和软岩损伤模型的 UMAT 子程序开发流程如图 6-5 所示。

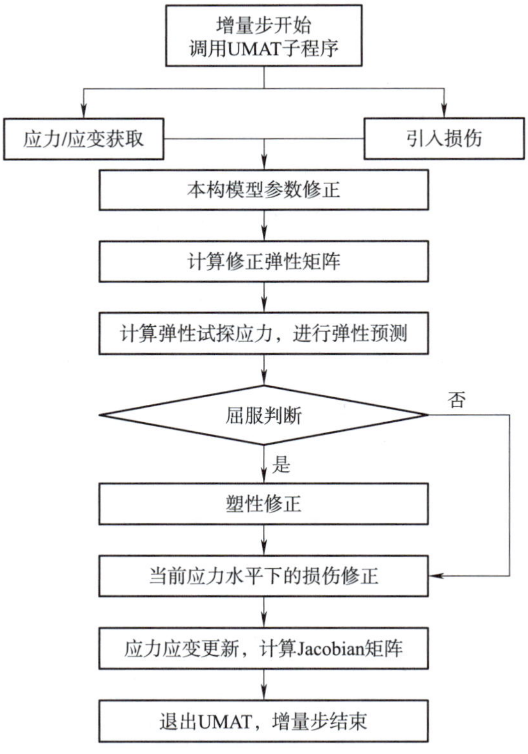

图 6-5　弹塑性损伤模型 UMAT 子程序开发流程

6.5　弹塑性损伤模型数值验证

利用开发的混凝土损伤模型进行单轴拉伸、单轴压缩和循环加载数值模拟试验，并将数值模拟结果与相同条件下前人完成的试验结果进行对比，以验证模型的正确性。

6.5.1　单轴拉伸试验

以文献[198]的单轴拉伸试验结果作为比较，进行位移控制式的单轴拉伸数值模拟试验。其中混凝土的弹性模量标定为 3.10×10^4 MPa，抗拉强度为 3.48 MPa。数值模拟时的计算参数取值见表 6-1。图 6-6 分别给出了数值模拟与试验的对比结果以及单轴拉伸损伤演化曲线。

表 6-1　单轴拉伸试验数值模拟计算参数

E_0/MPa	f_t/MPa	μ	α	α_p	ε_{ft}	A_t	B_t	D_0
3.10×10^4	3.48	0.18	0.2	0.2	1.1×10^{-4}	0.95	1.3×10^4	0.0

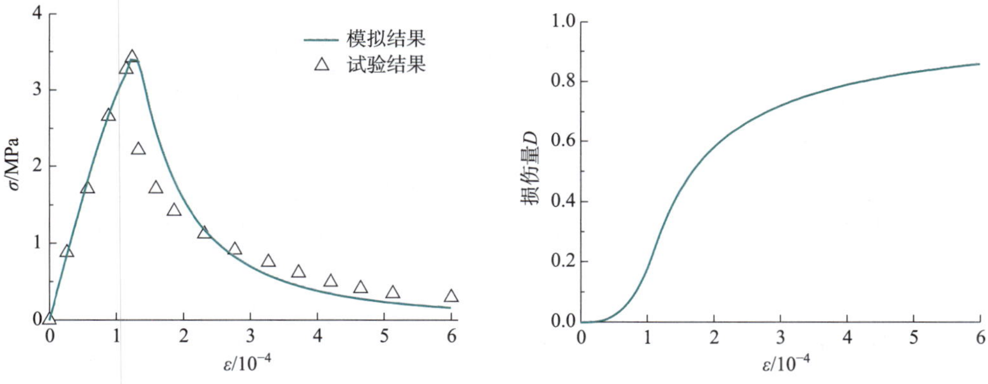

(a) 应力-应变曲线　(b) 损伤演化曲线

图 6-6　单轴拉伸数值模拟与试验结果对比

从图 6-6 可知，本文开发的混凝土弹塑性损伤模型能够很好地反映混凝土材料在单轴受拉时的应力-应变全过程，与试验结果的变形发展趋势基本一致。在峰值应力之前，应力-应变呈线性状态，此时材料的损伤很小，损伤增长缓慢，模拟结果与试验结果吻合较好；在峰值应力之后，应力-应变表现出加工软化状态，损伤急剧增大，最终损伤破坏，模拟结果与试验结果存在一定差异，这种差异可能是由于试验机刚度或应变速率等因素引起的。

6.5.2　单轴压缩试验

以文献[198]的单轴压缩试验为例，开展位移控制式的单轴压缩数值模拟试验。其中混凝土的弹性模量标定为 3.10×10^4 MPa，抗压强度为 27.6 MPa。数值模拟时的计算参数取值见表 6-2。图 6-7 给出了数值模拟与试验的对比结果以及单轴压缩损伤演化曲线。

表 6-2　单轴压缩试验数值模拟计算参数

E_0/MPa	f_c/MPa	μ	α	α_p	ε_{f_c}	A_c	B_c	D_0
3.17×10^4	27.6	0.18	0.2	0.2	1.1×10^{-4}	1.25	2.0×10^3	0.0

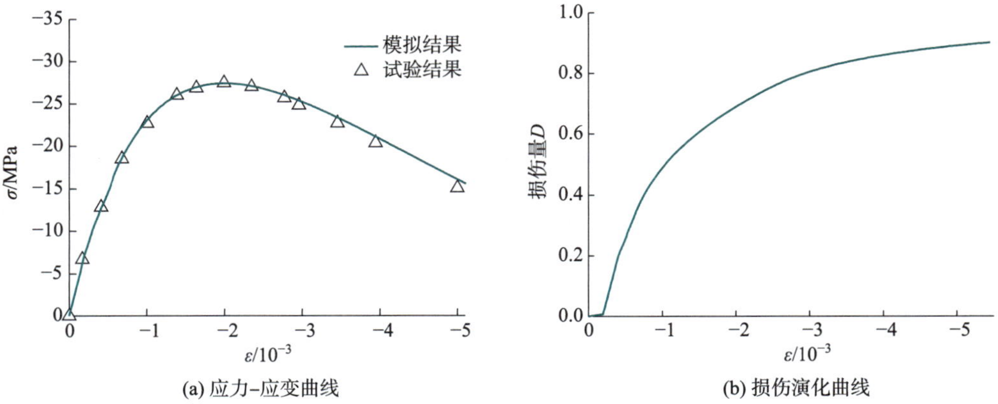

图 6-7　单轴压缩数值模拟与试验结果对比

由图 6-7 中的应力-应变全过程曲线可以看出，模拟结果和试验结果变化趋势一致：当材料的压应变较小时，应力-应变基本呈线性关系；随着压应力的加大，表现为明显的非线性；当达到峰值应力后，应变继续增长，而应力却开始下降，反映了混凝土材料在受压时的应变软化过程。从损伤演化曲线可知，受压较小时，损伤几乎不增长；压应力达到一定值后，损伤急剧增加，说明材料的微裂隙等处于发展和贯通阶段。可见，本文开发的损伤模型能很好地吻合单轴压缩试验结果。

6.5.3　循环压缩试验

同样以文献[198]的单轴循环压缩试验为例，数值模拟时的计算参数取值见表 6-3。图 6-8 为数值模拟与试验的结果对比。

表 6-3　循环压缩试验数值模拟计算参数

E_0/MPa	f_c/MPa	μ	α	α_p	ε_{f_c}	A_c	B_c	D_0
3.17×10^4	27.6	0.18	0.2	0.2	1.99×10^{-4}	1.25	2.0×10^3	0.0

从图 6-8 可以看出，损伤模型的数值模拟结果与试验结果吻合较好，开发的损伤模型同样适用于反映材料在循环受压加载条件下的受力变形特性。

6.5.4　软岩损伤模型数值验证

结合砂质泥岩单轴压缩试验结果，利用已开发的软岩弹塑性损伤模型进行同等工况下

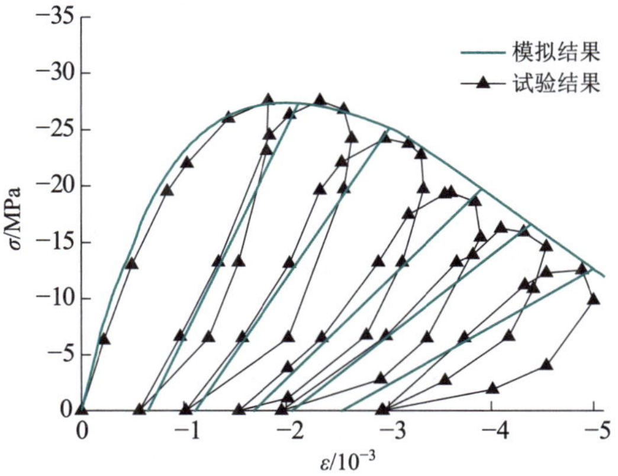

图 6-8　单轴循环压缩数值模拟与试验结果对比

的数值模拟，并与之对比，以考察软岩损伤模型的正确性和本构积分算法的有效性。

试验中砂质泥岩的基本力学参数为：初始弹性模量为 400 MPa，泊松比为 0.35，单轴抗压强度为 1.35 MPa。在数值模拟过程中，模型参数取值见表 6-4；单轴压缩数值模拟结果与试验结果对比如图 6-9 所示。

表 6-4　单轴压缩试验数值计算参数

E_0/MPa	R/MPa	μ	α	α_p	ε_f	$\bar{\varepsilon}_{pmax}$	a_1	b_1	a_2	b_2
400	1.35	0.35	0.14	0.06	0.018	0.04	0.42	1.17	1.00	1.59

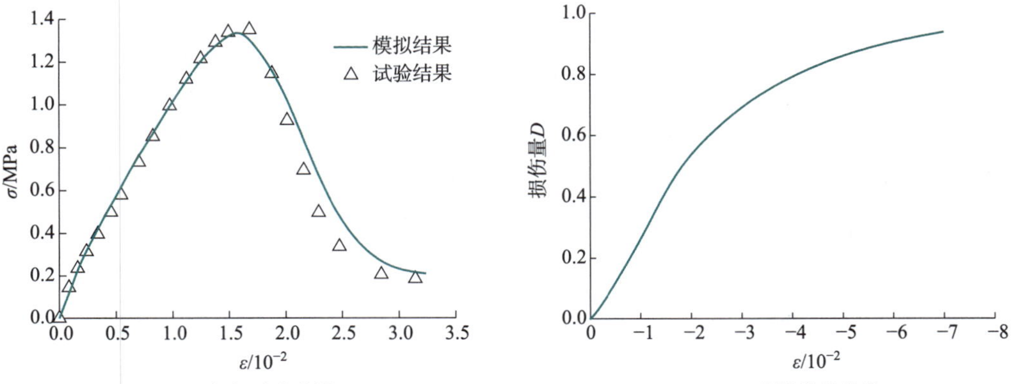

(a) 应力-应变曲线　　(b) 损伤演化曲线

图 6-9　单轴压缩数值模拟与试验结果对比

从图 6-9 中的应力-应变和损伤演化曲线可以看出，模拟曲线与试验曲线在峰值应力前区和峰值应力后区均吻合较好，能有效地反映软岩材料的非线性和应变软化特性。由此可见，所建立的软岩弹塑性损伤模型是有效的。

第7章 高速铁路隧道底部结构损伤特性

高速铁路隧道多采用板式无砟轨道结构形式，整体刚度大，不利于振动波衰减，传递到隧道结构的振动强度要比在有砟轨道条件下大，这就要求隧底结构必须具有更高的动力稳定性[119]。隧道衬砌多为混凝土或钢筋混凝土结构，在施工过程中不可避免地存在裂隙缺陷，即初始损伤。在列车动载反复作用下，这些裂隙不断扩展、贯通，损伤不断累积。当损伤累积到一定的程度时，就有可能导致结构局部甚至整体失效，危及行车安全。

本章基于第2章所建立的车-轨-隧一体化耦合模型，并结合第6章提出的混凝土弹塑性损伤本构模型，进一步研究列车荷载下高速铁路隧道底部结构损伤特性，以探明不同行车速度、服役环境和基底病害状况下列车荷载引起的隧道底部结构动力损伤特性及其演化规律。

7.1 底部结构损伤特性

7.1.1 计算模型及计算参数

所采用的有限元计算模型与第2章一致。由于重点分析列车荷载对隧道结构动力损伤特性的影响，计算时围岩仅提供对隧道的约束作用，即将围岩视为隧道的弹性约束，因此采用线弹性本构关系模拟。计算时需考虑不同的围岩条件，所需各级围岩物理力学参数参考相关规范[142]确定，所选取的围岩参数见表7-1。

表7-1 围岩弹性参数

围岩等级	密度 ρ/(kg·m^{-3})	弹性模量 E/GPa	泊松比 μ	剪切模量 G/GPa
Ⅲ	2 500	20.0	0.25	5.08
Ⅳ	2 300	6.0	0.30	1.52
Ⅴ	2 000	2.0	0.35	0.54
Ⅵ	1 700	1.0	0.40	0.04

为反映隧道底部结构的损伤特性，在计算模型中轨道板、自密实混凝土、混凝土支撑层、仰拱填充层和隧道仰拱均采用第5章混凝土弹塑性损伤本构模型(CDP模型)模拟，并结合《混凝土结构设计规范》(GB 50010—2010)[200]确定的相应计算参数见表7-2，隧道及轨道结构混凝土损伤参数见表7-3；各级混凝土应力-应变曲线及损伤参数演化曲线如图7-1和图7-2所示。

表 7-2 隧道底部结构计算参数

名　　称	混凝土等级	容重 γ/($kN \cdot m^{-3}$)	弹性模量 E/GPa	泊松比 μ	拉伸行为		压缩行为	
					抗拉强度 f_t/MPa	屈服强度 σ_{ts}/MPa	抗压强度 f_c/MPa	屈服强度 σ_{cs}/MPa
轨道板	C60	26	36.0	0.2	2.04	1.63	27.5	16.50
自密实混凝土	C40	25	32.5	0.2	1.71	1.37	19.1	11.46
混凝土支撑层	C30	25	30.0	0.2	1.43	1.14	14.3	8.59
仰拱填充层	C20	24	25.5	0.2	1.10	0.88	9.6	5.76
二次衬砌	C35	25	31.5	0.2	1.57	1.26	16.7	10.02

表 7-3 隧道及轨道结构损伤模型参数

名　　称	A_t	$B_t/10^4$	$\varepsilon_{ft}/10^{-4}$	A_c	$B_c/10^3$	$\varepsilon_{fc}/10^{-3}$
轨道板	0.91	10.9	0.955 2	1.7	1.0	1.602 0
自密实混凝土	0.84	5.2	0.868 4	1.3	1.0	1.451 7
混凝土支撑层	0.78	3.9	0.788 5	1.3	1.0	1.350 4
仰拱填充层	0.71	0.4	0.684 3	0.6	1.2	1.232 9
二次衬砌	0.81	4.8	0.829 3	1.3	1.0	1.402 9

注：A_i、B_i 为材料特征参数，见式(6-8)。

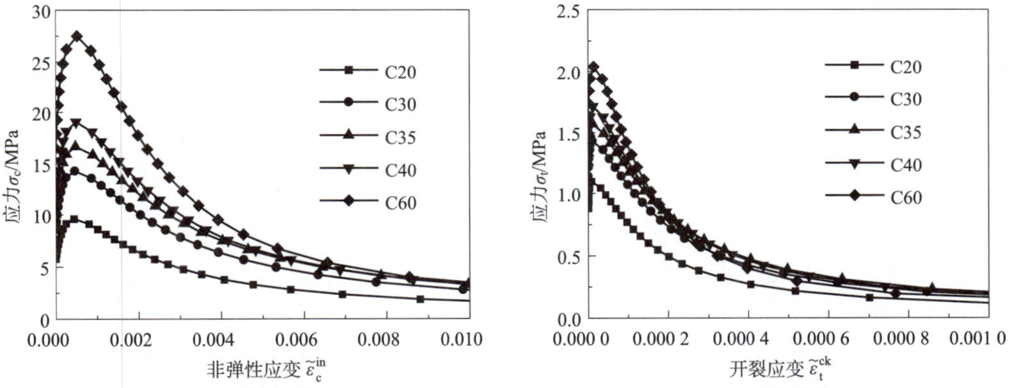

(a) 单轴压缩　　(b) 单轴拉伸

图 7-1 混凝土应力-应变曲线

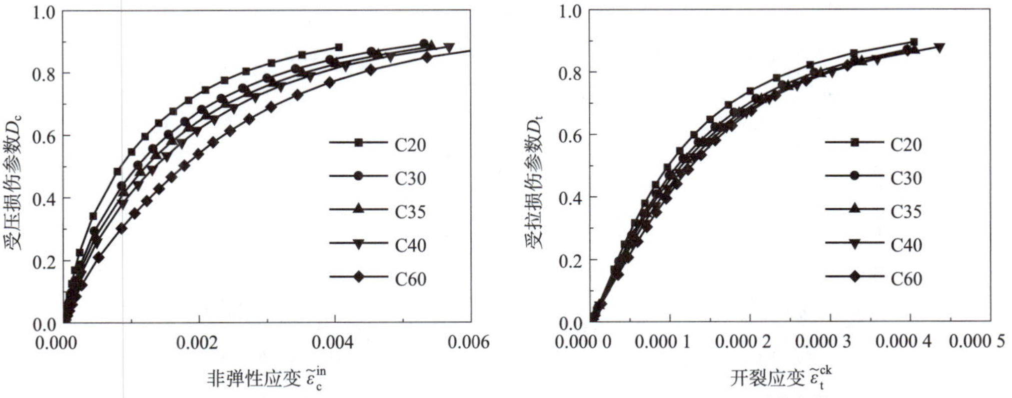

(a) 受压损伤　　(b) 受拉损伤

图 7-2 混凝土损伤参数演化曲线

7.1.2 行车速度对隧道底部结构损伤特性的影响

图 7-3～图 7-6 分别给出了Ⅴ级围岩条件下列车速度分别为 200、250、300 和 350 km/h 时隧道及轨道结构横断面的受拉损伤和受压损伤云图。由图可见，在上述工况下，仅有列车荷载作用时无论是隧道结构还是轨下道床结构均未产生受拉损伤和受压损伤，即仅在列车荷载作用时衬砌及轨下道床结构的应力尚未达到相应混凝土材料的屈服强度，其应力水平处于弹性范畴内，尚不足以对隧道和道床结构的劣损产生显著的影响。

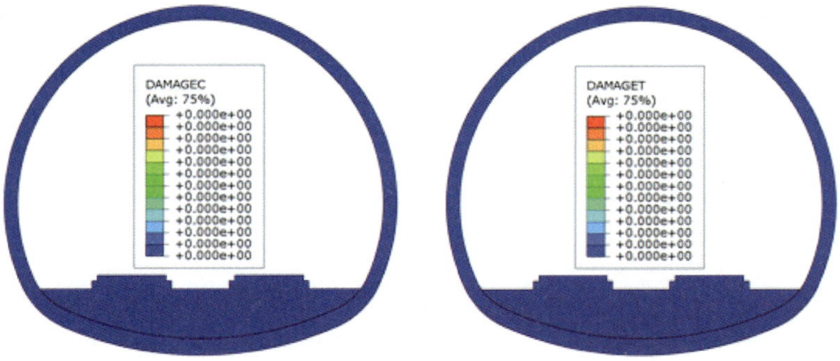

(a) 受压损伤　　(b) 受拉损伤

图 7-3　列车速度为 200 km/h 时结构损伤云图

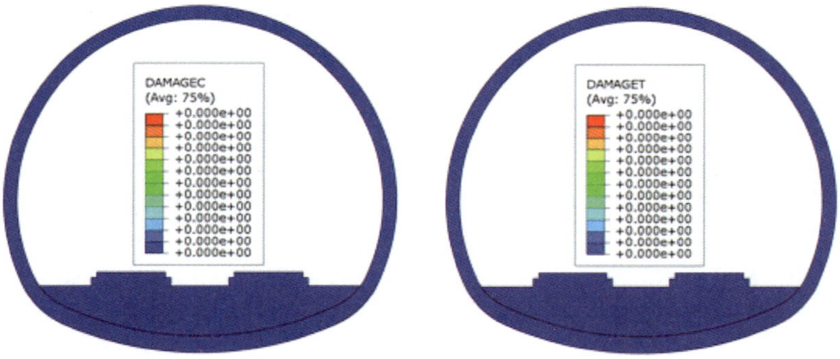

(a) 受压损伤　　(b) 受拉损伤

图 7-4　列车速度为 250 km/h 时结构损伤云图

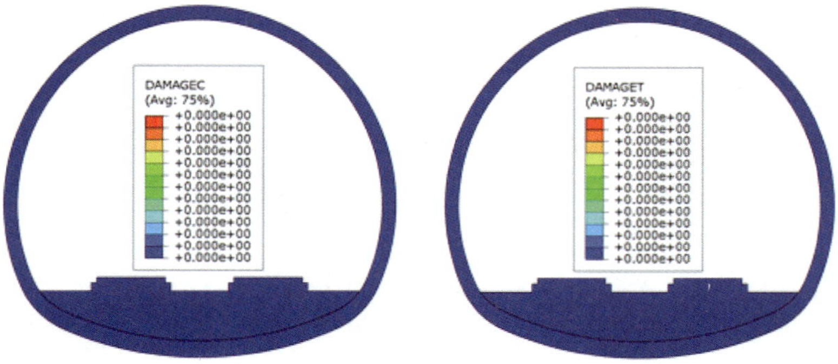

(a) 受压损伤　　(b) 受拉损伤

图 7-5　列车速度为 300 km/h 时结构损伤云图

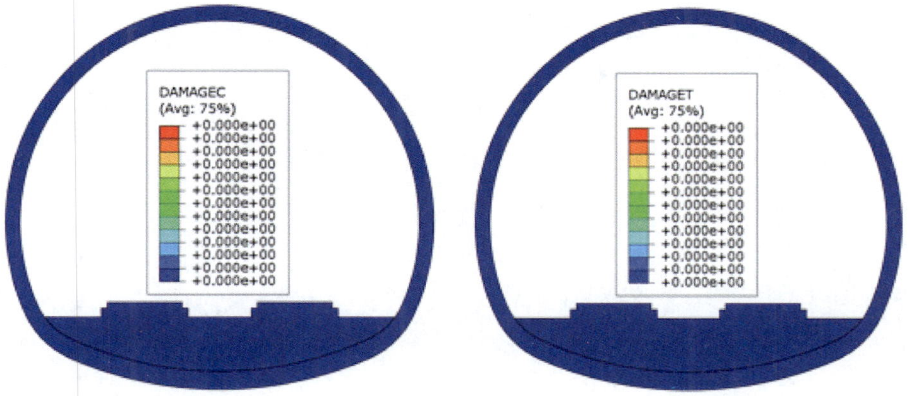

(a) 受压损伤 (b) 受拉损伤

图 7-6 列车速度为 350 km/h 时结构损伤云图

进一步,给出不同行车速度时轨道板、混凝土支撑层、仰拱填充层和隧道衬砌最大主应力及最小主应力的时程曲线,如图 7-7～图 7-10 所示。图中,由于不同行车速度模型计算时间不同,为便于对比,对时间进行归一化处理。

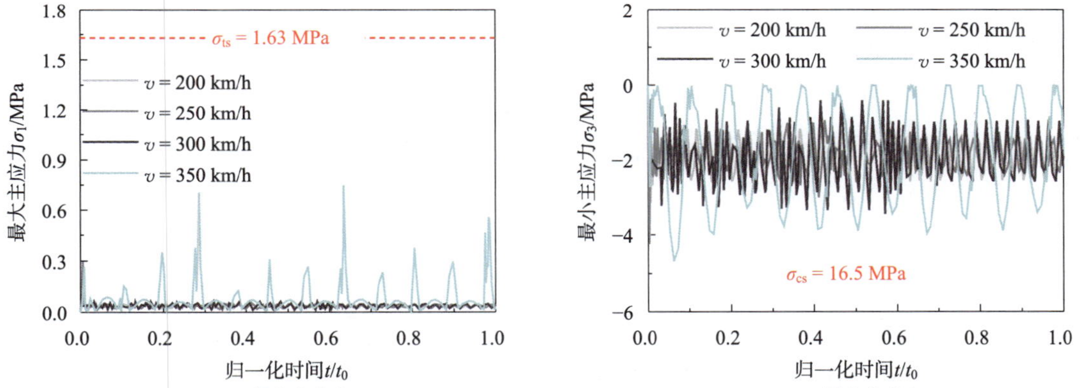

(a) 最大主应力 (b) 最小主应力

图 7-7 不同行车速度下轨道板最大/小主应力时程曲线

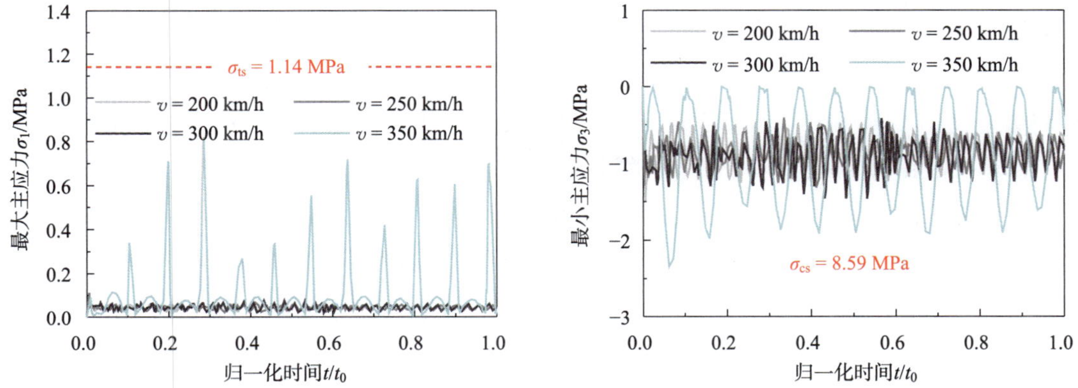

(a) 最大主应力 (b) 最小主应力

图 7-8 不同行车速度下混凝土支撑层最大/小主应力时程曲线

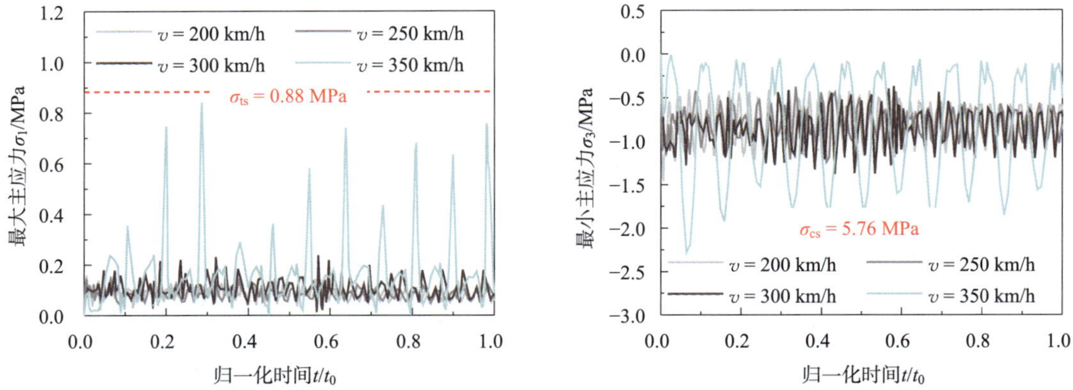

(a) 最大主应力　　(b) 最小主应力

图 7-9　不同行车速度下仰拱填充层最大/小主应力时程曲线

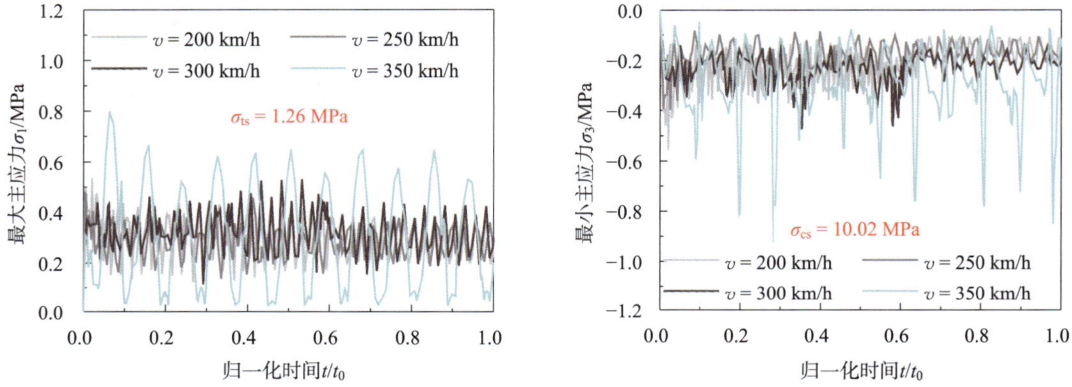

(a) 最大主应力　　(b) 最小主应力

图 7-10　不同行车速度下隧道衬砌最大/小主应力时程曲线

由图 7-7～图 7-10 可见：

(1)不同列车运行速度下轨道板、混凝土支撑层、仰拱填充层和隧道衬砌的最大主应力均低于其材料的抗拉屈服强度(σ_{ts})，且隧道底部结构的最小主应力远低于相应的压缩屈服强度(σ_{cs})，即仅在列车荷载作用下隧道底部结构的应力水平属于其相应材料的弹性范畴内，不会造成结构的损伤。

(2)当列车速度达到 350 km/h 时，仰拱填充层最大主应力达到 0.84 MPa，已接近其拉伸屈服强度(σ_{ts}=0.88 MPa)，表明当列车速度较高且仰拱填充层材料强度较低时，可能会造成该趋于潜在的结构损伤。而对隧道衬砌结构来说，列车荷载的影响是十分有限的，在结构完整时单独的列车荷载不足以使隧道结构产生损伤。本算例中，当列车运行速度为 350 km/h 时，产生的隧道衬砌最大主应力仅为 0.80 MPa，远低于其材料拉伸屈服强度(σ_{ts}=1.26 MPa)。

7.1.3　围岩条件对隧道底部结构损伤特性的影响

1. 隧道及轨道结构整体损伤分布

图 7-11～图 7-14 所示为列车速度为 350 km/h，围岩等级分别为Ⅲ、Ⅳ、Ⅴ和Ⅵ级时隧

道及轨道结构损伤云图。由图 7-11～图 7-14 可见：

(1)当围岩等级为Ⅲ级、Ⅳ级和Ⅴ级时，在 350 km/h 的列车荷载下作用下隧道及轨道结构均未产生损伤，表明在这类工况下由列车荷载引起的隧道衬砌、仰拱填充层、轨道结构的最大应力均未达到其相应的屈服强度，其应力状态在弹性范畴内。

(2)当围岩等级减弱至Ⅵ级时，在隧道仰拱拱脚、轨道结构和仰拱填充层连接处均产生了明显的受压损伤；且在隧道拱腰内侧、仰拱拱脚及右侧拱底、轨道板、混凝土支撑层和仰拱填充层内均产生了显著的受拉损伤，且部分区域的受拉损伤值达 0.89×10^{-5}，表明该区域内隧道及轨道结构已经发生了严重的劣损。

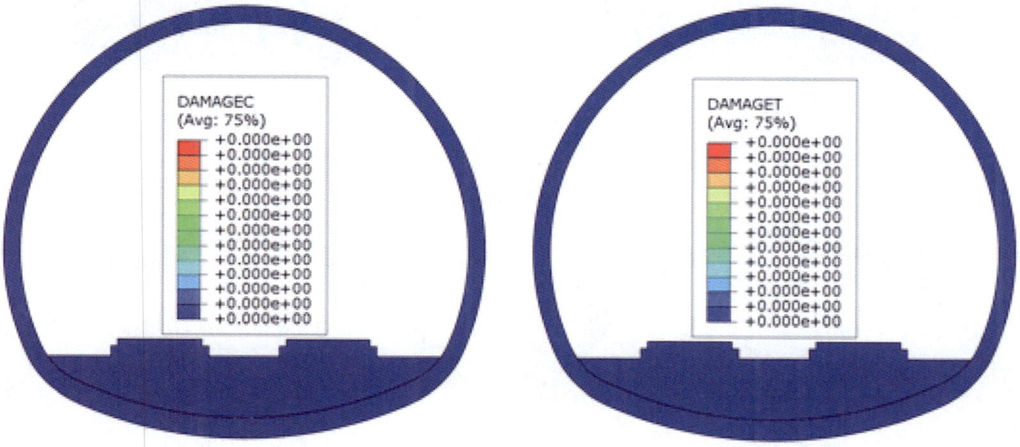

(a) 受压损伤　　(b) 受拉损伤

图 7-11　Ⅲ级围岩时隧道及轨道结构损伤云图

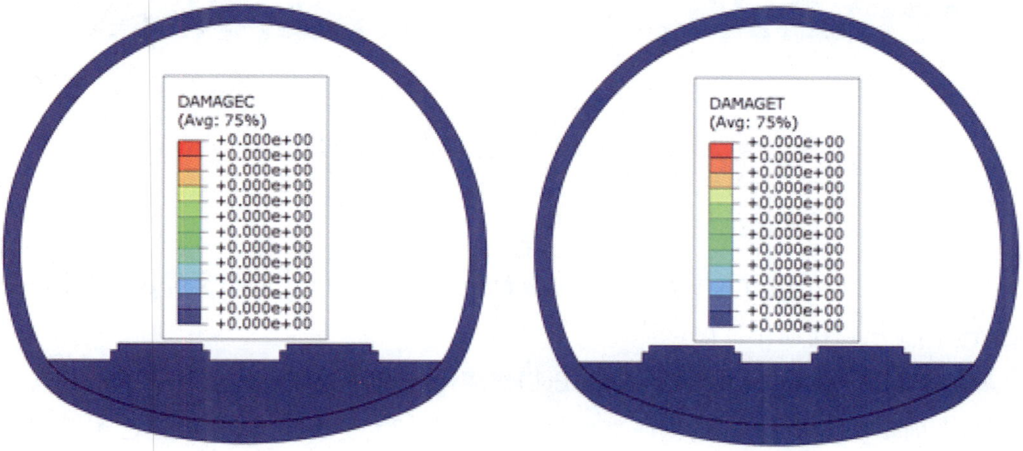

(a) 受压损伤　　(b) 受拉损伤

图 7-12　Ⅳ级围岩时隧道及轨道结构损伤云图

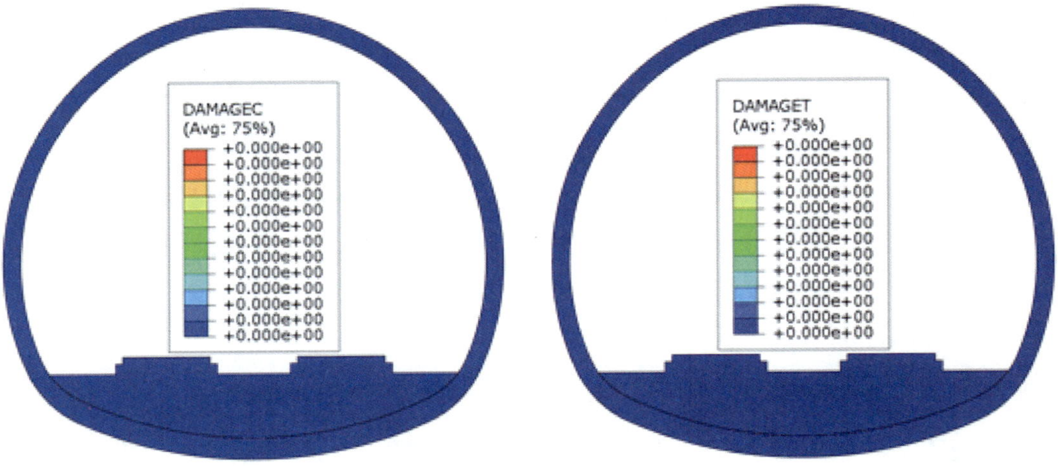

(a) 受压损伤　　(b) 受拉损伤

图 7-13　Ⅴ级围岩时隧道及轨道结构损伤云图

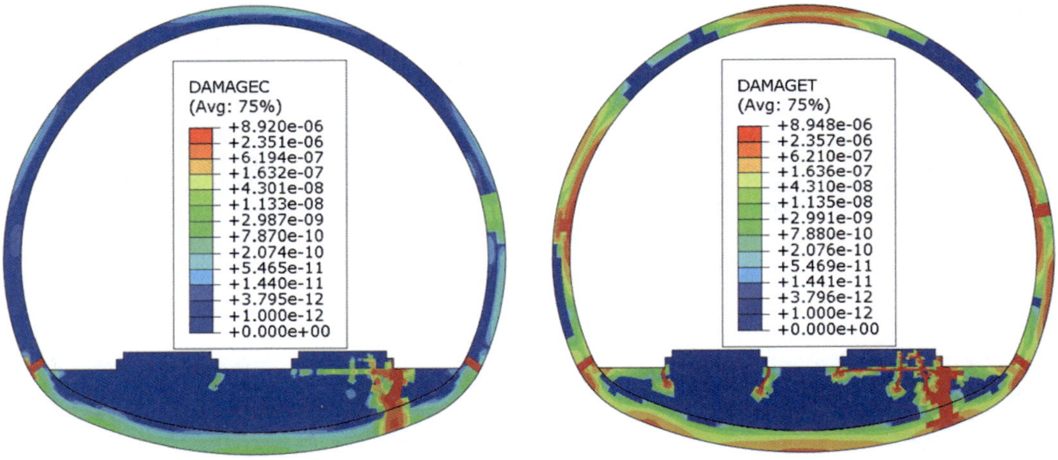

(a) 受压损伤　　(b) 受拉损伤

图 7-14　Ⅵ级围岩时隧道及轨道结构损伤云图

2. 隧道及轨道结构受压损伤演化规律

图 7-15 进一步给出Ⅵ级围岩条件下在运行速度为 350 km/h 的列车荷载作用下隧道及轨道结构的受压损伤演化过程。

观察图 7-15 所示隧道及轨道结构受压损伤演化可知：

(1)在列车荷载作用下，隧道底部仰拱外侧首先产生受压损伤，且损伤区主要集中在[图 7-15(b)]仰拱拱脚和列车振动荷载扩散路径上。由于外侧振动荷载至仰拱的扩散距离较内侧荷载至仰拱中心的扩散距离短，因此仰拱外两侧损伤较中心损伤值略大。

(2)随着列车荷载的持续作用，隧道仰拱底部损伤不断累积，损伤范围不断扩展，在拱脚、轨道板斜下方(列车荷载扩散路径上)和仰拱中心处,仰拱结构损伤有向全断面扩展的趋势如图 7-15(b)～图 7-15(e)所示。

(3)随着仰拱底部损伤的不断累积,拱脚处衬砌单元首先被压溃如图 7-17(f)所示。本算例中隧道右拱脚处单元先破坏,造成衬砌右侧刚度损失较大,因此在拱脚单元失效后,隧道底部结构损伤的发展不再对称,在右侧较为集中,且在隧道右拱腰处也引起衬砌结构损伤如图 7-15(f)所示。

(4)随着列车荷载的进一步作用,由于仰拱强度较低,在仰拱和混凝土支撑层连接处的填充层单元开始损伤如图 7-15(g)和图 7-15(h)所示。表明在该部位出现潜在的裂纹,且随着列车荷载的作用,该裂纹逐渐向填充层内部扩展,直至与仰拱裂纹贯穿如图 7-15(i)～图 7-15(l)所示。

(5)不同结构部位的受压损伤发展顺序为:仰拱外侧→拱顶外缘→拱肩与拱腰转折部→拱腰→仰拱填充层表层→仰拱填充层内部→轨道结构。

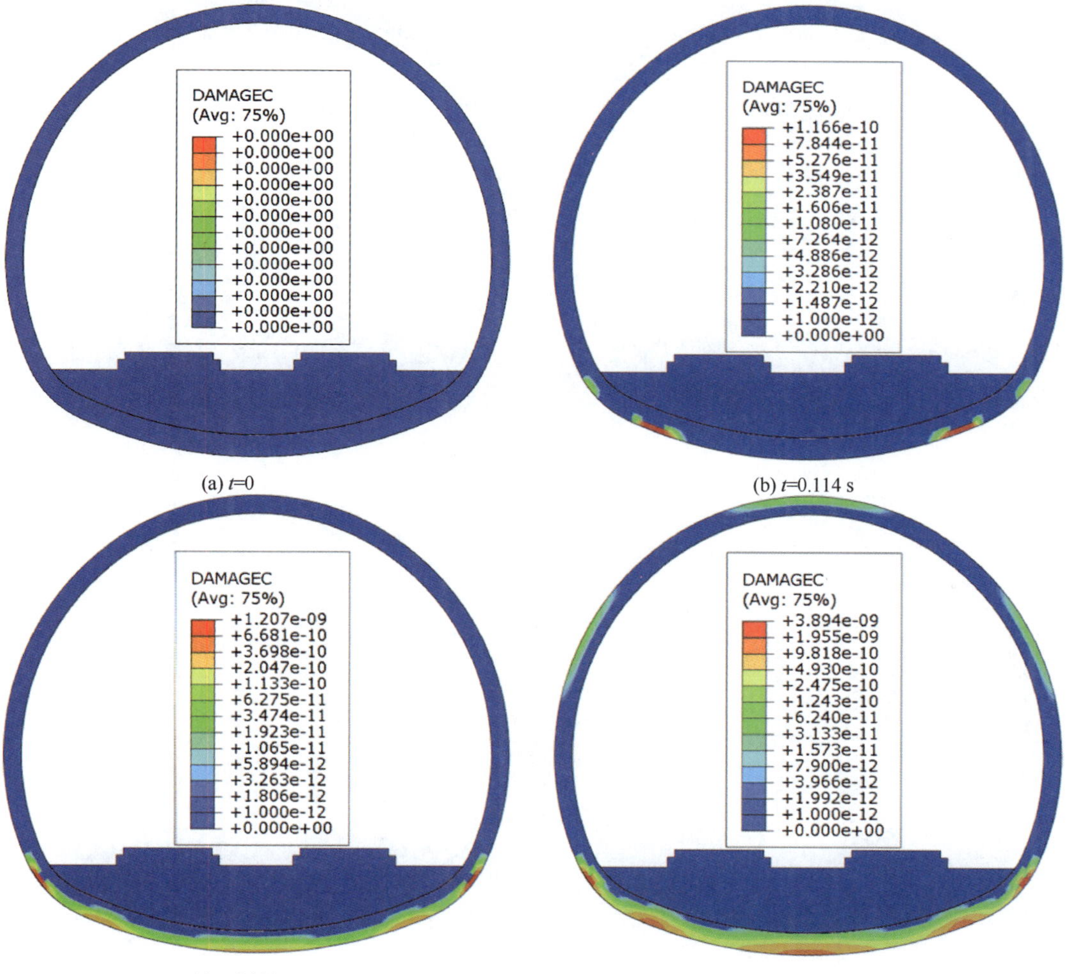

(a) t=0　(b) t=0.114 s

(c) t=0.122 s　(d) t=0.201 s

图　7-15

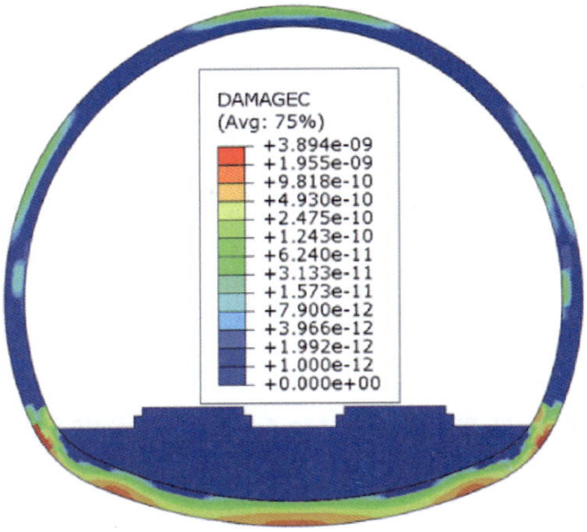

(e) t=0.421 s

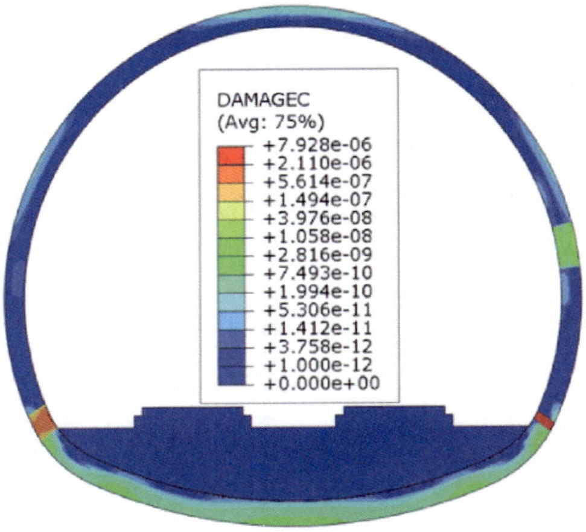

(f) t=0.704 s

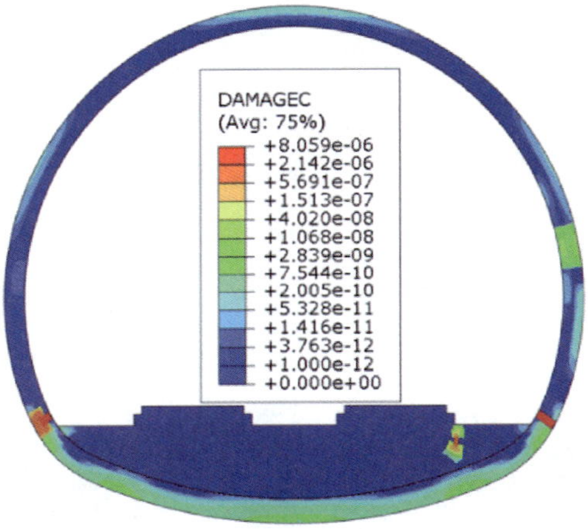

(g) t=1.198 s

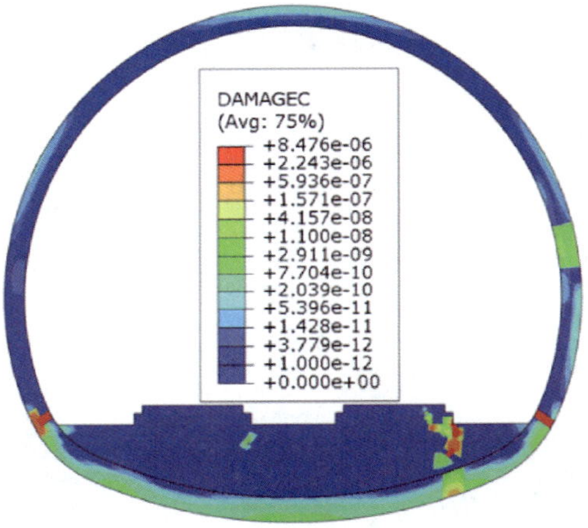

(h) t=1.330 s

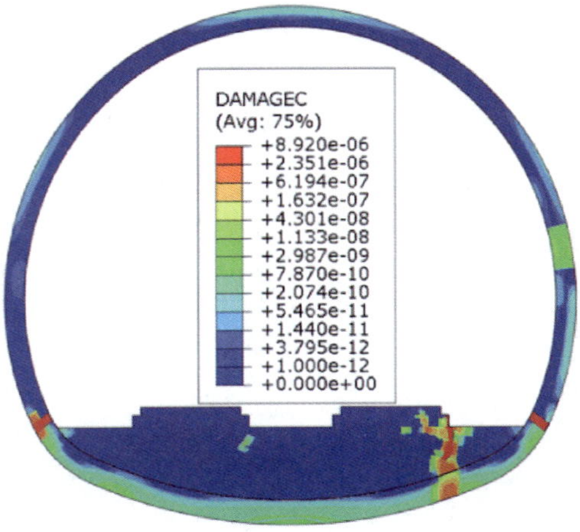

(i) t=1.552 s

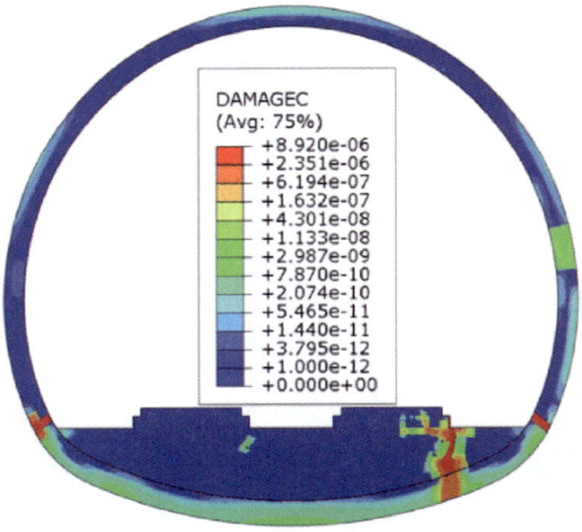

(j) t=1.764 s

图 7-15

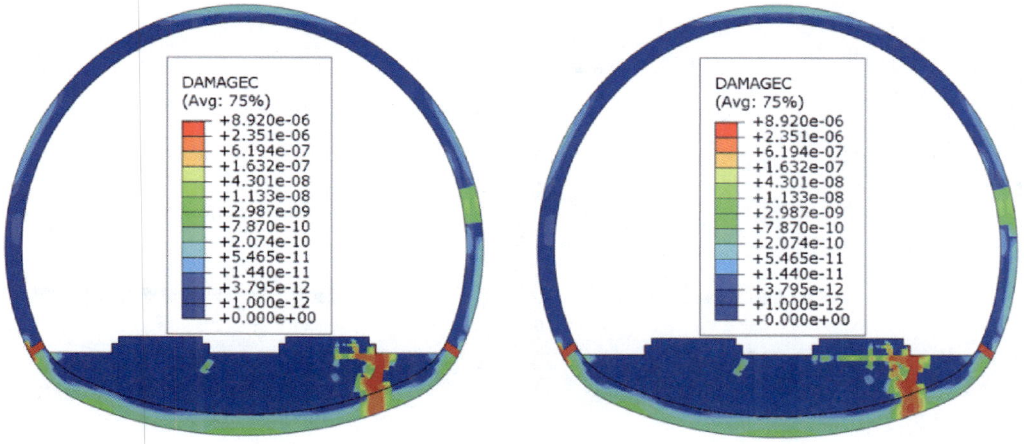

(k) t=1.960 s　　　　(l) t=2.06 s

图 7-15　Ⅵ级围岩时隧道及轨道结构受压损伤演化规律

从上述分析可见，隧道衬砌拱脚、仰拱中心拱腰等位置是隧道结构主要的受压损伤区。为此，选择该区域内的特征单元进行相应位置的受压损伤时程分析，所选择的衬砌特征单元如图 7-16 所示，相应特征单元的受压损伤时程曲线如图 7-17 所示。由图 7-16、图 7-17 可见，单元 B 和单元 C 的损伤值明显大于单元 A 和单元 D，表明仅在列车荷载作用下隧道仰供拱脚区域是主要的受压损伤区；仰拱中心处（单元 A）的损伤最早产生，但在后期基本无增长；拱脚（单元 C）和拱腰（单元 D）处的受压损伤几乎同时产生，且在初始损伤后迅速增长；除仰拱中心单元外，其他特征单元的损伤在列车荷载作用后期都出现了显著增长，可见一旦结构受损后，由于其刚度的退化，损伤不断累积，使得其性能进一步劣化。

3. 隧道及轨道结构受拉损伤演化规律

如图 7-18 所示为Ⅵ级围岩条件下在运行速度为 350 km/h 的列车荷载作用下隧道及轨道结构的受拉损伤演化过程。

由图 7-18 所示隧道及轨道结构受拉损伤演化可见：

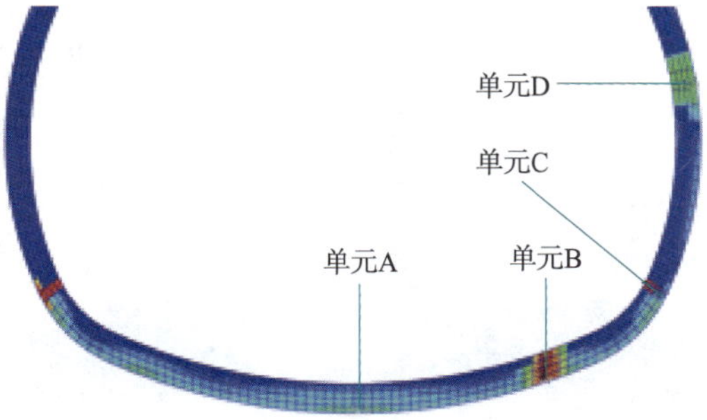

图 7-16　隧道衬砌特征受损单元分布（受压损伤）

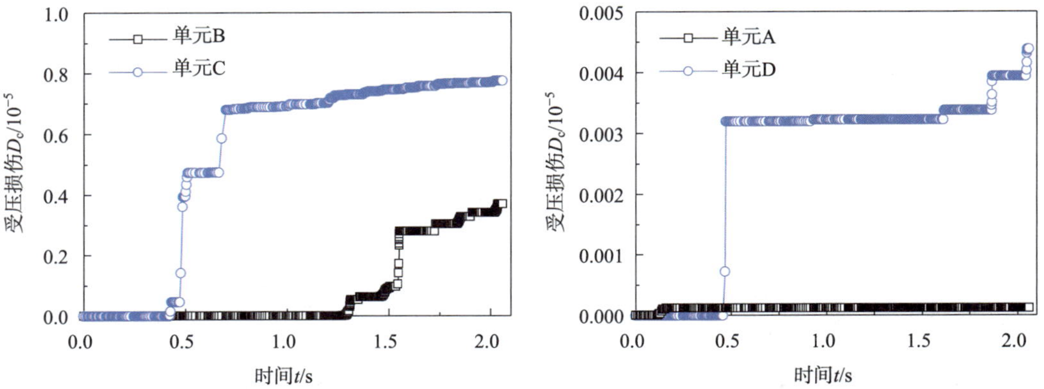

(a) 单元B和单元C　　(b) 单元A和单元D

图 7-17　隧道衬砌特征单元受压损伤时程曲线

(1)同受压损伤类似,在列车荷载作用下隧道底部拱脚区域首先出现受拉损伤[图 7-18(b)],其主要原因在于拱脚区域衬砌曲率较小,在列车荷载作用下该区域衬砌外侧易受拉,同时该区域距荷载源较近,故首先出现损伤。

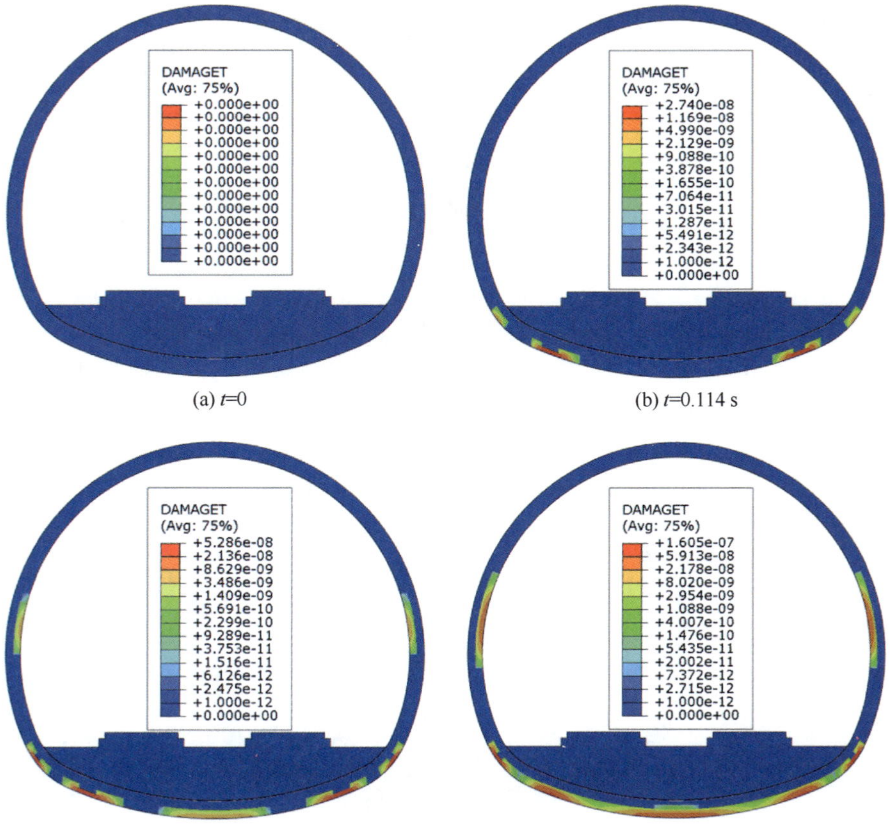

(a) t=0　　(b) t=0.114 s

(c) t=0.116 s　　(d) t=0.118 s

图　7-18

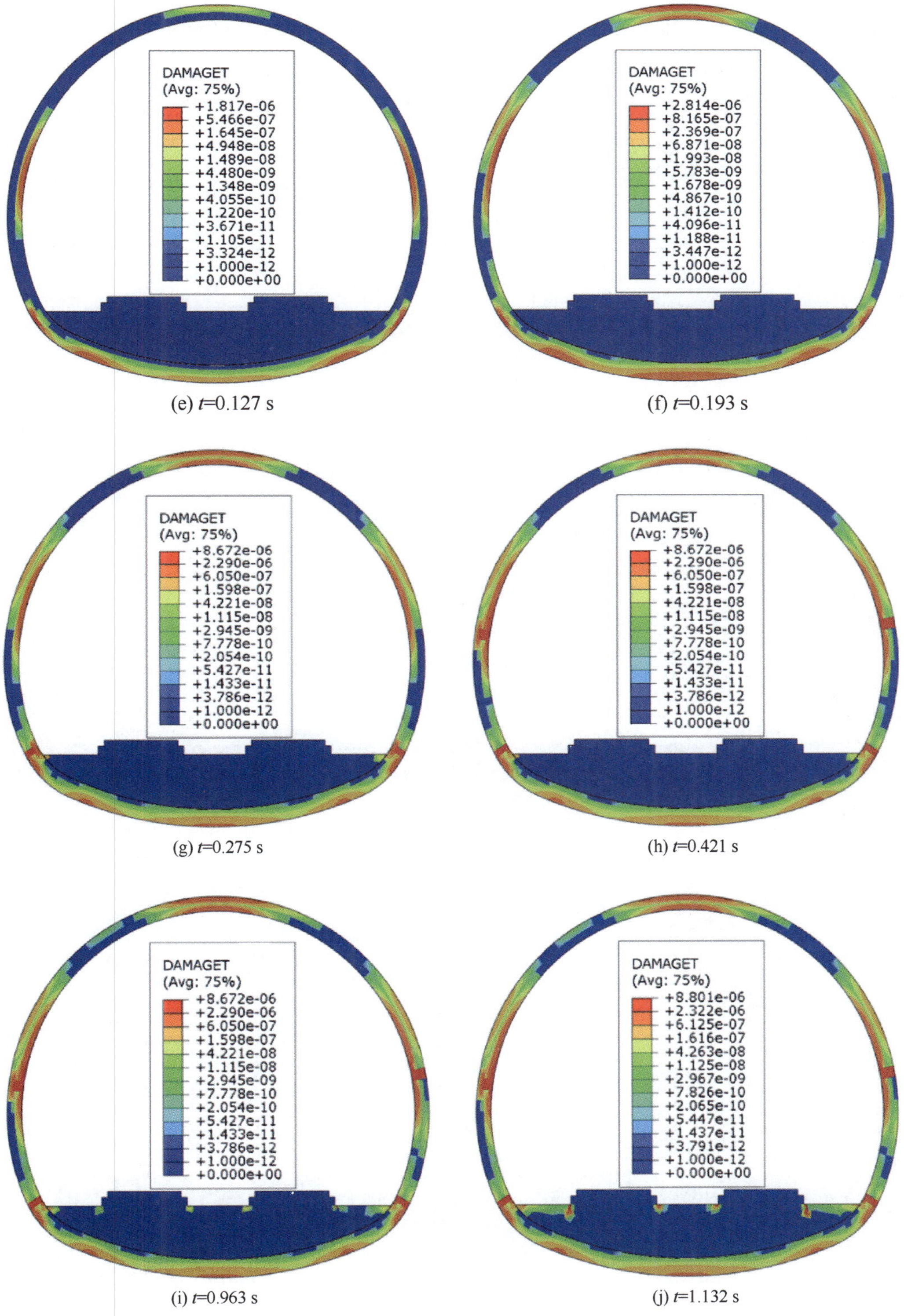
DAMAGET
(Avg: 75%)
+1.817e-06
+5.466e-07
+1.645e-07
+4.948e-08
+1.489e-08
+4.480e-09
+1.348e-09
+4.055e-10
+1.220e-10
+3.671e-11
+1.105e-11
+3.324e-12
+1.000e-12
+0.000e+00
(e) t=0.127 s
DAMAGET
(Avg: 75%)
+2.814e-06
+8.165e-07
+2.369e-07
+6.871e-08
+1.993e-08
+5.783e-09
+1.678e-09
+4.867e-10
+1.412e-10
+4.096e-11
+1.188e-11
+3.447e-12
+1.000e-12
+0.000e+00
(f) t=0.193 s
DAMAGET
(Avg: 75%)
+8.672e-06
+2.290e-06
+6.050e-07
+1.598e-07
+4.221e-08
+1.115e-08
+2.945e-09
+7.778e-10
+2.054e-10
+5.427e-11
+1.433e-11
+3.786e-12
+1.000e-12
+0.000e+00
(g) t=0.275 s
DAMAGET
(Avg: 75%)
+8.672e-06
+2.290e-06
+6.050e-07
+1.598e-07
+4.221e-08
+1.115e-08
+2.945e-09
+7.778e-10
+2.054e-10
+5.427e-11
+1.433e-11
+3.786e-12
+1.000e-12
+0.000e+00
(h) t=0.421 s
DAMAGET
(Avg: 75%)
+8.672e-06
+2.290e-06
+6.050e-07
+1.598e-07
+4.221e-08
+1.115e-08
+2.945e-09
+7.778e-10
+2.054e-10
+5.427e-11
+1.433e-11
+3.786e-12
+1.000e-12
+0.000e+00
(i) t=0.963 s
DAMAGET
(Avg: 75%)
+8.801e-06
+2.322e-06
+6.125e-07
+1.616e-07
+4.263e-08
+1.125e-08
+2.967e-09
+7.826e-10
+2.065e-10
+5.447e-11
+1.437e-11
+3.791e-12
+1.000e-12
+0.000e+00
(j) t=1.132 s

图　7-18

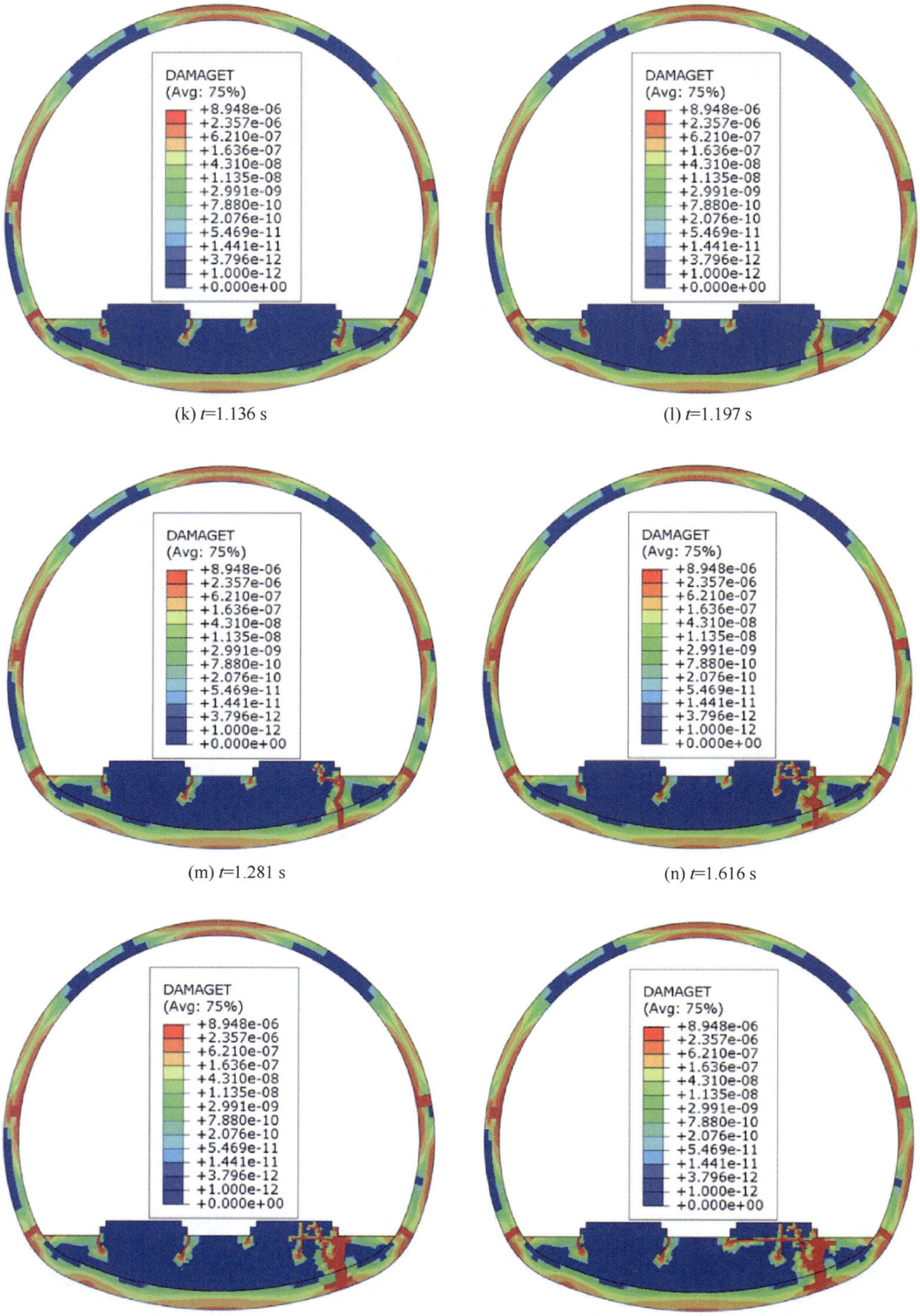

(k) t=1.136 s　(l) t=1.197 s

(m) t=1.281 s　(n) t=1.616 s

(o) t=1.960 s　(p) t=2.06 s

图 7-18　Ⅵ级围岩时隧道及轨道结构受拉损伤演化规律

(2)仰拱中部外侧和衬砌拱腰内侧在仰拱拱脚区域受损后随即产生受拉损伤[图 7-18(c)],且随着列车荷载的持续作用,损伤区不断发展[图 7-18(d)];当仰拱受拉损伤区逐渐贯穿至整个衬砌断面内时,拱腰处的受拉损伤不断向拱脚延伸,受拉损伤范围不断扩展,同时在隧道拱顶外侧开始出现受拉损伤[图 7-18(e)];而后,在拱腰受拉损伤贯穿至整个衬砌断面后,隧道拱顶外侧也开始出现受拉损伤[图 7-18(f)]。

(3)由于列车荷载作用,衬砌损伤持续发展,由于拱脚单元的损伤累积,在拱脚相应位置出现明显的贯穿裂纹,造成该部位结构的劣损[图 7-18(g)];随后,在隧道拱腰处也出现显见的损伤累积[图 7-18(h)],且此时除两侧拱肩外,在衬砌全断面内均出现受拉损伤。

(4)隧道衬砌严重受损后,在轨道结构混凝土支撑层和仰拱填充层连接部位的边角部开始出现受拉损伤[图 7-18(i)],并开始在轨道结构两侧的仰拱填充层表面逐渐扩展连通[图 7-18(j)];随后,混凝土支撑层两侧边角下仰拱填充层内的受拉损伤不断向填充层内部扩展[图 7-18(k)],直至与仰拱拱脚区域的损伤区贯通[图 7-18(l)]。

(5)仰拱填充层受拉损伤区和仰拱拱脚损伤区贯通后,在轨道结构(包括轨道板、自密实混凝土和混凝土支撑层)开始出现裂纹[图 7-18(m)],并不断向轨道结构内和轨道结构与仰拱填充层交界面处发展[图 7-18(n)～图 7-18(p)]。

(6)不同结构部位的受拉损伤发展顺序为:仰拱外侧→内拱腰→拱顶外缘→仰拱填充层表层→仰拱填充层内部→轨道结构。

进一步,提取隧道衬砌断面内各位置特征单元的受拉损伤时程曲线,进行特征单元受拉损伤时程分析。衬砌断面受拉损伤特征单元如图 7-19 所示,图中"GD"表示拱顶单元、"GC"表示仰拱中心单元,"ZGY"和"YGY"分别表示左、右拱腰单元,"ZGJ"和"YGJ"分别表示左、右拱脚单元,数字"1"和"2"分别表示相应位置的内侧单元和外侧单元。图 7-19 所示各特征单元的受拉损伤时程曲线如图 7-20 所示。

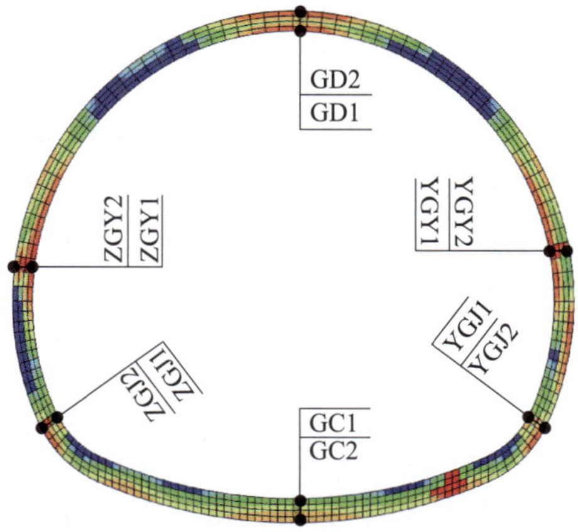

图 7-19　隧道衬砌特征受损单元分布(受拉损伤)

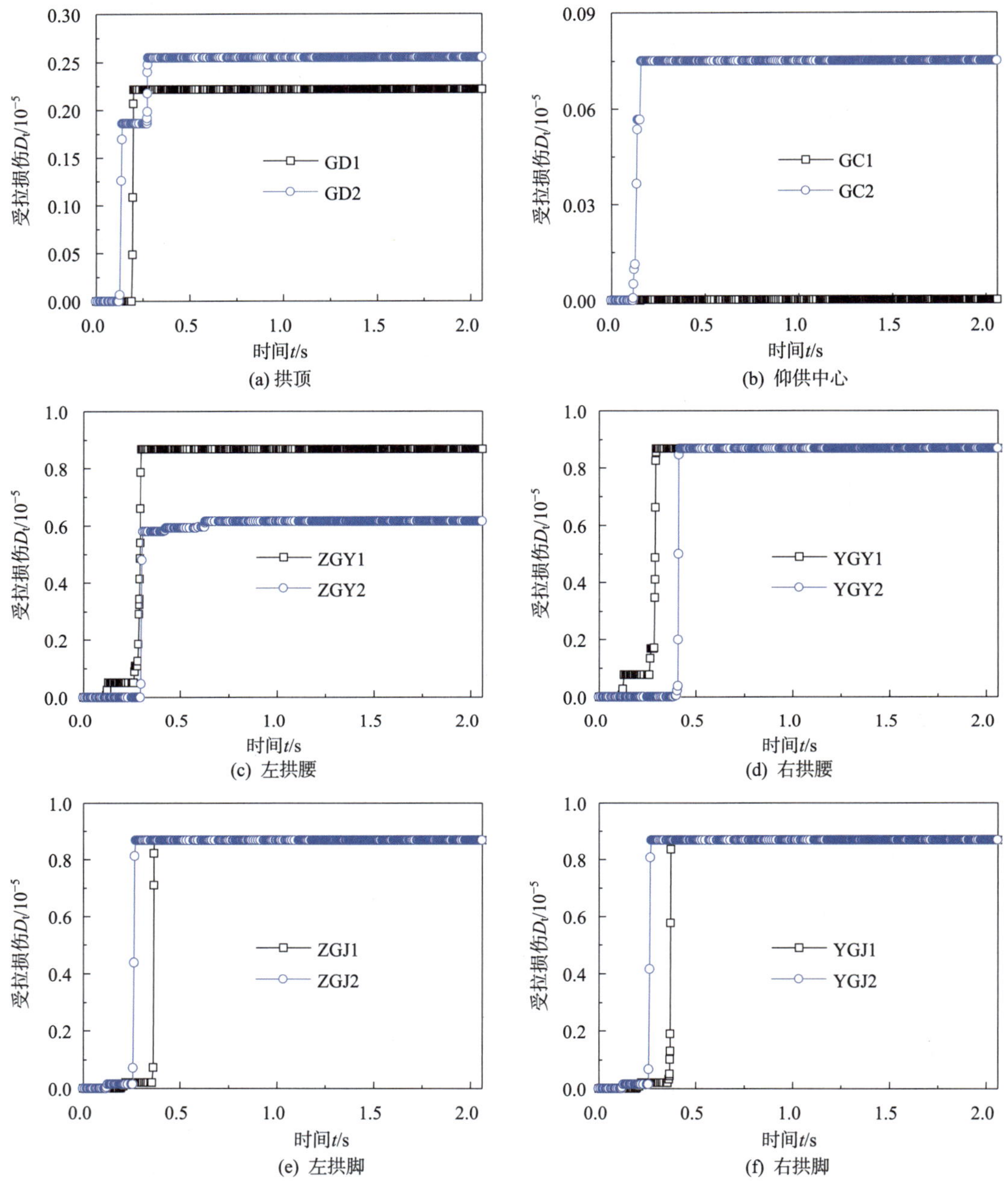

(a) 拱顶　(b) 仰供中心　(c) 左拱腰　(d) 右拱腰　(e) 左拱脚　(f) 右拱脚

图 7-20　隧道衬砌特征单元受拉损伤时程曲线

由图 7-20 可见：

(1)衬砌左右拱脚和左右拱腰内侧是主要的受拉损伤区域；尽管仰拱中心外侧较早产生了受拉损伤，但在经历短暂的损伤累积后，其损伤量基本保持不变，且稳定在一较低的损伤水平；而仰拱中心内侧损伤的产生晚于外侧，且内侧损伤度远低于外侧损伤度。

(2)拱顶外缘先于拱顶内缘产生损伤，且外缘累积损伤量大于内缘；左右拱腰内侧损伤的发展基本是一致的，且拱腰内侧较外侧先产生损伤；左右拱脚损伤的发展也基本一致，且单元损伤度基本相当。

(3)整体而言，在列车荷载作用初期，隧道衬砌受拉损伤出现了较为显著的演化过程，在达到一定的损伤量后，衬砌不同位置处的受拉损伤基本保持不变，结合图 7-18 可见，列车荷载作用后期，结构受拉损伤的演化主要发生在仰供填充层和轨道结构中。

7.2　服役环境下底部结构损伤特性

前述分析中探讨了仅在列车荷载作用下隧道及轨道结构的拉压损伤特性，并分析了不利车速及围岩条件下结构的渐进失效过程。但在实际的地下服役环境下，隧道结构还需承受主动的围岩压力以及被动的围岩抗力，即在列车荷载作用之前，隧道结构就已经存在一个初应力。因此，需进一步考虑服役环境影响，分析不同隧道初应力水平下列车荷载对隧道及轨道结构损伤特性的影响。

7.2.1　计算工况设置

本节重点分析不同围岩级别、不同行车速度和不同隧道衬砌初应力水平下列车荷载对隧道及轨道结构损伤特性的影响。所采用的基本计算模型及计算参数同 7.1 节一致，主动围岩压力对隧道的作用基于荷载-结构模式模拟，被动围岩抗力通过隧道衬砌与围岩间的非线性接触关系模拟。

根据规范建议，在Ⅲ级围岩中二次衬砌仅做安全储备，初期支护需承担全部荷载。重点分析Ⅳ、Ⅴ、Ⅵ级围岩工况下列车荷载和围岩压力的耦合作用。按规范建议，各级围岩条件下隧道二次衬砌承载比例按表 7-4 取值。

表 7-4　不同围岩级别的二次衬砌承载比例　　%

围岩等级	二次衬砌承载比例
Ⅳ	30
Ⅴ	50
Ⅵ	80

对于隧道衬砌的初应力水平，可通过考虑不同埋深时隧道衬砌的应力状态确定，根据《铁路隧道设计规范》(TB 10003—2016)[142]，不同埋深状况下浅埋隧道围岩压力分布如图 7-21 所示。图中 b_t 为隧道断面宽度；q 表示隧道拱顶垂直均与压力，且 $q=\gamma H$(γ 为隧道拱顶上覆围岩容重；H 为隧道拱顶至地面的垂直距离)；e_1 和 e_2 分别为隧道拱顶和拱底处的侧向压力，任意计算点处的侧向压力 $e_i=\lambda\gamma h$(λ 为围岩侧压力系数；h_i 为计算点至地面的距离)。

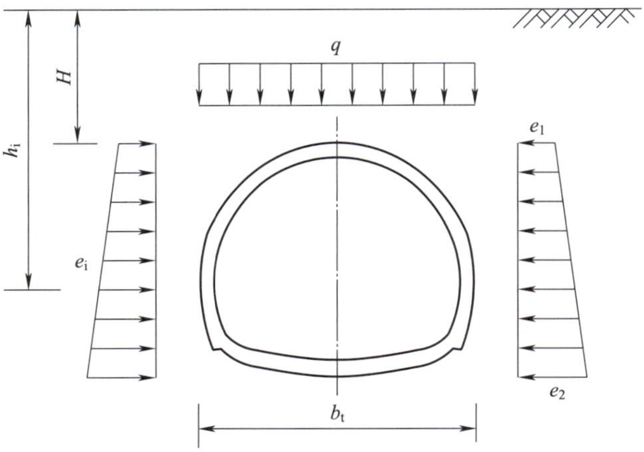

图 7-21　浅埋隧道围岩压力分布示意

考虑到深埋隧道荷载计算的不确定性,本研究主要针对浅埋隧道工况进行计算。不同埋深下隧道荷载按图 7-21 所示荷载模式进行计算,分析中不同围岩级别下隧道埋深分别取 H=10 m 和 H=30 m 两种工况。计算时围岩容重均按 γ=20 kN/m^3 取值,Ⅳ、Ⅴ、Ⅵ级围岩侧压力系数根据规范建议分别取 0.3、0.4 和 0.6。

基于 7.1 节的分析可知,列车运行速度越高,列车荷载作用效应越显著。为此,在本部分的研究中列车荷载取运行速度分别为 300 km/h 和 350 km/h 两种工况进行计算。

综上,考虑实际服役环境的列车荷载作用下隧道及轨道结构损伤特性分析所设计的计算工况见表 7-5。

表 7-5　计算工况设计汇总

序号	围岩级别	隧道埋深 H/m	列车速度 v/(km·h^{-1})	工况编号
1	Ⅳ	10	300	Ⅳ-10-300
2			350	Ⅳ-10-350
3		30	300	Ⅳ-30-300
4			350	Ⅳ-30-350
5	Ⅴ	10	300	Ⅴ-10-300
6			350	Ⅴ-10-350
7		30	300	Ⅴ-30-300
8			350	Ⅴ-30-350
9	Ⅵ	10	300	Ⅵ-10-300
10			350	Ⅵ-10-350
11		30	300	Ⅵ-30-300
12			350	Ⅵ-30-350

7.2.2　Ⅳ级围岩条件下结构损伤特性

图 7-22 和图 7-23 所示分别为Ⅳ级围岩中不同隧道埋深和行车速度时隧道及轨道结构受压损伤和受拉损伤云图。由图可见，在相同的埋深条件下隧道及轨道结构拉压损伤基本相近，由不同行车速度的列车荷载引起的损伤差异十分微小，不同埋深情况下的围岩压力是引起结构初始损伤差异的主要原因。根据计算结果，Ⅳ级围岩 10 m 埋深和 30 m 埋深条件下，结构初始压损伤分别为 2.37×10^{-3} 和 5.27×10^{-3}，初始拉损伤分别为 9.11×10^{-3} 和 2.02×10^{-2}。

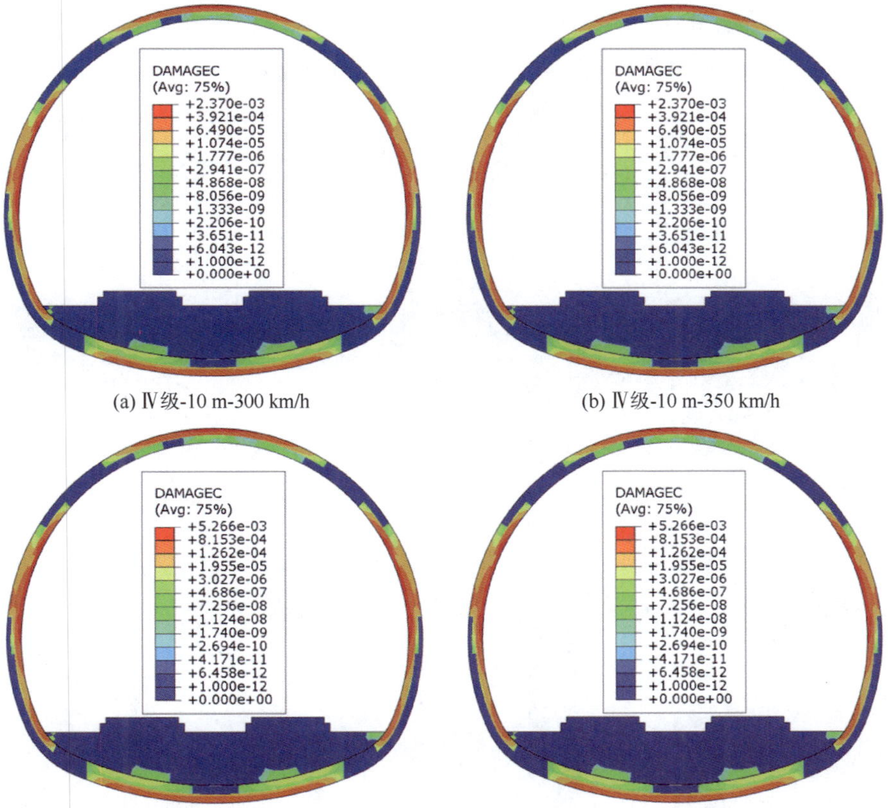

(a) Ⅳ级-10 m-300 km/h　(b) Ⅳ级-10 m-350 km/h

(c) Ⅳ级-30 m-300 km/h　(d) Ⅳ级-30 m-350 km/h

图 7-22　Ⅳ级围岩时结构受压损伤云图

图 7-24 给出了Ⅳ级围岩不同隧道埋深时隧道衬砌最大主应力和最小主应力在不同加载工况下的分布。由图可见。整体上，不同埋深时隧道衬砌最大主应力和最小主应力均在列车荷载作用后有所增加，且在围岩压力和列车荷载的静、动力耦合作用下衬砌最大主应力增长明显，而最小主应力无明显变化，由此表明衬砌拉应力主要由列车荷载控制，而衬砌压应力水平主要由围岩压力决定；同时，随着列车运行速度增大，衬砌最大主应力随之增大，且增长显著。

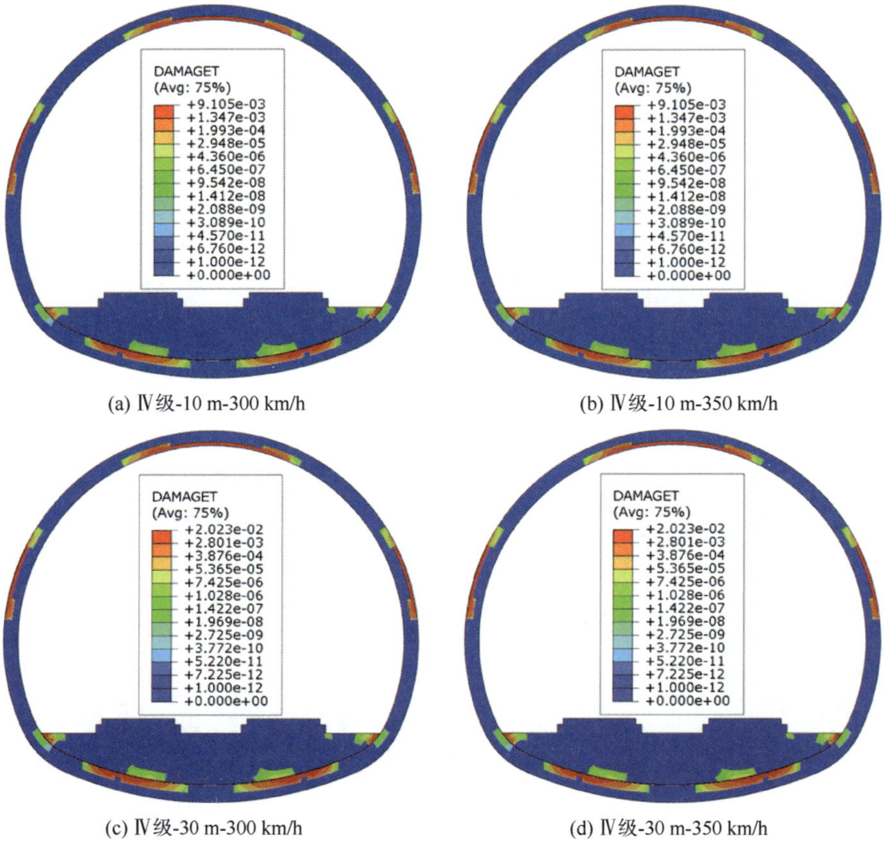

(a) Ⅳ级-10 m-300 km/h　　(b) Ⅳ级-10 m-350 km/h

(c) Ⅳ级-30 m-300 km/h　　(d) Ⅳ级-30 m-350 km/h

图 7-23　Ⅳ级围岩时结构受拉损伤云图

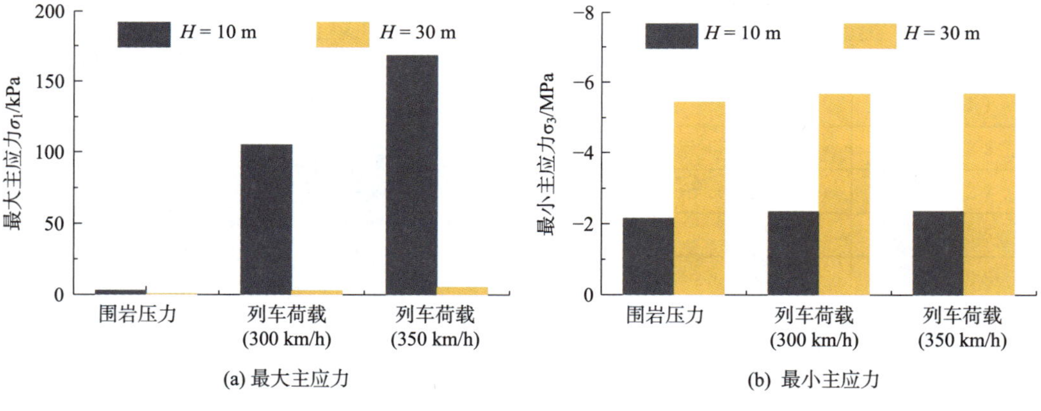

(a) 最大主应力　　(b) 最小主应力

图 7-24　Ⅳ级围岩不同埋深时衬砌最大/小主应力变化

7.2.3　Ⅴ级围岩条件下结构损伤特性

图 7-25 和图 7-26 所示分别为Ⅴ级围岩中不同隧道埋深和行车速度时隧道及轨道结构

受压损伤和受拉损伤云图。由图可见，在围岩静载和列车动载耦合作用下隧道及轨道结构的损伤分布同Ⅳ级围岩各工况一致，即：受压损伤区主要分布于拱顶和仰拱外缘、两侧拱腰；而受拉损伤区主要分布于拱顶内缘和轨下仰拱内侧。相较Ⅳ级围岩，由于Ⅴ级围岩弹性参数降低，其对隧道结构的约束能力减弱，导致衬砌结构损伤显见的增大。

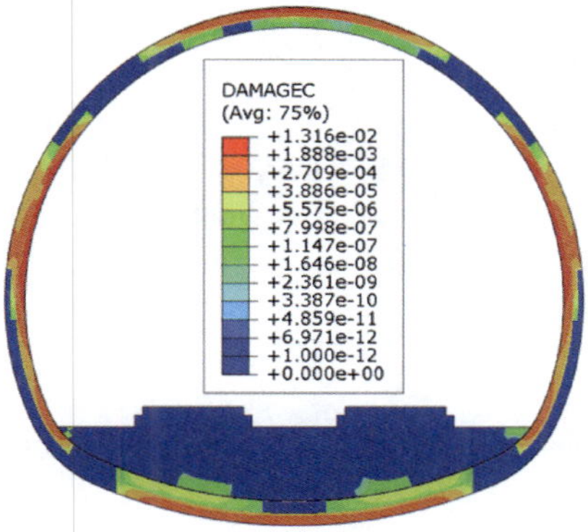

(a) Ⅴ级-10 m-300 km/h

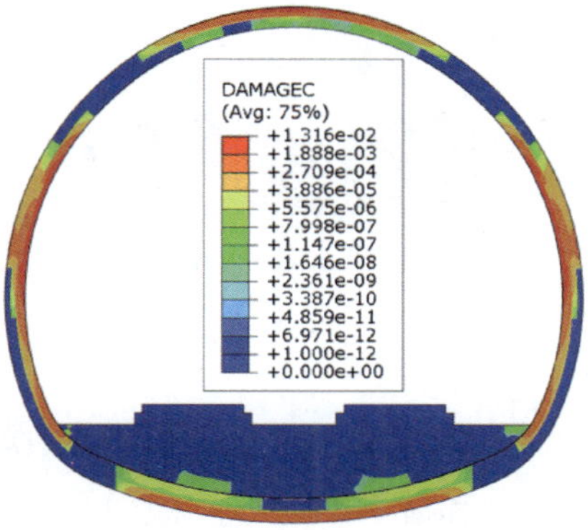

(b) Ⅴ级-10 m-350 km/h

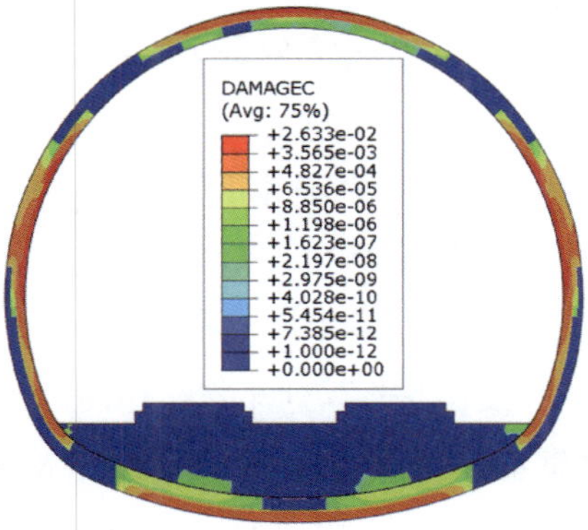

(c) Ⅴ级-30 m-300 km/h

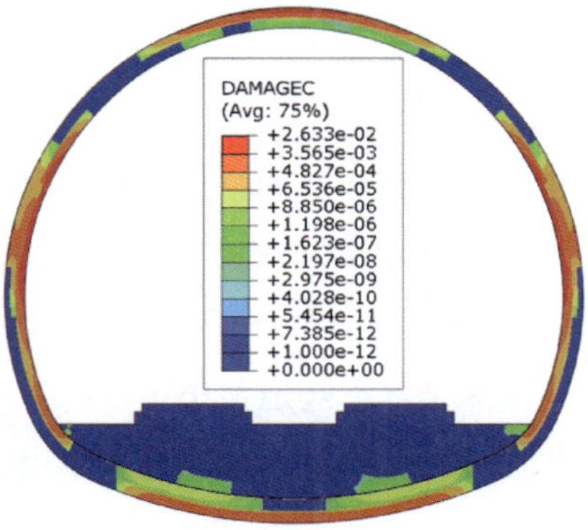

(d) Ⅴ级-30 m-350 km/h

图 7-25　Ⅴ级围岩时结构受压损伤云图

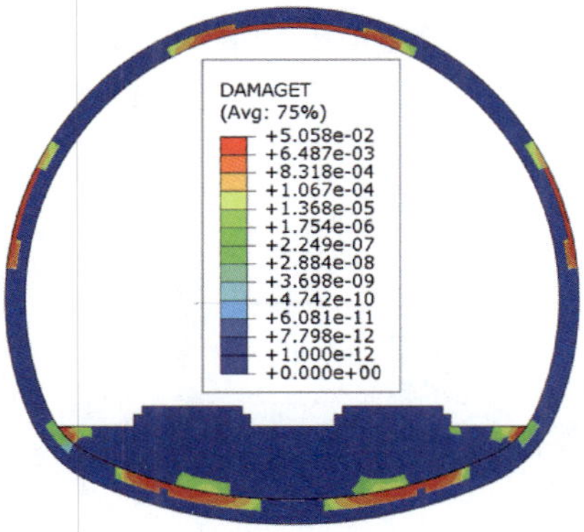

(a) Ⅴ级-10 m-300 km/h

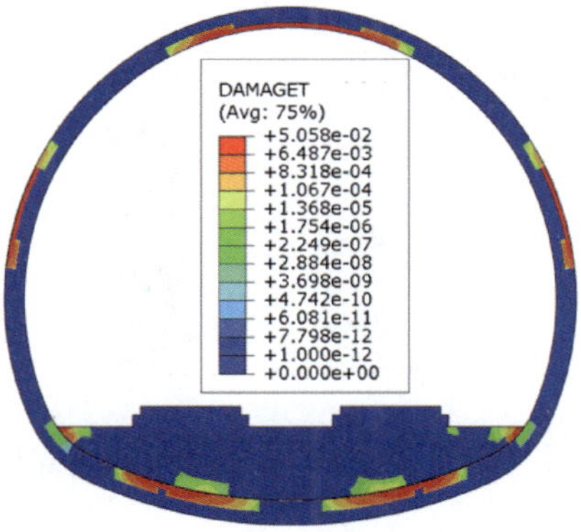

(b) Ⅴ级-10 m-350 km/h

图　7-26

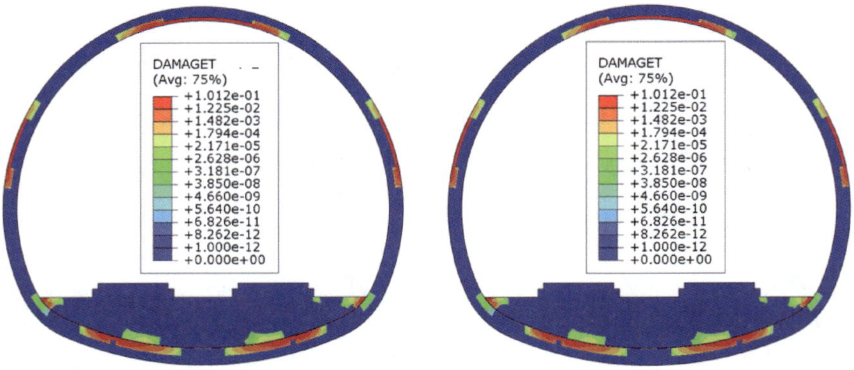

(c) Ⅴ级-30 m-300 km/h　　(d) Ⅴ级-30 m-350 km/h

图 7-26　Ⅴ级围岩时结构受拉损伤云图

图 7-27 所示为Ⅴ级围岩条件不同隧道埋深时，在围岩压力及其与列车荷载耦合作用下衬砌最大主应力和最小主应力。由图可见：

(1)在Ⅴ级围岩中，由于衬砌水平侧压力的增大，仅在围岩压力作用下衬砌全断面处于受压状态(最大主应力 σ_1 为负值，H＝10 m 和 H＝30 m 时其值分别为 σ_1＝－0.20 kPa 和 σ_1＝－3.74 kPa)。

(2)随着列车荷载的施加，衬砌部分区域受拉，最大主应力转为正值，H＝10 m 时，在列车速度分别为 300 km/h 和 350 km/h 时，静动力耦合作用下衬砌最大主应力分别为 σ_1＝39.89 kPa 和 σ_1＝62.71 kPa；而当 H＝30 m 时，该值分别为 σ_1＝0.70 kPa 和 σ_1＝0.74 kPa。

(3)不同埋深条件下隧道最小主应力主要由围岩压力决定，列车荷载作用下有一定的增长，但增长有限；H＝10 m 时围岩压力作用下衬砌最小主应力为 σ_3＝－3.40 MPa，在叠加 300 km/h 和 350 km/h 的列车荷载后该值分别增长至 σ_3＝－3.77 MPa 和 σ_3＝－3.95 MPa；而当 H＝10 m 时，在围岩压力、300 km/h 和 350 km/h 的列车荷载作用后，该值分别为 σ_3＝－9.28 MPa、σ_3＝－9.67 MPa 和 σ_3＝－9.89 MPa。

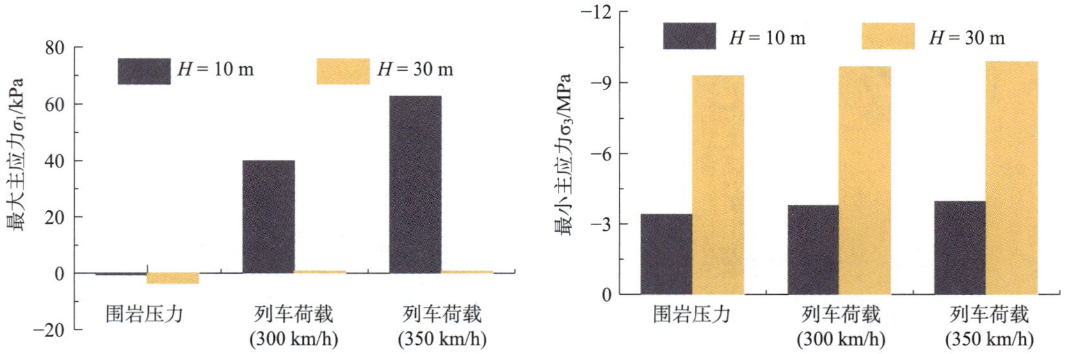

(a) 最大主应力　　(b) 最小主应力

图 7-27　Ⅴ级围岩时不同埋深时衬砌最大/小主应力变化

7.2.4　Ⅵ级围岩条件下结构损伤特性

图 7-28 和图 7-29 所示分别为Ⅵ级围岩中不同隧道埋深和行车速度时隧道及轨道结构受压损伤和受拉损伤云图。由图可见，随着围岩条件的进一步劣化，在围岩静载和列车动载耦合作用下隧道结构的受拉损伤和受压损伤继续增大；同Ⅳ级和Ⅴ级围岩的计算结果类似，受压损伤主要出现在隧道衬砌拱顶和仰拱外侧、拱腰内侧，而受拉损伤则主要发生于拱顶内侧、拱腰外侧和仰拱中心两侧内缘位置。

结合上述计算结果可见，考虑隧道的真实服役环境时，不同围岩级别下衬砌结构承担的围岩静载是造成结构初始损伤的关键因素，列车荷载有加速损伤发展的作用，但单次列车荷载引起的损伤增量是十分有限的。

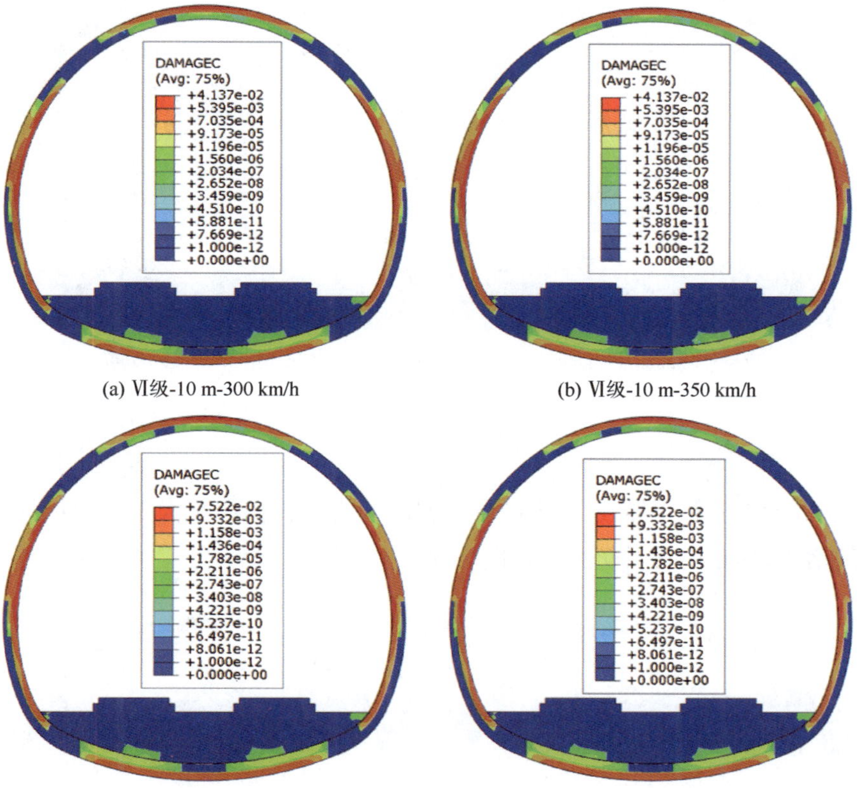

(a) Ⅵ级-10 m-300 km/h　(b) Ⅵ级-10 m-350 km/h

(c) Ⅵ级-30 m-300 km/h　(d) Ⅵ级-30 m-350 km/h

图 7-28　Ⅵ级围岩时结构受压损伤云图

进一步，图 7-30～图 7-33 给出了考虑服役环境时Ⅵ级围岩不同工况下单次列车荷载下的动力损伤云图。由图可见：

(1)无论是动力压损伤还是动力拉损伤，单次列车动载引起的损伤增量均与列车运行速度正相关，即随着列车运行速度的增大，动力损伤随之增大。

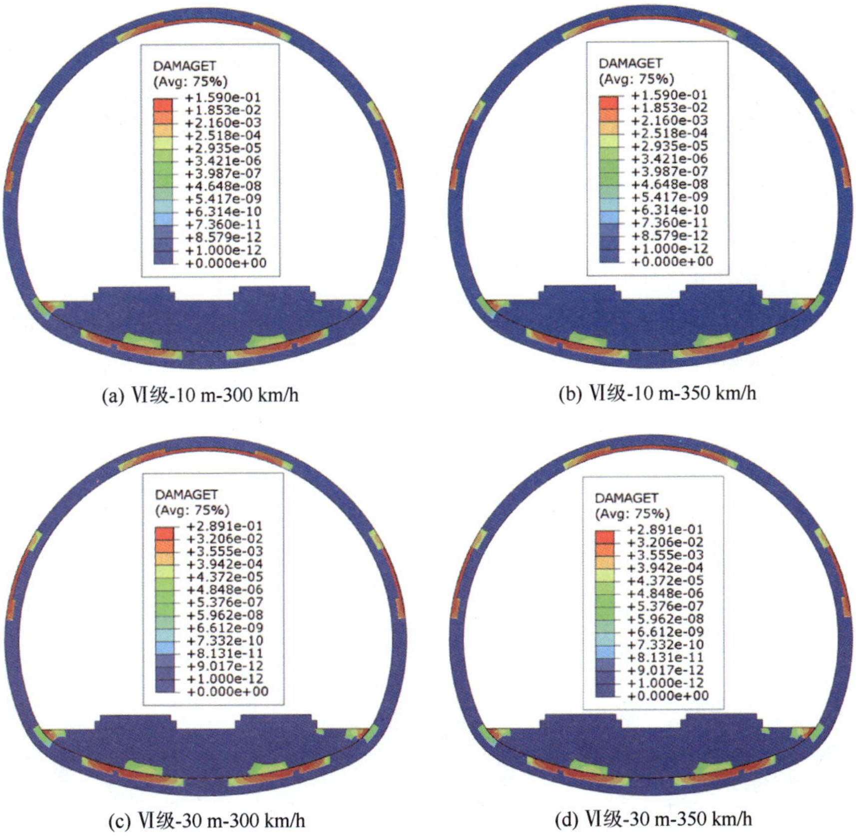

(a) Ⅵ级-10 m-300 km/h　(b) Ⅵ级-10 m-350 km/h

(c) Ⅵ级-30 m-300 km/h　(d) Ⅵ级-30 m-350 km/h

图 7-29　Ⅵ级围岩时结构受拉损伤云图

(2)由于混凝土的拉压异性，列车动载引起的动力拉损伤明显大于动力压损伤；且随着隧道埋深的增大，列车荷载引起的动力损伤有增大的趋势。

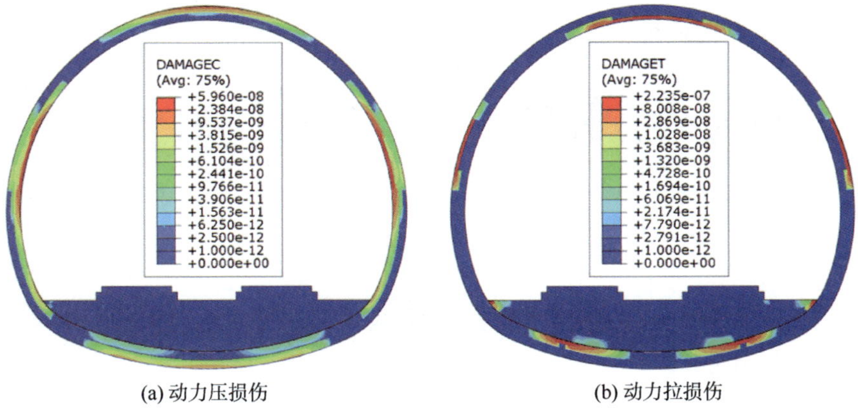

(a) 动力压损伤　(b) 动力拉损伤

图 7-30　Ⅵ-10-300 工况下单次列车荷载引起的衬砌结构损伤云图

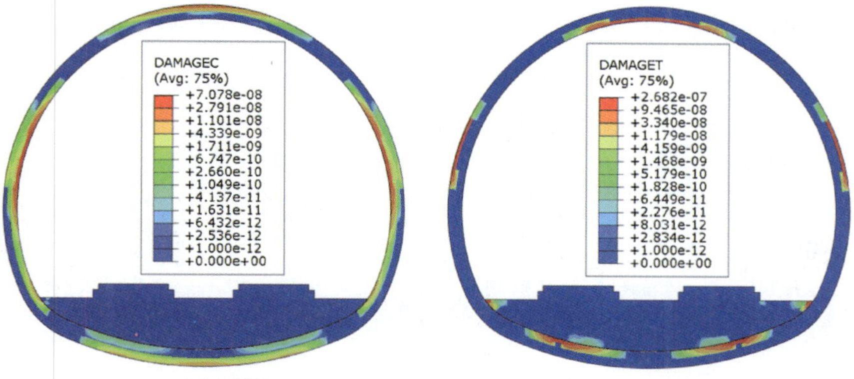

(a) 动力压损伤　　(b) 动力拉损伤

图 7-31　Ⅵ级-10 m-350 km/h 工况下单次列车荷载引起的衬砌结构损伤云图

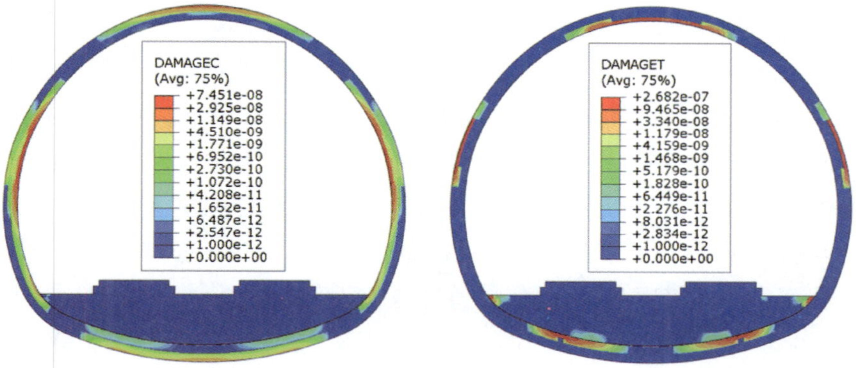

(a) 动力压损伤　　(b) 动力拉损伤

图 7-32　Ⅵ级-30 m-300 km/h 工况下单次列车荷载引起的衬砌结构损伤云图

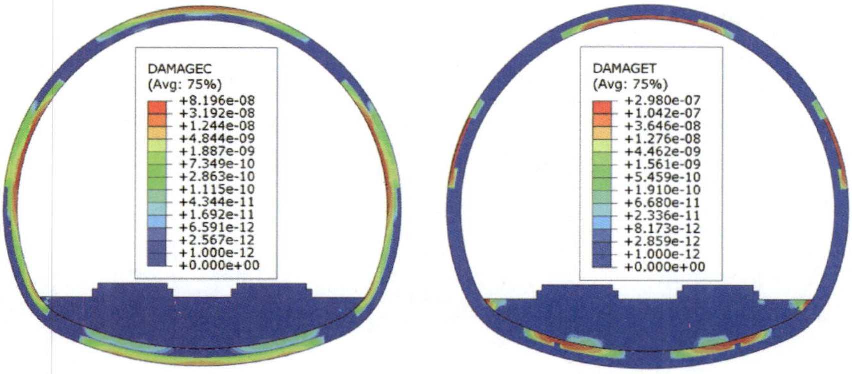

(a) 动力压损伤　　(b) 动力拉损伤

图 7-33　Ⅵ级-30 m-350 km/h 工况下单次列车荷载引起的衬砌结构损伤云图

如图 7-34 所示为Ⅵ级围岩在不同隧道埋深时，在围岩压力及其与列车荷载耦合作用下衬砌最大主应力和最小主应力。

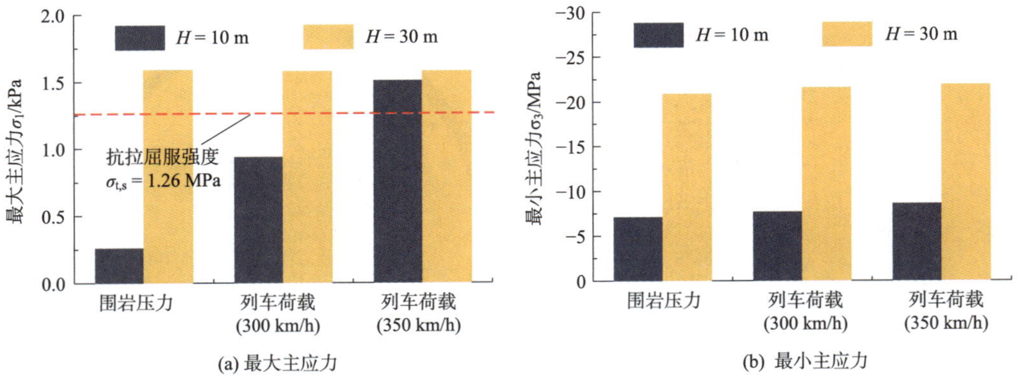

图 7-34　Ⅵ级围岩时不同埋深时衬砌最大/小主应力变化

由图 7-33 可见：

(1)相比于 H＝30 m 工况，H＝10 m 时，列车荷载对衬砌最大/最小主应力的影响显著，尤其是最大主应力增长明显。

(2)在 H＝30 m 工况下，由于围岩压力已使衬砌处于较高的应力水平(σ_1＝1.58 MPa，σ_1＝－20.85 MPa)，因此在叠加列车荷载后衬砌最大最小主应力未发生明显的变化。

(3)而 H＝10 m 工况中，在围岩压力作用下衬砌最大主应力仅为 0.25 MPa，在叠加 300 km/h 的列车荷载后，衬砌最大主应力达到 0.93 MPa，而在列车运行速度达到 350 km/h 后，在围岩静载和列车动载的耦合作用下衬砌最大主应力达到 1.50 MPa，超过了衬砌混凝土抗拉屈服强度(σ_{ts}＝1.26 MPa)，致使隧道衬砌产生受拉损伤。

(4)H＝10 m 时，衬砌最小主应力为－7.07 MPa，当列车运行速度为 300 km/h 时，衬砌最小主应力增长至－7.64 MPa，相比初始应力状态增长 8.06%，而当列车运行速度达到 350 km/h 时衬砌最小主应力增长至－8.54 MPa，相比初始应力状态增长 20.8%。

表 7-6 和表 7-7 分别汇总了不同服役环境下在围岩压力及其与列车荷载耦合作用下隧道衬砌的应力状态和损伤值。

表 7-6　不同服役环境下衬砌应力状态

围岩条件	隧道埋深 H/m	列车速度 v/(km·h^{-1})	最大主应力 σ_1/kPa			最小主应力 σ_3/kPa		
			围岩静载	静动耦合	应力增量	围岩静载	静动耦合	应力增量
Ⅳ	10	300	2.71	104.67	101.96	−2.14	−2.33	−0.19
	10	350	2.71	167.78	165.07	−2.14	−2.34	−0.20
	30	300	0.24	2.42	2.18	−5.42	−5.64	−0.22
	30	350	0.24	5.00	4.76	−5.42	−5.65	−0.23
Ⅴ	10	300	−0.20	39.89	40.09	−3.40	−3.77	−0.37
	10	350	−0.20	62.71	62.91	−3.40	−3.95	−0.55
	30	300	−3.74	0.70	4.44	−9.28	−9.67	−0.39
	30	350	−3.74	0.74	4.48	−9.28	−9.89	−0.61

续上表

围岩条件	隧道埋深 H/m	列车速度 $v/(km \cdot h^{-1})$	最大主应力 σ_1/kPa			最小主应力 σ_3/kPa		
			围岩静载	静动耦合	应力增量	围岩静载	静动耦合	应力增量
Ⅵ	10	300	254.76	932.36	677.60	−7.07	−7.64	−0.57
	10	350	254.76	1 504.57	1 249.81	−7.07	−8.54	−1.47
	30	300	1 584.27	1 572.22	−12.05	−20.85	−21.50	−0.65
	30	350	1 584.27	2 571.75	987.48	−20.85	−21.84	−0.99

表 7-7　不同服役环境下衬砌损伤值

围岩条件	隧道埋深 H/m	列车速度 $v/(km \cdot h^{-1})$	受拉损伤		受压损伤	
			静力损伤/10^{-2}	动力损伤/10^{-6}	静力损伤/10^{-2}	动力损伤/10^{-6}
Ⅳ	10	300	0.910 5	0.098 7	0.236 9	0.025 6
	10	350	0.910 5	0.117 3	0.236 9	0.030 5
	30	300	2.023 0	0.122 9	0.526 6	0.032 1
	30	350	2.023 0	0.147 1	0.526 6	0.038 2
Ⅴ	10	300	5.058 2	0.167 6	1.316 1	0.043 8
	10	350	5.058 2	0.193 7	1.316 1	0.050 3
	30	300	10.122	0.208 6	2.633 2	0.054 0
	30	350	10.122	0.238 4	2.633 2	0.063 3
Ⅵ	10	300	15.904	0.223 5	4.137 2	0.059 6
	10	350	15.904	0.268 2	4.137 2	0.070 8
	30	300	28.913	0.268 4	7.522 4	0.074 5
	30	350	28.913	0.298 1	7.522 4	0.081 9

由表 7-6 和表 7-7 可见：

(1)除极个别工况外，列车荷载会提升衬砌的最大主应力和最小主应力水平，且列车荷载对衬砌拉应力的影响显著大于其对衬砌压应力的影响。

(2)列车荷载对衬砌应力状态的影响规律体现为：在同一级别围岩中，随着隧道埋深的增大，由静动耦合荷载引起的衬砌最大最小主应力增长率(相对于仅有围岩静载作用，下同)明显减小，即在其他条件相同时围压越大，列车荷载的影响越小；在同一围岩等级和同一隧道埋深下，列车运行速度越大，由静动耦合荷载引起的衬砌最大最小主应力增长率越大。

(3)相比于仅有列车荷载作用，在考虑隧道服役环境后，由静动耦合荷载引起的衬砌损伤发生率明显降低，且无论是衬砌受拉损伤值还是受压损伤值都明显减小；同时，只有在较差的围岩级别和较高的列车运行速度状况下衬砌才较易发生损伤，而若围岩静载已使衬砌发生初始损伤，则在列车荷载作用下将会造成衬砌损伤加剧，随着损伤的不断累积，会造成结构部分区域发生疲劳破坏。

7.3 基底脱空对隧道底部结构损伤特性的影响

7.3.1 计算说明

以7.2节的分析可见，轨道下方的仰拱是衬砌在围岩压力及其与列车荷载耦合作用下的主要受损部位。在长期的往复动载作用下，特别是地下水发育的地段，该部位基岩的破损已被工程实践所证实，因此，本节进一步考察高铁隧道基底脱空对隧道结构损伤特性的影响。

由7.2节的计算结果可知，在较低级别的围岩中，围岩压力和列车荷载的耦合作用更易造成衬砌损伤，因此在本部分的研究中围岩等级设定为Ⅴ级，隧道埋深为30 m，行车速度取300 km/h，基本计算模型即计算参数同8.1节基础模型一致，围岩压力模拟同7.2节一致。考虑最不利工况，即在左右线轨道下方仰拱处均存在衬砌基底脱空，如图7-35所示，计算时基底脱空宽度L_h分别取0.5、1.0和1.5 m。

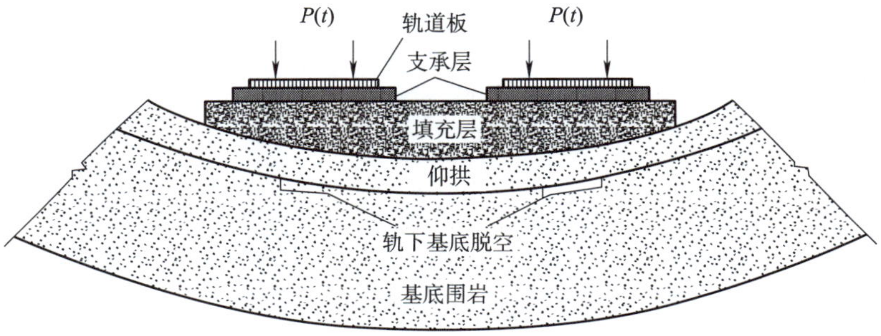

图7-35 隧道衬砌基底围岩局部脱空示意图

7.3.2 计算结果分析

图7-36～图7-39所示为基底脱空宽度分别为0、0.5、1.0和1.5 m工况下单次列车荷载下的动力损伤云图。由图可见：

(1)当轨下衬砌基底产生脱空时，在列车荷载作用下，隧道底部结构的损伤形态产生了较为明显的变化，且当基底脱空宽度大于0.5 m后，仰拱处损伤范围明显加剧。

(2)当基底脱空宽度达到1.5 m时，衬砌底部的受拉损伤区由轨下仰拱处向仰拱中心处迁移，在仰拱中心内外缘分别产生隧道底部结构最大受拉损伤和最大受压损伤。其原因在于，随着基底脱空宽度的进一步扩展，隧底地基的弹性支撑区域减小，使仰拱成为中心支撑而两侧悬空的受力构件，造成仰拱较大的隆起变形。

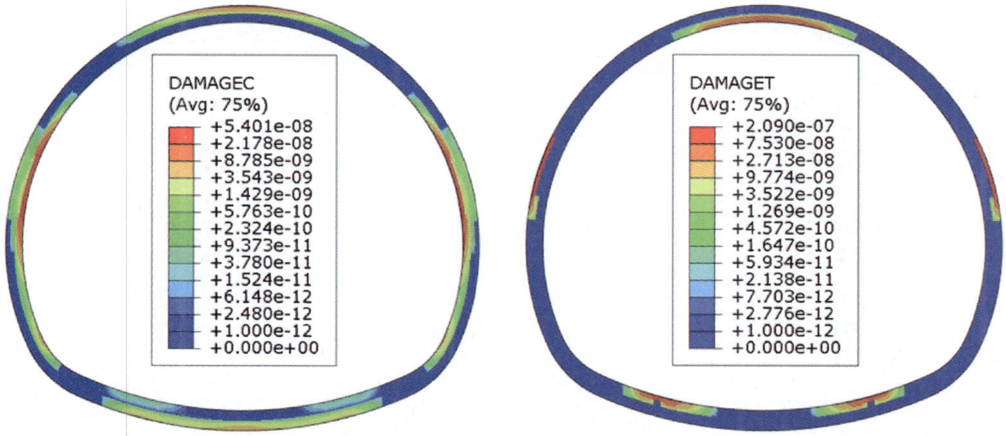

(a) 受压损伤　　(b) 受拉损伤

图 7-36　基底无脱空

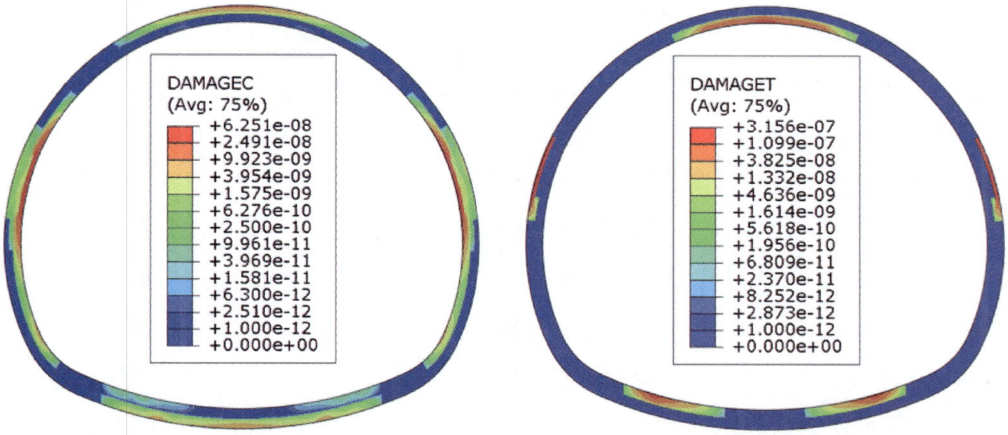

(a) 受压损伤　　(b) 受拉损伤

图 7-37　基底脱空宽度 $L_h=0.5$ m

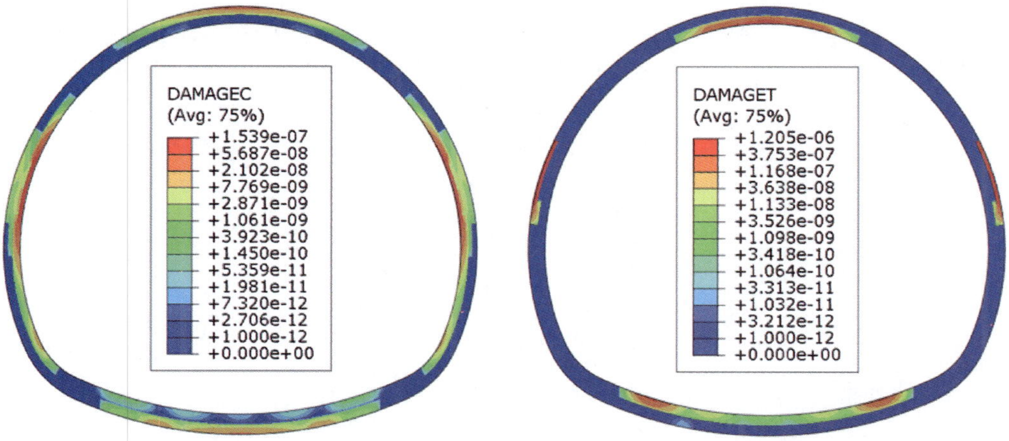

(a) 受压损伤　　(b) 受拉损伤

图 7-38　基底脱空宽度 $L_h=1.0$ m

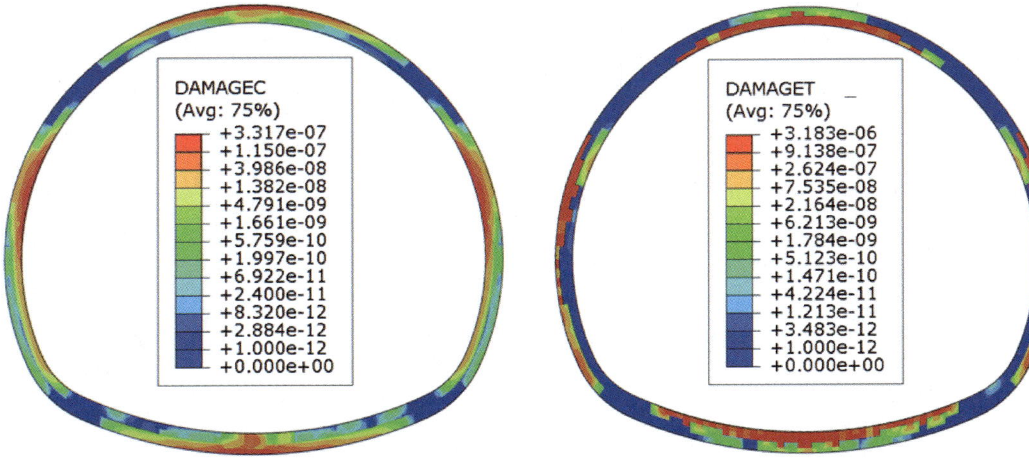

(a) 受压损伤　　(b) 受拉损伤

图 7-39　基底脱空宽度 $L_h=1.5$ m

图 7-40 所示为衬砌最大受拉损伤和受压损伤随基底脱空宽度的变化曲线，由图可见：

(1)结构受压损伤和受拉损伤与基底脱空条件的变化趋势相似，具有明显的非线性特征。随着基底脱空宽度的逐渐增大，衬砌结构损伤近似呈指数型增长，当基底脱空宽度超过 0.5 m 后，在列车荷载下衬砌受拉损伤和受压损伤迅速发展。

(2)根据计算结果，当基底无脱空时衬砌最大受拉损伤约为 2.09×10^{-7}，而当基底脱空宽度为 0.5、1.0 和 1.5 m 时，衬砌受拉损伤分别增长至 3.16×10^{-7}、12.05×10^{-7} 和 31.83×10^{-7}，相比于无损状态，受拉损伤分别增长 51.0%、476.5%和 14222.9%；当基底无脱空时衬砌最大受压损伤约为 5.4×10^{-8}，而当基底脱空宽度为 0.5、1.0 和 1.5 m 时，衬砌受压损伤分别增长至 6.25×10^{-8}、15.39×10^{-8} 和 33.17×10^{-8}，相比于无损状态，受压损伤分别增长 15.7%、184.9%和 514.1%。

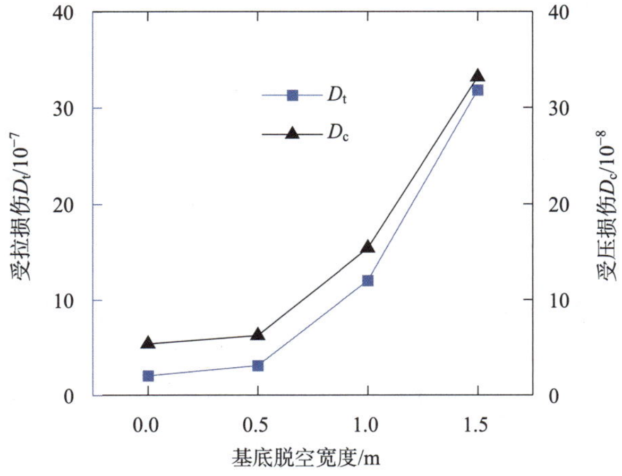

图 7-40　衬砌最大损伤与基底脱空宽度的相关关系

图 7-41～图 7-44 为不同基底脱空宽度下隧道底部结构仅由列车荷载产生的动力损伤云图。由图可见，基底脱空宽度为 0.5 m 和 1.0 m 两种工况下，在脱空处出现了明显的受压损伤区；但不同工况下仰拱最大受压损伤均位于其中心外缘，这是由于衬砌顶部竖向荷载作用下，仰拱中心外侧类似于一个受力支点，使衬砌发生横向收敛变形，此处衬砌受到较大的围岩抗力作用；随着脱空区域的不断增大，仰拱中心两侧悬空区域随之增大，更容易造成仰拱的横向拉伸变形，进而使得仰拱中心外缘压应力和内缘拉应力急剧上升。

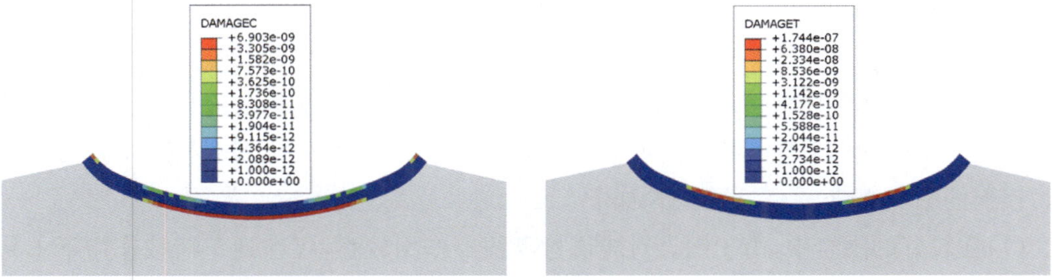

(a) 受压损伤　　(b) 受拉损伤

图 7-41　基底无脱空

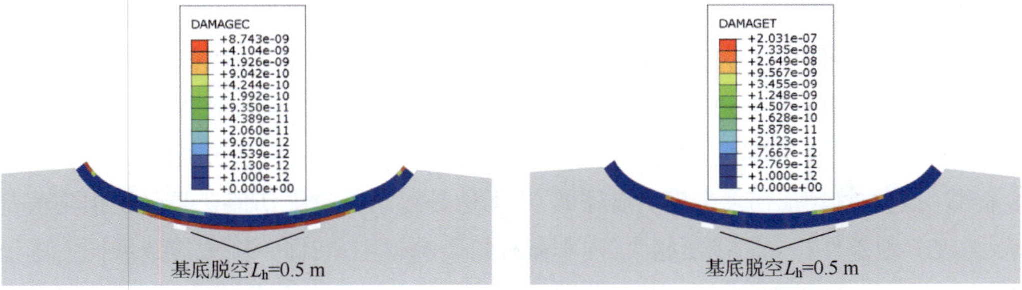

(a) 受压损伤　　(b) 受拉损伤

图 7-42　基底脱空宽度 L_h＝0.5 m

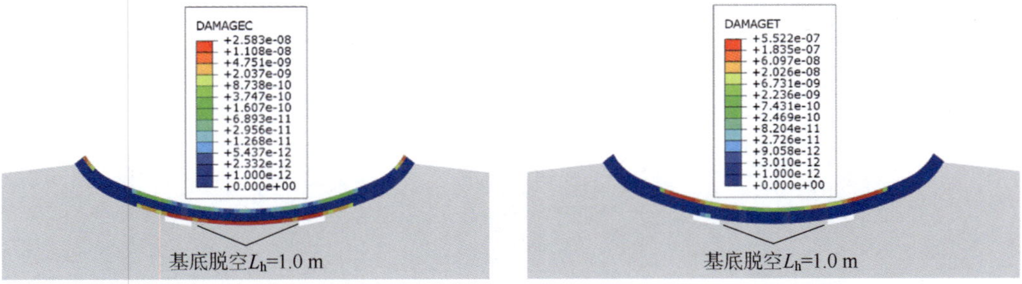

(a) 受压损伤　　(b) 受拉损伤

图 7-43　基底脱空宽度 L_h＝1.0 m

(a) 受压损伤　　(b) 受拉损伤

图 7-44　基底脱空宽度 L_h = 1.5 m

基于混凝土弹塑性损伤理论和车-轨-隧一体化耦合模型，本章系统分析了不同条件下隧道及轨道结构的动力损伤特性，探明了列车荷载、服役环境和隧道底部病害等对隧道衬砌动力损伤的影响规律，所得主要结论如下：

(1)在较好的围岩中，由于围岩对隧道衬砌约束作用较强，仅在列车荷载作用下不易造成隧道衬砌结构损伤，衬砌应力状态处于弹性范畴，但衬砌应力与列车荷载正相关。

(2)仅有列车荷载作用时，在Ⅵ级围岩中，当列车速度达到 350 km/h 时，衬砌产生损伤，其中受压损伤主要发生在仰拱区域，而受拉损伤则在隧道拱顶、拱腰和仰拱处均有分布；不同结构部位的受压损伤发展顺序为：仰拱外侧→拱顶外缘→拱肩与拱腰转折部→拱腰→仰拱填充层表层→仰拱填充层内部→轨道结构；不同结构部位的受拉损伤发展顺序为：仰拱外侧→内拱腰→拱顶外缘→仰拱填充层表层→仰拱填充层内部→轨道结构。

(3)相比于仅有列车荷载作用，考虑实际服役环境后，由于围岩压力的围压效应，由静动耦合荷载引起的衬砌损伤发生率明显降低，且无论是衬砌受拉损伤值还是受压损伤值都明显减小；在其他条件相同时围压越大，列车荷载的影响越小；在同一围岩等级和同一隧道埋深下，列车运行速度越大，由静动耦合荷载引起的衬砌最大最小主应力增长率越大。

(4)当轨下衬砌基底产生脱空时，在列车荷载作用下隧道结构损伤急剧增长；随着脱空范围的不断增大，仰拱中心两侧悬空区随之增大，使得仰拱中心外缘压应力和内缘拉应力急剧上升，进而造成仰拱内侧受拉损伤区和外侧受压损伤区不断扩展。

第 8 章　高速铁路隧道底部基岩动力响应特征

揭示隧道底部基岩的动力响应特性，符合高速铁路隧道设计理念，对确保高速铁路隧道长期运营安全具有实际意义，还能为既有铁路隧道病害产生机理的研究提供理论依据。本章结合第 6 章开发的混凝土和软岩弹塑性损伤模型及第 2 章建立的车-轨-隧一体化模型，采用动力有限元法对不同运行速度、隧道底部结构型式下的高速铁路隧道底部基岩动力响应进行数值分析，着重研究高速铁路隧道底部基岩的动态受力变形特性、动力损伤分布及演化规律，得出不同设计参数下底部基岩的动力特性及影响程度。

8.1　计算参数及工况设置

8.1.1　计算参数

以埋深为 15 m 的Ⅴ级围岩高铁隧道为例进行列车荷载下隧底基岩动力响应特性研究，所采用的基本有限元计算模型与第 2 章一致。计算模型中隧道及轨道结构混凝土采用前述建立的混凝土弹塑性损伤模型模拟，围岩本构模型采用开发的软岩弹塑性损伤模型模拟。参考第 4 章和第 5 章相关试验结果，计算模型中采用的混凝土弹塑性损伤模型参数见表 7-1 和表 7-2，围岩损伤模型参数见表 8-1 和表 8-2。

表 8-1　围岩力学参数

围岩级别	γ/(kN·m^{-3})	E/MPa	μ	f_t/MPa	f_c/MPa	c/kPa	φ/(°)
Ⅴ级	20	400	0.35	0.00	1.35	200	25

表 8-2　围岩损伤模型计算参数

围岩级别	a_1	b_1	a_2	b_2	ε_f	$\bar{\varepsilon}_{pmax}$
Ⅴ级	0.42	1.17	1.00	1.59	0.018	0.04

8.1.2　计算工况

计算中隧道断面采用Ⅴ级围岩双线高速铁路隧道标准断面，以所设计的基本计算工况见表 8-3。需要说明的是，表中以隧道埋深 15 m、仰拱矢跨比 1/13、仰拱厚度 60 cm、考虑双向行车交汇的情况、行车速度 300 km/h 作为计算模型的基本参数，在各工况下，只改变工况对应部分的参数。

表 8-3 动力计算工况

因素	计算工况	因素	计算工况	因素	计算工况
列车运行速度	200 km/h 250 km/h 300 km/h 350 km/h	仰拱矢跨比	1/8 1/10 1/13 1/15	仰拱厚度	50 cm 60 cm 70 cm 80 cm

8.2 不同行车速度下隧道底部基岩的动力响应

为反映行车速度对高速铁路隧道底部基岩动力响应的影响，在保持隧道结构型式、围岩和支护等参数不变的前提下，选择表 8-3 中的四种行车速度进行动力响应对比研究。计算时仰拱矢跨比取为 1/13，仰拱厚度取为 60 cm。

选取如图 8-1 所示的仰拱中部以下 0.5、1、2、3、5 m 处围岩为特征分析点，分别用 W0、W1、W2、W3 和 W5 表示，以下各工况计算分析点位均与此相同。

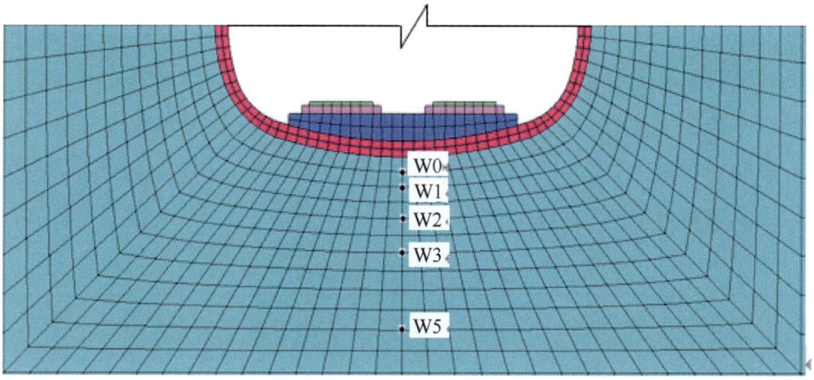

图 8-1 分析点位置示意

8.2.1 加速度响应特征

不同行车速度下，隧道底部基岩的加速度时程曲线（为便于观察，取前 0.5 s 的计算结果）如图 8-2～图 8-5 所示，加速度峰值计算结果见表 8-4，加速度峰值与列车运行速度的关系曲线如图 8-6 所示。

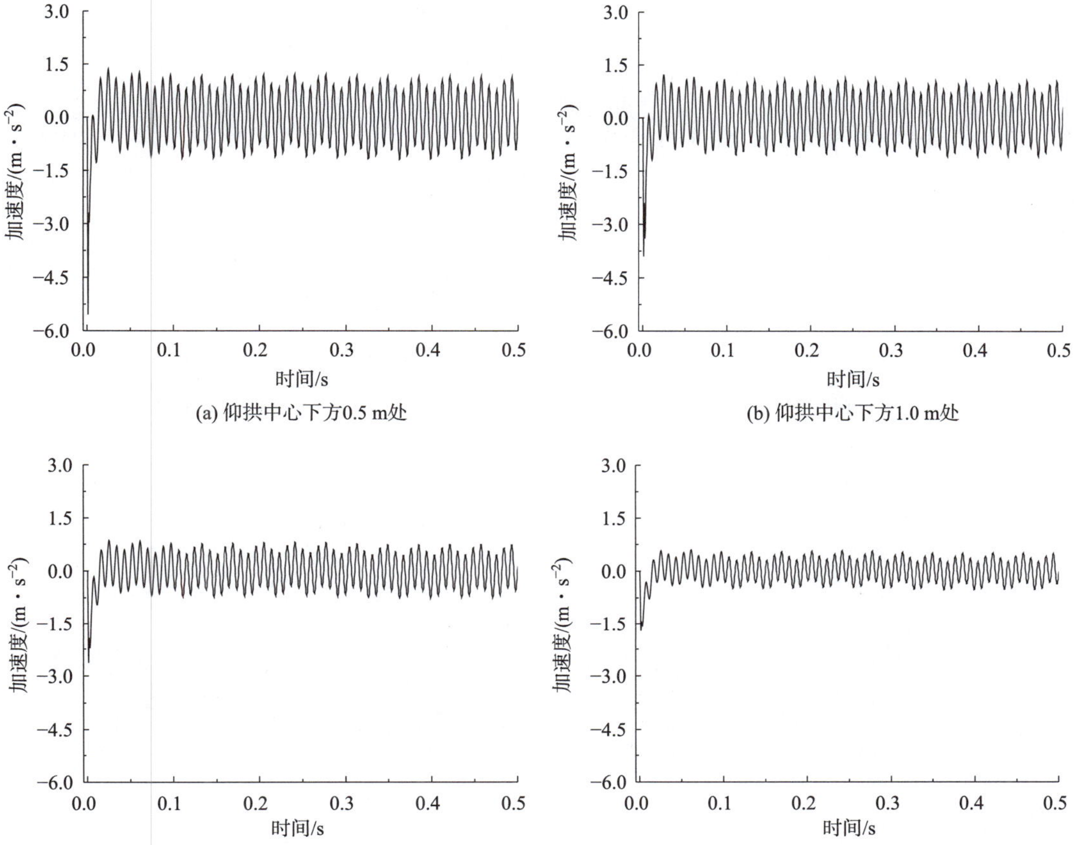

(a) 仰拱中心下方0.5 m处　(b) 仰拱中心下方1.0 m处

(c) 仰拱中心下方2.0 m处　(d) 仰拱中心下方3.0 m处

图 8-2　行车速度 200 km/h 的底部基岩加速度时程曲线

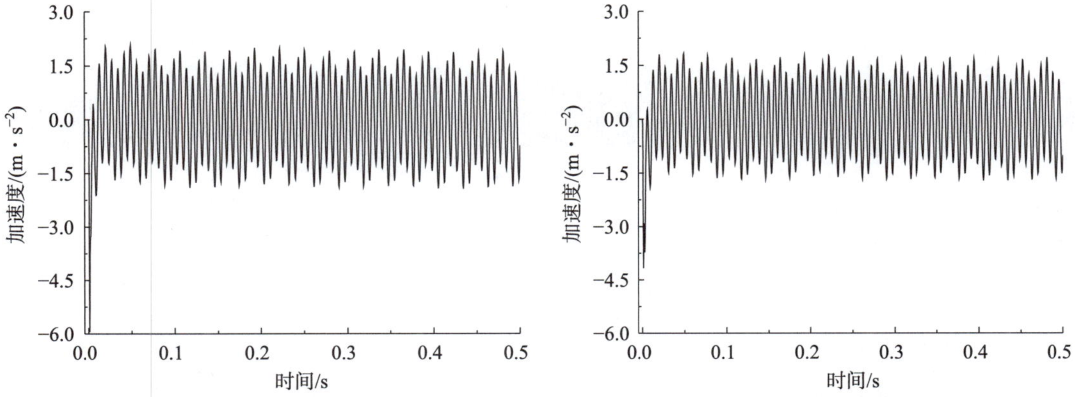

(a) 仰拱中心下方0.5 m处　(b) 仰拱中心下方1.0 m处

图　8-3

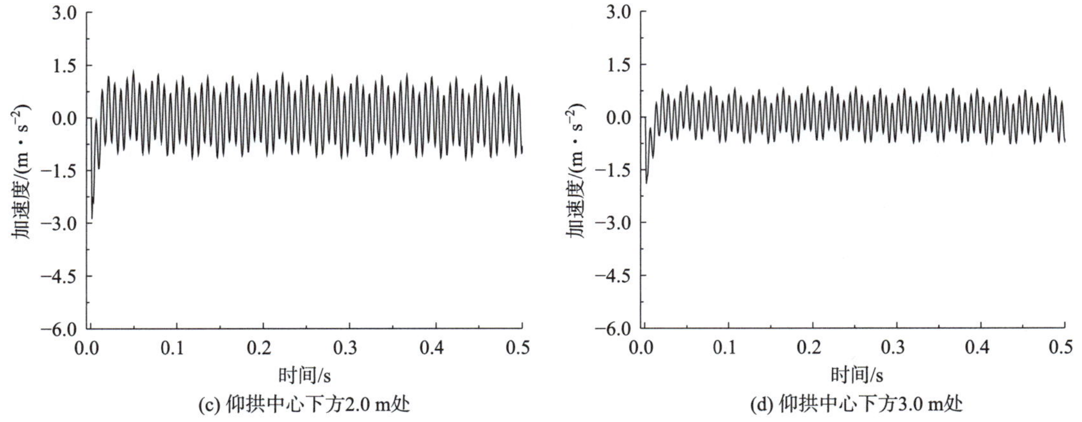

图 8-3　行车速度 250 km/h 的底部基岩加速度时程曲线

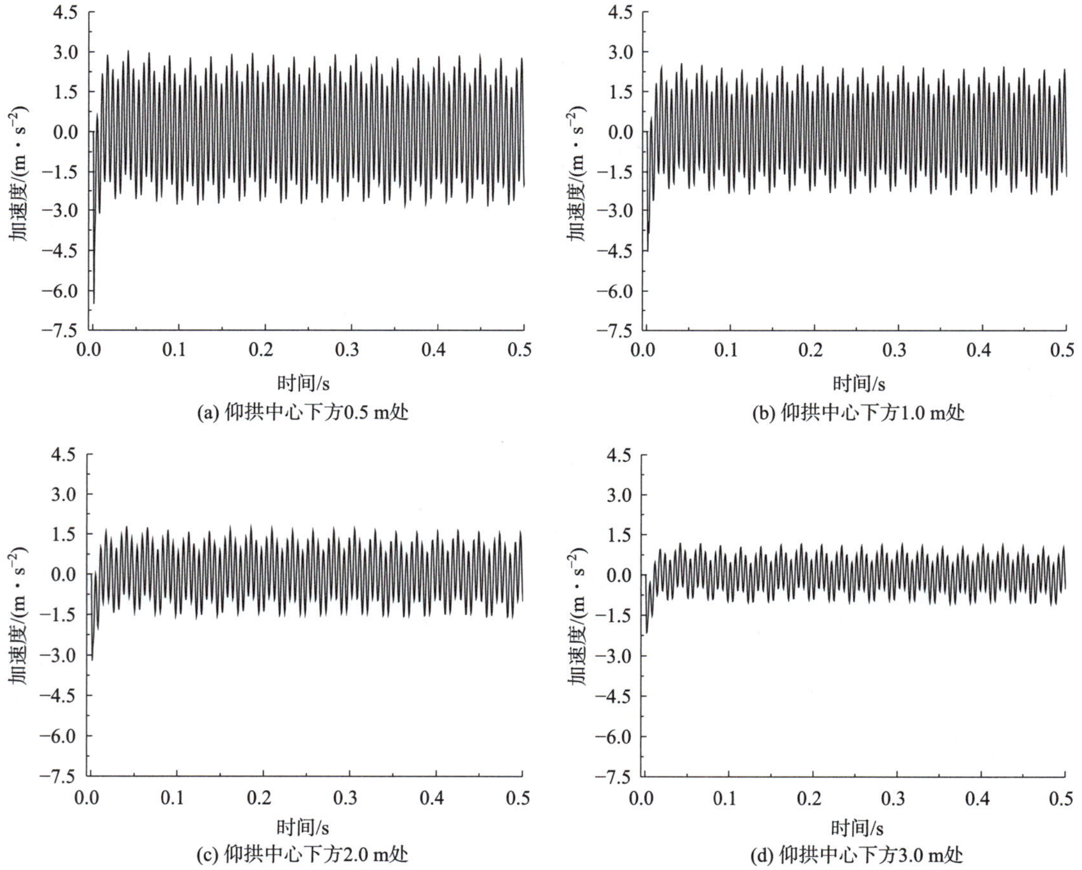

图 8-4　行车速度 300 km/h 的底部基岩加速度时程曲线

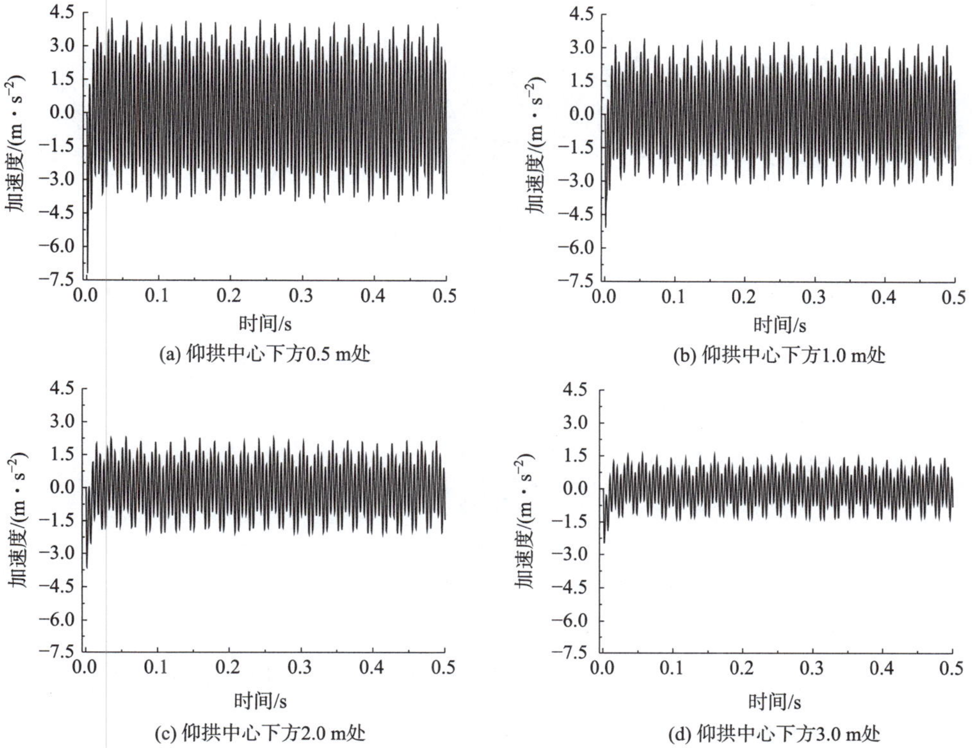

图 8-5　行车速度 350 km/h 的底部基岩加速度时程曲线

表 8-4　不同行车速度下，基底围岩各部位的竖向加速度峰值　　m/s^2

基底围岩部位	行车速度			
	200 km/h	250 km/h	300 km/h	350 km/h
仰拱中心下方 0.5 m 处(W0)	5.54	5.95	6.51	7.20
仰拱中心下方 1.0 m 处(W1)	3.90	4.17	4.54	5.09
仰拱中心下方 2.0 m 处(W2)	2.64	2.88	3.21	3.63
仰拱中心下方 3.0 m 处(W3)	1.71	1.90	2.15	2.46
仰拱中心下方 5.0 m 处(W5)	0.82	0.89	0.98	1.09

由图 8-2～图 8-6 和表 8-4 可知：

(1)不同行车速度下，隧道底部加速度的时程曲线变化规律一致，即在加载瞬间，由于振动荷载的冲击作用，其加速度最大，之后趋于稳定，以零点刻度线为中心上下振荡。

(2)随着离开振源距离的增大，即围岩深度的增加，加速度迅速衰减。以列车运行速度 350 km/h 为例，仰拱中心下方围岩深度从 0.5 m 到 5.0 m 处，相应加速度峰值由 7.20 m/s^2 减小至 1.09 m/s^2，后者仅是前者的 15.1%。

(3)随着运行速度的提高，基底围岩各特征点处加速度峰值和振动幅度均有一定程度的增加。以距仰拱中心下方 0.5 m 处表现最为明显，行车速度为 200 km/h 时，该位置加速度

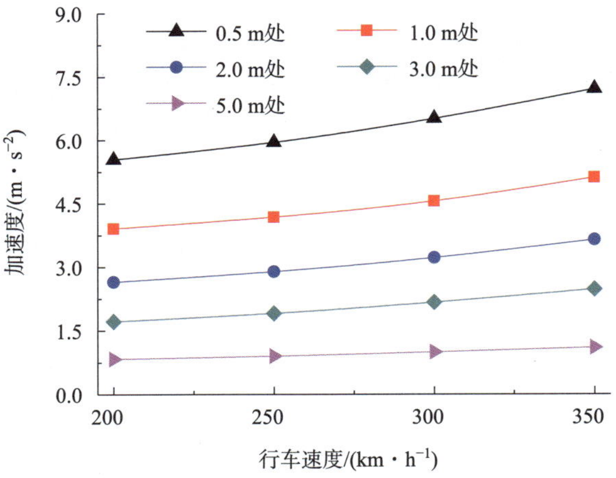

图 8-6　底部基岩加速度峰值与行车速度的关系

峰值为 5.54 m/s^2，振动稳定时的幅值约为 1.5 m/s^2；当运行速度达到 350 km/h，加速度峰值增大到 7.20 m/s^2，振动稳定时的幅值约为 4.5 m/s^2，增幅分别为 30%和 300%。

(4)列车运行速度不会改变基底围岩加速度曲线变化形态，但会对加速度峰值和振动幅度产生一定影响，随着围岩深度的增加，这种影响逐渐减弱。

8.2.2　动应力响应特征

隧道底部基岩不同位置处的竖向应力时程曲线如图 8-7～图 8-10 所示，竖向应力峰值见表 8-5，竖向动应力峰值(动应力峰值＝竖向应力峰值－竖向静应力)与列车运行速度的关系曲线如图 8-11 所示。从图 8-7～图 8-11 和表 8-5 可得出：

(1)不同行车速度下，基底围岩竖向应力时程曲线变化规律基本一致，即在加载初期，围岩竖向应力迅速增大至峰值，之后趋于稳定，并在峰值应力水平线附近产生振动，竖向应力峰值出现时间比加速度峰值滞后。

(2)随着围岩深度的增加，总的竖向应力增大，但由列车振动引起的竖向动应力迅速减小，以运行速度 350 km/h 为例，仰拱中心下方围岩从 0.5 m 到 5.0 m 深度处，相应竖向动应力峰值由 33.6 kPa 减小至 20.7 kPa，减幅 38.4%。

(3)随着运行速度的提高，基底围岩各特征点处竖向动应力峰值和振动幅度略有增加，以仰拱中心下方 0.5 m 处为例，行车速度为 200 km/h 时，该位置竖向动应力峰值为 32.2 kPa；当运行速度达到 350 km/h，竖向动应力峰值为 33.6 kPa，增加 1.4 kPa。

(4)与加速度响应一样，列车运行速度不会改变基底围岩竖向应力变化形态，但会对竖向动应力峰值和振动幅度产生一定影响，随着围岩深度的增加，这种影响也逐渐弱化，总体而言，行车速度的改变对基底围岩竖向应力的影响较小。

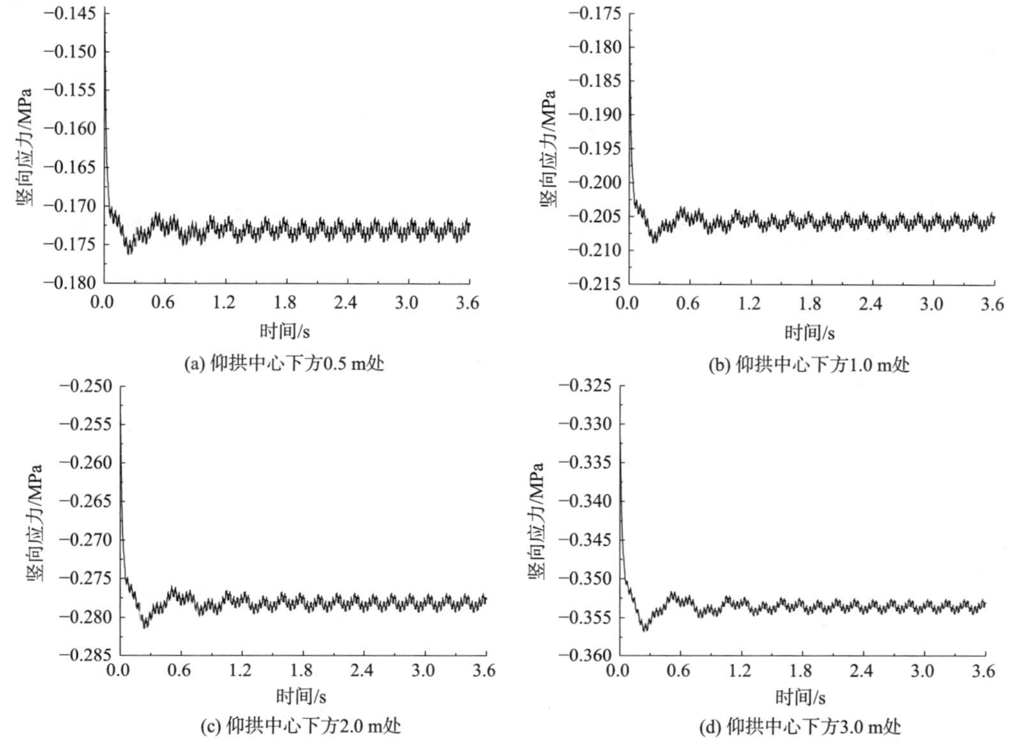

图 8-7　行车速度 200 km/h 时底部基岩竖向应力时程曲线

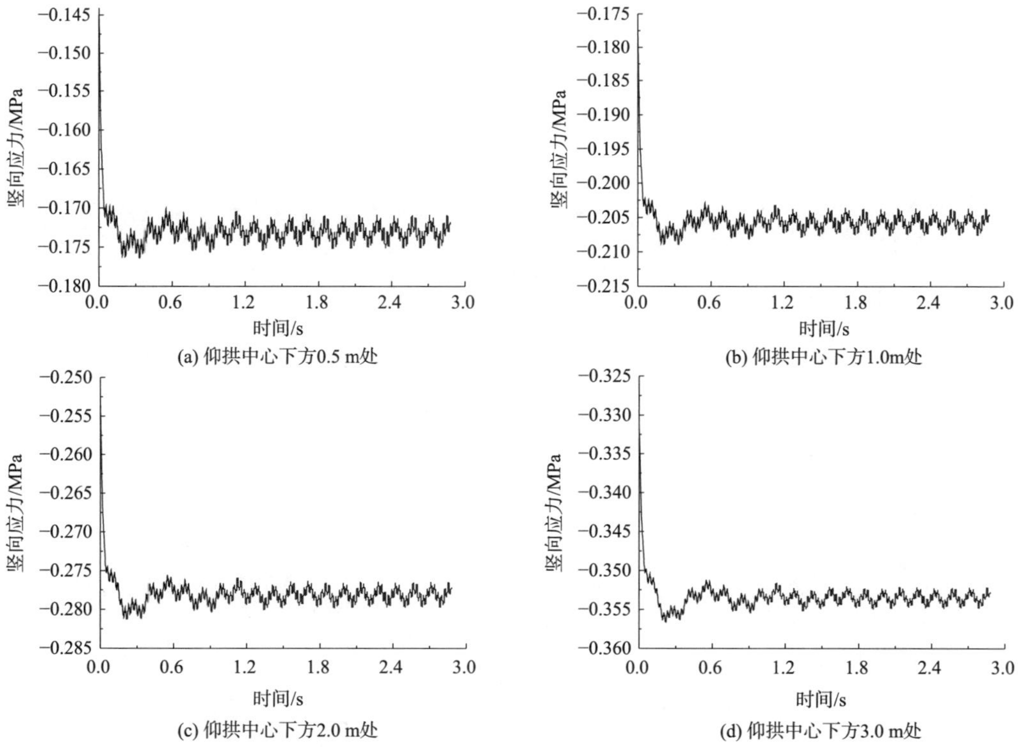

图 8-8　行车速度 250 km/h 时底部基岩竖向应力时程曲线

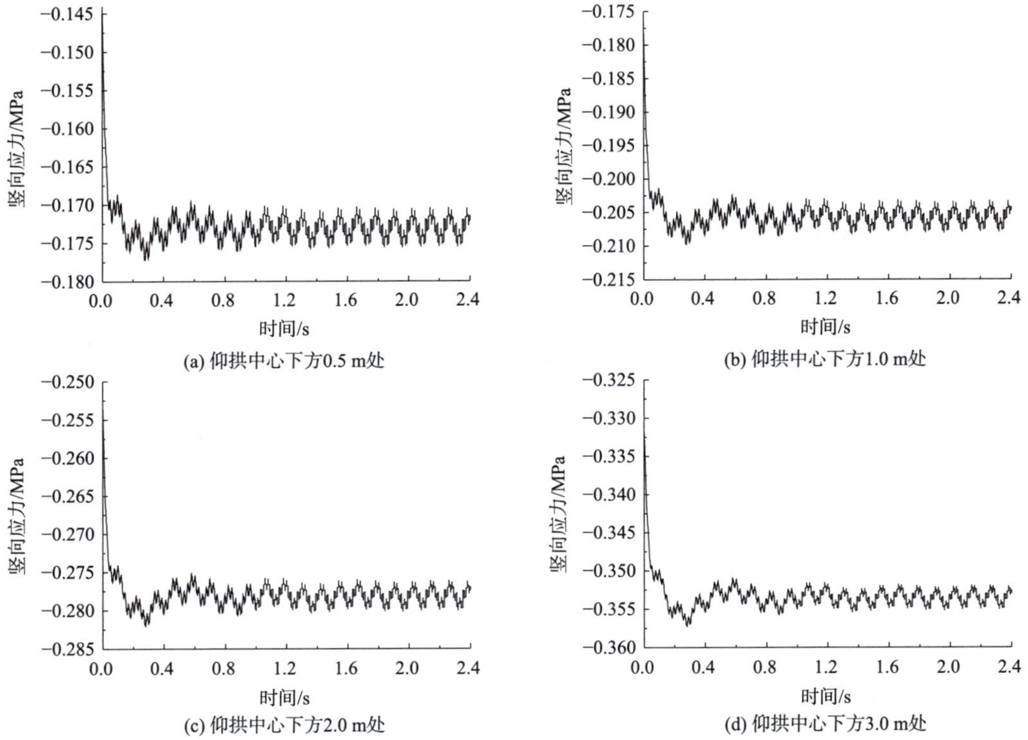

图 8-9　行车速度 300 km/h 时底部基岩竖向应力时程曲线

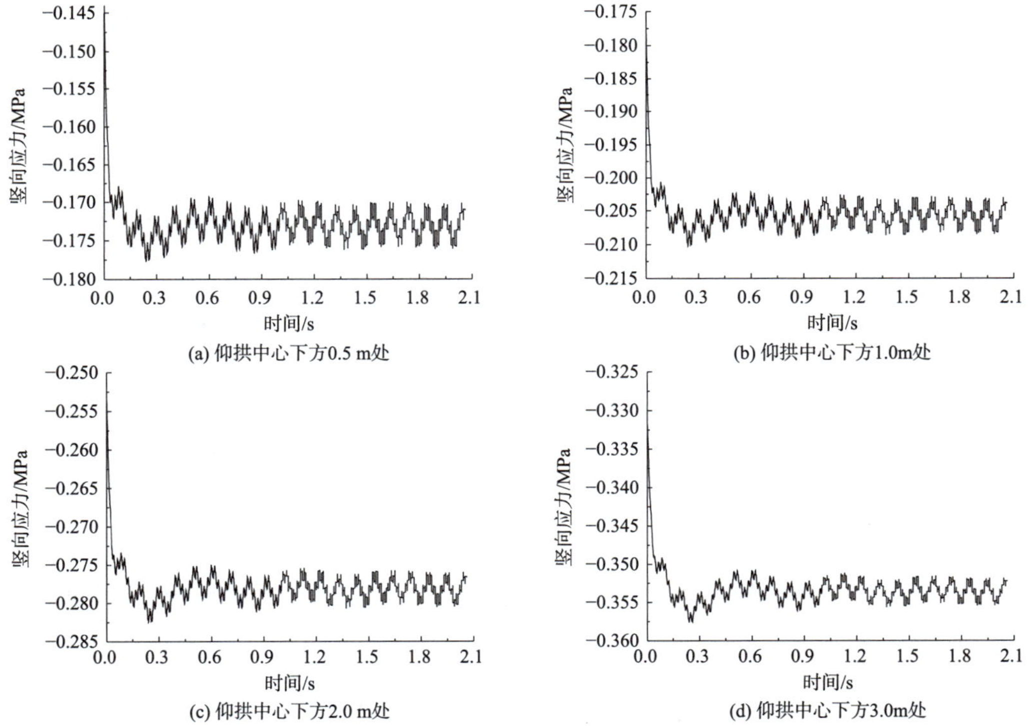

图 8-10　行车速度 350 km/h 时底部基岩竖向应力时程曲线

表 8-5　不同行车速度下，基底围岩各部位竖向应力峰值计算结果　　MPa

基底围岩部位	行车速度				
	静应力	200 km/h	250 km/h	300 km/h	350 km/h
仰拱下方 0.5 m 处(W0)	−0.144	−0.176	−0.176	−0.177	−0.178
仰拱下方 1.0 m 处(W1)	−0.178	−0.209	−0.209	−0.210	−0.210
仰拱下方 2.0 m 处(W2)	−0.254	−0.281	−0.281	−0.282	−0.282
仰拱下方 3.0 m 处(W3)	−0.332	−0.357	−0.357	−0.357	−0.358
仰拱下方 5.0 m 处(W5)	−0.478	−0.498	−0.498	−0.498	−0.499

注：表中，正值为拉应力，负值为压应力。

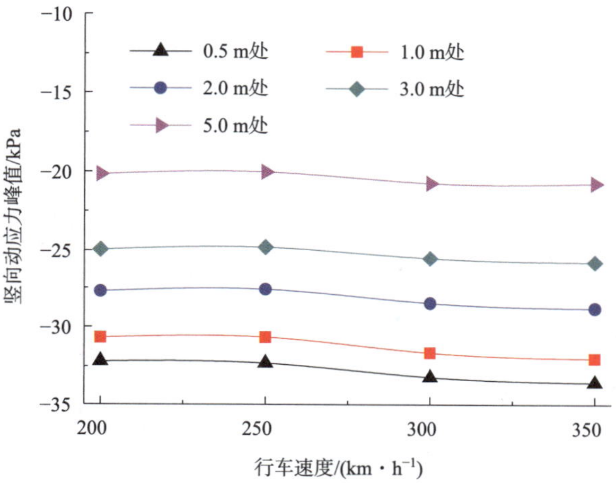

图 8-11　基底围岩各部位竖向动应力与行车速度的关系

8.2.3　动力损伤特征

不同列车运行速度下，由列车振动引起的隧道底部基岩动力损伤时程曲线如图 8-12 所示，动力损伤分布如图 8-13 所示，动力损伤量见表 8-6，动力损伤量与行车速度的关系曲线如图 8-14 所示。

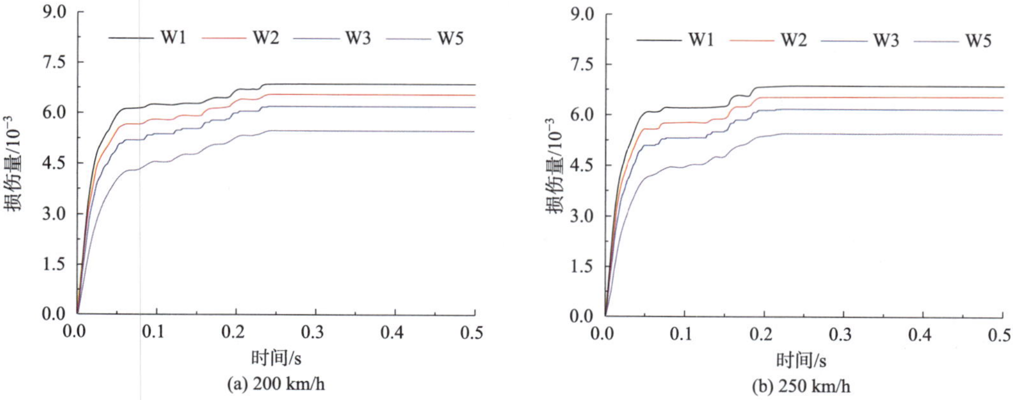

图　8-12

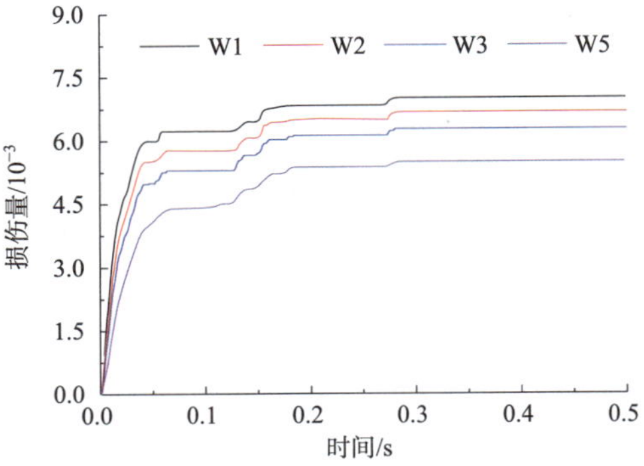

(c) 300 km/h

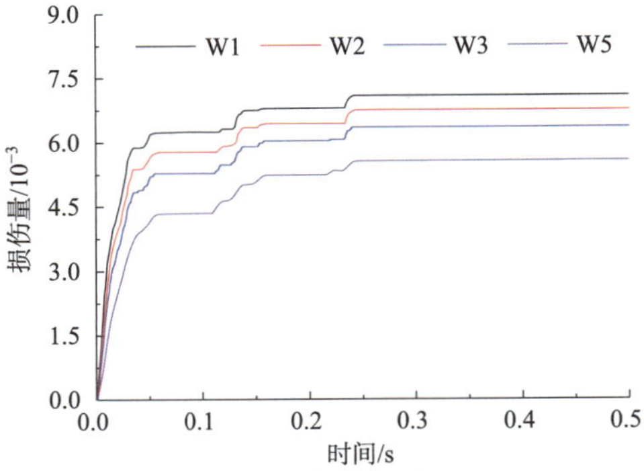

(d) 350 km/h

图 8-12　底部基岩动力损伤时程曲线

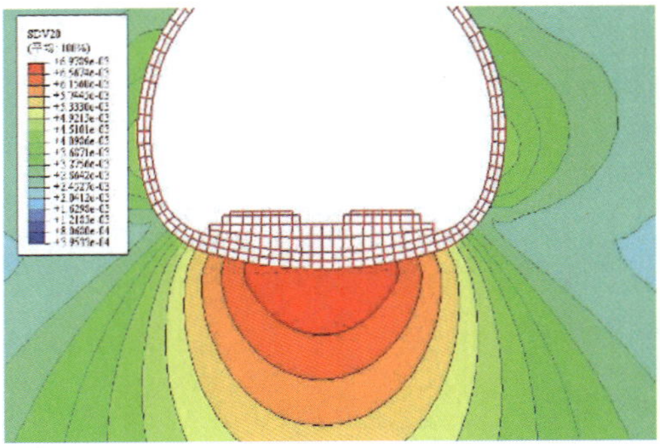

(a) 200 km/h

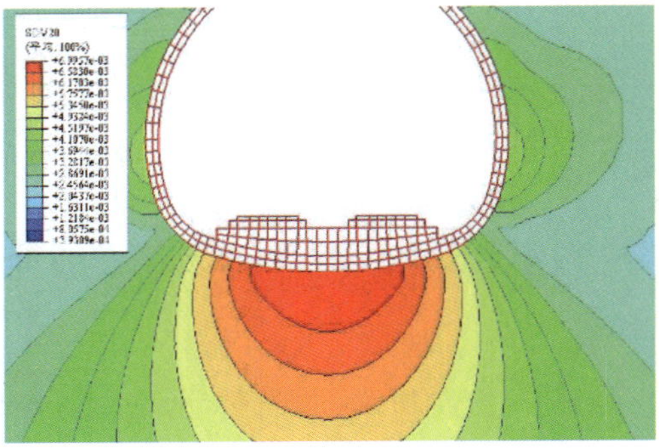

(b) 250 km/h

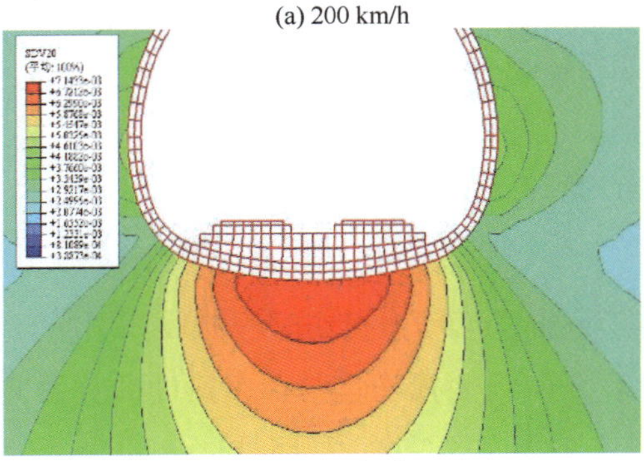

(c) 300 km/h

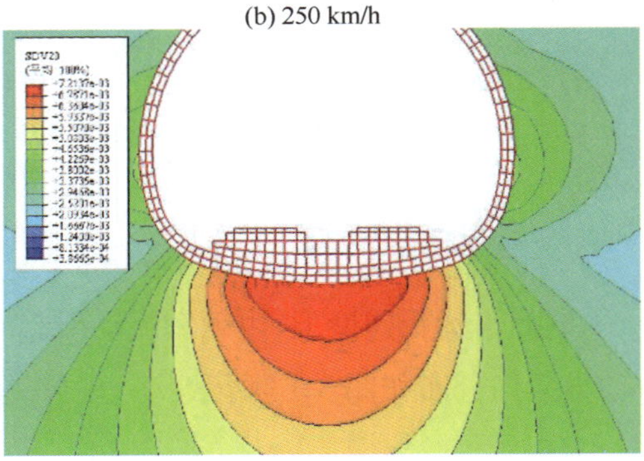

(d) 350 km/h

图 8-13　底部基岩动力损伤分布云图

表 8-6　不同行车速度下，基底围岩各部位的动力损伤量　　10^{-3}

基底围岩部位	行车速度			
	200 km/h	250 km/h	300 km/h	350 km/h
仰拱中心下方 0.5 m 处(W0)	6.979	6.996	7.143	7.213
仰拱中心下方 1.0 m 处(W1)	6.858	6.858	7.005	7.078
仰拱中心下方 2.0 m 处(W2)	6.545	6.532	6.659	6.735
仰拱中心下方 3.0 m 处(W3)	6.193	6.176	6.272	6.346
仰拱中心下方 5.0 m 处(W5)	5.468	5.455	5.485	5.561

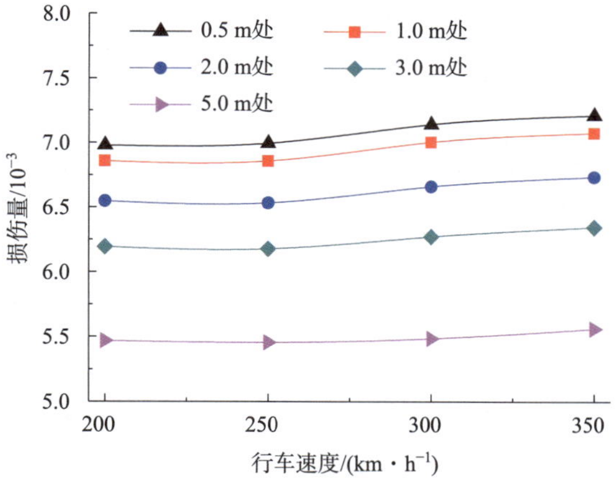

图 8-14　基底围岩各部位动力损伤量与行车速度的关系曲线

从图 8-12～图 8-14 和表 8-6 的结果可知：

(1)隧道底部基岩的损伤发展过程与其加速度、竖向应力响应相对应，即在加载初期，损伤迅速发展并接近最大值，随后呈阶梯状增长，但增加幅度小，随着列车振动的持续稳定，基岩损伤几乎不再发展。可见，隧道底部基岩的损伤增长主要发生在列车振动加载瞬间。

(2)隧道底部基岩的损伤发展曲线表现出阶跃效应，即在反复动载作用下，底部基岩的应力应变状态累积到一定程度后才发生改变，从而引起损伤的阶跃式非连续变化。

(3)四种运行速度下，基底围岩动力损伤演化和分布规律一致。列车振动荷载作用下，隧道基底仰拱范围内的围岩损伤较大，其中，以轨下仰拱处至仰拱中心处范围的底部围岩损伤最大，而远离仰拱的外围围岩损伤较小；围岩损伤随远离仰拱的距离增加而减小。

(4)随着行车速度的提高，基底围岩各特征点处动力损伤值略有增加。以仰拱中心下方 0.5 m 处基岩为例，当行车速度为 200 km/h 时，该位置动力损伤量为 6.979×10^{-3}；当运行速度达到 350 km/h，损伤量为 7.213×10^{-3}，增幅 3.4%。

(5)与加速度、竖向应力响应一样，列车运行速度不会改变基底围岩损伤变化形态和分布特征，但会对损伤量值产生一定影响，随着围岩深度的增加，这种影响也逐渐弱化，总体而言，列车荷载引起围岩的损伤较小。

8.3　不同仰拱矢跨比下隧道底部基岩的动力响应

为分析隧道仰拱矢跨比(图 8-15)对底部基岩动力响应的影响情况，通过改变隧道仰拱矢跨比，而围岩、支护参数均保持不变，进行四种隧道仰拱矢跨比的动力响应对比研究。计算时行车速度取为 300 km/h，双线同时加载，仰拱矢跨比分别取为 1/8、1/10、1/13、1/15。

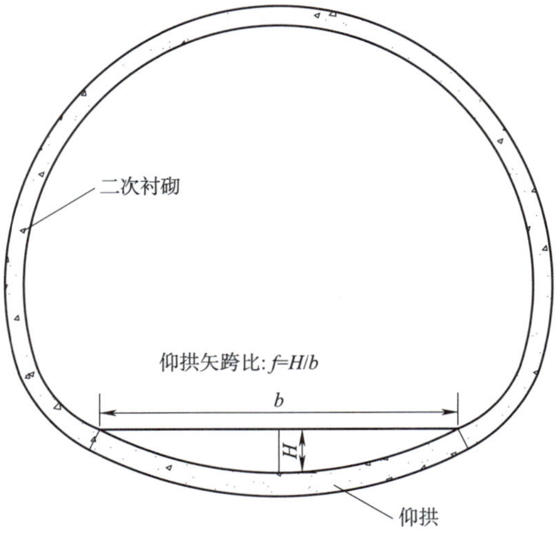

图 8-15　隧道仰拱矢跨比示意图

8.3.1　加速度响应特征

不同仰拱矢跨比下，隧道底部 0.5 m 处基岩的加速度时程曲线如图 8-16 所示，加速度峰值见表 8-7，加速度峰值与仰拱矢跨比的关系曲线如图 8-17 所示。由图 8-16、图 8-17 和表 8-9 可知：

（1）四种仰拱矢跨比工况中，隧道底部基岩的加速度时程曲线变化规律一致，即在加载瞬间，加速度最大，之后趋于稳定，以零点刻度线为中心上下振荡。

（2）随着围岩深度的增加，加速度迅速衰减，以仰拱矢跨比 1/8 时的工况为例，从 0.5 m 到 5.0 m 深度，相应加速度峰值由 6.72 m/s^2减小至 1.02 m/s^2，后者仅是前者的 15.2%。

（3）随着仰拱矢跨比的增大，基底围岩各特征点处加速度峰值略有增加，以距仰拱中心下方 0.5 m 处为例，仰拱矢跨比为 1/15 时，该位置加速度峰值为 6.46 m/s^2；仰拱矢跨比为 1/8 时，加速度峰值增大到 6.72 m/s^2，增幅 4%。

（4）仰拱矢跨比的改变不会引起基底围岩加速度曲线形态的变化，对加速度峰值的影响也很小。

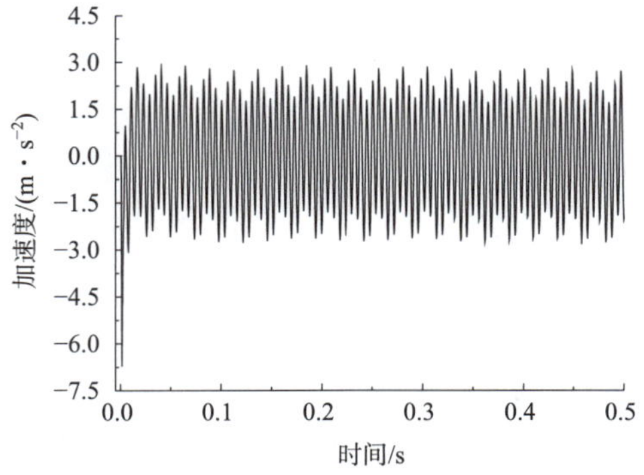

(a) 仰拱矢跨比1/8

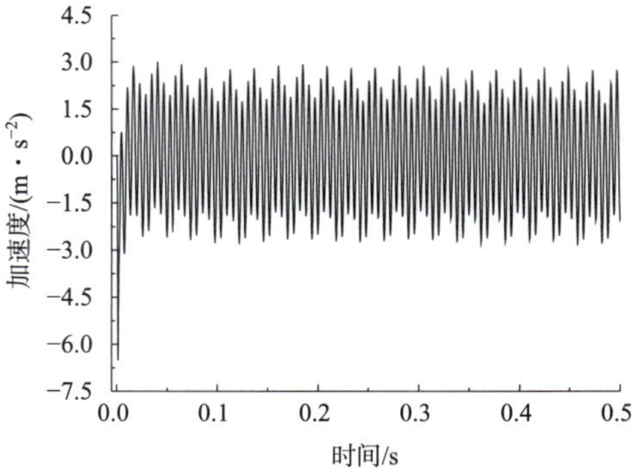

(b) 仰拱矢跨比1/10

图　8-16

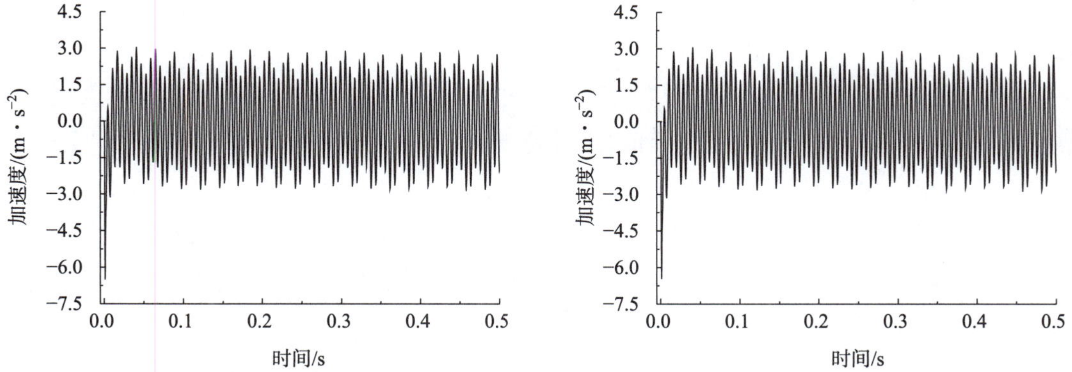

(c) 仰拱矢跨比1/13　　(d) 仰拱矢跨比1/15

图 8-16　不同仰拱矢跨比的隧道底部 0.5 m 处基岩加速度时程曲线

表 8-7　不同仰拱矢跨比下基底围岩各部位的竖向加速度峰值　　m/s^2

基底围岩部位	仰拱矢跨比			
	1/8	1/10	1/13	1/15
仰拱中心下方 0.5 m 处(W0)	6.72	6.41	6.51	6.46
仰拱中心下方 1.0 m 处(W1)	4.63	4.61	4.54	4.60
仰拱中心下方 2.0 m 处(W2)	3.32	3.23	3.21	3.21
仰拱中心下方 3.0 m 处(W3)	2.26	2.19	2.15	2.14
仰拱中心下方 5.0 m 处(W5)	1.02	1.00	0.98	0.98

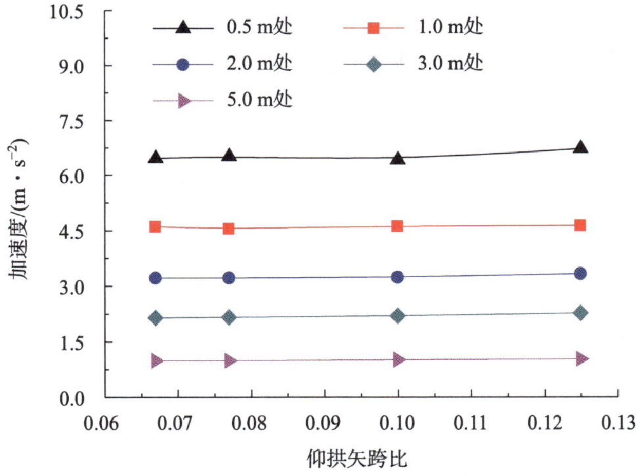

图 8-17　基底围岩加速度峰值与仰拱矢跨比的关系

8.3.2　动应力响应特征

隧道底部 0.5 m 处基岩的竖向应力时程曲线如图 8-18 所示，竖向应力峰值见表 8-8，竖向动应力峰值与仰拱矢跨比的关系曲线如图 8-19 所示。由图 8-18、图 8-19 和表 8-10 可知：

(1)不同仰拱矢跨比下，基底围岩竖向应力时程曲线变化规律基本一致，具体表现为加载初期，围岩竖向应力迅速增大至峰值，之后趋于稳定，并在峰值应力水平线附近产生振动，竖向应力峰值出现的时间稍微滞后于加速度峰值。

(2)同一仰拱矢跨比下，随着围岩深度的增大，竖向动应力迅速减小，以仰拱矢跨比 1/8 时的工况为例，从 0.5 m 到 5.0 m 深度，相应竖向动应力峰值由 29.5 kPa 减小至 19.8 kPa，减幅 32.9%。

(3)随着仰拱矢跨比的增大，基底围岩各特征点处竖向动应力峰值逐渐减小，以仰拱中心下方 0.5 m 处的变化幅度最大。仰拱矢跨比 1/15 时，其值为 34.3 kPa；仰拱矢跨比 1/13 时，为 33.2 kPa；仰拱矢跨比 1/10 时，为 31.3 kPa；仰拱矢跨比 1/8 时，进一步减少到 29.5 kPa，相比第一种情况减小了 4.8 kPa。随着围岩深度的增加，仰拱矢跨比对竖向动应力的影响逐渐减弱，影响范围约为基底以下 5 m。

(4)与加速度响应一样，仰拱矢跨比不会改变基底围岩竖向应力变化形态，但会对竖向动应力峰值产生一定影响，随着围岩深度的增加，这种影响也迅速弱化。

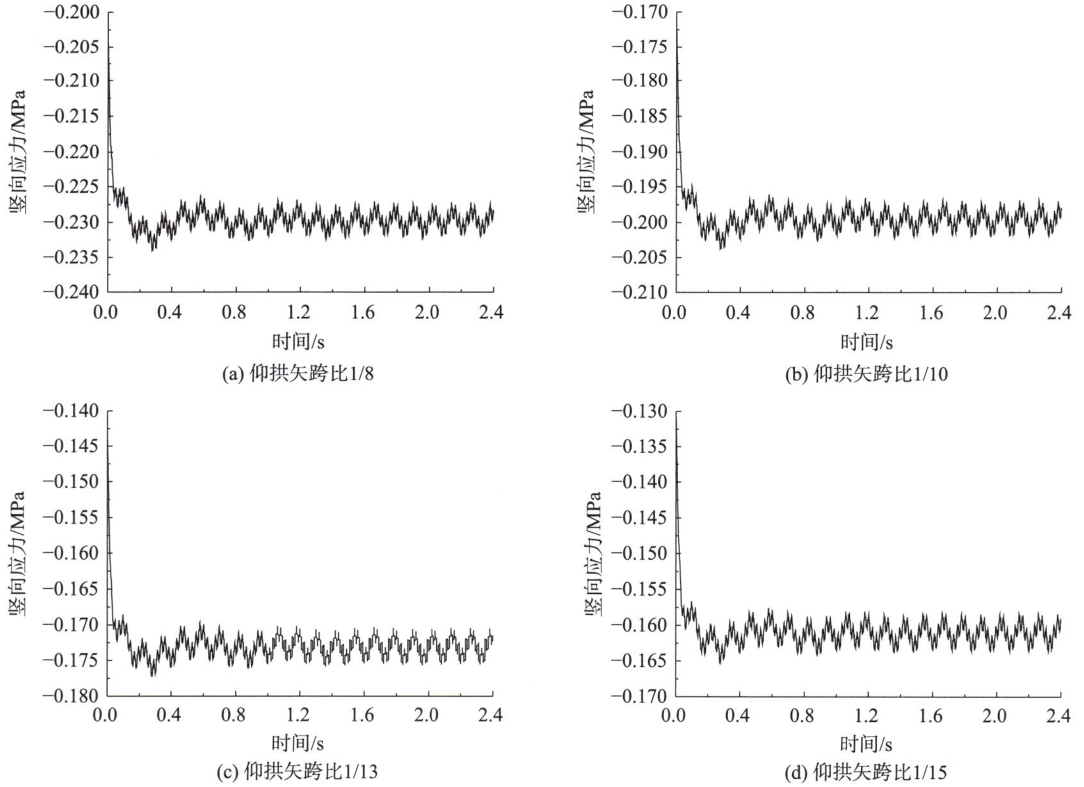

图 8-18 不同仰拱矢跨比的隧道底部 0.5 m 处基岩竖向应力时程曲线

表 8-8　不同仰拱矢跨比下各测点竖向应力计算结果　MPa

基底围岩部位	仰拱矢跨比							
	1/8		1/10		1/13		1/15	
	静应力	峰值应力	静应力	峰值应力	静应力	峰值应力	静应力	峰值应力
仰拱下方 0.5 m 处(W0)	−0.204	−0.234	−0.173	−0.204	−0.144	−0.177	−0.131	−0.165
仰拱下方 1.0 m 处(W1)	−0.233	−0.261	−0.204	−0.234	−0.178	−0.210	−0.166	−0.199
仰拱下方 2.0 m 处(W2)	−0.296	−0.322	−0.274	−0.301	−0.254	−0.282	−0.244	−0.273
仰拱下方 3.0 m 处(W3)	−0.361	−0.385	−0.346	−0.370	−0.332	−0.357	−0.325	−0.351
仰拱下方 5.0 m 处(W5)	−0.487	−0.506	−0.482	−0.502	−0.478	−0.498	−0.476	−0.497

注：表中，正值为拉应力，负值为压应力。

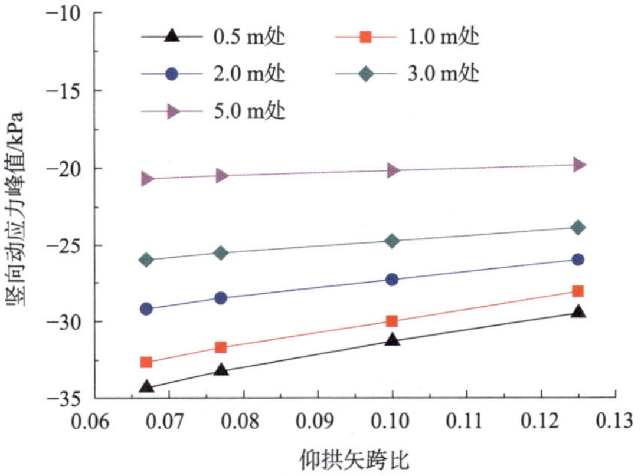

图 8-19　基底围岩各部位竖向动应力峰值与仰拱矢跨比的关系

8.3.3　动力损伤特征

不同仰拱矢跨比下，由振动引起的隧道底部基岩动力损伤时程曲线如图 8-20 所示，列车运行通过时刻，基底围岩动力损伤分布如图 8-21 所示，典型位置的动力损伤量见表 8-9。动力损伤量随仰拱矢跨比的变化曲线如图 8-22 所示。

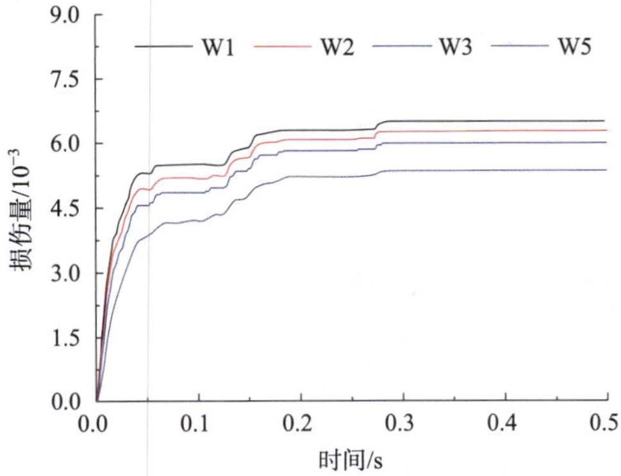

(a) 仰拱矢跨比1/8

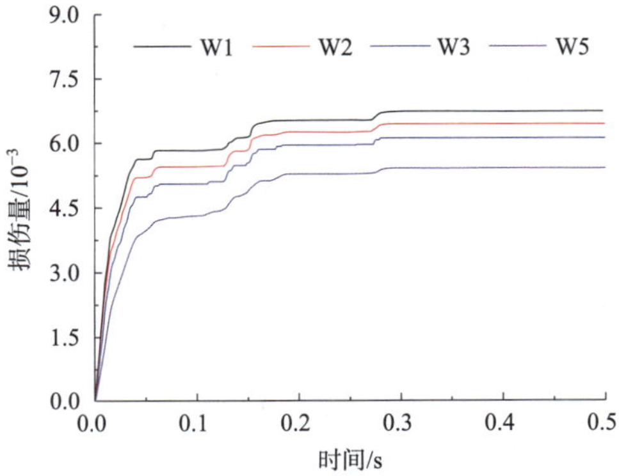

(b) 仰拱矢跨比1/10

图　8-20

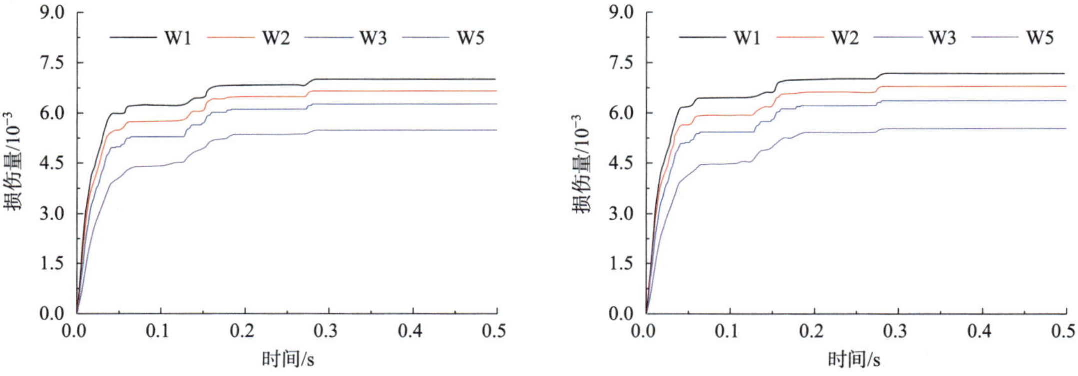

(c) 仰拱矢跨比1/13　　(d) 仰拱矢跨比1/15

图 8-20　底部基岩动力损伤时程曲线

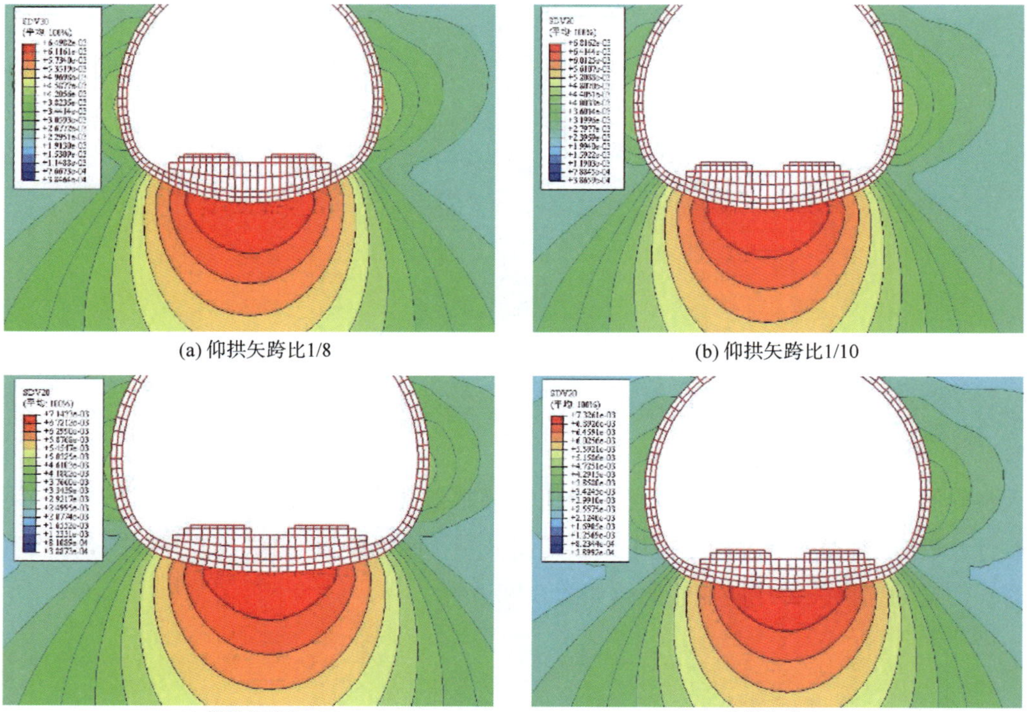

(a) 仰拱矢跨比1/8　　(b) 仰拱矢跨比1/10

(c) 仰拱矢跨比1/13　　(d) 仰拱矢跨比1/15

图 8-21　底部基岩动力损伤分布云图

表 8-9　不同仰拱矢跨比下基底围岩各部位的动力损伤量　　10^{-3}

基底围岩部位	仰拱矢跨比			
	1/8	1/10	1/13	1/15
仰拱中心下方 0.5 m 处(W0)	6.498	6.816	7.143	7.326
仰拱中心下方 1.0 m 处(W1)	6.480	6.721	7.005	7.168

续上表

基底围岩部位	仰拱矢跨比			
	1/8	1/10	1/13	1/15
仰拱中心下方 2.0 m 处(W2)	6.264	6.444	6.659	6.785
仰拱中心下方 3.0 m 处(W3)	5.988	6.114	6.272	6.364
仰拱中心下方 5.0 m 处(W5)	5.355	5.411	5.485	5.528

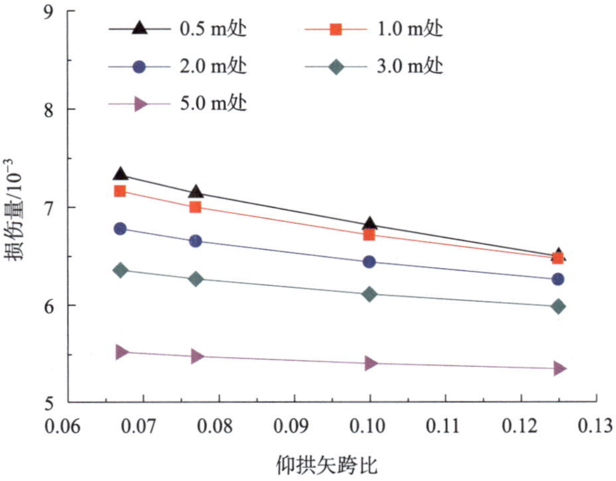

图 8-22　基底围岩各部位动力损伤量与仰拱矢跨比的关系曲线

从图 8-20～图 8-22 和表 8-9 的结果可知：

(1)隧道底部基岩的损伤发展过程与其加速度、竖向应力响应相对应，即在加载初期，损伤迅速发展，随后呈阶梯状增长，表现出明显的阶跃效应，但增加幅度较初期小，随着列车振动的持续稳定，基岩损伤几乎不再发展。这与不同行车速度下基岩动力损伤演化规律一致。

(2)四种仰拱矢跨比工况下，基底围岩动力损伤分布规律基本相同。隧道基底仰拱范围内的围岩损伤较大，其中，以轨下仰拱处至仰拱中心处范围的底部围岩损伤最大，而远离仰拱的外围围岩损伤较小；围岩损伤随着与仰拱处的距离增加而减小。

(3)与围岩竖向应力响应一致，随着仰拱矢跨比的增大，基底围岩各特征点处动力损伤值逐渐减小。以仰拱中心下方 0.5 m 处为例，仰拱矢跨比为 1/15 时，该位置基岩动力损伤量为 7.326×10^{-3}；仰拱矢跨比为 1/8 时，减少到 6.498×10^{-3}，减幅 11.3%。

(4)仰拱矢跨比的改变对围岩损伤量值产生一定影响，但随着围岩深度的增加，这种影响也逐渐减弱。总体而言，各仰拱矢跨比下，列车荷载引起基底围岩的损伤均较小。

8.4　不同仰拱厚度下隧道底部基岩的动力响应

为分析隧道仰拱厚度对底部基岩动力响应的影响，通过改变隧道仰拱厚度，围岩、支护参数均保持不变，进行四种隧道仰拱厚度的动力响应对比研究。计算时行车速度取为300 km/h，双线同时加载，仰拱厚度分别取为50、60、70、80 cm。

8.4.1 加速度响应特征

不同仰拱厚度下，隧道底部0.5 m处基岩的加速度时程曲线如图8-23所示，各特征点的加速度峰值见表8-10。加速度峰值随仰拱厚度的变化曲线如图8-24所示。由图8-23、图8-24和表8-12可知：随着仰拱厚度的增加，基底围岩各特征点处加速度峰值和振动幅度基本无变化，以距仰拱中心下方0.5 m处为例，仰拱厚度为50 cm时，该位置加速度峰值为6.42 m/s^2；当仰拱厚度达到80 cm时，加速度峰值为6.55 m/s^2，变化量约为初始值的2%。可见，仰拱厚度的改变不会引起基底围岩加速度曲线形态的变化，对加速度峰值的影响也很小。

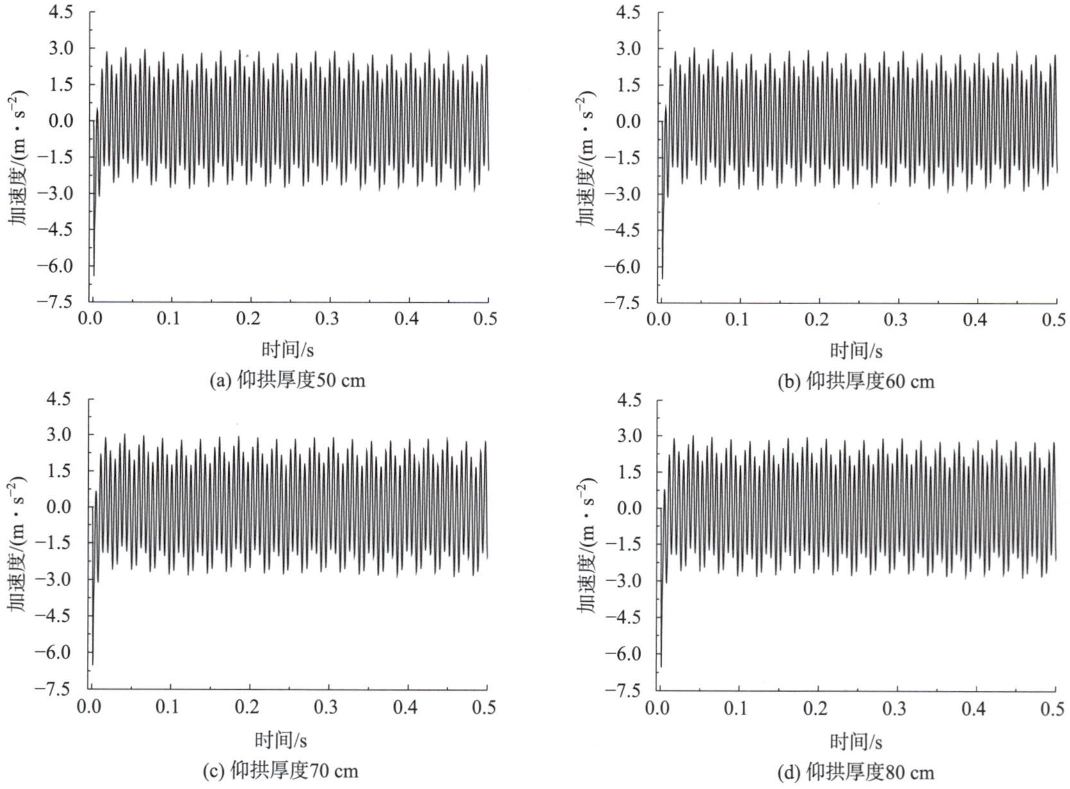

(a) 仰拱厚度50 cm
(b) 仰拱厚度60 cm
(c) 仰拱厚度70 cm
(d) 仰拱厚度80 cm

图8-23 不同仰拱厚度的隧道底部0.5 m处基岩加速度时程曲线

表8-10 不同仰拱厚度下，基底围岩各部位的加速度峰值 m/s^2

基底围岩部位	仰拱厚度			
	50 cm	60 cm	70 cm	80 cm
仰拱中心下方0.5 m处(W0)	6.42	6.51	6.52	6.55
仰拱中心下方1.0 m处(W1)	4.59	4.54	4.47	4.55
仰拱中心下方2.0 m处(W2)	3.22	3.21	3.18	3.18

续上表

基底围岩部位	仰拱厚度			
	50 cm	60 cm	70 cm	80 cm
仰拱中心下方 3.0 m 处(W3)	2.14	2.15	2.15	2.15
仰拱中心下方 5.0 m 处(W5)	0.98	0.98	0.98	0.97

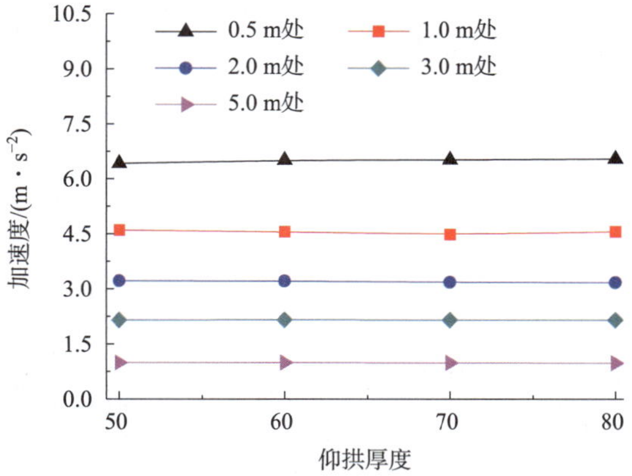

图 8-24　基底围岩加速度峰值与仰拱厚度的关系

8.4.2　动应力响应特征

隧道基底 0.5 m 处围岩的竖向应力时程曲线如图 8-25 所示，不同位置处的主应力峰值见表 8-11。基底围岩各部位竖向动应力峰值与仰拱厚度的关系曲线如图 8-26 所示。计算结果表明：随着仰拱厚度的增大，基底围岩各特征点处竖向动应力峰值逐渐减小，以仰拱中心下方 0.5 m 处的变化幅度最为明显。仰拱厚度为 50 cm 时，其值为 34.4 kPa；仰拱厚度为 60 cm 时，为 33.2 kPa；仰拱厚度为 70 cm 时，为 32.1 kPa；仰拱厚度为 80 cm 时，进一步减少到 31.1 kPa，相比第一种情况减小了 3.3 kPa。随着围岩深度的增加，仰拱厚度对竖向动应力的影响迅速减弱，影响范围约为基底以下 5 m。

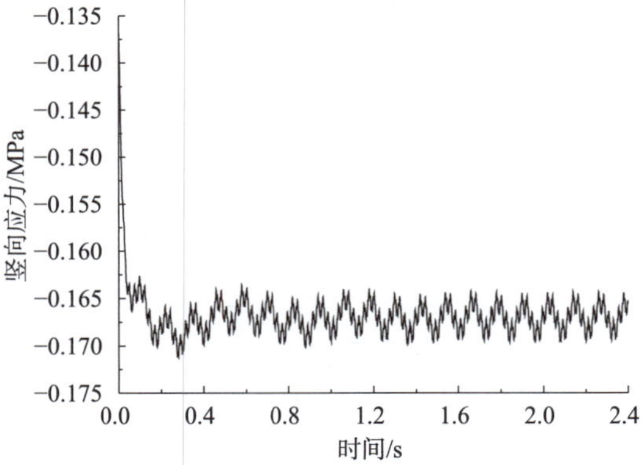

(a) 仰拱厚度50 cm

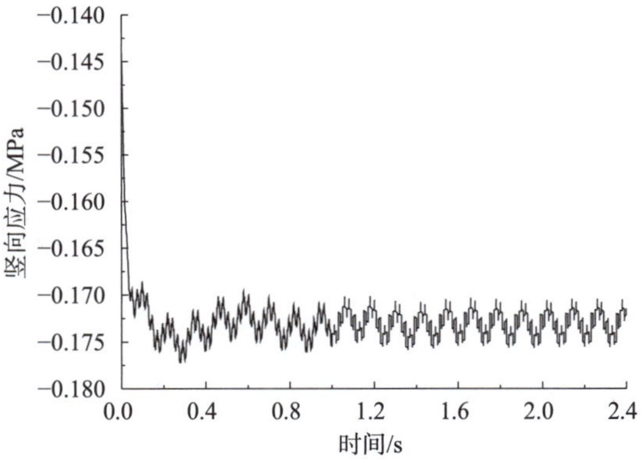

(b)仰拱厚度60 cm

图　8-25

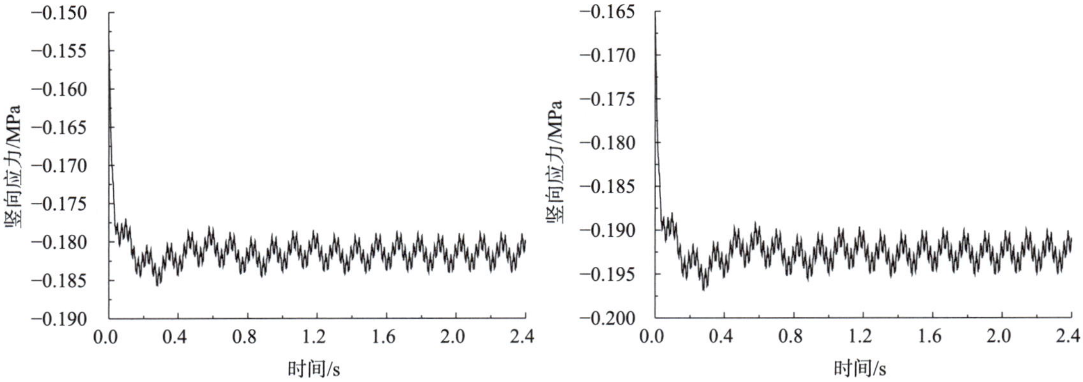

(c) 仰拱厚度70 cm　　(d) 仰拱厚度80 cm

图 8-25　不同仰拱厚度的隧道底部 0.5 m 处基岩竖向应力时程曲线

表 8-11　不同仰拱厚度时各测点竖向应力峰值计算结果　　MPa

基底围岩部位	仰拱厚度							
	50 cm		60 cm		70 cm		80 cm	
	静应力	峰值应力	静应力	峰值应力	静应力	峰值应力	静应力	峰值应力
仰拱下方 0.5 m 处(W0)	−0.137	−0.171	−0.144	−0.176	−0.154	−0.186	−0.166	−0.197
仰拱下方 1.0 m 处(W1)	−0.170	−0.203	−0.178	−0.209	−0.188	−0.219	−0.200	−0.230
仰拱下方 2.0 m 处(W2)	−0.245	−0.274	−0.254	−0.281	−0.263	−0.291	−0.274	−0.301
仰拱下方 3.0 m 处(W3)	−0.324	−0.350	−0.332	−0.357	−0.340	−0.365	−0.349	−0.373
仰拱下方 5.0 m 处(W5)	−0.473	−0.494	−0.478	−0.498	−0.483	−0.503	−0.489	−0.509

注：表中，正值为拉应力，负值为压应力。

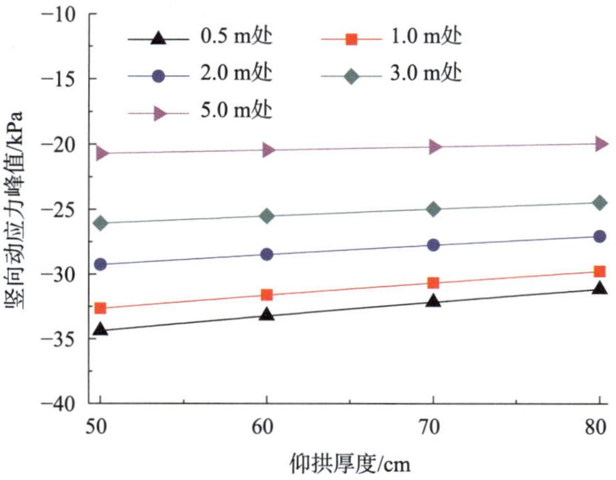

图 8-26　基底围岩各部位竖向动应力峰值与仰拱厚度的关系

8.4.3　动力损伤特征

不同仰拱厚度下，列车振动引起的隧道底部基岩动力损伤时程曲线如图8-27所示，动力损伤分布如图8-28所示，基底围岩各部位的动力损伤量见表8-12，动力损伤量与仰拱厚度的关系曲线如图8-29所示。

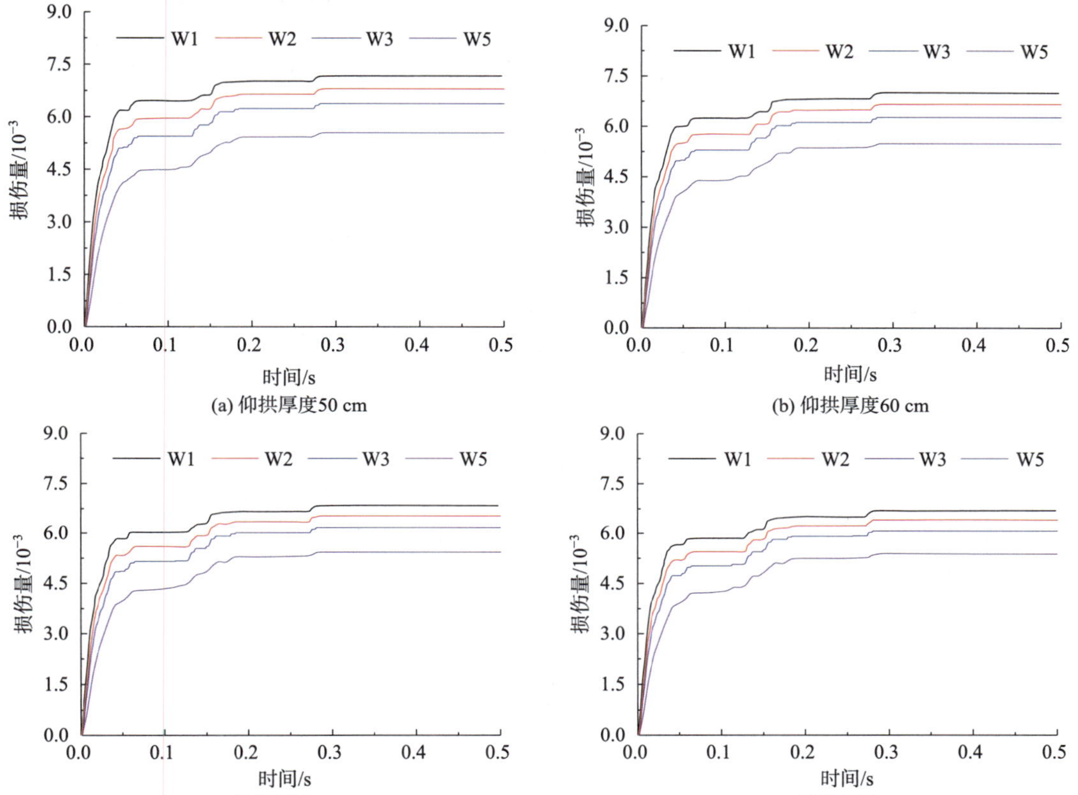

(a) 仰拱厚度50 cm　(b) 仰拱厚度60 cm

(c) 仰拱厚度70 cm　(d) 仰拱厚度80 cm

图8-27　底部基岩动力损伤时程曲线

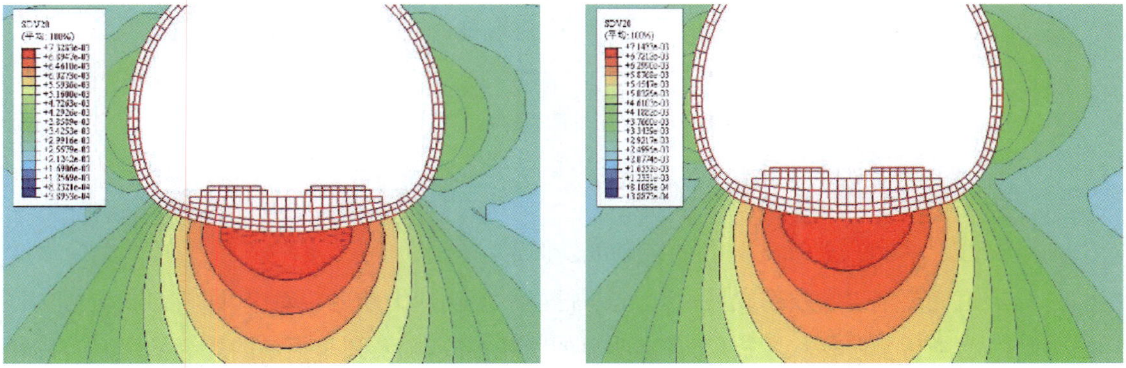

(a) 仰拱厚度50 cm　(b) 仰拱厚度60 cm

图　8-28

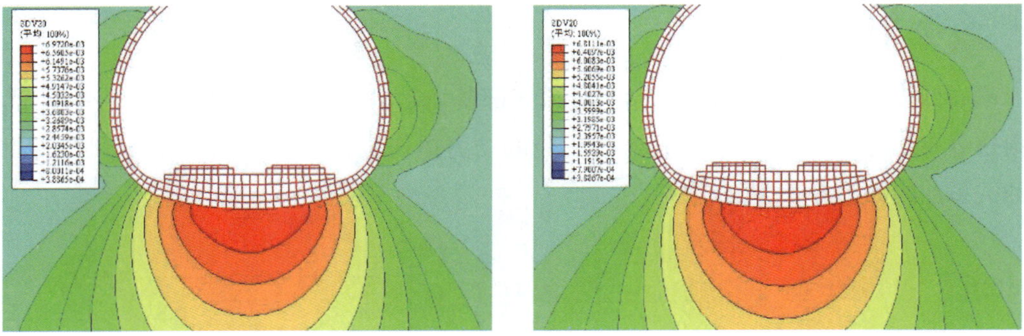

(c) 仰拱厚度70 cm　　　　(d) 仰拱厚度80 cm

图 8-28　不同仰拱厚度下，基底围岩动力损伤分布云图

表 8-12　不同仰拱厚度下，基底围岩各部位的动力损伤量　　10^{-3}

基底围岩部位	仰拱厚度			
	50 cm	60 cm	70 cm	80 cm
仰拱中心下方 0.5 m 处(W0)	7.328	7.143	6.972	6.811
仰拱中心下方 1.0 m 处(W1)	7.176	7.005	6.847	6.699
仰拱中心下方 2.0 m 处(W2)	6.801	6.659	6.528	6.405
仰拱中心下方 3.0 m 处(W3)	6.382	6.272	6.168	6.072
仰拱中心下方 5.0 m 处(W5)	5.541	5.485	5.428	5.376

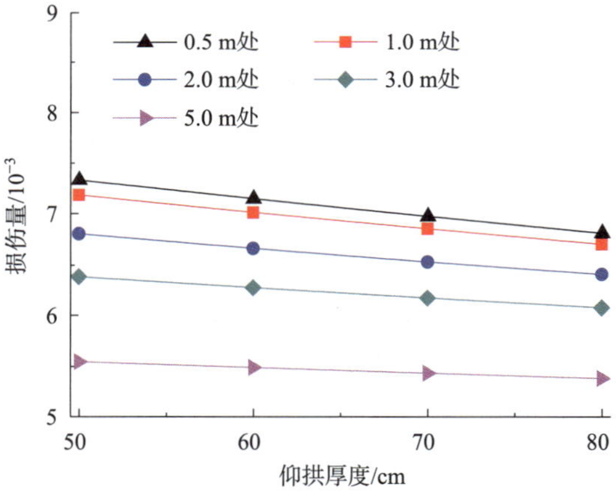

图 8-29　基底围岩各部位动力损伤量与仰拱厚度的关系曲线

从图 8-27～图 8-29 和表 8-12 的结果可以得到：

(1)隧道底部基岩的损伤发展过程与其加速度、竖向应力响应相对应，即在加载初期，损伤迅速发展，随后呈阶梯状增长，表现出明显的阶跃效应，随着列车振动的持续稳定，基岩损伤几乎不再发展。隧道底部基岩的损伤增长主要发生在列车振动加载瞬间。

(2)四种仰拱厚度工况下，基底围岩动力损伤分布规律基本相同。隧道基底仰拱范围内的围岩损伤较大，其中，以轨下仰拱处至仰拱中心处范围的底部围岩损伤最大，而远离仰拱的外围围岩损伤较小；围岩损伤随着与仰拱处的距离增加而减小。

(3)与围岩竖向应力响应一致，随着仰拱厚度的增大，基底围岩各特征点处动力损伤值逐渐减小，以仰拱中心下方 0.5 m 处为例，仰拱厚度为 50 cm 时，该位置基岩动力损伤量为 7.328×10^{-3}；仰拱厚度为 80 cm 时，减少到 6.811×10^{-3}，减幅 7.1%。

(4)仰拱厚度的改变对围岩损伤量值产生一定影响，但影响较小。总体而言，各仰拱厚度下，列车荷载引起基底围岩的损伤均较小。

综上分析，本章主要结论如下：

(1)隧道底部基岩的加速度、动应力峰值一般出现在列车荷载作用初期，随后很快恢复，并在某一平衡位置做上下振荡；隧道底部基岩的损伤发展过程与其加速度、动应力响应相对应，即在加载初期，损伤迅速发展并接近最大值，随后呈阶梯状增长，表现出明显的非线性增长和阶跃效应，随着列车振动的持续稳定，基岩损伤几乎不再发展；而且，基岩的动力损伤演化规律不会随着行车速度、仰拱矢跨比和仰拱厚度的不同而变化。

(2)隧道底部基岩的加速度、动应力和动力损伤量随着离开振源的距离增大而减小，列车振动荷载对隧道基底仰拱范围内的基岩影响较大，而远离仰拱的外围围岩的影响较小；从影响深度看，接触隧道仰拱的基岩影响最明显，随着围岩深度的增加，影响迅速减弱，深度约为基底以下 5 m 范围。

(3)不同行车速度条件下，隧道底部基岩的加速度、动应力与损伤发展规律一致。随着行车速度的提高，底部基岩的加速度、动应力和损伤量均有一定程度的增加，以仰拱中心下方 0.5 m 处基岩为例，当行车速度由 200 km/h 提高到 350 km/h 时，其加速度峰值和振荡幅值分别增大了 30%和 300%；竖向动应力峰值增加了 1.4 kPa；动力损伤量增幅 3.4%。比较而言，行车速度的改变对隧道底部基岩加速度的影响最为明显。

(4)随着仰拱矢跨比的增大，矢跨比从 1/15 到 1/8，底部基岩的应力和动力损伤量均呈减小趋势，竖向动应力峰值减少了 4.8 kPa，动力损伤量减幅 11.3%；而加速度略有增加，增幅 4%，影响很小。随着仰拱矢跨比的减小，结构逐渐变得扁平，致使基岩应力和损伤变大。

(5)仰拱厚度的改变对底部基岩加速度响应的影响很小，仰拱厚度从 50 cm 增厚至 80 cm，底部基岩的加速度峰值和振动幅值变化幅度为 2%；竖向动应力峰值减少了 3.3 kPa，减幅 9.6%；动力损伤量减少幅度为 7.1%。相比而言，仰拱厚度的增加对基岩动应力的影响最大。与仰拱矢跨比的工况相比，增加仰拱厚度的减振效果不如前者。

(6)在本次计算的最不利工况下(仰拱厚度为 50 cm)，隧道底部基岩的动应力水平 34.4 kPa，动力损伤为 0.007 3，离基岩的损伤和强度破坏限值还较远。

第9章 基于累积损伤的高速铁路隧道底部结构设计方法

通过第4章的模型试验得到了衬砌结构动应变与加载次数的关系，并通过第7、8章的数值分析得到了单次列车作用下衬砌底板结构与基岩的动力损伤量和损伤分布规律，但仅凭这些研究成果还不能完全对高速铁路隧道结构的疲劳寿命进行预测分析，必须同时借助于疲劳寿命预测理论或混凝土疲劳方程、经验公式。这是因为无论是隧道结构百年设计寿命期内的动力数值模拟还是动力模型试验，计算的耗时性和试验费用是相当可观的。

长期以来，隧道结构的设计，特别是隧道底部结构的设计还是处于一种半理论半经验的状态，设计中主要考虑的还是围岩压力对隧道结构的施工及运营安全产生的影响，对列车荷载的影响在设计中一般不考虑或者仅仅作为一个拟静力考虑，在计算方法上没有提出具体要求，对隧道底部结构的受力状态也缺乏足够认识，多数学者认为底部结构是一种受压结构，由此确定的隧道底部结构设计参数往往不能满足隧道结构的长期运营要求，造成了我国既有的铁路隧道在经过一段时间的运营之后隧道底部结构便开始出现开裂破损，从而严重影响了隧道的行车安全和运营效率。因此，急需研发一种考虑列车长期作用高速铁路隧道底部结构的设计/参数新的确定方法。

9.1 疲劳累积损伤理论

结构的疲劳破坏是其损伤逐渐累积的结果，疲劳累积损伤理论就是要研究在循环荷载作用下损伤的累积规律和相应的破坏准则。建立一个疲劳累积损伤理论，需要解决以下三个方面的问题：

(1)一次循环荷载对结构造成多大的损伤；

(2)多次循环荷载时损伤是如何累积的；

(3)结构失效时对应的临界损伤值是多大。

通过对疲劳累积损伤理论中三个问题的不同阐述，经过半个多世纪的研究，目前已构建的疲劳累积损伤理论多达几十种，包括随机疲劳累积损伤理论和确定性疲劳累积损伤理论。对于确定性疲劳累积损伤理论，归纳起来又可分为以下两大类：线性累积损伤理论和非线性累积损伤理论。

9.1.1　线性累积损伤理论

线性累积损伤理论是指结构在各个应力循环荷载作用下，其损伤累积与循环加载次数是线性的，各个应力之间的损伤是相互独立的，当损伤累积到某一临界值时，结构发生疲劳破坏。线性累积损伤理论认为，循环加载的顺序不会对结构的疲劳寿命产生影响，结构总损伤是各个损伤线性叠加的结果。线性理论中最具代表性的理论是 1924 年由 Palmgern 首先提出、1945 年由 Miner 进一步完善的 Palmgern-Miner 线性累积损伤理论，简称 Miner 理论[201]。

Miner 线性累积损伤准则的基本假定为：①在等幅循环荷载作用下，材料或结构在单次循环中吸收等量的净功，当累积到某一数值即发生疲劳破坏；②在各种变幅循环荷载作用下，材料或结构破坏时的总净功相等；③各级应力循环中，材料或结构吸收的净功是相互独立的，与加载顺序无关。该理论对三个基本问题的阐述如下：

1. 一次循环荷载对结构造成的损伤

一次循环荷载对结构造成的损伤计算式为

$$D=\frac{1}{N} \tag{9-1}$$

式中　D——损伤量；

　　N——对应于当前应力水平的预期寿命。

2. 多次循环荷载时损伤的累积

对于等幅循环加载的情况，当循环作用次数为 n 时，结构的累积损伤为

$$D=\frac{n}{N} \tag{9-2}$$

对于变幅循环加载的情况，当循环作用次数为 n 时，结构的累积损伤为

$$D=\sum_{i=1}^{n}\frac{1}{N_i} \tag{9-3}$$

式中　N_i——对应于当前应力水平 s_i 的预期寿命。

3. 结构失效时对应的临界损伤值 D_{cr}

对于等幅循环荷载，根据式(9-2)可知，当循环作用次数 n 等于 N 时，即发生疲劳破坏，由此得到

$$D_{cr}=1 \tag{9-4}$$

同样，对于变幅循环荷载，根据式(9-3)也可得出材料或结构失效时的临界损伤值为 1。

Miner 理论形式简单，使用方便，在当前结构疲劳寿命预测中应用最为广泛。但是它局限于对称循环荷载，也就是平均应力为零的情况，而且，该理论没有考虑荷载顺序对结构疲

劳寿命的影响，也没有考虑应力间的相互作用。大量的研究结果证实[202-204]，混凝土具有循环硬化与软化、循环蠕变等特性，而且混凝土的疲劳损伤与加载顺序密切相关，因此，采用线性累积模型来预测混凝土结构的寿命不甚合理。为了克服该理论的不足，不少学者对 Miner 理论进行了修正，提出了诸如双阶段、三阶段线性累积损伤模型，这方面比较有代表性的是 Manson 等[205]和宋玉普等[203-204]的研究工作。

9.1.2 非线性累积损伤理论

随后，人们进一步提出了多种非线性累积损伤理论，比较典型的包括基于连续损伤概念的 Chaboche 模型[206]和考虑荷载间相互作用的 Corten-Dolan 模型[207]等。其中，Chaboche 模型由于理论性强，公式复杂，现阶段尚难应用，而 Corten-Dolan 模型已在工程上有实际应用，以下介绍该非线性累积损伤理论。

1. 一次循环荷载对结构造成的损伤

$$D=m^c r^d \tag{9-5}$$

式中 m——表示材料的损伤核数目，其值随着应力水平的增大而增大；

r——损伤演化速率，与应力水平成正比；

c,d——材料常数。

2. 多次循环荷载时损伤的累积

对于等幅循环加载的情况，当循环作用次数为 n 时，结构的累积损伤为

$$D=n m^c r^d \tag{9-6}$$

对于变幅循环加载的情况，当循环作用次数为 n 时，结构的累积损伤为

$$D=\sum_{i=1}^{n} n_i m_i^c r_i^d \tag{9-7}$$

式中 n_i——第 i 级循环荷载作用下的循环次数，有 $\sum_{i=1}^{k} n_i = n$；

m_i——对应于第 i 级循环荷载作用下的材料损伤核数目；

r_i——对应于第 i 级循环荷载作用下的损伤演化速率。

3. 结构失效时对应的临界损伤值 D_{cr}

Carten-Dolan 非线性累积损伤理论认为结构破坏时的临界损伤值为

$$D_{cr}=N_1 m_1^c r_1^d \tag{9-8}$$

式中 N_1——对于等幅循环荷载下的疲劳寿命，对于变幅循环荷载的情况，下标“1”代表各级循环荷载中最大的一级荷载的疲劳寿命。

由此得到，在 k 级循环加载时的累积损伤值为

$$D=\sum_{i=1}^{k} n_i m_i^c r_i^d = N_1 m_1^c r_1^d \tag{9-9}$$

疲劳损伤累积准则是预测结构疲劳寿命的理论依据，由于结构的疲劳损伤演化机理非常复杂，虽然目前提出了很多线性和非线性损伤累积模型，但疲劳寿命的预测精度往往不理想，疲劳累积理论仍未得到有效的解决。因此，仍需开展大量的相关试验和理论研究工作。

刘宁等[161][208]基于大量的隧底结构累积损伤试验结果，提出了考虑动载因素、静载因素和基底条件的多因素耦合作用下的累积损伤模型为

$$D=\tau-\left(1-\frac{N}{N_f}\right)^{\theta} \tag{9-10}$$

式中　N——列车荷载循环作用次数；

N_f——隧底结构材料的疲劳寿命；

τ,θ——损伤演化参数，与列车动载、围岩静载和基底条件相关，它由式(9-11)、式(9-12)确定。

$$\tau=\ln\left(115.7\frac{\varepsilon_1}{\varepsilon_0}-90.44\frac{f_{\max}}{f_c}\right) \tag{9-11}$$

$$\theta=\frac{1}{\ln\left(4.15\frac{\varepsilon_1}{\varepsilon_0}+1.39\frac{f_{\max}}{f_c}\right)+\ln\left(4.54\frac{\varepsilon_1}{\varepsilon_0}+0.95k\right)+1} \tag{9-12}$$

式中　$\varepsilon_0,\varepsilon_1$——隧底结构的初始应变及单次列车荷载作用下的应变；

$f_{\max}$——列车运行过程中隧道底部结构承受的最大动应力；

f_c——隧道底部结构材料的极限抗压强度；

k——底部围岩的抗力系数，可根据围岩弹性参数确定。

9.2　基于累积损伤的高铁隧道结构疲劳寿命计算方法

9.2.1　结构累积损伤破坏指标

对于随机载荷，试件破坏时的临界累积损伤一般在 1.0 附近，但对于工程结构而言，结构失效时的临界累积损伤可能比 1.0 小。钱永久[209]基于模糊综合评估指标，对钢筋混凝土结构的累积损伤量与破坏程度之间关系进行了分级刻画，基于此所建立的隧道结构累计损伤评定指标见表 9-1。在参考现行结构损伤诊断与维修加固标准的基础上，取结构破坏时的累积损伤临界值取为 0.95。

表 9-1　隧道结构累积损伤评定指标

累积损伤量 D	破坏程度描述
$0.00<D\leqslant 0.25$	轻微损伤
$0.25<D\leqslant 0.50$	中等损伤
$0.50<D\leqslant 0.80$	严重损伤
$0.80<D\leqslant 1.00$	破坏性损伤

9.2.2 结构疲劳寿命计算流程

基于疲劳累积损伤的疲劳寿命预测方法是通过建立损伤值与荷载循环次数的关系，以得到一定循环次数阶段的结构损伤值。结构的损伤累积过程不仅与结构抗疲劳性能有关，还取决于结构受力状态。根据第 2 章所建立的车-轨-隧一体化模型和第 6 章所建立的混凝土损伤本构模型，即可得到单次列车循环荷载作用下高速铁路隧道结构危险部位的损伤值，进而结合线性（或非线性）疲劳累积损伤理论即可进行隧道结构疲劳寿命预测，计算流程如图 9-1 所示。具体计算步骤为：

（1）根据高速列车参数、隧道参数和围岩参数等基本参数，基于 ABAQUS 平台建立相应的车-轨-隧一体化模型；

（2）通过 UMAT 子程序将混凝土弹塑性损伤本构模型引入到所建立的车-轨-隧一体化模型，并开展动力计算；

（3）根据车-轨-隧一体化模型的动力计算结果确定隧道结构最不利位置，并得到结构最不利位置处的初始损伤值和单次列车荷载作用下的动力损伤值；

（4）将得到的结构最不利位置处的初始损伤值和动力损伤值导入到疲劳累积损伤模型中，并根据所确定的结构累积损伤阈值和列车运营参数进行疲劳寿命预测。

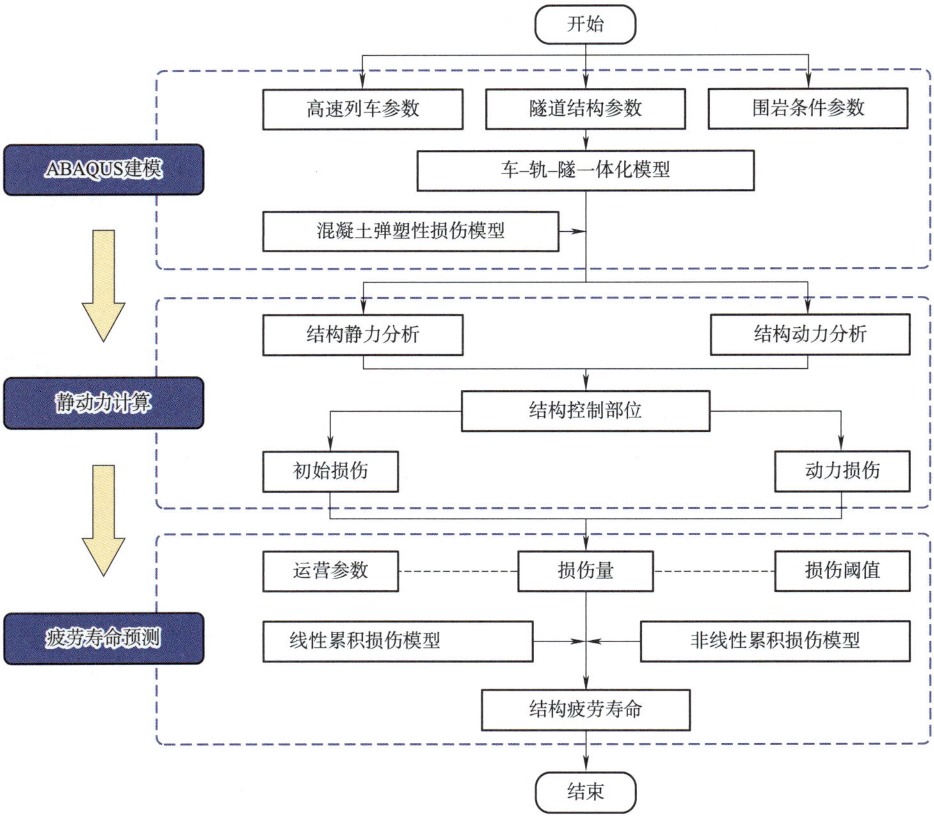

图 9-1　基于疲劳累积损伤理论的高铁隧道结构疲劳寿命计算流程

9.2.3　结构疲劳寿命预测与分析

本节结合第 8 章相关计算结果，基于 9.2.2 节建立的基于疲劳累积损伤理论的高铁隧道结构疲劳寿命计算流程开展相关工况下高铁隧道结构的疲劳寿命计算。

1. 衬砌结构疲劳危险部位确定

第 4 章模型试验结果和第 7 章数值计算结果均表明衬砌结构的疲劳危险部位为钢轨下方的仰拱底部。因此，以此部位作为衬砌结构的疲劳寿命控制点。

2. 高速铁路主要运营参数

根据对高速铁路平均车流量的估计，高速列车在运营试用期为 8 辆编组，每日车流量为 56 对；在运营近期为 16 辆编组，每日车流量为 100 对；在运营远期为 22 辆编组，每日车流量为 130 对。

3. 隧道结构疲劳寿命预测及分析

为简化计算并考虑每种工况下衬砌结构疲劳最不利的情况，在对衬砌结构进行疲劳寿命预测时，将单次双向列车同时穿越隧道的过程视为一个载荷循环，每趟列车通过时为同等强度载荷加载，且车流量全部按近期或全部按远期考虑，以此对各工况下衬砌结构的近期和远期疲劳寿命分别进行计算。

对于Ⅴ级围岩、30 m 埋深、300 km/h 计算工况，根据第 8 章的数值计算结果，当双向列车同时穿越隧道时衬砌结构疲劳寿命控制点的损伤量为 $0.208\,6\times10^{-6}$，由围岩静载引起的静力损伤为 0.101 2。

采用 Miner 疲劳累积损伤理论计算的衬砌结构疲劳寿命。

(1)远期疲劳寿命：

$$t_{远期}=\frac{0.95-0.101\,2}{0.208\,6\times10^{-6}}\times\frac{1}{365\times130}\text{年}=85\text{ 年}$$

(2)近期疲劳寿命：

$$t_{近期}=\frac{0.95-0.1012}{0.208\,6\times10^{-6}}\times\frac{1}{365\times100}\text{年}=111\text{ 年}$$

同时，作为对比，采用刘宁[161][208]建议的非线性累积损伤模型进行衬砌结构疲劳寿命计算。计算时，式(9-10)中的模型参数 τ 和 θ 根据第 7 章计算结果结合式(9-11)和(9-12)确定，根据计算结果取 $\tau=1.0$，$\theta=0.751$。由此，将 $N=1$ 时的损伤增量 $0.208\,6\times10^{-6}$ 代入式(9-10)，求得疲劳循环次数为 359.8 万次，即：

$$D=1-\left(1-\frac{N}{N_f}\right)^{0.751};\Delta D=0.208\,6\times10^{-6};N_f=359.8\text{ 万次}$$

由此，得到近期疲劳寿命为

$$N_f\div(365\times100)\text{年}=99\text{ 年}$$

远期疲劳寿命为

$$N_f \div (365 \times 130)\text{年} = 76\ \text{年}。$$

同理可计算出其他工况时衬砌结构的疲劳寿命，计算结果见表 9-2。

表 9-2　各工况隧道结构疲劳寿命预测

埋深/m	速度/(km·h⁻¹)	围岩级别	静力损伤/10^{-2}	动力损伤/10^{-6}	远期寿命/年		近期寿命/年	
					线性累积损伤	非线性累积损伤	线性累积损伤	非线性累积损伤
10	300	Ⅳ	0.910 5	0.098 7	200	160	261	208
		Ⅴ	5.058 2	0.167 6	113	94	147	123
		Ⅵ	15.90 4	0.223 5	74	71	96	92
	350	Ⅳ	0.910 5	0.117 3	169	135	219	175
		Ⅴ	5.058 2	0.193 7	97	82	127	106
		Ⅵ	15.904	0.268 2	62	59	80	77
30	300	Ⅳ	2.023	0.122 9	159	129	207	167
		Ⅴ	10.122	0.208 6	85	76	111	99
		Ⅵ	28.913	0.268 4	51	49	67	65
	350	Ⅳ	2.023	0.147 1	133	108	173	140
		Ⅴ	10.122	0.238 4	75	66	97	86
		Ⅵ	28.913	0.298 1	46	43	60	58

由表 9-2 可见：

(1)基于非线性累积损伤模型求得的衬砌结构疲劳寿命小于基于 Miner 线性累积损伤理论求得的衬砌疲劳寿命；但随着列车荷载引起的衬砌结构动力损伤增量的增大，两种方法求得的衬砌疲劳寿命差距逐渐减小，但在较低的动力损伤状况下 Miner 线性累积损伤理论会高估结构的服役性能。

(2)在上述计算工况中，对于Ⅳ级围岩 10 m 埋深、300 km/h 运行速度的隧道以及 30 m 埋深、350 km/h 运行速度的隧道，无论是采用线性累积损伤理论还是非线性损伤累积理论得到的结构疲劳寿命预测结果表明，当前采用的结构参数均满足结构百年寿命设计要求。

(3)对于 10 m 埋深的Ⅴ级围岩隧道，在 300 km/h 和 350 km/h 行车速度下采用 Miner 线性损伤累积理论预测的隧道远期寿命分别为 113 年和 97 年，基本满足结构服役寿命设计要求；而采用非线性损伤累积模型求得的隧道远期寿命分别仅为 94 年和 82 年，仅为 Miner 线性理论计算结果的 84%左右，不满足结构长期服役要求。当埋深为 30 m 时，两种理论得到的隧道远期寿命均低于设计要求，列车运行速度为 350 km/h 时，基于非线性损伤累积理论预测的结构远期寿命仅有 66 年，远低于服役要求。

(4)对于Ⅵ级围岩高铁隧道而言，不同工况下结构近期和远期疲劳寿命均低于设计使用年限，在 30 m 埋深、350 km/h 行车条件下线性损伤累积理论和非线性损伤累积理论预测的结构的远期疲劳寿命分别仅有 46 年和 43 年，远低于结构抗疲劳设计要求。可见，对于Ⅵ级围岩，高速铁路隧道设计时针对洞周围岩进行加固设计、优化结构设计参数是极为必要的。

4. 基底围岩损伤状况下隧道结构疲劳寿命预测及分析

类似地，根据第 8 章计算的不同基底状况下列车荷载引起的隧道结构损伤值可预测相应工况下隧道结构的疲劳寿命。不同基底脱空情况下隧道疲劳寿命预测结果见表 9-3，所计算工况中隧道围岩级别为Ⅴ级，列车运行速度为 300 km/h，隧道埋深为 30 m。

表 9-3　不同基底状况下隧道结构疲劳寿命预测

基底状况	动力损伤/10^{-7}	远期寿命/年		近期寿命/年	
		线性累积损伤	非线性累积损伤	线性累积损伤	非线性累积损伤
无脱空	2.086	85	76	111	99
脱空 0.5 m	3.154	56	50	73	65
脱空 1.0 m	12.024	14	13	19	16
脱空 1.5 m	31.854	5	4	7	6

由表 9-3 可见：

（1）隧道基底状况良好时，在当前计算工况下衬砌结构近期疲劳寿命基本满足结构抗疲劳设计要求，而远期寿命略低于设计值；同前述计算类似，采用非线性累积损伤理论得到的疲劳寿命低于基于 Miner 线性累积损伤理论计算结果。

（2）以非线性累积损伤理论计算结果为例，当基底脱空宽度为 0.5 m 时，结构的近期和远期疲劳寿命分别降低至 65 年和 50 年，相比于基底无脱空情况减小近 34%；随着基底脱空距离的进一步增大，结构疲劳寿命迅速减小，当脱空宽度为 1.0 m 时，隧道衬砌近期和远期疲劳寿命仅剩 16 年和 13 年；而当基底脱空宽度达到 1.5 m 时，衬砌近期和远期疲劳寿命只有 6 年和 4 年，远不能满足全寿命设计年限要求。可见，隧道基底状况对隧道衬砌结构的长期使用性能的影响显著。

综上所述，由于长期列车振动荷载作用和施工缺陷等的影响，隧道底部基岩不断劣化破损，在处于开放性环境的地下水流作用下软化，进而流失形成空洞，使得隧道底部结构受力条件恶化，加剧了隧道底部结构的疲劳破坏，这也很清晰地解释了既有铁路隧道底部结构病害产生机理。

9.3　基于累积损伤的高铁隧道底部结构设计方法

9.3.1　结构设计流程

9.2 节基于疲劳累积损伤理论，以车-轨-隧一体化模型得到的隧道结构损伤值为输入，以结构疲劳寿命为输出，构建了基于累积损伤的高速铁路隧道结构疲劳寿命计算方法。换言之，若将结构疲劳寿命视为设计参数，即可结合结构静动力计算结果和疲劳累积损伤理论得到当前设计参数下设计寿命周期内的结构累积损伤量，进一步将该累积损伤量与设计规定的临界损伤值进行对比，判断是否满足累积损伤设计要求，从而不断调整设计参数以使累积损伤量达到临界损伤指标。由此，即可构建一种基于累积损伤的高速铁路隧道底部结构设计方法。

该设计方法的基本思路为：首先根据相关规范及工程经验确定隧道底部结构设计参数的初始值；而后采用车-轨-隧一体化数值模型计算基于该设计参数时隧道底部结构的应力分布及应变比值，并采用基于损伤模型的数值计算方法得到单次列车作用引起的隧道底部结构的动力损伤；进而采用相关疲劳累积损伤模型计算隧道底部结构关键位置的累积损伤值；将计算得到的累积损伤值和隧道底部结构的损伤设计阈值进行比较，当计算结果达到损伤设计阈值时，即为隧道底部结构的设计参数，当差别较大时，调整设计参数。按以上步骤重新进行计算，直到得到最终的设计参数。该方法的设计流程如图 9-2 所示。

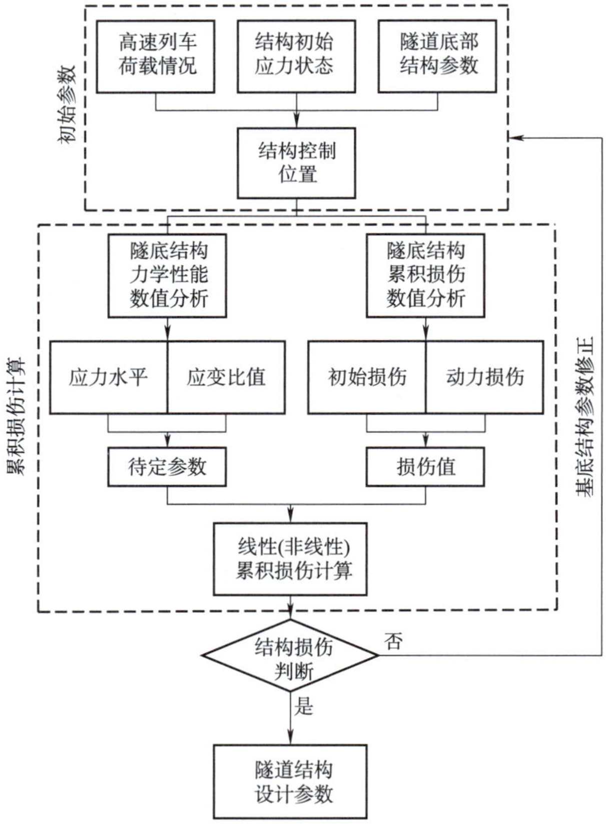

图 9-2 基于累积损伤的高速铁路隧道底部结构设计方法流程

基于累积损伤的高速铁路隧道底部结构设计方法的具体实施步骤如下：

(1)根据拟建高速铁路隧道所处的围岩级别,依据相关规范及工程经验确定隧道底部结构初始设计参数(如仰拱厚度、矢跨比等)。

(2)建立车-轨-隧一体化数值计算模型,计算该设计参数条件下隧道底部结构的应力和应变分布情况,确定隧道底部结构的关键位置(受力最不利位置)及其应力、应变值。

(3)采用基于损伤模型的数值计算方法得到单次列车作用引起的隧道底部结构的动力损伤分布,确定隧道底部结构关键位置的动力损伤值。

(4)结合疲劳累积损伤理论,将单次列车作用下隧道底部结构关键位置的动力损伤值及相关应力应变计算结果导入线性(或非线性)累积损伤模型,根据隧道结构的设计使用年限以及行车密度得出结构控制位置的累积损伤值,预测结构的损伤状态。

(5)将计算得到的隧道底部结构累积损伤值与损伤设计阈值进行比较,判断该设计参数对应的隧道底部结构在使用年限内的累积损伤是否满足隧道的长期运营要求。

(6)根据以上分析计算结果,当得到的累积损伤计算值不满足隧道的长期运营要求或超出运营要求较多时,调整隧道底部结构的设计参数,按照以上步骤重新进行循环计算,直至得到满足要求的隧道底部结构设计参数。

9.3.2　底部结构设计

为进一步验证所建立的基于累积损伤的高速铁路隧道底部结构设计方法的适用性,以 9.2.3 节中Ⅴ级围岩、30 m 埋深、300 km/h 运行速度的高铁隧道为例,进行该隧道底部结构参数计算。

1. 确定初始参数

高速列车为 CRH 系列 16 编组动车组,列车轴重为 17 t,列车长度约 200 m,设计运行速度为 300 km/h;隧道围岩等级为Ⅴ级,围岩相关参数按《铁路隧道设计规范》(TB 10003—2016)[142]取值;隧道仰供矢跨比约为 1/7,仰供厚度为 60 cm。

2. 结构损伤计算

建立车-轨-隧一体化数值计算模型,计算初始设计参数对应的隧道底部结构应力分布情况和损伤特性。根据计算结果,30 m 埋深时隧道结构静力损伤为 0.101 2;仰供矢跨比为 1/7,仰供厚度为 60 cm 时,单次列车荷载下结构动力损伤增量为 0.2086×10^{-6}。

3. 结构累积损伤计算与判断

根据 Miner 疲劳累积损伤理论,设计使用年限内结构的累积损伤为 1.09,大于损伤设计阈值(0.95),可见该初始设计参数不满足结构抗疲劳设计要求。

4. 设计参数优化

仰拱厚度或填充层厚度增大,隧底结构使用寿命增幅略有增加,但影响工程建设成本。为此,保持仰供厚度不变,调整仰供矢跨比,改善底部结构受力性能,调整后仰拱矢跨比取为

1/10。开展该参数下隧道底部结构损伤计算，得到当前底部结构参数下结构静力损伤为 0.062 1，动力损伤增量为 0.162 4×10^{-6}，进一步根据疲劳累积损伤理论求得设计使用年限内结构的累积损伤为 0.83，满足结构损伤设计值，结构疲劳寿命为 115 年，为设计值的 1.15 倍，满足隧道设计年限要求。由此确定该隧道底部仰拱矢跨比取为 1/10，厚度为 60 cm。

综上分析，本章主要结论如下：

(1)在参考现行结构损伤诊断与维修加固标准的基础上，确定高速铁路隧道结构破坏时的累积损伤临界值为 0.95。构建了基于疲劳累积损伤理论的高速铁路隧道结构疲劳寿命计算方法，主要包括：建立基于 ABAQUS 平台的车-轨-隧一体化模型；引入混凝土弹塑性损伤机构；计算结构静动力损伤；结合线性(或非线性)疲劳累积损伤理论进行寿命预测。

(2)分别基于线性和非线性疲劳累积损伤理论，对不同工况下隧道结构的疲劳寿命进行预测，结果表明：基于非线性累积损伤模型求得的衬砌结构疲劳寿命小于基于 Miner 线性累积损伤理论求得的衬砌疲劳寿命；在较低的动力损伤条件下，Miner 线性累积损伤理论会高估结构的服役性能；基底脱空会严重影响隧道结构的疲劳寿命，随着基底脱空范围的增大，结构的疲劳寿命急速降低。

(3)在隧道底部结构累积损伤计算的基础上，建立基于全寿命累积损伤的高速铁路隧道底部结构设计方法，确定了该设计方法的具体计算流程，主要包括：结构初始设计参数确定；基于车-轨-隧一体化模型的结构累积损伤计算；损伤判断和基底结构参数修正。

第10章 研究展望

高速铁路隧道底部结构动力响应与损伤问题的研究既包括列车、隧道结构、围岩等多个研究对象和多种材料，又涉及物理场、化学场等多场耦合，以及多种动力作用的相互耦合，涵盖多学科内容。尽管业内同行在理论分析、数值计算和模型试验等方面已取得较丰硕的成果和较厚实的研究积淀，但由于问题的复杂性，尚需在以下几方面予以拓展和深化。

10.1 深化高速铁路隧道底部结构动力损伤分布特征分析及成因研究

随着我国高速铁路隧道越建越多和运营时间的推移，隧道不可避免地会因结构损伤而导致病害的出现。而高速铁路又具有线路运行密度高、间隔时间短，作业空间受限等突出特征，使得隧道底部结构病害难以及时探测和高效处理，致使长期服役过程中底部病害的发生率呈现逐年攀升的趋势，且表现出显著的疲劳损伤破坏征兆。此外，已有的研究表明，隧道底部病害不仅产生于软弱围岩地段，在硬岩富水地段同样占有较高的比例，对行车的安全危害不容忽视。但高速铁路隧道病害现场调查统计资料的积累目前却还很缺乏。

基于此，通过对已运营多年的大量高速铁路隧道底部结构病害的现场调研，分析总结高速铁路隧道底部病害的主要诱因及分布特征，研究底部结构病害的发展和形成过程，是需要重点跟进的问题之一。

条件具备时，选择典型地段开展高速铁路隧道现场试验，并对高速铁路隧道结构振动响应进行长期跟踪监测，以获取第一手可靠数据，为分析、评价和修正现有隧道底部结构损伤理论提供可靠的科学依据。

10.2 发展完善的高速铁路隧底结构动力累积损伤演化本构模型

将损伤理论引入混凝土本构模型和岩土本构模型中，能够较好地模拟混凝土材料和岩土材料从原生缺陷到形成细观微裂纹，直至宏观裂缝出现的全过程，该方法的适用性和有效性已得到工程界的充分论证和普遍认可。

但由于隧底结构动力损伤问题的复杂性，列车循环荷载作用下的力学环境很难真实模拟，针对隧底结构和基底围岩等多因素耦合作用下的损伤量化分析与预测模型，目前还未形成完整的研究体系。因此，在总结、分析混凝土材料和岩土材料损伤机理和基本特点的基础上，进一步改进和完善已有的各种隧道衬砌结构损伤模型，提升各损伤演化方程的实用性，建立适合列车动载作用下隧道衬砌底部结构的累计损伤演化分析方法，对于动态跟踪反复动载及地下水耦合作用下软弱裂隙岩体破损、浆化和流失过程，以及量化衬砌结构的损伤程度，具有重要的理论价值。是对隧道结构安全性和耐久性进行更加合理、精确评价的重要前沿研究课题。

10.3 研发隧道底部结构动力损伤过程的精细化仿真模型和计算软件

数值仿真已成为分析工程实际问题不可或缺的重要手段，在隧道工程领域也毫不例外，每年有关这方面的研究报道数不胜数。

但多数隧道动力数值仿真计算模型采用列车荷载简化或加载位置简化的方式模拟列车荷载作用，虽然简化模型提高了计算效率，但难以准确地反映高速列车驶过隧道时动力荷载由轨道隧道底部到围岩的传递规律以及隧底结构的动力响应特性。所以，构建精细化高速铁路车辆-轨道-隧道结构耦合一体化计算模型，对研究仰拱结构不同位置位移、加速度、动应力与动应变的变化规律，是系统地分析不同列车速度、初始应力、基底条件等因素对隧底结构动力响应规律的主要发展方向。

另一方面，隧道围岩中多赋存有地下水，且具有孔隙、裂隙等多孔介质的典型特征，这为地下水的运移提供了通道，列车动载会使隧底积水产生超静水压力，产生动水流，因此建立的围岩渗流-应力间接耦合动态分析模型和列车-轨道-隧道-围岩三维数值模型，研究在地下水压力-围岩压力-列车动载等三者耦合作用下铺底结构及围岩的动力特性，分析列车引起基底积水的动水压效应，是精细化分析隧底结构动力损伤的必然发展趋势。

当今的工程数值仿真分析多采用大型通用软件来实施，如 FLAC3D、ABAQUS 等。但对于具体的工程问题，需在这类软件平台上进行二次开发。因而运用渗流场-应力场耦合基本理论，建立适用于高速铁路富水隧道底部结构动力耦合分析模型，并依托大型计算软件的二次开发平台编制相应计算程序，是实现精细化数值仿真的有效途径。

10.4　开展能充分考虑隧底结构受力特点的室内足尺模型试验

室内模型实验是隧道工程中重要且有效的研究手段之一。近十多年以来，国内学者在高速铁路隧道动力响应模型试验的研究方面已经积累了一批丰硕的成果，但针对隧道底部结构问题，多采用小比例模型试验，所涉及的因素也比较单一，如采用单点激振器作用结构模型，未综合考虑隧道结构赋存于地下水、各种腐蚀等环境的耦合作用。故难以较全面真实模拟列车运行过程中动力的叠加现象和实际结构动力响应特征。

因此，设计能模拟隧底结构力学环境的模型试验装置，研发相应的组合加载试验系统，开展仰拱结构足尺模型试验，是深入了解不同列车速度和不同基底围岩条件影响下仰拱结构累积损伤规律及各因素的影响程度，充分揭示高速列车荷载作用下板式轨道、隧道仰拱、基底围岩间的相互作用机制和振动传播、衰减机制，深化理解反复动载及地下水耦合作用下软弱裂隙岩体破损、浆化和流失过程的必不可少研究手段。

10.5　建立完整的高铁隧道底部结构损伤预测体系和评价方法

在高速列车荷载的长期反复冲击荷载作用下，隧道底部结构很容易在低于静载强度的情况下发生损伤，随着损伤的不断累积，将最终造成结构的疲劳破坏。迄今为止，国内学者在各单因素作用下隧底结构累积损伤特性的研究，已取得了许多具有较强实用性的研究成果。但由于混凝土疲劳损伤机理及隧道结构受力的复杂性，针对多因素耦合作用下隧底结构损伤量化分析及损伤预测模型，目前还未形成具有普遍适用性的隧道结构累积损伤评价预测方法。

因此，基于多因素耦合的动力累积损伤演化本构模型，在进一步提升数值仿真结果有效性的基础上，综合室内模型实验和现场调查与测试的研究成果，构建隧道底部结构非线性疲劳累积损伤评价理论，结合二次开发子程序，建立隧道结构动力损伤交互式计算方法，以此分析不同列车运行速度和不同隧道底部结构型式下，列车动载、初始静载和围岩条件对隧道结构损伤状态的影响，研究隧道底部围岩软化、基底脱空等因素对隧道结构受力特征和长期使用性能的影响；通过对比不同设计参数下的累积变形情况，得出表征隧道结构服役性能的量化指标，预测高速铁路隧道底部结构的损伤状态，进而为优化高速铁路隧道底部结构设计参数，以及为隧道病害的维修治理措施提供科学依据。

此外,隧道结构振动评价指标和标准已有一些初步的研究成果,但控制标准限值主要是在参照国内外地面建筑振动评价标准及相关研究成果的基础上提出的,难免存在"粗略"性。如何针对高铁隧道结构自身特点,提出精确的隧道结构振动评价指标和标准是目前亟待解决的又一个难题。

10.6 提出高速铁路隧道底部结构优化设计方法和病害整治措施

由于对隧道底部结构的受力状态缺乏足够认识,认为底部结构是一种受压结构,我国早期对隧道底部结构的设计一直不够重视,对其设计计算方法也没有提出具体要求,导致我国既有铁路隧道基底开裂、脱空、翻浆冒泥等各类病害问题严重。近年来,针对隧道底部出现的各类病害问题,国内外开始重视隧道底部结构的设计。以德国为代表的欧洲国家采用加强型隧道底部结构,仰拱厚度大于拱墙衬砌厚度,另外,从材料性能、构造措施等方面对隧道底部结构提出了一系列要求。我国高速铁路隧道设计中也采用了加厚底部结构厚度的方法,通常仰拱的厚度较拱墙衬砌厚 5~10 cm。在隧道底部病害整治方面,目前主要采用增大隧道底部结构厚度、加强排水等措施,但隧道底部病害问题仍没有得到有效解决。

实际上,隧道底部结构受力状态的影响因素众多,隧道所处的地应力环境、地下水环境、基底围岩的物理力学性质、列车长期动载的作用以及隧道底部结构的施工质量等等都会对隧道底部结构的受力状态及其长期服役性能产生影响。特别是隧道基底富水状况下,地下水和列车动载的长期作用,底部岩土体的力学性能明显下降,引发各类隧道底部病害;高地应力服役环境也会导致隧道基底产生隆起病害。因此,在前述高速铁路隧道底部结构及基岩损伤演化分析、研究的基础上,针对隧道结构所处的实际服役环境,研究多因素影响下隧道底部结构及基岩服役性能的演化特征,提出改善高速铁路隧道底部结构服役性能的具体措施,构建考虑多因素影响的隧道底部结构设计方法,对减少我国高速铁路隧道底部结构病害的发生率、保障高速铁路隧道的长期运营安全意义重大。

参考文献

[1] 谢毅，肖杰. 高速铁路发展现状及趋势研究[J]. 高速铁路技术，2021，12(2)：23-26.

[2] 卢春房. 中国高速铁路[M]. 北京：中国铁道出版社，2017.

[3] 王炳龙，杨新文，周宇，等. 高速铁路路基与轨道工程[M]. 上海：同济大学出版社，2015.

[4] 赵勇，田四明，孙毅. 中国高速铁路隧道的发展及规划[J]. 隧道建设，2017，37(1)：11-17.

[5] 巩江峰，唐国荣，王伟，等. 截至2021年底中国铁路隧道情况统计及高黎贡山隧道设计施工概况[J]. 隧道建设(中英文)，2022，42(3)：508-517.

[6] 彭立敏，施成华，隧道工程[M]. 长沙：中南大学出版社，2017.

[7] 朱万听，李兰勤. 隧道基底病害现状及成因分析[J]. 现代隧道技术，2001(5)：42-44.

[8] 牛亚彬. 重载铁路隧道病害机理及整治技术研究[D]. 北京：中国铁道科学研究院，2013.

[9] 叶耀东，朱合华，王如路. 软土地铁运营隧道病害现状及成因分析[J]. 2007，3(1)：157-160，166.

[10] 上官涛. 铁路隧道底部病害成因分析与质量检测技术[J]. 铁道建筑，2015(6)：64-66.

[11] 刘明丽. 地震及列车振动荷载下的地铁震害特点及防治[J]. 城市轨道交通研究，2005(1)：82-85.

[12] TIMOSHENKO S P. Method of analysis of statical and dynamical stresses in rail[J]. Journal of the Physical Society of Japan，1927.

[13] FRYBA L. History of Winkler foundation[J]. Vehicle system dynamics supplement，1995，24：7-12.

[14] FILIPPOV I G. Method of solving equations of motion of viscoelastic media[J]. Polymer Mechanics，1973，9(3)：382-388.

[15] DIETERMAN H A，METRIKINE A. The equivalent stiffness of a half-space interaction with a beam. Critical velocoties of a moving load along the beam[J]. European Journal of Mechanics - A/Solids，1996，15(1)：67-90.

[16] METRIKINE A V，DIETERMAN H A. Equivalent vertical stiffness of an elastic half-Space interacting with a beam，including the shear stresses at the beam-half-space interface[J]. European Journal of Mechanics，A/Solids，1997，16(3)：515-527.

[17] METRIKINE A V，VROUWENVELDER A. Surface ground vibration due to a moving train in a tunnel：Two-dimensional model[J]. Journal of Sound & Vibration，2000，234(1)：43-66.

[18] HONGGUI D，SHUNHUA Z，CHAO H，et al. Three-dimensional multilayer cylindrical tunnel model for calculating train-induced dynamic stress in saturated soils[J]. Computers and Geotechnics，2016，80(12)：335-345.

[19] HONGGUI D，SHUNHUA Z，ZHE L，et al. A vehicle-track-tunnel-soil model for evaluating the dynamic response of a double-line metro tunnel in a poroelastic half-space[J]. Computers and Geotechnics，2017，101(9)：245-263.

[20] HUSSEIN M，HUNT H. A numerical model for calculating vibration from a railway tunnel embedded

in a full-space[J]. Journal of Sound & Vibration, 2007, 305(3): 401-431.

[21] KUO K A, HUNT H, HUSSEIN M. The effect of a twin tunnel on the propagation of ground-borne vibration from an underground railway[J]. Journal of Sound & Vibration, 2012, 330(25): 6203-6222.

[22] SHUNHUA Z, XIAOHUI Z, HONGGUI D, et al. Metro train-track-tunnel-soil vertical dynamic interactions-semi-analytical approach[J]. Vehicle System Dynamics, 2018, 56(12).

[23] ZONGHAO Y, ANDERS B, YUANQIANG C. Benchmark solution for vibrations from a moving point source in a tunnel embedded in a half-space[J]. Journal of Sound and Vibration, 2017, 387.

[24] CHAO H, SHUNHUA Z, HONGGUI D, et al. Analytical method for calculation of ground vibration from a tunnel embedded in a multi-layered half-space[J]. Computers and Geotechnics, 2018, 99.

[25] 丁智，葛国宝，魏新江，等. 地铁列车运营引起的地基土应力状态变化分析[J]. 岩土工程学报，2013，35(增刊 2)：647-651.

[26] 丁智，李丹薇，谢宗星，等. 地铁列车荷载作用下黏弹性地基动应力特征分析[J]. 地震工程学报，2016，38(6)：889-895.

[27] 袁宗浩，蔡袁强，袁万，等. 地铁列车荷载作用下饱和土中圆形衬砌隧道和轨道系统动力响应分析[J]. 岩土力学，2017，38(4)：1003-1014.

[28] ANDERSEN L, JONES C. Coupled boundary and finite element analysis of vibration from railway tunnels: a comparison of two and three-dimensional models[J]. Journal of Sound & Vibration, 2006, 293(3-5): 611-625.

[29] SHENG X, JONES C, THOMPSON D J. Prediction of ground vibration from trains using the wavenumber finite and boundary element methods[J]. Journal of Sound & Vibration, 2006, 293(3-5): 575-586.

[30] GUPTA S, BERGHE H, LOMBAERT G, et al. Numerical modelling of vibrations from a thalys high speed train in the groene hart tunnel[J]. Soil Dynamics & Earthquake Engineering, 2010, 30(3): 82-97.

[31] BIAN X C, JIN W F, JIANG H G. Ground-borne vibrations due to dynamic loadings from moving trains in subway tunnels[J]. 浙江大学学报(英文版)(A辑:应用物理和工程),2012(11): 13.

[32] 周顺华，张小会，杨新文，等. 轨道交通隧道基底刚度对共建结构的振动影响分析[J]. 同济大学学报(自然科学版)，2014，42(6)：887-893.

[33] 欧阳旋宇. 高天隧道水害所致双块式无砟轨道受力特性分析[J]. 铁道科学与工程学报，2018，15(12)：3060-3065.

[34] 董军，王永刚，李东清. 拱顶含空洞缺陷的高铁隧道动力响应分析[J]. 施工技术，2018，12(增刊 1)：1217-1221.

[35] 欧尔峰. 基于轨道随机不平顺的高速铁路黄土隧道振动响应及其动力可靠度研究[D]. 兰州：兰州交通大学，2018.

[36] 马晓磊，巴拿宁，高愈辉，等. 滨海软土地区地铁运营对沿线建筑物振动影响分析[J]. 岩土工程学报，2019，41(增刊 2)：177-180.

[37] 李玉峰，彭立敏，雷明锋. 高速铁路交叉隧道动力学问题研究综述[J]. 现代隧道技术，2015，52(2)：8-15.

[38] 徐海清，傅志峰，梁立刚，等. 列车荷载作用下紧邻垂直多孔隧道环境振动分析[J]. 岩土力学，2011，32(6)：1869-1873.

[39] 王庆浩,钱德玲,佟国锋. 高速列车振动荷载作用下交叠隧道结构动力响应分析[J]. 兰州工业学院学报,2015,22(4):1-5.

[40] 于鹤然，周晓军. 高速列车动荷载作用下立体交叉铁路隧道动力响应研究[J]. 铁道学报，2015，37(06)：103-111.

[41] 陈行，晏启祥，包芮，等. 列车振动荷载作用下近距离空间交叠盾构隧道的动力响应特性及损伤规律分析[J]. 铁道建筑，2017，57(12)：59-63.

[42] 陈行，晏启祥，黄希. 列车振动荷载作用下高速铁路近距地铁平行隧道的动力响应特性分析[J]. 铁道标准设计，2017，61(6)：116-119.

[43] 晏启祥，陈文宇，陈行，等. 近距离垂直交叠盾构隧道的列车振动响应特性及损伤规律[J]. 中国铁道科学，2018，39(4)：78-84.

[44] 晏启祥，黄希，吴聪，等. 混凝土腐蚀后列车振动对水下交叉隧道的影响分析[J]. 铁道标准设计，2017，61(3)：113-119.

[45] DEGRANDE G，SCHEVENELS M，CHATTERJEE P，et al. Vibrations due to a test train at variable speeds in a deep bored tunnel embedded in London Clay[J]. Journal of Sound and Vibration，2006，293(3-5)：626-644.

[46] DEGRANDE G，CLOUTEAU D，OTHMAN R，et al. A numerical model for ground-borne vibrations from underground railway traffic based on a periodic finite element-boundary element formulation[J]. Journal of Sound & Vibration，2006，293(3-5)：645-666.

[47] 李德武,高峰. 金家岩隧道列车振动现场测试与分析[J]. 兰州铁道学院学报,1997,16(3):7-11.

[48] 盛涛，张善莉，单伽锃，等. 地铁振动的传递及对建筑物的影响实测与分析[J]. 同济大学学报(自然科学版)，2015，43(1)：54-59.

[49] 杜明庆，张顶立，房倩，等. 铁路隧道仰拱及仰拱填充层动力响应分析[J]. 中国铁道科学，2016，37(3)：38-45.

[50] 杜明庆，张顶立，张素磊，等. 铁路隧道仰拱结构振动特性实测分析[J]. 振动与冲击，2017，36(8)：237-243.

[51] 杨文波，陈子全，徐朝阳，等. 盾构隧道与周围土体在列车振动荷载作用下的动力响应特性[J]. 岩土力学，2018，39(2)：537-545.

[52] 杨文波，谷笑旭，涂玖林，等. 拱顶空洞对盾构隧道与周围土体动力响应特性影响[J]. 岩石力学与工程学报，2019，38(11)：2344-2356.

[53] 田甜，雷洋，齐法琳，等. 不同时速列车振动荷载下衬砌拱圈振动响应传递规律[J]. 工程力学，2018，35(5)：143-151.

[54] 田甜，黎国清，齐法出，等. 速度 300 km/h 列车振动荷载下隧道衬砌加速度响应规律分析[J]. 铁道学报，2020，42(6)：9.

[55] 施成华，彭立敏，黄娟. 铁路隧道基底病害产生机理及整治措施[J]. 中国铁道科学，2005(4)：62-67.

[56] 李明，陈洪凯，熊峰伟. 隧道衬砌背后空洞健康判据试验研究[J]. 重庆交通大学学报(自然科学版)，2011，30(3)：398-402.

[57] 袁立群. 列车荷载作用下马蹄形地铁隧道-地裂缝-地层动力相互作用研究[D]. 西安：长安大学，2014:137

[58] 杨文波，邹涛，涂玖林，等. 高速列车振动荷载作用下马蹄形断面隧道动力响应特性分析[J]. 岩土力学，2019，40(9)：3635-3644.

[59] 薛富春，马建林，颜利平，等. 客运专线富水黄土隧道隧底振动特性试验研究[J]. 振动与冲击，2010，29(2)：202-207，231.

[60] 魏雪云，钱德玲. 高速铁路隧道减振降噪模型试验研究[J]. 工业建筑，2015(增刊 1)：313-318.

[61] 谢和平. 岩石混凝土损伤力学[D]. 徐州：中国矿业大学，1990.

[62] 李兆霞. 损伤力学及其应用[D]. 北京：人民交通出版社，2002.

[63] KACHANOV L M. On the creep fracture time[A]// Proceedings of the Academy of Sciences of the USSR, Division of Engineering Science [C]. Moscow，1958，8:26-31.

[64] LOLAND K E. Continuum damage model for load response estimation of concrete[J]. Cement and Concrete Research，1980，10(3):395-402.

[65] MAZARS J. A description of micro and macroscale damage of concrete structures[J]. Engineering Fracture Mechanics，1986，25(6):729-737.

[66] 余天庆. 混凝土的分段线性损伤模型[J]. 岩石、混凝土断裂与强度，1985(2):14-16

[67] 钱济成，周建方. 混凝土的两种损伤模型及其应用[J]. 河海大学学报(自然科学版)，1989(3):40-47.

[68] LEE J，FENVES G L. Plastic-damage model for cyclic loading of concrete structures[J]. Journal of Engineering Mechanics Division，ASCE，1998，124:892-900.

[69] FARIA R，OLIVER J，CERVERA M. A strain-based plastic viscous-damage model for massive concrete structures[J]. International Journal of Solids Structures，1998，35(14)，1533-1558.

[70] JEFFERSON A D. A plastic-damage-contact model for concrete II：model implementation with implicit return-mapping algorithm and consistent tangent matrix[J]. International Journal of Solids Structures，2003，40：6001-6022.

[71] JASON L，HUERT A，GILLES P C，et al. An elastic plastic damage formulation for concrete：application to elementary tests and comparison with an isotropic damage model[J]. Computer methods in applied mechanics and engineering，2006，195:7077-7092.

[72] FALEUO J，OLLER S，BARBAT A H. Plastic-damage seismic model for reinforced concrete frames [J]. Computers and Structures，2008，86:581-597.

[73] LI J，XIAO D R. Stochastic damage model for concrete based on energy equivalent strain[J]. International Journal of Solid and Structures，2009，46(11-12):2407-2419.

[74] DRAGON A，MROZ Z. A model for plastic creep of rock-like materials accounting for the kinetics of fracture[J]. International Journal of Mechanics and Mining Science，1979(16):248-255.

[75] COSTION L S. A micro-crack model for the deformation and failure of brittle rock[J]. Journal of Geophysical Research, 1983, 88(11):9485-9492.

[76] HUANG C,SUBHASH G, VITTON S J. A dynamic damage growth model for uniaxial compressive response of rock aggregates [J]. Mechanics of Materials, 2002, 34: 267-277.

[77] CHANG S H, LEE C I. Estimation of cracking and damage mechanisms in rock under triaxial compression by moment tensor analysis of acoustic emission[J]. International Journal of Rock Mechanics and Mining Sciences, 2004, 41:1069-1086.

[78] SHAO J F, CHAU K T, FENG X T. Modeling of anisotropic damage and creep deformation in brittle rocks[J]. International Journal of Rock Mechanics and Mining Sciences, 2006, 43:582-592.

[79] CHEN L, SHAO J F, HUANG H W. Coupled elastoplastic damage modeling of anisotropic rocks [J]. Computers and Geotechnics, 2010, 37:187-194.

[80] HAMDI E, ROMDHANE N B, LE J M. A tensile damage model for rocks: Application to blast induced damage assessment[J]. Computers and Geotechnics, 2011, 38:133-141.

[81] 沈珠江. 结构性粘土的弹塑性损伤模型[J]. 岩土工程学报, 1993, 15(3):21-28.

[82] 殷有泉. 岩石的塑性、损伤及其本构表述[J]. 地质科学, 1995,30(1):63-70.

[83] 秦跃平, 张金峰, 王林. 岩石损伤力学理论模型初探[J]. 岩石力学与工程学报, 2003, 22(4): 646-650.

[84] 周成, 沈珠江, 郦能惠. 结构性土模型及固液耦合弹塑性损伤动力分析[J]. 水利水运工程学报, 2003(3): 1-6.

[85] 杨强, 陈新, 周维垣. 岩土材料弹塑性损伤模型及变形局部化分析[J]. 岩石力学与工程学报, 2004, 23(21):3577-3583.

[86] 熊玉春, 房营光. 循环荷载作用下饱和软黏土的损伤模型[J]. 岩土力学, 2007, 28(3):544-548.

[87] 丁祖德. 高速铁路隧道基底软岩动力特性及结构安全性研究[D]. 长沙:中南大学, 2012: 182.

[88] 丁祖德, 谢洪涛, 彭立敏. 高速铁路隧道基底软岩动力响应特性分析[J]. 昆明理工大学学报(自然科学版), 2013, 38(3): 36-41.

[89] 丁祖德, 彭立敏, 施成华, 等. 铁路隧道基底状况对底部结构受力状态的影响[J]. 中南大学学报(自然科学版), 2013, 44(7): 2942-2949.

[90] 蔡斌. 高速铁路隧道基底软岩动力响应及疲劳损伤特性研究[D]. 广州:广州工业大学,2015.

[91] 王祥秋, 蔡斌. 高速铁路隧道基底软岩动力累积损伤特性[J]. 土木建筑与环境工程,2015,37(5): 26-32.

[92] 杨兵明, 刘保国. 地铁列车循环荷载下软土地区盾构隧道长期沉降分析 [J]. 中国铁道科学, 2016, 37(3): 61-67.

[93] 赵丹, 曹前, 黄娟. 循环荷载下地铁隧道基底软岩动力变形试验研究 [J]. 铁道科学与工程学报, 2016, 13(11): 2204-2210.

[94] 余超, 黄展军, 赵介绍, 等. 循环荷载下地铁隧道基底风化泥质粉砂岩动力特性研究 [J]. 铁道科学与工程学报, 2021, 18(2): 366-374.

[95] 彭立敏, 施成华, 黄娟, 等. 列车荷载作用下隧道铺底结构疲劳寿命分析[J]. 铁道学报, 2007(1):

82-85.
[96] 黄娟，彭立敏，施成华. 基底富水条件下隧道铺底结构疲劳寿命的试验研究[J]. 铁道学报，2009，31(1)：68-73.
[97] 黄娟. 基于损伤理论的高速铁路隧道结构振动响应分析及疲劳寿命研究[D]. 长沙:中南大学，2010：186.
[98] 黄娟. 基于损伤理论的高速铁路隧道结构振动响应分析[J]. 现代隧道技术，2017,54(5)：93-100.
[99] 马云东,李博. 高速铁路隧道衬砌结构损伤累积与裂纹演化机理[J]. 黑龙江科技学院学报,2012(4)：409-413.
[100] 谢文玺. 高速铁路隧道结构动力累积损伤机理研究[D]. 佛山:佛山科学技术学院,2017.
[101] 王祥秋,张火军,谢文玺. 高速铁路隧道结构动力累积损伤模型试验研究[J]. 隧道建设,2017,37(8)：939-945
[102] 王超. 含衬砌空洞的高铁隧道结构动力响应机制研究[D]. 北京:北京建筑大学，2017.
[103] 任志坤. 高速列车荷载作用下衬砌脱空隧道动力响应及疲劳寿命研究[D]. 济南:山东大学,2020.
[104] 张治国,冯驹,张孟喜,等. 基于纤维混凝土韧性特征的列车荷载影响下隧道衬砌结构损伤发展分析[J]. 岩石力学与工程学报,2020,39(12):2483-2502.
[105] 张顶立. 隧道及地下工程的基本问题及其研究进展[J]. 力学学报，2017，49(1)：3-21.
[106] 田四明，王伟，杨昌宇，等. 中国铁路隧道 40 年发展与展望[J]. 隧道建设(中英文)，2021，41(11)：1903-1930.
[107] 肖明清,陈立保,徐晨,等. 高速铁路隧道支护参数的计算研究[J]. 隧道建设(中英文),2018,38(3)：405-413.
[108] 张宁宁. 高速铁路隧道二次衬砌力学特性研究[D]. 北京:北京交通大学，2015.
[109] 李波,吴立,邓宗伟,等. 高速铁路隧道围岩抗力系数现场试验与理论研究[J]. 岩土力学,2015(2)：532-540.
[110] 孙毅,张顶立,于富才,等. 高速铁路隧道二次衬砌的变形特性与极限承载能力[J]. 中国铁道科学，2016,37(1):60-69.
[111] 文明,张顶立,房倩. 高速铁路隧道围岩参数空间变异性的力学响应分析[J]. 岩石力学与工程学报，2017,36(7):1697-1709.
[112] 孟德鑫. 高速铁路浅埋大断面黄土隧道空间变形特性及支护机理研究[D]. 北京:北京交通大学，2016.
[113] 樊纯坛,梁庆国,吴旭阳,等. 宝兰客专魏家嘴黄土隧道受力特性试验研究[J]. 铁道科学与工程学报，2016,12(5):1006-1013.
[114] 马晓文. 高速铁路泥岩隧道仰拱基底围岩软化对仰拱力学特性的影响[D]. 兰州:兰州交通大学，2021.
[115] 王文卓. 高速铁路泥岩隧道基底围岩膨胀对仰拱底鼓的影响[D]. 兰州:兰州交通大学，2021.
[116] 张千里,马超锋,马伟斌,等. 高速铁路隧道结构缺陷致灾机理研究的关键科学问题[J]. 中国铁路，2018(6):1-4.
[117] 丁祖德,杜永刚,彭立敏,等. 基底围岩性状对高速铁路隧道结构动力响应的影响分析[J]. 现代隧道

技术,2015,52(3):88-94.
[118] 李夕松. 初始损伤对铁路隧道底部结构力学性能的影响研究[D]. 昆明:昆明理工大学,2017.
[119] 王志伟,赵有明,张千里,等. 高速铁路隧道基底混凝土结构的随机损伤模型[J]. 中国铁道科学,2017,38(1):57-66.
[120] 任仁. 高铁隧道空洞几何特征及劣化机制研究[D]. 北京:北京建筑大学,2018.
[121] 邓斌. 高速铁路隧底结构病害条件下的动力响应及疲劳寿命研究[D]. 北京:北京交通大学,2019.
[122] 高宇宇. 高速铁路隧道衬砌结构的动力响应研究[D]. 北京:北京交通大学,2020.
[123] 杜建明,高修强,房倩,等. 气动荷载作用下高速铁路隧道衬砌结构的疲劳累积损伤及残余寿命计算方法[J]. 中国铁道科学,2021,42(5):94-102.
[124] 龚彦峰,肖明清. 我国高速铁路隧道技术要点与有关建议[J]. 铁道工程学报,2014,31(12):67-71.
[125] 姚希磊. 高速铁路隧道二次衬砌裂缝预防及控制措施研究[D]. 石家庄:石家庄铁道大学,2014
[126] 杜明庆,张顶立,张素磊,等. 高速铁路隧道仰拱结构受力现场实测分析[J]. 中国铁道科学,2017,38(5):53-61.
[127] 李林毅,阳军生,王立川,等. 强降雨作用下高速铁路隧道仰拱隆起原因分析及整治[J]. 现代隧道技术,2021,58(1):27-36.
[128] 邵东华. 高速铁路营业线隧道衬砌缺陷整治技术研究[J]. 铁道建筑技术,2019(增刊1):113-117.
[129] 赵建彪,姜涛,孙捷城. 高速铁路隧道衬砌质量缺陷及整治措施分析[J]. 建筑技术开发,2022(9):131-133.
[130] 贺鹏飞. 高速铁路隧道衬砌缺陷的成因分析与预防整治[J]. 建筑工程技术与设计,2019(5):2065-2066.
[131] 铁道部工程设计鉴定中心. 高速铁路隧道[M]. 北京:中国铁道出版社,2006.
[132] 克拉夫 R,彭津 J. 结构动力学[M]. 王光远,译. 北京:高等教育出版社,2006.
[133] 雷晓燕. 高速铁路轨道动力学:模型、算法与应用[M]. 北京:科学出版社,2015.
[134] 梁波,马学宁. 车-路耦合条件下高速铁路路基及桥路过渡段结构系统动力分析[M]. 成都:西南交通大学出版社,2013.
[135] 刘信立. 30 t及以上轴重货车动力性能仿真研究[J]. 铁道建筑技术,2013(4):90-94.
[136] 李成辉. 轨道结构振动理论[D]. 成都:西南交通大学,1996.
[137] 卿启湘. 高速铁路无砟轨道-软岩路基系统动力特性研究[D]. 长沙:中南大学,2005.
[138] 翟婉明. 车辆-轨道耦合动力学[M]. 4版. 北京:科学出版社,2015.
[139] 郭积程. 高速铁路路基上有着轨道与工作轨道过渡段研究[D]. 北京:北京交通大学,2009.
[140] PAU M, AYMERICH F, GINESU F. Distribution of contact pressure in wheel / rail contact area[J]. Wear,2002,253(1):253-265.
[141] JIANG X Y, JIN X S. Numerical simulation of wheel rolling over rail at high-speeds[J]. Wear,2007,262:666-671.
[142] 中华人民共和国国家铁路局. 铁路隧道设计规范:TB 10003—2016[S]. 北京:中国铁道出版社,2017.
[143] 陈宝魁,王东升,成虎. 黏弹性人工边界在地震工程中应用研究综述[J]. 地震研究,2016,39(1):

137-143.
[144] 谷音，刘晶波，杜义欣. 三维一致黏弹性人工边界及等效黏弹性边界单元[J]. 工程力学，2007，24(12)：31-37.
[145] 尹广斌，张了军，俞佩斯. 基于 ADINA 软基上地震动输入方法研究及其应用[J]. 水电能源科学，2012，30(1)：135-138.
[146] KOUROUSSIS G，CONNOLLY D P，VERLINDEN O. Railway-induced ground vibrations：a review of vehicle effects[J]. International Journal of Rail Transportation，2014，2(2)：69-110.
[147] 翟婉明，夏禾. 列车-轨道-桥梁动力相互作用理论与工程应用[M]. 北京：科学出版社，2011.
[148] 王金昌，陈页开. ABAQUS 在土木工程中的应用[M]. 杭州：浙江大学出版社，2006.
[149] 费用，张建伟. ABAQUS 在岩土工程中的应用[M]. 北京：中国水利水电出版社，2010.
[150] 陈卫忠，伍国军，贾善坡. ABAQUS 在隧道及地下工程中的应用[M]. 北京：中国水利水电出版社，2010.
[151] 张洁. 轨道不平顺非均匀采样信号谱分析[D]. 成都：西南交通大学，2004.
[152] 刘晓敏. 典型轨道谱的仿真分析研究[D]. 长春：吉林大学，2009.
[153] 芦睿泉，练松良. 轨道复合不平顺对提速列车运行影响的研究[J]. 铁道科学与工程学报，2005(5)：17-22.
[154] 练松良，陆惠明，杨文忠，等. 轨道不平顺分析程序[J]. 中国铁道科学，2006，27(1)：68-71.
[155] 王福天，周劲松，任利惠. 用于高速车辆动态仿真的轨道谱分析[J]. 铁道学报，2002，24(5)：21-27.
[156] 中国铁道科学研究院. 高速线路轨道不平顺功率谱研究[R]. 北京：中国铁道科学研究院，2013.
[157] 中华人民共和国国家铁路局. 高速铁路无砟轨道不平顺谱：TB/T 3352—2014[S]. 北京：中国铁道出版社，2015.
[158] 高建敏. 高速铁路无砟轨道不平顺谱的比较分析[J]. 铁道科学与工程学报，2015，12(4)：715-723.
[159] 魏冲锋. 轨道不平顺功率谱时域转换及其应用研究[D]. 成都：西南交通大学，2011.
[160] 付兵先，马伟斌. 重载列车作用下隧道基底荷载特征及动力学响应分析[J]. 铁道建筑技术，2013(8)：1-5.
[161] 刘宁. 重载铁路隧底结构动力响应及累积损伤特性研究[D]. 长沙：中南大学，2016.
[162] LI Z，WANG M，YU L，et al. Study of the basement structure load under the dynamic loading of heavy-haul railway tunnel[J]. International Journal of Pavement Engineering，2018，21(2)：1-12.
[163] 王祥秋，杨林德，高文华. 铁路隧道提速列车振动测试与荷载模拟[J]. 振动与冲击，2005，24(3)：99-102，107-138.
[164] 中华人民共和国国家铁路局. 铁路桥涵设计规范：TB 10002—2017[S]. 北京：中国铁道出版社，2017.
[165] 铁道部第一设计院. 铁路工程设计技术手册：轨道[M]. 北京：人民铁道出版社，1979.
[166] 中华人民共和国国家铁路局. 高速铁路设计规范：TB 10621—2014[S]. 北京：中国铁道出版社，2016.
[167] 中华人民共和国水利部. 土工试验规程：SL 237—1999[S]. 北京：中国水利水电出版社，1999.

[168] 中华人民共和国住房和城乡建设部. 工程岩体试验方法标准:GB/T 50266—2013[S]. 北京：中国水利水电出版社，2013.

[169] 刘明. 饱和软黏土动力本构模型研究与地铁隧道长期振陷分析[D]. 上海:同济大学，2006.

[170] 宫全美，罗喆，袁建议. 提速铁路基床长期累积沉降及等效循环荷载试验研究[J]. 铁道学报，2009，31(2):88-93.

[171] 王常晶，陈云敏. 交通荷载引起的静偏应力对饱和软黏土不排水循环性状影响的试验研究[J]. 岩土工程学报，2007，29(11):1742-1747.

[172] 宫全美，廖彩风，周顺华，等. 地铁行车荷载作用下地基土动孔隙水压力实验研究[J]. 岩石力学与工程学报，2001(20):1154-1157.

[173] 耿大新，钟才根，郑明新. 交通荷载作用下软土路基残余变形的研究[J]. 华东交通大学学报，2007，24(4):45-50.

[174] 蒋华忠，李国维，余湘娟，等. 交通荷载作用下低路堤软基的室内试验研究和沉降计算[J]. 公路，2006(10):59-62.

[175] 唐益群，张曦，赵书凯，等. 地铁振动荷载下隧道周围饱和软黏土的孔压发展模型[J]. 土木工程学报，2007，40(4):82-86.

[176] 张勇，孔令伟，郭爱国，等. 循环荷载作用下饱和软粘土的累积塑性应变试验研究[J]. 岩土力学，2009，30(6):1542-1548.

[177] 肖建清，丁德馨，蒋复量，等. 岩石疲劳损伤模型的参数估计方法研究[J]. 岩土力学，2009，30(6):1635-1638.

[178] 葛修润. 岩石疲劳破坏的变形控制律、岩土力学试验的实时 X 射线 CT 扫描和边坡坝基抗滑稳定分析的新方法[J]. 岩土工程学报，2008，30(1):1-20.

[179] 唐益群，黄雨，叶为民，等. 地铁列车荷载作用下隧道周围土体的临界动应力比和动应变分析[J]. 岩石力学与工程学报，2003，22(9):1565-1570.

[180] 周翠英，邓毅梅，谭祥韶，等. 软岩在饱水过程中水溶液化学成分变化规律研究[J]. 岩石力学与工程学报，2004，23(22):3813-3817.

[181] 周翠英，张乐民. 软岩与水相互作用的非线性动力学过程分析[J]. 岩石力学与工程学报，2005，24(22):4035-4041.

[182] MONISMITH C L，OGAWA N，FREEME C R. Permanent deformation characteristics of subgrade soils due to repeated loading[R]. Washington，D. C.：Transportation Research Board，1975:1-17.

[183] LI D Q，SELIG E T. Cumulative plastic deformation for fine-grained subgrade soils[J]. Journal of Geotechnical Engineering，1996,122(2):1005-1013.

[184] CHAI J C，MIURA N. Traffic-load-induced permanent deformation of road on soft subsoil[J]. Journal of Geotechnical andGeoenvironmental Engineering，2002，128(11):907-916.

[185] SAKAI A，SAMANG L，MIURA N. Partially-drained cyclic behavior and its application to the settlement of a low embankment road on silty-clay[J]. Soils and Foundations，2003，43(1):33-46.

[186] PARR G B. Some aspects of the behavior of London clay under repeated loading[D]. UK: University of Nottingham, 1972.

[187] 黄茂松，李进军，李兴照. 饱和软粘土的不排水循环累积变形特性[J]. 岩土工程学报，2006，28(7):891-895.

[188] 施光燕，钱伟懿，庞丽萍. 最优化方法[M]. 北京：高等教育出版社，2007.

[189] 李庆斌. 混凝土断裂损伤力学[M]. 北京：科学出版社，2017.

[190] 刘聪. 重载铁路富水隧道铺底结构动力响应与疲劳特性研究[D]. 长沙：中南大学，2020.

[191] RASHID K, ABU A R, KIM S M. Computational applications of a coupled plasticity-damage constitutive model for simulating plain concrete fracture[J]. Engineering Fracture Mechanics, 2010, 77:1577-1603.

[192] 丁祖德，彭立敏，施成华，等. 循环荷载作用下富水砂质泥岩动变形特性试验研究[J]. 岩土工程学报，2012，34(3):536-539.

[193] 王先军，陈明祥，常晓林，等. Drucker-Prager 系列屈服准则在稳定分析中的应用研究[J]. 岩土力学，2009，30(12):3733-3738.

[194] 邱战洪，张我华，任廷鸿. 地震荷载作用下大坝系统的非线性动力损伤分析[J]. 水利学报，2005，36(5):629-636

[195] 张我华. 煤、瓦斯突出过程中煤介质局部化破坏的损伤机理[J]. 岩土工程学报，1999，21(6):731-735.

[196] TED B, WING K L, BRIAN M. Nonlinear Finite Elements for Continua and Structure[M]. 北京：清华大学出版社，2002.

[197] 杨曼娟. ABAQUS用户材料子程序开发及应用[D]. 武汉：华中科技大学，2005.

[198] GOPALARATNAM V S, SHAH S P. Softening response of plain concrete in direct tension[J]. ACI Journal, 1985, 82(3):310-323.

[199] KARSAN I D, JIRSA J O. Behavior of concrete under compressive loading[J]. Journal Structure Div ASCE, 1969, 95(12):2535-2563.

[200] 中华人民共和国住房和城乡建设部. 混凝土结构设计规范：GB 50010—2010[S]. 北京：中国建筑工业出版社，2010.

[201] MILTON A. MINER. Cumulative damage in fatigue[J]. Journal of Applied Mechanics, 1945, 12(3): A159-A164.

[202] 李永强，车惠民. 混凝土弯曲疲劳累积损伤性能研究[J]. 中国铁道科学，1998，19(2):52-59.

[203] 李朝阳，宋玉普，车轶. 混凝土的单轴抗压疲劳损伤累积性能研究[J]. 土木工程学报，2002，35(2):38-40.

[204] 朱劲松，肖汝诚，宋玉普. 混凝土双轴抗压疲劳累积损伤规律试验研究[J]. 土木工程学报，2005，38(6):104-109.

[205] MANSON S S, HALFORD G R. Practical implementation of the double linear damage rule and damage curve approach for treating cumulative fatigue damage[J]. International Journal of Fracture, 1981, 17(2):169-192.

[206] CHABOCHE J L. Constitutive equations for cyclic plasticity and cyclic viscoplasticity[J].

International Journal of Plasticity, 1989, 5(3): 247-302.

[207] CORTEN H T, DOLAN, T J. Cumulative fatigue damage[C]//Proceedings of the International Conference on Fatigue of Metals. London, 1956, 1: 235-242.

[208] LIU N, PENG L M, SHI C H, et al. Experimental and model study on dynamic behavior and fatigue damage of tunnel invert[J]. Construction and Building Materials, 2016, 126: 777-784.

[209] 钱永久. 既有钢筋混凝土桥梁的评估与诊断[D]. 成都:西南交通大学, 1992.

高速铁路基础研究与技术创新丛书

第一期(16 册)

(一)基础理论与基础技术系列

高速铁路散体道床宏细观力学行为 赵春发 翟婉明 张 徐 著

ISBN 978-7-113-28857-0

高速铁路线路系统动力学 龙许友 时 瑾 王英杰 编著

ISBN 978-7-113-28997-3

高速铁路弓网关系研究 韩通新 著

ISBN 978-7-113-28941-6

(二)动车组系列

高速列车轻量化设计 李 明 伊召锋 米莉艳 等编著

ISBN 978-7-113-28972-0

(三)供电系列

高速铁路受电弓 韩通新 编著

ISBN 978-7-113-28975-1

高速铁路接触网检测技术 韩通新 著

ISBN 978-7-113-28961-4

(四)工程设计系列

高速铁路桥梁抗震设计 陈兴冲 张永亮 编著

ISBN 978-7-113-28964-5

高速铁路轨道工程 BIM 正向设计软件开发及实践 姚 力 刘大园 董凤翔 等编著

ISBN 978-7-113-28934-8

(五)工程施工与组织系列

高速铁路桥梁 BIM 技术研究与实践 盛黎明 苏 伟 刘延宏 宋树峰 编著

ISBN 978-7-113-28938-6

高速铁路岩溶路基边坡变形与稳定 白明洲 师 海 田 岗 等编著

ISBN 978-7-113-28880-8

高速铁路工程地质灾害超前预报图形判别和解译 李 忠 郝娜娜 等编著

ISBN 978-7-113-28935-5

(六)通信与列控系列

高速铁路宽带无线信道测量与建模技术 周 涛 何睿斯 艾 渤 编著

ISBN 978-7-113-28930-0

(七)测量与检测系列

(八)高铁运营与经济系列

高速铁路社会效益研究——基于时空经济分析 李红昌 夏璇璇 著

ISBN 978-7-113-28942-3

(九)现代信息技术系列

高速铁路物联网技术 史天运 孙 鹏 张惟皎 陈瑞凤 编著

ISBN 978-7-113-29029-0

(十)安全·健康·维护系列

高速铁路道砟飞溅机理及防治 高 亮 石顺伟 殷 浩 著

ISBN 978-7-113-28906-5

高速列车多目标均衡综合节能技术 张 雷 李 明 司志强 等编著

ISBN 978-7-113-28976-8

第二期(23 册)

(一)基础理论与基础技术系列

高速列车空气动力学数值模拟——基于 STAR-CCM+软件

李 明 李 田 戴志远 等编著

ISBN 978-7-113-30059-3

高速铁路沿线地面沉降研究与防治 李国和 黄大中 尚海敏 王少林 编著

ISBN 978-7-113-30176-7

高速铁路路基智能填筑技术 王同军 闫宏业 杨 斌 尧俊凯 等著

ISBN 978-7-113-30047-0

季冻区高速铁路路基服役性能与孕灾风险研究

叶阳升 蔡德钩 毕宗琦 李善珍 等著

ISBN 978-7-113-29934-7

高速铁路隧道内附属设施气动效应及安全性研究

彭立敏 杨伟超 施成华 雷明锋 著

ISBN 978-7-113-30104-0

高速铁路钢轨打磨理论与技术 王文健 郭 俊 周 坤 著

ISBN 978-7-113-30061-6

高速列车动态性能正向设计 周劲松 宫 岛 孙文静 著

ISBN 978-7-113-30050-0

高速列车自动驾驶控制理论 宿 帅 李开成 唐 涛 袁 磊 等编著

ISBN 978-7-113-30147-7

高速铁路行车调度与控制一体化 唐 涛 宿 帅 孟令云 阴佳腾 编著

ISBN 978-7-113-30112-5

高速铁路无砟轨道结构水泥基材料理论与技术

龙广成 曾晓辉 马昆林 谢友均 著

ISBN 978-7-113-30056-2

（二）动车组系列

高速列车空气动力学设计技术 丁叁叁 著

ISBN 978-7-113-30055-5

（三）供电系列

高速铁路电力牵引供电工程智能建造技术

胡志华 陈建明 奚金柱 吴命利 等编著

ISBN 978-7-113-30205-4

（四）工程设计系列

现代铁路枢纽规划设计 许佑顶 高丰农 吴学全 李传勇 等编著

ISBN 978-7-113-27468-9

高速铁路隧道底部结构动力响应特性及设计方法

彭立敏 施成华 黄 娟 丁祖德 著

ISBN 978-7-113-30133-0

（五）工程施工与组织系列

高速铁路工程勘察技术创新与实践 陈则连 著

ISBN 978-7-113-30189-7

高速铁路工程质量系统管理(第2版)　　卢春房　等著

ISBN 978-7-113-30108-8

高速铁路路基沉降分析与控制技术　　宋绪国　郭帅杰　编著

ISBN 978-7-113-30154-5

深埋高速铁路地下车站施工关键技术　　杨新安　马明杰　李路恒　罗　驰　编著

ISBN 978-7-113-30001-2

高速铁路施工组织创新与实践　　魏　强　编著

ISBN 978-7-113-30136-1

高速铁路路基沥青混凝土防水封闭结构　　蔡德钩　闫宏业　楼梁伟　石越峰　等著

ISBN 978-7-113-30033-3

(六)通信与列控系列

高速铁路信号系统雷电防护技术研究　　向念文　徐宗奇　阳　晋　编著

ISBN 978-7-113-30135-4

(七)测量与检测系列

(八)高铁运营与经济系列

(九)现代信息技术系列

智能高速铁路图像大数据分析技术及应用　　李　平　李　瑞　赵　冰　编著

ISBN 978-7-113-30134-7

(十)安全·健康·维护系列

高速列车横风效应及气动安全控制动力学　　毛　军　柳润东　郗艳红　著

ISBN 978-7-113-30028-9